Hiroyuki Ogawa
小川浩之著

From the Empire-Commonwealth to European Integration

The Transition of Post-War British External Policy and the First Application to the EEC

イギリス帝国からヨーロッパ統合へ

戦後イギリス対外政策の転換とEEC加盟申請

名古屋大学出版会

本書は、財団法人名古屋大学出版会
学術図書刊行助成により出版された。

From the Empire-Commonwealth to European Integration:
The Transition of Post-War British External Policy and the First Application to the EEC
Hiroyuki Ogawa

The University of Nagoya Press, 2008
ISBN978-4-8158-0595-1

イギリス帝国からヨーロッパ統合へ

目　次

序論　戦後イギリス対外政策と第一回ＥＥＣ加盟申請

第1節　歴史的転換点としての第一回ＥＥＣ加盟申請

第二次世界大戦後、現在に至るまで、世界におけるイギリスの地位・役割と歴代イギリス政府の対外政策[1]は、大きな変化を遂げてきた。イギリスは、一九四五年二月のヤルタ会談でアメリカ大統領ルーズベルト（Franklin D. Roosevelt）、ソ連首相スターリン（Josif Stalin）と肩を並べたチャーチル（Winston S. Churchill）首相の姿に象徴されたように、アメリカ、ソ連とともに、「大同盟」の三大国の一角として第二次世界大戦を戦い抜いた。そして、戦争終結後も、いぜんとして世界各地に広がるイギリス帝国の中心に位置する国家として、世界的な地位と役割を保持する立場にあった。しかし、イギリスは、一九六〇年代末までには主要な植民地や保護領の多くを失い、経済的にも相対的な衰退を経験するなかで、しばしば「イギリス病」とも表現されたように、その国力と国際的な存在感を大きく減退させていった。

その後、イギリスでは、一九七〇年代末以降、「自由経済と強い国家[2]」を追求したサッチャー（Margaret Thatcher）保守党政権期から、一九九七年に発足したブレア（Tony Blair）労働党政権期を経て今日に至るまで、新たな対外政策の模索が続けられてきた。特にブレア政権の下では、国連、EU、北大西洋条約機構（NATO）、主要国首脳会議（G8サミット）、コモンウェルスなどさまざまな多国間機構における主要国としての地位と役割を基盤として、国際共同体（international community）の「中軸国家」（pivotal power）としての役割を果たすことが対外政策の軸に据えられた。[3] そうしたブレア政権の構想は、必ずしもイギリスが単独で世界的な役割を果たすことを否定するものではないが、同政権のストロー（Jack Straw）外相が明確に述べたように、もはや「イギリスは超大国ではない」ことを前提として受け入れたうえで、さまざまな国際的枠組みのなかで「中軸的な役割を果たす」ことを通して、世界的な問題に「大きな違いをもたらす」ことを目指すものであったと捉えることができる。[4] こうして、歴代イギリス政府の対外政策は、第二次世界大戦後の長い年月と多くの紆余曲折を経て、現在に至るまでに、いわば「ミドル・パワー」としての自己認識と役割意識を強く帯びたものへと変化してきたと考えられる。[5] さらに、保守党も、ブレア政権発足以降、二〇〇七年六月にその後を継いだブラウン（Gordon Brown）労働党政権期に至るまで長期間野党の座に甘んじてきたが、（労働党と比べて英米関係の強化により積極的で、ヨーロッパ統合の進展に懐疑的な傾向はあるものの）基本的には国連、EU、NATO、G8、コモンウェルスなどの国際的枠組みの意義について肯定的に捉える立場をとってきた。[6] それゆえに、現在のイギリスにおいては、労働党、保守党という二大政党の間で、国際共同体の「中軸国家」を目指すという対外政策の中心的目標に関して、基本的な部分で相違はないと考えてよいといえよう。[7]

こうした第二次世界大戦後のイギリス政府の対外政策の大きな変化のなかで、マクミラン（Harold Macmillan）保守党政権期（一九五七年一月〜一九六三年一〇月）は重要な転換期となった。まず何よりも、マクミラン政権期は、脱植民地化の加速、米ソ間の冷戦対立の深まり、ヨーロッパ大陸「六カ国」（フランス、西ドイツ、イタリア、オランダ、ベルギー、ルクセンブルク）間での本格的なヨーロッパ統合への着手とその進展、経済面の相対的衰退、国際収支の周期的悪化など厳しい外的、内的環境の変化をくぐり抜けなければならない時期であった。そうした困難な状況下で、マクミラン政権は、P・J・ケインとA・G・ホプキンズが「一九五七年から六〇年にかけて世界強国イギリスの当時の位置と将来の選択をめぐって高いレヴェルでいくつもの検討がなされた」[9]と指摘したように、自国の政治的影響力と経済力の基盤を確保すべくさまざまな試行錯誤を行った。そして、こうした試行錯誤は、イギリスが帝国・コモンウェルス、大西洋同盟（なかでも英米関係が重視された）、西ヨーロッパの結節点に位置することにより、米ソと肩を並べる世界的大国の地位・役割を維持することができるとする、いわゆる「三つのサークル・ドクトリン」（Three Circles Doctrine）を軸とした既存の対外政策の再編をともなうものとなり、さらに、その後のイギリス対外政策の方向性を大きく規定することにもなった。それゆえに、戦後における歴代イギリス政府の対外政策の変化について考える際には、マクミラン政権期の対外政策の再編の試みについて詳細な分析を行うことが不可欠となる。

図1　ハロルド・マクミラン（肖像画）

出典）*Harold Macmillan: A Life in Pictures*, London: Macmillan, 1983.

マクミラン政権下で行われたイギリス対外政策の再編――その中心的内容は「三つのサークル・ドクトリン」の再編であった――の試みについては、いくつかの特徴を指摘することができる。まず、マクミラン政権にとって、エジプト大統領ナセル（Gamal Abdul Nasser）によるスエズ運河会社の国有化宣言（一九五六年七月二六日）に端を発したスエズ危機[10]を通して、おそらく二〇世紀で最大の危機に直面した英米関係を修復・再強化することが極めて重要な課題となった。さらに、マクミラン政権は、「三つのサークル」の残りの二つである帝国・コモンウェルス、西ヨーロッパとの関係についても、慎重を期しつつ、漸進的にではあったが、相互の優先順位の問い直しを行うことになった。[11]

ここで、それまでの歴代イギリス政府の対外政策を概観すると、まず一九三二年の輸入関税法とオタワ協定(Ottawa Agreements)[12]によって、一九世紀の「パクス・ブリタニカ」期以来の自由貿易政策は大きく転換され、帝国およびコモンウェルス諸国との特恵制度が敷かれた。第二次世界大戦後も、イギリスは一九四八年に無差別的、互恵的、多角的な貿易自由化を目指す国際レジームとして発足した関税と貿易に関する一般協定(GATT)の原加入国となったが、GATTの下でも帝国・コモンウェルス特恵制度を既存の水準で維持することは認められるなど、通商面で帝国・コモンウェルスに大きく依存する政策は続けられた(ただし、GATTの「特恵拡大禁止ルール」[13]によって、特恵制度をそれ以上拡充することは禁じられたため、それ以降、世界的な貿易自由化が進むにつれて、帝国・コモンウェルス特恵制度の意義は低下していくことになる)。また、益田実が指摘するように、マクミランの前任者であったチャーチル、イーデン(Sir Anthony Eden)という二人の保守党政権の首相にとっても、「三つのサークル」の間の優先順位は、あくまで帝国・コモンウェルス、大西洋同盟、西ヨーロッパの順序であった。それゆえに、彼らはほぼ一貫して、ヨーロッパ大陸諸国間の統合の努力を外側から支持はしても、自らがそこに加わることはできないという立場をとったのである。[14]

しかし、マクミラン政権期になると、イギリス帝国各地で脱植民地化が急速に進行し、コモンウェルス諸国間の伝統的な紐帯も大きく揺らぐなかで、もはや帝国・コモンウェルスに強く依存した既存の対外政策を維持することは困難となり、その結果、世界のなかでのイギリスの地位と役割をいかにして再定義するかという課題が生じた。マクミラン政権は、公式の領域(本国と植民地・保護領など)とコモンウェルスを通してではもはや維持することができないと考えられた政治的影響力と経済力を確保するための新たな基盤を模索して、つまり「イギリスの戦略的目標に適した新たなマトリクス」(H・ヤング)[15]を求めて、さまざまな試行錯誤を行うことになったのである。

それは、マクミランが好んで用いた「相互依存」(interdependence) の概念に照らせば[16]、世界における政治的影響力と経済力の基盤を確保するためには他国との積極的な協力が欠かせないという認識を織り込んだうえで、いかなる形で相互依存を制度化することが望ましいのかという問い[17]に答えることを目指すものであった。そして、その際には特に、伝統的にイギリス対外政策が軸足を置いてきた帝国・コモンウェルスから相対的にどこに重心を移すかということが大きな課題となり、結果的に、マクミラン政権は、しだいに帝国・コモンウェルスから距離を置き、ヨーロッパ統合に接近する動きをとっていくことになるのである。

こうしたマクミラン政権期の対外政策の再編の試みのなかで、一九六一年八月一〇日に行われたローマ条約第二三七条[18]に基づくヨーロッパ経済共同体（ＥＥＣ）――一九五八年一月に、六カ国の間で全般的な経済統合を目指して設立されていた――への第一回目の加盟申請は、非常に重要な意味を持つものとなった。まず、第一回ＥＥＣ加盟申請は、それまで帝国・コモンウェルスとの伝統的関係と英米関係を重視する立場からヨーロッパ統合への直接的な関与を控えてきたイギリス政府が、初めてヨーロッパ統合に直接参加することを念頭に置いて交渉に入ることを申し入れたものであった。それゆえに、第一回ＥＥＣ加盟申請は、マクミラン政権によるイギリス対外政策の再編の試みの帰結として位置づけられるだけでなく、第二次世界大戦後のイギリス対外政策のなかでも、おそらく最大の歴史的な転換点として評価することができる。当時、玉璽尚書――外務省に籍を置く実質的なヨーロッパ問題担当相――としてイギリスのＥＥＣ加盟交渉（一九六一年一〇月～一九六三年一月）の首席代表を務めたヒース(Edward Heath) は、回顧録のなかで、第一回ＥＥＣ加盟申請の意義について次のように記している。

ヨーロッパ共同体の加盟を申請するというハロルド・マクミラン政権の決定は、戦後政治における歴史的瞬間を表していた。それは、イギリスの政策だけでなく、ヨーロッパと大西洋同盟の方向性も決定づけるものであった。……それは、栄誉に満ちた時代の終わり、イギリス帝国の終わりとともに、イギリス史のまったく新しい一章の始まりを示していたのである。[19]

もちろん、第一回EEC加盟申請の歴史的意義を無条件に強調することには、少なからぬ問題がつきまとう。例えば、第二次世界大戦終結の前後から一九四九年頃までは、アトリー（Clement R. Attlee）労働党政権の外相ベヴィン（Ernest Bevin）と外務省が中心となり、西ヨーロッパ諸国とともに「ウェスタン・ブロック」――一九四八年には「ウェスタン・ユニオン」としてより総合的かつ強力に打ち出される――を設立することが構想されていた。それらの構想では、イギリスと西ヨーロッパ諸国にそれぞれの植民地、さらにはコモンウェルス諸国を組み合わせて、米ソと並ぶ「第三勢力」（Third Force）を形成し、それを通してイギリスの世界的な地位と役割を確保することが目指された。そこでは、西ヨーロッパ諸国との関税同盟の創設が大きな柱に据えられるなど、ヨーロッパ諸国間の本格的な経済統合をイギリス政府自らが主導していくことが構想の重要な一部となっていた。[20]

一九四五年六月には、イギリス駐仏大使ダフ・クーパー（Alfred Duff Cooper）が、本国外務省への長文書簡のなかで、西ヨーロッパ諸国政府は不可避的に団結のための努力を迫られており、イギリス政府がそこに参加することを決断しなければ自国に不利益をもたらすような組織化がなされる危険があるのではないかと記すなど、一部ではかなり早い時期からヨーロッパ大陸諸国の統合から排除される不利益に関する認識も見られた。[21] また、第二次世界大戦後、歴代イギリス政府は、ブリュッセル条約機構、ヨーロッパ経済協力機構（OEEC）、NATO、ヨーロッパ審議会、西ヨーロッパ連合（WEU）などへの参加を通してヨーロッパ大陸に直接的な関与を行っており、一九五四年一二月には、六カ国間で成立していたヨーロッパ石炭鉄鋼共同体（ECSC）との間で協力関係協定[22]を結んだ唯一の国ともなった。

そして、第一回EEC加盟申請自体も、あくまでEEC諸国側との加盟交渉に入るための前提として行われたものであり、またいくつかの条件をともなう「条件付きの加盟申請[23]」であったことから、マクミラン政権が既存の条件をそのまま受け入れる形でのEEC加盟を決意したことを意味するものではなかった。さらに、第一回EEC加盟申請には、英米関係を再強化するための戦術的変化という側面もあり（詳しくは第7章を参照）、結局のところ、一九六三年一月には、フランスのドゴール（Charles de Gaulle）大統領の拒否によって失敗に終わることになる（その後イギリスのヨーロッパ統合への参加が実現するのは一九七三年一月のことになる）。つまり、第一回EEC加盟申請が行われたことをもって、それまでのイギリス政府の対外政策が決定的に転換したとみなすことには、少なからぬ限界がつきまとうと考えられるのである。その意味では、ヒースが、「マクミランは、イギリスがその帝国と旧来の従属地域を奪われ、もはや以前の世界の超大国としての役割を享受することができないと十分認識したうえで、私たちはヨーロッパへの心からの参加を通して影響力ある世界的役割を果たしつづけるであろうと結論づけた[24]」と記したことを、額面通りに受け取ることはできない。

しかし他方で、上記の「ウェスタン・ブロック」「ウェスタン・ユニオン」構想は、大蔵省、商務省、植民地省などの強硬な反対に加えて、東西間の冷戦対立が深まるなかで英米関係を強化するという要請もあり、結局イギリス政府の公式の政策として採用されることはなかった。さらに、ブリュッセル条約機構、OEEC、NATO、ヨーロッパ審議会、WEUなどを通したヨーロッパ大陸への関与は、イギリスと帝国・コモンウェルスとの従来の関係を維持することと矛盾するものではなく、ヨーロッパ諸国間の超国家的統合への参加を意味するものでもなかった（歴代イギリス政府は、それらの国際機関を設立する際に常に主導的な役割を果たし、自らの望む政府間主義的な制度に導くことに成功していた）。それに対して、EECの設立条約であるローマ条約は将来において加盟国の国家主権の一部が共同体に委譲されることを明記しており、NATO、WEUなどの安全保障を中心とする機構や、E

CSCとの限定的な協力関係協定（超国家性を持つヨーロッパ統合の外側にとどまりつつ実務面での協議を進めることを狙ったもの）とは本質的に異なる面が大きかった。それゆえに、この時点でマクミラン政権が、いくつかの留保を残しつつも、ローマ条約を基本的に受け入れることを前提として共同体諸国との加盟交渉に入る決定をしたことは、非常に大きな意義を持つものであった。「この決定はイギリスの政策の本当の変化と、それ以前のあらゆるものと質的に異なる六カ国との関係に向けた長期にわたる模索（それはいまだに終わっていない）の始まりを示していた」（傍点部は原文ではイタリック）[25]と指摘されるように、第一回EEC加盟申請は、ときに「厄介なパートナー」[26]とみなされながらも、現在に至るまでイギリスがヨーロッパ統合の一員であり続けていることとの実質的な出発点となったと考えられるのである。

この第一回EEC加盟申請は、もうひとつの意義として、その後のヨーロッパ統合の加盟国の拡大という大きな歴史的変化の出発点となったことでも注目に値する。まず、この時期にイギリス政府がEEC加盟に向けた動きを進めたことにより、政治的、経済的にイギリスへの依存が大きかったアイルランド、デンマーク、ノルウェー三カ国のEEC加盟申請に向けた動きが促された。他方、イギリスを含めた四カ国の第一回EEC加盟申請は結果的にすべて失敗に終わったものの、そのことがイギリス、アイルランド、デンマークのヨーロッパ共同体（EC）加盟（一九七三年）の始点になったことを考えれば、イギリス政府の第一回EEC加盟申請は、フランス、ドイツと並ぶ地域大国イギリスを含む三カ国を新たに加えたECが、西ヨーロッパ内での優越した地位を固め、その後も加盟国を拡大していくことの出発点になったと考えられる。マクミラン政権による第一回EEC加盟申請は、以下のように指摘されるヨーロッパ統合の拡大をめぐる歴史的なダイナミズムのなかでも、非常に大きな意義を持つものであったといえる。「七三年一月一日に実現したイギリスのEC加盟は、イギリスがヨーロッパの方を向いた決定的な一歩であったことは間違いない。……そして、同時にアイルランド、デンマークの加盟が決まったことにより、

EC自身も、安定と繁栄を拡大させていく共同体としての、歴史的ダイナミズムの方向性を得たのであった。当初加盟国であった六カ国は、このあとも統合推進の中心であり続けたが、その中心に引き寄せられる周辺という階層的な関係が、欧州統合の枠組みの中で生まれたのであった[27]」。

T・ペデルセンによれば、ヨーロッパ統合の加盟国の増加（地理的な拡大）は、統合の対象分野の拡張と制度化の進展と並ぶ第三の「拡大」であるが、一九九〇年代前半までは、研究者から相対的に軽視されていた[28]。しかし、ヨーロッパ統合の加盟国は、一九五二年に六カ国間でECSCが発足して以来、計六度にわたる拡大を経て、二〇〇八年現在のEU加盟二七カ国にまで拡大してきた。特に冷戦終結以降、それまで統合の枠外にあった中立諸国（オーストリア、スウェーデン、フィンランド）、さらには「鉄のカーテン」の向こう側にあった中東欧諸国（ポーランド、チェコ、スロバキア、ハンガリー、スロベニア、エストニア、ラトビア、リトアニア、ルーマニア、ブルガリア）が次々とEUに加盟を果たしたことは、ヨーロッパ統合の加盟国拡大という歴史的趨勢の意義を際立たせるものであった[29]。それは、NATO加盟国の東方拡大と並んで、冷戦期の「ヨーロッパの人為的な分断[30]」に終止符が打たれたことを象徴する出来事であった。さらに、現在までヨーロッパ統合の外側にとどまっているスイス、ノルウェー両国政府も、かつてはEEC、ECに加盟を申請したことがある（両国ともに政府レベルではヨーロッパ統合への加盟を目指したが、国民投票の結果加盟を否定された）。現在までに、一般にヨーロッパと呼ばれる地域でヨーロッパ統合への加盟を一度も申請していない国は、旧ソ連とバルカン半島の一部の国々といわゆるマイクロ・ステイツ（アイスランドを含む）のみとなっている。

このように、ヨーロッパ統合の加盟国は過去数十年間におよぶ統合の歩みのなかで漸進的、段階的に拡大してきたが、加盟国の数が減ることは一度もなく（一九八五年にデンマーク自治領グリーンランドが脱退した例を除く）、加盟国の拡大には着実な進展が見られてきた。確かに、一九六五〜六六年の「空席危機」と「ルクセンブルクの妥協」による超国家的統合の試みの行き詰まり、一九七〇年代の「ヨーロッパ硬化症」（Euro-sclerosis）と呼ばれた経済危機にともなう統合の停滞、そして近年では二〇〇五年五〜六月に行われたフランス、オランダ両国の国民投票でのEU憲法条約の否決に見られたように、これまでのヨーロッパ統合の歩みが決して順風満帆なものではなかったことはよく知られている。しかし他方で、そうした間も、ヨーロッパ統合の加盟国の拡大は漸進的にではあったが、着実に進んできた。つまり、ヨーロッパ統合に参加するか否かということは各国の政府、そして国民の個別的な判断に委ねられる問題であるにもかかわらず、結果的には、ヨーロッパ各国での判断にはかなりの共通性が見られてきたことになる。むろん、そうした流れを不可逆のものと断定することはできないが、現時点までの状況を見る限り、ヨーロッパ統合の加盟国の拡大はもはや大きな歴史的趨勢と呼んでよいものになっていると考えられるのである。二〇〇一年五月には、イギリスの経済週刊誌『エコノミスト』が、EU拡大の大きなうねりをとりあげ、「ヨーロッパのマグネット的引力」と題する特集を組んだ。[31] イギリスの第一回EEC加盟申請（そして、その帰結としてのEC加盟）は、まさにそうした歴史的趨勢の出発点となったものであり、それゆえに、戦後イギリス対外政策の大きな転換点としてだけでなく、イギリスというひとつの国家を超えた戦後国際関係史上の転換点としての意義を持つと考えられるのである。

第2節　先行研究の成果と課題

こうした大きな歴史的意義を有すると考えられる第一回EEC加盟申請とそれに至るイギリス政府の対外政策の転換は、戦後イギリス対外関係史（さらには戦後国際関係史）における「花形」の題材のひとつとして研究者の間で高い関心を集めており、これまでにも数多くの研究が発表されてきた。そして、それらを通して、第一回EEC加盟申請に至る政策転換の背景にあったさまざまな要因が提示されてきた。ここでは、それらの先行研究に関して大きな特徴に着目して整理を行い、現時点までの成果と課題について論じる。

その際に本書が先行研究の大きな問題点として捉えるのは、それらの記述・分析が第一回EEC加盟申請を促した重要な出来事すべてに行き渡っていないことに加えて、第一回EEC加盟申請をマクミラン政権期における対外政策の再編の試みという大きな枠組みのなかで捉える視点が不十分なものにとどまっていることである。特に複数の研究で、第一回EEC加盟申請（一九六一年八月）の直前に起こった短期的な諸要因――アメリカのケネディ（John F. Kennedy）政権の成立（同年一月）、南アフリカのコモンウェルス脱退決定（同年三月）、保守党から労働党への支持率の流出（同年三月以降）など――がマクミラン政権の決定に大きな影響を与えたと指摘されてきたことは、より大きな枠組みのなかで第一回EEC加盟申請を捉える視点が不足していることを端的に示すものであると考えられる。以下では、こうした点を中心に先行研究のあり方について批判的に検討を加える。

もちろん、過去数十年間にわたり発表されてきたイギリスの第一回EEC加盟申請に関する研究は、その数の多さに加えて内容的にも多岐に渡っており、ここで手短に一般化することは容易ではない。しかし、それにもかかわらず、多くの先行研究で共通して指摘されてきたのは、マクミラン政権が第一回EEC加盟申請を行う際に英米関係への配慮が大きな影響を及ぼした点である。確かに、英米関係の影響が非常に重要であったという点ですべての研究者の見解が一致しているわけではないが、これまでのところ、英米関係の影響を明確に否定するような研究は管見の限り存在しない。それゆえに、マクミラン政権の第一回EEC加盟申請の決定に対して英米関係が（何らかの形で）影響を及ぼしたことについては、研究者の間でおおむね共通理解が形成されているといえるであろう。しかし他方で、以下の三つに大別することができるようなイギリスの第一回EEC加盟申請と英米関係の関連を扱った先行研究は、それぞれが長所とともに限界を有していると考えられる。

それらのなかには、まずアメリカ政府の政策を中心に扱った研究がある。なかでも、一九九三年に出版されたP・ウィナンの著書は、当時公開されて間もなかったアメリカ政府文書やアメリカの政治家・官僚の個人文書を広範に用いて、アメリカ政府のヨーロッパ統合への態度や政策、ヨーロッパ統合への具体的な関与について詳細に分析した非常に重要な研究となっている[32]。そして、ウィナンの著書をはじめとして、他にもアメリカ政府のヨーロッパ統合、そしてイギリスの第一回ＥＥＣ加盟申請に関する政策に焦点を当てた研究が発表されてきており、それらを通して、アイゼンハワー（Dwight D. Eisenhower）共和党政権と、それに続くケネディ民主党政権の政策について貴重な分析が行われている。しかし他方で、それらの研究は、あくまでアメリカ政府の政策に焦点を当てたものとなっており、イギリス政府の政策は部分的にしか扱われていないため、イギリス対外関係史研究の立場からは不十分なものにとどまっている[33]。

他方、先行研究のなかには、イギリス政府の政策を中心に扱った研究も数多く含まれており、それらを通して、当時のマクミラン政権の政策転換について多くの重要な分析が提示されている。そして、それらのなかでも、一九六四年に出版されたM・キャンプスの著書と一九九六年に出版されたW・カイザーの著書が、これまでの代表的研究として双璧をなすことには異論が少ないのではないかと思われる[34]。まず、キャンプスの著書は、イギリスの第一回ＥＥＣ加盟申請とその挫折の直後に出版された「同時代史」研究のひとつであり、イギリスをはじめとする関係各国の政府文書を用いていない点で明白な限界を有するものの、現在に至るまで当該分野の研究者にとって必読文献でありつづけている初期の金字塔的な研究である。著者のキャンプスは、第二次世界大戦後から一九五四年初めまで国務省に勤務したアメリカの元官僚であり、後に「私はＯＥＥＣの母親であると主張できると思う。多くの父親はいたが、私が唯一の母親であった」とユーモアを交えて述懐したように、ＯＥＥＣの設立に尽力した人物であった。また、キャンプスは、シューマン・プランからECSCの設立に至る交渉にも、アメリカ政府側の担当者の一人として関わった経験を持っていた。[35] その後、彼女は、イギリス人との結婚を機にケンブリッジに移り住み、『エコノミスト』などの雑誌への寄稿や複数の研究機関での研究を通して活躍した。特に一九六四年のこの著書は、キャンプスが、国務省時代に培ったヨーロッパでの人脈とイギリス在住という地の利を活かし、自らの著書のなかで「現在から五〇年後の歴史家は、文書に接することはできるであろうが、それらを書いた人々に接することはできないであろう」と記したように、（当時から入手可能であった資料を用いるとともに）政策担当者への広範な（ただし匿名の）インタビューに基づく研究を行った成果であった。[36] キャンプスはまた、後の論文で、この著書について、草稿の段階で当時の重要な政策担当者――イギリス政府内の政策形成や六カ国との交渉に大きな役割を果たした官僚リー（Sir Frank Lee）、ブレサートン（Russell Bretherton）、フィガース（Sir Frank E. Figgures）やEEC初代委員長ハルシュタイン（Walter Hallstein）の側近メイン（Richard Mayne）など――が目を通し、内容を確認したことを明らかにしており、[37] そのことも同書の信頼性を裏打ちするものとなっている。

しかし、キャンプスの著書にも問題がないわけではない。特にキャンプスは、イギリスの第一回EEC加盟申請を促した要因として、ケネディ政権がアイゼンハワー前政権に続いてヨーロッパ統合を支持するとともに、前政権にも増してイギリスのEEC加盟を望んだことの意義を強調する。なかでも彼女は、一九六一年四月の英米首脳会談の際に、ケネディ自身がイギリス側のEEC加盟申請の意向を強く歓迎し、それを受けてマクミランが英米関係を強化するためにもEECへの加盟が欠かせないという確信を得たことが、「非常に重要で、おそらく決定的な要因」であったと思われると記したが、それは第一回EEC加盟申請直前の短期的要因を過度に強調するものとなっている。[38] このことはまた、キャンプスの著書に限られたことではなく、他の研究でも、ケネディ政権、特に同政権で経済問題担当国務次官代理に就任したボール（George W. Ball）がイギリスのEEC加盟を望んだこと、そしてマクミラン政権がケネディ政権との間でも「英米特殊関係」(Anglo-American Special Relationship)[39]を維持・強化すべくその意向に配慮したことを、第一回EEC加盟申請を促した要因として過度に強調する傾向が散見される。換言すれば、先行研究では、しばしばアイゼンハワー政権とケネディ政権の断絶に過度に着目する議論がなされる傾向にあるのである[40]。

さらに、キャンプスの著書と並ぶ代表的研究であるカイザーの著書からは、こうした傾向をより明確に見てとることができる。もちろん、カイザーの著書[41]は、これまでの先行研究のなかで最も広範にイギリス政府文書(内閣文書、首相府文書、外務省文書、大蔵省文書、商務省文書、農漁業食糧省文書)を使用したものであり、第一回EEC加盟申請に至る政策転換を扱った研究のひとつの到達点を示すものとして非常に高い評価を受けている。しかし、それにもかかわらず、カイザーの著書でも、ケネディ政権の成立という直前の短期的要因、特にマクミラン政権が「英米特殊関係」を維持するとともに、アメリカからの弾道ミサイル――第二世代の中距離弾道ミサイルたるスカイボルト(Skybolt)またはポラリス(Polaris)――の供給を確実にすべく、自国のEEC加盟を期待するアメリカ政府(特にイギリスへの弾道ミサイルの供給に消極的な態度を強めるケネディ政権)の意向に配慮した点が過度に強調されている[42]。

確かに、第二次世界大戦の英雄としての輝かしい経歴を誇るとともに、共和党の政治家のなかでもおそらく保守的といえる価値観を有していたアイゼンハワーと、弱冠四三歳で大統領に就任し、その進歩的、理想主義的な社会改革の試みで脚光を浴びたケネディという二人の大統領の間に多くの断絶を見てとることは一般的にはそれほど特異なことではない。しかし、ヨーロッパ統合とイギリスの関係をめぐる問題を考える際に留意すべきであるのは、ケネディ政権がアイゼンハワー前政権と比べてイギリスのEEC加盟に積極的になったことはよく指摘される通りであるとしても、マクミラン政権は、そうしたケネディ政権の意向が十分に固まる前にEECに加盟を申請する意向を自ら明らかにしたことである。そして、ケネディ政権は、基本的にはそうしたイギリス政府の政策転換を追認し、それを積極的に支持する立場を打ち出したのであり、それゆえに、同政権の発足の影響を過度に強調する議論には問題があると考えざるをえないのである。

　他方、近年では、いわば「カイザー以降」とでも一括りにすることができる最新の研究が発表されてきており、それらのなかでは、アイゼンハワー政権とケネディ政権の（ヨーロッパ統合やイギリスのEEC加盟問題をめぐる）断絶よりも連続性に留意する傾向が見てとれるなど、第一回EEC加盟申請直前の短期的要因が過度に強調されてきた問題点はある程度解消されつつある。例えば、S・ワードは、一九九九年に出版された『ジョン・F・ケネディとヨーロッパ』と題する共著に収録された論文で、次のように指摘している。「一九六一年一月のジョン・F・ケネディ大統領の就任は、「六カ国と七カ国」（Sixes and Sevens）の問題に関して何ら抜本的な政策の変化を引き起こさなかった。〔アメリカ政府の〕公式の見解は引き続き、イギリスのEEC加盟が六カ国の政治的な目標を弱める試みではなく、ヨーロッパ統合への本物の関与をともなうのであれば、アメリカはイギリスのEEC加盟を支持するであろうというものであった（以下を含めて本書中の〔　〕は引用注）」[43]。

　近年ではまた、マクミラン政権の第一回EEC加盟申請とその挫折について、アメリカ、イギリス、フランス、西ドイツを中心とする西側同盟内の多国間関係の観点から分析した研究も発表されている。なかでも、二〇〇〇年に出版されたO・バンゲの著書では、イギリス政府の第一回EEC加盟申請に至る政策転換について、「ヨーロッパとの新たな「和解」は、アイゼンハワー政権によって決定的に早められたのであり、この文脈においてこそ〔マクミラン〕首相の〔EECに対して〕連合（association）を求めるのではなく加盟するという決定がなされたように思われる」と指摘されている[44]。二〇〇二年に出版されたJ・G・ジアックの著書でも、ケネディ政権だけでなくアイゼンハワー政権もイギリスのEEC加盟を望んでいたことが指摘されるなど、アメリカにおける政権交代の影響を相対化する傾向を見てとることができる(45)。しかし他方で、これらの近年の研究は、いずれもマクミラン政権下で行われた第一回EEC加盟申請に至る政策転換を中心に扱ったものではなく、第一回EEC加盟申請と「英米特殊関係」の関連に関する記述・分析は断片的なものにとどまっている。

次いで、イギリスの第一回EEC加盟申請とコモンウェルスの関連という視点に立った研究もまた、数多くの研究者によって発表されてきた。もちろん、それらの先行研究も非常に多岐に渡るものであり、特にコモンウェルスの加盟国数の多さとその多様性を考慮に入れると、ここでも手短な一般化を行うことは容易ではない。しかし、それらに関しても、大きな特徴に着目することで、いくつかの種類に分類して検討することは可能であろう。

まず、近年、主にイギリスの第一回EEC加盟申請から加盟交渉の挫折に至る時期（一九六一年八月〜六三年一月）に焦点を当てて、第一回EEC加盟申請とコモンウェルスの関連について扱った研究が蓄積されてきた(46)。イギリスの第一回EEC加盟申請の大きな特徴は、さまざまな条件をともなう「条件付きの加盟申請」であったことであるが、マクミラン政権がコモンウェルス諸国との既存の関係をできるだけ維持したままでEECへの加盟を目指したことは、EEC諸国側との加盟交渉を困難なものにし、最終的に交渉を挫折させる大きな原因のひとつとなった。それゆえに、それらの先行研究を通して、第一回EEC加盟申請から加盟交渉に至る時期のコモンウェルスをめぐる議論やイギリスと六カ国の間の対立点が明らかにされてきたことは、注目すべき成果である。

他方、これまでの先行研究では、なぜそもそもマクミラン政権が一九六一年という時期にコモンウェルス諸国との伝統的関係から相対的に距離を置き、EEC加盟申請という形でヨーロッパに接近することを選択したのか、ということが十分に説明されてこなかった。特に既存の先行研究の多くでは、一九五〇年代半ば以降、コモンウェルス諸国の経済成長や市場規模の拡大が西ヨーロッパ諸国と比べて大きく見劣りするようになったこと、西ヨーロッパ諸国間をはじめ世界的に貿易自由化が進むなかでコモンウェルス諸国の多くでは国際収支悪化や輸入代替政策のために保護主義が強化されたことなど、かなり一般的な要因を指摘することで、第一回EEC加盟申請に至る政策転換の説明がなされてきたといえる。(47) もちろん、それらの要因がマクミラン政権の第一回EEC加盟申請に向けた政策転換に対して何らかの影響を及ぼしたことは事実であろう。しかしながら、それらの一般的な要因を指摘するだけでは、マクミラン政権がなぜ一九六一年の段階で、いぜんとしてコモンウェルス諸国との貿易総額がEEC諸国との貿易総額を上回っていたにもかかわらず、EECに加盟を申請するという決定を下したのかということを十分に説明することができない。さらに、一九五〇年代半ばから一九六一年までの間にイギリスとコモンウェルス諸国の間でさまざまな議論や交渉が繰り返されていたことの重要性も見落とされてしまう恐れがある。

そこで、第一回EEC加盟申請に至る政策転換とコモンウェルスの関連について、これまでの先行研究の水準を越えて具体的に検討することが必要となる。その際に重要となるのが、一九五〇年代後半にイギリスと三つの旧自治領諸国（オーストラリア、ニュージーランド、カナダ）の間でそれぞれ二国間の通商協議が行われたことである。それらは、オタワ協定に代わる二つの新通商協定を生んだイギリス、オーストラリア間のオタワ協定再交渉（一九五六～五七年）、イギリス、ニュージーランド間のオタワ協定再交渉（一九五八～五九年）と、イギリス、カナダ間の二国間の自由貿易地域（Free Trade Area：FTA）案をめぐる協議（一九五七年）であり、それぞれが第一回EEC加盟申請に至る政策転換を理解するうえで重要となる。

実際、一九五〇年代半ばから一九六一年の間、イギリス政府内で既存の通商政策について多くの再検討が行われ、そのことがイギリス対外政策の相対的なコモンウェルス離れと漸進的なヨーロッパ統合への接近を促す一因となった。ところが、当時のイギリス政府の通商政策のなかでコモンウェルスとヨーロッパという二つの局面は密接に関連していたにもかかわらず、研究者の関心はヨーロッパに向きがちで、双方の局面の間で研究蓄積に大きな格差が生じているのが現状である。その背景には、（EEC諸国をひとつの単位として含む）西ヨーロッパ一七カ国間の工業製品のＦＴＡ提案――当時イギリス政府内では「Ｇ計画」（Plan G）と呼ばれた――やヨーロッパ自由貿易連合（ＥＦＴＡ）の結成、そして第一回ＥＥＣ加盟申請といったイギリス政府の一連のイニシアティブと比べて、イギリス政府の通商政策のなかで徐々に脇に追いやられていったコモンウェルス諸国との関係には研究者の関心が集まりにくかったことがあると考えられる。マクミランの回顧録のなかで、例えば西ヨーロッパ諸国間のＦＴＡ提案には計二章が割かれているのに対して、[48]同じ時期のコモンウェルス諸国との通商関係には非常に限られたページしか割かれていないことも、[49]研究者の態度に影響を与えたかもしれない。しかし、実際の理由がどこにあるにせよ、こうした状況で求められるのは、コモンウェルスとヨーロッパという二つの局面の間の研究蓄積の不均衡を是正するとともに、当時のイギリス政府の対外政策の変化についてより総合的に理解するためにも、イギリスとコモンウェルス諸国の間の具体的な通商関係について実証的な研究を積み重ねることであろう。

まず、イギリス、オーストラリア間のオタワ協定再交渉については、これまでにもいくつかの研究で扱われており、それらの多くでは、オーストラリア政府によるオタワ協定再交渉の要求がイギリス政府側のコモンウェルス離れを促した一因となったことが指摘されてきた。[50]特に二〇〇〇年に出版されたＪ・エリソンの著書――一九五五～五八年のイギリス政府の対外政策について西ヨーロッパ諸国間のＦＴＡ交渉を中心に検討したもの――では、英豪間のオタワ協定再交渉についてもイギリス政府文書（主に商務省文書）を用いてある程度まで詳しく考察されている。[51]しかし、エリソンの著書も含めて、これらの先行研究では、実際の交渉の経緯やイギリス政府の政策に関する記述・分析は断片的にしか行われておらず、さらに実証的な研究を行うことが必要となっている。イギリス、ニュージーランド間のオタワ協定再交渉についても、ニュージーランドを代表する歴史学者のひとりであるＫ・シンクレアが、当時の首相ナッシュ（Walter Nash）の伝記のなかで、主にニュージーランド政府側の政策に着目する形である程度まで詳しく考察している。[52]しかし、シンクレアの研究でもイギリス政府の政策に関する記述・分析は明らかに不十分であり、また交渉の経緯自体も十分詳細に記述されているとはいえない。

ただし、これらの先行研究の不備は、J・シングルトン、P・L・ロバートソンという二人の経済史学者の共同研究によってかなりの程度まで克服されてきた。なかでも、彼らの長年の共同研究の集大成として二〇〇二年に出版された著書では、彼らが研究拠点を置くオーストラリア、ニュージーランド側の視点に基づきつつ、両国の政府文書を広範に用いて、イギリス政府との実際の交渉の経緯も含めてそれまでで最も詳細な記述・分析が行われている[53]。しかしながら、彼らの著書をもってしても、イギリス政府の具体的な交渉方針、さらにはオーストラリア、ニュージーランドとのオタワ協定再交渉を経てイギリス政府の対外政策がどのように変化したのかという点については、十分に検討が加えられたとはいえないのが現状である。

次にイギリス、カナダ間の二国間のFTA案について見ると、それは、イギリス政府が西ヨーロッパ諸国間の多国間のFTAの実現を目指していた時期に、マクミラン政権内で考案され、カナダ政府に対して正式に提案され、二国間で協議されたものであった。そして、それら二つのFTA案は、ともにイギリス政府により提案され、一〇～一五年間程度の移行期間を経て域内の関税と輸入数量制限の撤廃を目指すものであったが[54]、結局は実現せずに終わったなど、多くの共通点を持っている。しかし、ここでも、英加FTA案は、ヨーロッパ諸国間のFTA案と比べて研究者から限られた関心しか払われてこなかった。さらに、英加FTA案への言及がある先行研究――その多くはキャンプス、カイザー、エリソンなどによるイギリスとヨーロッパ統合の関係を中心に扱った研究――でも、同案は西ヨーロッパ諸国間のFTA交渉の幕間の小さなエピソードとして位置づけられ、その評価も、イギリス政府のヨーロッパ統合への不十分な関与を印象づけ、同国政府のヨーロッパFTA設立に向けた努力を阻害したという間接的で否定的なものが目立っている[55]。

しかしながら、英加FTA案は、以下のような理由から、さらに詳細な研究を行うに値すると考えられる。第一に、英加FTA案は、上記の二つのオタワ協定再交渉と並んで、コモンウェルスとヨーロッパという二つの局面の間の研究蓄積の格差を是正するとともに、第一回EEC加盟申請に至る政策転換を促した要因について理解を深めるために重要な事例となる。第二に、同案は、マクミラン政権の貿易自由化に向けた努力といぜんとしてコモンウェルスとの関係を重視する姿勢を示すものであった点に加えて、それが成功することなく失敗に終わったことでイギリス政府の対外政策の変化に影響を及ぼした点でも注目に値する。英加FTA案は、国内製造業への打撃を懸念するカナダ政府の消極的な反応によって結局は失敗に終わったが、当時イギリスを除くコモンウェルス諸国のなかで最も工業化が進んでいたカナダにおいてさえ、イギリスとの大幅な貿易自由化を受け入れる用意が整っていなかったことは、イギリス政府にとってコモンウェルスとの通商関係強化の展望を損ない、結果的にヨーロッパ統合への接近以外の選択肢を狭めるものとなった。それゆえに、英加FTA案とその挫折について、これまでの先行研究における周辺的な扱いを越えてより詳細な研究を行う必要があると考えられるのである。

さらに、第一回EEC加盟申請とコモンウェルスの関連についてより総合的に理解を深めるためには、経済面だけでなく政治面の関係についても検討することが必要となる。その際には特に、一九六〇年から六一年にかけて南アフリカ連邦政府が共和国に移行した後もコモンウェルスに残留することを申請したものの、コモンウェルス内のアジア・アフリカ諸国政府やカナダ政府からの人種隔離政策（アパルトヘイト）への強い非難を受けてコモンウェルスからの脱退に追いこまれたことが重要な事例となる（特に一九六〇年、六一年の二度のコモンウェルス首相会議の議論が重要となる）。

確かに、南アフリカのコモンウェルス脱退については、これまでにもかなりの数の研究が蓄積されている。(56) なかでもR・ハイアムは、一九九八年に発表した論文で、南アフリカのコモンウェルス脱退に至る経緯についてイギリス政府文書を広範に用いた詳細な研究を行った。その際、彼は、当時イギリスでは機密扱いとされ未公開であった一九六一年のコモンウェルス首相会議の議事録に関しても、カナダ人で南アフリカ対外関係史の研究者であるP・ヘンショウの協力を得て、南アフリカとカナダの国立公文書館で公開されていた文書を用いることで対処するなど工夫を行った。(57) しかし、ハイアムの論文を含め、それらの先行研究では、南アフリカのコモンウェルス脱退とイギリスの第一回EEC加盟申請の関連についてはほとんど触れられておらず、南アフリカのコモンウェルス脱退という事例を戦後イギリス対外政策の転換という文脈のなかで位置づける視点は不十分なものにとどまっている。

それに対して、F・S・ノースエッジは、一九八三年に出版された『イギリスとEEC』と題する共著に収録された論文で、南アフリカのコモンウェルス脱退とイギリスの第一回EEC加盟申請の関連について考察を行っている。そのなかで彼は、人種差別問題をめぐって南アフリカがコモンウェルスからの脱退を強いられたことにより、イギリス国民の間でコモンウェルスに対する「感情の暖かさ」が損なわれたことが、第一回EEC加盟申請を促した要因のひとつとなったことを強調している。(58) しかし他方で、南アフリカのコモンウェルス脱退という直前の要因がマクミラン政権の第一回EEC加盟申請の決定に及ぼした影響を過大評価すべきでないと指摘する研究もある。例えば、S・ジョージは次のように指摘する。「イギリスの意向に反して南アフリカがコモンウェルスから事実上追放されたことは、イギリス外交政策にとってのコモンウェルスの紐帯の重要性と有用性に関する再考をいくらか惹起したかもしれない。しかし……南アフリカの問題はその申請〔イギリスの第一回EEC加盟申請のこと〕にあまりに近い時期に起こりすぎたため、その決定を補強した要因ではなく、決定的な要因であったということはできないのである(59)」。

また、より長い歴史的趨勢のなかに南アフリカのコモンウェルス脱退を位置づけることにより、それが第一回EEC加盟申請に及ぼした影響の過大評価を避けている研究もある。特に「その時期のイギリスの経済政策に関する最もよく知られた解説者の一人(60)」であったS・ブリタンは、マクミランがEEC加盟申請を決断した背景にあった要因のひとつに南アフリカの脱退に象徴されたようなコモンウェルスの性質の変化があったと指摘するが、同時にそのことは「ずっと前から明らかであった」と（手短にではあるが）付け加えており、南アフリカのコモンウェルス脱退の影響を歴史的に相対化する考えを示している。(61)

これらをまとめて考えると、確かにジョージのように、一九六一年のコモンウェルス首相会議の結果として南アフリカ政府がコモンウェルスからの脱退に追いこまれたことに焦点を絞るならば、そのことが（同じく直前に起こったケネディ政権の発足と同じく）第一回EEC加盟申請を根本的に左右した要因であったと考えることはできない。しかし、ブリタンのように、コモンウェルスの性質の変化に着目し、それを象徴した出来事として南アフリカの脱退を捉えるならば、南アフリカのコモンウェルス脱退をコモンウェルスの性質の変化というより大きな歴史的趨勢のなかで捉え直し、そのうえで第一回EEC加盟申請との関係について再考する必要は残ることになる。ところが、これまでの先行研究では、そうした視点からの記述・分析はほとんど行われてきていないのが現状である。

第3節　中期的諸変化への着目と本書のアプローチ

ここまで検討してきたように、これまでの先行研究の大きな問題点は、いくつかの重要な出来事に十分注意を払ってこなかったことに加えて、第一回EEC加盟申請に至る政策転換について、ケネディ政権の成立、南アフリカのコモンウェルス脱退、保守党から労働党への支持率流出などの直前に起こった要因にしばしば着目し、マクミラン政権期の対外政策の再編というより大きな枠組みのなかで捉えようとする視点が不足していたことにあると考えられる。(62)

もちろん、それらの要因が、第一回EEC加盟申請の決定に対して比較的直前の段階で何らかの影響を与えたことを否定することはできない。しかし、マクミラン、ヒースをはじめとする当時の主要閣僚、そしてイギリス外務省の高官や政権内外の経済専門家たちは、一九六〇年の中頃から後半までにEECへの加盟申請に向けて大きく立場を転換させていたことからも明らかなように[63]、それらの直前の変化が起きる前から第一回EEC加盟申請の前提となった彼らの大局観の転換はかなりの程度まで進んでいた。それゆえに、ケネディ政権の成立や南アフリカのコモンウェルス脱退、保守党から労働党への支持率の流出といった事態は、第一回EEC加盟申請に向けた政策転換をそれら自体で左右したというよりも、あくまで補強した要因にすぎなかったと捉える方が適切ではないかと考えられるのである。

また、一九世紀後半から始まり、二〇世紀前半の二度の世界大戦を経て顕在化したイギリスの国力の相対的衰退という長期的な要因が与えた影響も、第一回EEC加盟申請の直前に起こった要因と同じく限られたものであったと考えられる。第二次世界大戦後の歴代イギリス政府は、一九五二年に成立したECSCには直接加盟せず、一九五八年にEECとヨーロッパ原子力共同体（EURATOM）が成立した際にもそれらの原加盟国として加わることはなかった。つまり、戦後の歴代イギリス政府は、長期的な自国の相対的衰退に関する認識をある程度まで持ちつつも、一九五〇年代の後半までは、いぜんとしてヨーロッパ統合の外側にとどまるという選択を続けていたのである。

それゆえに、第一回EEC加盟申請の直前の変化や長期的なイギリスの相対的衰退といった要因と並んで、そしておそらくはそれら以上に、より「中期的」な時期に起こった変化とそれにともなうイギリス政府の対外政策再編の試みが第一回EEC加盟申請という決定に帰結することになったと考えられるのである。そこで、本書では、イギリス政府がヨーロッパ統合への消極的姿勢を大きく転換させて第一回EEC加盟申請を決定するに至った経緯を、六カ国間でEECの設立に向けた動きが始まった一九五五年からイギリスの第一回EEC加盟申請が行われた一九六一年までの約六年間にわたり検討することを通して、そうした決定に大きな影響を及ぼしたと考えられる要因について検討する。その際、特に第一回EEC加盟申請と「英米特殊関係」の関連、そして第一回EEC加盟申請とコモンウェルスの関連に着目しつつ、基本的には年代順の三部構成によって、それぞれの出来事について実証的に検討を加えていく。そして、結論において、マクミラン政権による第一回EEC加盟申請を戦後イギリス対外政策の再編の試みのなかで位置づけ、その歴史的な意義と限界の両面について評価を行う。

具体的には、まず第一回EEC加盟申請と「英米特殊関係」の関連については、イギリス公文書館（Public Record Office：PRO）[64]と、アメリカ国立公文書館（National Archives and Records Administration：NARA）所蔵の英米両国の政府文書を用いて、一九五五〜六一年の期間を通して検討を行う。特にEECとEFTA（後者については設立に至る議論・交渉を含む）が並立していた一九五九〜六一年の時期に関しては、EECだけでなく、これまでの先行研究では十分に扱われてこなかったEFTAにも目を配りより総合的に解明する。[65] EFTAは、EECと比べて存在感で劣るとはいえ、この時期のイギリス政府が追求したFTAとしてただひとつ実際に発足したものであり、それがほどなく限界に直面したことも含めて、マクミラン政権期のイギリス対外政策の特質をよく示すものである。本書では、そうした点を考慮し、英米両国の政府文書に加えて、ジュネーブのEFTA本部に保管されているEFTA文書を用いる。PRO所蔵文書としては、内閣文書（CAB）、首相府文書（PREM）、外務省文書（FO）、コモンウェルス関係省文書（DO）、NARA所蔵文書としては、国務省文書（RG五九）を中心に用いる。特に本書の大きな特徴は、これまでの先行研究がイギリス、アメリカいずれかの政府文書に依拠することがほとんどであったのに対して、英米双方の政府文書を並行して、そして必要に応じて対比させつつ用いることである。さらにPRO所蔵文書について、これまでの先行研究のなかで最も網羅的に文書を用いたカイザーの著書でも扱われていない一部の文書を用いることも、本書の特徴として挙げられる[66]（他方、イギリス政府のＥＥＣに対する政策については、カイザーの著書が本書よりもはるかに広範にＰＲＯ所蔵文書を用いているが、そのことは第一回ＥＥＣ加盟申請と「英米特殊関係」の関連により焦点を当てる本書の意義を損なうものではないと考えられる）。一九五六〜五八年のヨーロッパＦＴＡ案をめぐる議論と交渉などについてはイギリス議会文書（Command Papers）[67]が公刊されているため、ＰＲＯ所蔵の政府文書を補完する形で、そうした議会文書も用いて検討を行う。

他にも、アメリカ政府印刷局（United States Government Printing Office：USGPO）から年代ごとに出版されるアメリカ政府の外交文書集（*Foreign Relations of the United States* シリーズ）、シャルル・ドゴール研究所（Institut Charles de Gaulle）によって編纂されたドゴールの演説・談話集（*Discours et messages* シリーズ）なども必要に応じて利用する。本書ではまた、マクミランが首相を退いた後に約八年間かけて執筆した計六冊の回顧録[68]をはじめとして、英米両国を中心とする当時の政治家・官僚の回顧録や日記も広範に用いる[69]。特にマクミランの回顧録は「ほとんどの人々から冗長で、読み物としては驚くほど退屈であると考えられている[70]」とも酷評される反面、その詳細でおおむね正確な記述ゆえに研究上の価値は高い。さらに、イギリス公共放送（ＢＢＣ）の著名なジャーナリストであったＭ・チャールトンによる貴重なオーラル・ヒストリー集を用いて、上記のようなさまざまな文書・文献を補完する。それは、イギリスで当時の政府文書が公開される前の一九八三年に刊行されたもので、さまざまな証言の間には食い違いも見られるなど正確さには留保をつけざるをえない面もあるが、イギリス、ヨーロッパ大陸諸国、アメリカの政治家・官僚への広範なインタビュー（主に一九八〇年に行われたもの）に基づき、類例を見ない価値を持つものとなっている[71]。

そして、これらの文書・文献に基づき、特にアメリカ政府のヨーロッパ統合に対する立場・政策――六カ国間の超国家的な統合を強く支持する反面、ヨーロッパＦＴＡ案やＥＦＴＡなどイギリス政府主導の試みには冷淡または批判的なもの――はアイゼンハワー政権からケネディ政権にかけて基本的に変化せず、イギリス政府はさまざまな機会にアメリカ政府の立場・政策の変化を期待したが、結局は何度も裏切られた点に着目する。そして、このことを通して、政権交代によってアメリカ政府の政策が変化したこと――既に検討したように、先行研究の多くではその意義がしばしば過度に強調されてきた――よりも、そこに連続性が見られたことこそが、第一回ＥＥＣ加盟申請というイギリス政府の政策の変化を促したことを指摘する。さらに、これまでのイギリスの第一回ＥＥＣ加盟申請と英米関係の関連を扱った先行研究では政治外交面に関心が集まる傾向にあり、経済面の記述・分析が不十分でしばしばバランスを欠くことがあったのに対して、本書では、経済面も含めてより総合的な理解を深める。[72] その際、ＥＥＣやヨーロッパＦＴＡ案、ＥＦＴＡに加えて、ＧＡＴＴ、ＯＥＥＣと（それが拡大・再編された）経済協力開発機構（ＯＥＣＤ）という英米両国、ＥＥＣ諸国、ＥＦＴＡ諸国を包摂する三つの経済レジーム[73]との関係を含めて検討することとする。[74]

さらに第一回ＥＥＣ加盟申請とコモンウェルスの関連については、主にＰＲＯ所蔵のイギリス政府文書に依拠しつつ、当時の政治家・官僚の回顧録や日記なども用いて、これまでの先行研究の水準を越えた詳細な検討を行う。まずイギリスとオーストラリア、ニュージーランドとの二つのオタワ協定再交渉、イギリスとカナダとの二国間ＦＴＡ案をめぐる協議に関しては、ＰＲＯ所蔵文書について、内閣文書（ＣＡＢ）、首相府文書（ＰＲＥＭ）から大蔵省文書（Ｔ）、商務省文書（ＢＴ）、コモンウェルス関係省文書（ＤＯ）、農漁業食糧省文書（ＭＡＦ）までを包括的に用いることが本書の大きな特徴となる。英加ＦＴＡ協議については、ＰＲＯ所蔵文書に加えて、ウェブサイトで公開されているカナダ閣議議事録とカナダ外交貿易省から年代ごとに出版されるカナダ政府の対外関係文書集（*Documents on Canadian External Relations* シリーズ）を用いて、カナダ政府の政策についても検討を行う。

そして、これらの文書・文献に基づいて、一九五〇年代半ば以降、イギリスとコモンウェルスの伝統的な主要国であった旧自治領諸国の間でも、通商関係における遠心的傾向が顕在化したことを明らかにする。そのうえで、こうした遠心的傾向の顕在化によって、第一回ＥＥＣ加盟申請に至るイギリス政府の政策転換、つまり相対的なコモンウェルス離れと漸進的なヨーロッパ統合への接近が促されたことを解明する。さらに本書では、コモンウェルス諸国間の通商関係における遠心的傾向とその影響について指摘することに加えて、一九五〇年代後半に行われた三つの旧自治領との通商協議に際して、イギリス政府がコモンウェルス諸国との伝統的な通商関係をできるだけ維持――そして可能な場合には拡大――すべく努力を重ねたことにも着目する。そして、そうした態度が、第一回ＥＥＣ加盟申請をヒースが回顧録に記したような「ヨーロッパへの心からの参加」に至らない「条件付きの加盟申請」にとどめ、ひいてはＥＥＣ加盟交渉を失敗に終わらせた大きな原因のひとつとなったことを説明する。

南アフリカのコモンウェルス脱退についても、ＰＲＯ所蔵のイギリス政府文書、特に内閣文書（ＣＡＢ）、首相府文書（ＰＲＥＭ）、コモンウェルス関係省文書（ＤＯ）を用いて検討を行う。もちろん、南アフリカのコモンウェルス脱退については、先にも触れたように、一九九八年のハイアムの論文などでＰＲＯ所蔵文書を広範に用いた詳細な研究が行われている。しかしながら、実証性においては相当高い水準にあるハイアムの論文でさえも、イギリス以外のコモンウェルス諸国の政府文書（公刊されている文書集を含む）、各国の政治家・官僚の回顧録や伝記などはほとんど用いられていない。そこで、本書では、当時の南アフリカ首相フルヴールト（Hendrik Frensch Verwoerd）の演説集（*Verwoerd Speaks · Speeches 1948–1966*）やコモンウェルスに関連する複数の文書集をはじめとして、公刊されている文書集、回顧録や伝記、演説記録などを可能な限り広く用いて、これまでの先行研究を越えた広がりを持つ検討を行う。

そして、こうした文書・文献に基づいて、まずアパルトヘイトをめぐるコモンウェルス諸国間の紛糾（特に一九六〇年、六一年の二度のコモンウェルス首相会議に着目する）と最終的な南アフリカのコモンウェルス脱退に至る過程について詳細かつ多角的な視点から検討し、そのうえで南アフリカのコモンウェルス脱退をコモンウェルスの性質の変化というより大きな歴史的趨勢のなかで捉え直す。さらに、これまでの先行研究では、南アフリカのコモンウェルス脱退とイギリスの第一回EEC加盟申請の関連についてほとんど扱われていないか、あるいは扱われていても第一回EEC加盟申請への影響について諸説が入り交じっているのに対して、本書では、より歴史的、多角的な視点から、南アフリカのコモンウェルス脱退に象徴されたようなコモンウェルスの性質の変化と第一回EEC加盟申請という戦後イギリス対外政策の転換の関連について明らかにする。

最後に、本書全体の結論において、一九五〇年代中頃から一九六〇年代初頭にかけて起こった諸変化とそれらが第一回EEC加盟申請に及ぼした影響について、政治、経済の両面に着目して総合的に整理し、分析を行う。そのうえで、マクミラン政権による第一回EEC加盟申請を戦後イギリス対外政策の再編の試みのなかで位置づけ、その歴史的な意義と限界の両面、さらにはイギリス対外政策の特質について評価を行いたい。

第Ⅰ部　西ヨーロッパ、コモンウェルスとの通商関係の変容

はじめに

一九五六年六月二二日午前一〇時、ダウニング街一〇番地のイギリス首相官邸の一室に、当時の首相イーデンを筆頭として、マクミラン大蔵相、バトラー（Richard Austen Butler）玉璽尚書、ヒューム（Lord Home）コモンウェルス関係相、ソーニークロフト（Peter Thorneycroft）商務相、ヒースコート・エイモリー（Derek Heathcoat-Amory）農漁業食糧相という主要閣僚が集まった。(1) この会議は、「オーストラリアとの通商協議とヨーロッパ共同市場（a European Common Market）の問題」と題されたものであり、通常の閣議ではなく、その時々の重要な課題を扱うために少数の主要閣僚を集めて臨時に開かれたものであった。この臨時閣僚会議は、伝統的なコモンウェルス諸国との通商関係と当時まさに新たに誕生しようとしていた西ヨーロッパ諸国間の経済共同体という相互に関連した二つの局面に焦点を当て、将来にわたるイギリス政府の通商政策のあり方について大局的な見地から議論が行われた点で注目に値するものであった。(2)

そこでは特に、当時ヨーロッパ大陸六カ国政府がＥＥＣの結成に向けた議論を進めており、オーストラリア政府がイギリスとの特恵貿易関係を定めたオタワ協定の再交渉を要求していたという状況を受けて、西ヨーロッパ、コモンウェルス双方との将来にわたる通商関係について少なからぬ憂慮をもって議論が交わされた。そうしたなかで中心となり議論を引っ張ったのは経済政策を担当する閣僚であったソーニークロフトとマクミランの二人であったが、彼らによれば、当時イギリス政府が直面していた問題とは、「両方の世界における最良の状態」(best of both worlds)とも表現された通商上の恵まれた立場を失いつつあることであった。それまでイギリスの輸出産業は、西ヨーロッパ諸国市場ではGATTに基づく最恵国待遇とOEECを通した輸入数量制限の削減を中心とする漸進的な貿易自由化の利益を享受しており、コモンウェルス諸国市場でもオタワ協定とスターリング圏の存在に基づく有利な(つまり非コモンウェルス諸国に対して差別的な)立場を確保してきた。しかしながら、ヨーロッパ大陸諸国間で全般的な経済統合に向けた議論が進められ、コモンウェルス特恵制度の将来への不安も高まるなかで、イギリス政府・産業はそれら双方がともに切り崩されかねないという深刻な状況に直面しつつあったのである。[3]

以下の第I部では、こうした当時のイギリス対外政策をめぐる状況に着目し、まず第1章で、ヨーロッパ大陸六カ国間でのEEC結成に向けた試みの開始とそれに対するイギリス政府の対応について検討を行う。その際に特に注目されるのは、イギリス政府の政策決定者たちが、彼らの当初の想定に反して六カ国間でのEEC結成に向けた交渉が徐々に進展していくなかで、ヨーロッパ統合の動きに加わらなければ六カ国市場での最恵国待遇を失いかねないが、他方でヨーロッパ統合に加わればコモンウェルス諸国との既存の特恵関係が損なわれかねないという「厄介なジレンマ」(an awkward dilemma)[4]に直面したことであった。こうした状況のなかで、当時のイーデン政権は、一九五五年末には六カ国代表とのEECの設立に向けた協議から離脱し、いったんはヨーロッパ統合の外側にとどまることを選択した。しかしながら、その後、六カ国間での交渉が進展を見せるなかで、イギリス政府は、既存のコモンウェルス特恵制度を維持しつつ、六カ国市場での無差別待遇も確保すべく、後のヨーロッパFTA案(詳しくは第3章を参照)につながるようなさまざまな試行錯誤を重ねていくことになる。

次いで、第2章では、一九五〇年代半ばから後半にかけて行われたイギリス、オーストラリア間、イギリス、ニュージーランド間の二つのオタワ協定再交渉をとりあげることにより、当時のイギリスとコモンウェルス諸国

（特に旧自治領諸国）間の特恵関係の変化について詳細な検討を行う。特にそれら二つのオタワ協定再交渉を通して、イギリス政府が、短期的にはコモンウェルス諸国市場での特恵待遇を可能な限り維持することを目指しつつも、将来に向けて、コモンウェルス諸国との通商関係の限界を強く認識するようになったことに着目する。そして、そのことが、一九六一年に行われた第一回ＥＥＣ加盟申請につながるイギリス政府の対外政策の再編の試みのあり方、つまり相対的なコモンウェルス離れと漸進的なヨーロッパ統合への接近を規定するひとつの大きな要因となったことを指摘する。

第1章　メッシーナ・イニシアティブとイギリス政府の対応　一九五五～五六年

第1節　ヨーロッパ統合の「再着手」

一九五五年六月一～二日、シチリア島東部に位置する港湾都市メッシーナにおいて、ＥＣＳＣ諸国の閣僚級会議が開催された。そこでは、開会演説のなかで「ヨーロッパ建設のさらなる礎石」を据えることを訴えた開催国イタリアのマルティーノ（Gaetano Martino）外相をはじめとして、[1]フランス外相ピネー（Antoine Pinay）、西ドイツ外務政務次官ハルシュタインなど各国から外相級の代表が出席し、それまでの石炭・鉄鋼分野における統合をその他の経済分野にまで大きく拡大することが決議された。この決議では、「彼らは共通の制度の発達、国家経済の漸進的な融合、共同市場の創設、彼らの社会政策の漸進的な平準化（harmonisation）を通して、統合されたヨーロッパ（a united Europe）を設立するために努力する必要があると考える」ことが明記され、特に交通・運輸、エネルギー、原子力の平和利用という三つの分野での統合と共同市場の形成が目標として打ち出された。この決議は、閣僚級会議が開催された場所から「メッシーナ決議」と呼ばれ、その後の六カ国間のＥＥＣ、ＥＵＲＡＴＯＭの設立に向けた動きの出発点となった。[2]

こうして六カ国政府の代表によりメッシーナ決議が行われた背景には、当時ヨーロッパ統合の動きが停滞する様相を呈していたことがあった。確かに、一九五二年八月に六カ国間で結成されたECSCを通して、一九五三年には石炭・鉄鋼の共同市場が発足しており、石炭・鉄鋼という限定的ではあるが、各国の産業の中核をなすとともに軍需産業の基盤となる点でも極めて重要と考えられた分野での統合はおおむねうまく機能しているようにも見えた。さらに、一九五〇年六月に朝鮮戦争が勃発して以降焦眉の課題となっていた西ドイツ再軍備問題に関しても、超国家的なヨーロッパ軍を設立し、そこに西ドイツ軍を組み込むことで同国の再軍備を周辺諸国に過度に脅威感を与えない形で実現することを目指すヨーロッパ防衛共同体（EDC）条約が、一九五二年五月にECSCと同じ六カ国の代表により調印された。しかし、長期にわたる困難な議論を経て、スターリンの死去、朝鮮戦争の休戦協定の締結、さらにはフランスにおけるマンデス・フランス（Pierre Mendès-France）内閣の成立（一九五四年六月）を大きな契機として、同年八月三〇日にはフランス国民議会でEDC条約の批准の審議を打ち切ることが決定され、同条約は結局のところ成立することなく葬り去られた。EDC条約の挫折によって、ECSCとEDCを合わせてより全般的な統合を進めることを目指したヨーロッパ政治共同体（EPC）条約も結局棚上げにされた。(3) さらに、EDC条約の挫折によって、EDC条約と同時に発効することが定められていた西ドイツの主権回復と再軍備に関する条約も棚上げにされることになり、それらをいかにして周辺諸国（特にフランス政府と国民）に受け入れられる形で達成するかという重い課題が残されることになった。

こうした危機に際して、積極的にリーダーシップを発揮し事態の収拾に大きく貢献したのは、イギリスのチャーチル保守党政権、なかでも当時外相を務めていたイーデンであった。彼は、EDC条約の挫折直後という厳しい情勢のなかで、関係各国の首都を相次ぎ訪問し、西ヨーロッパ諸国間の既存の集団防衛機構であったブリュッセル条約機構――一九四八年三月にイギリス、フランス、ベルギー、オランダ、ルクセンブルクの間で設立された――を

図2　メッシーナ会議での6カ国政府代表

左から，オランダ外相ベイエン，イタリア外相マルティーノ，ルクセンブルク首相兼外相ベッシュ，フランス外相ピネー，西ドイツ外務政務次官ハルシュタイン，ベルギー外相スパーク。

出典）Audiovisual Library of the European Commission.

改編して同様に超国家性を持たないＷＥＵを設立し、西ドイツのＷＥＵおよびＮＡＴＯへの加入と同国の主権回復と再軍備を達成する合意を取りまとめることに成功した[4]。こうして、イーデンを中心とするイギリス政府のイニシアティブが功を奏する形で、西ドイツの戦後処理問題の解決がさらに長引くという最悪の事態は回避されたのである。

しかし他方で、ＥＤＣ条約が失敗に終わったことは、ヨーロッパ大陸諸国間の統合の試みにとっては大きな挫折を意味し、また外交や安全保障という国家主権の根幹にかかわる分野において超国家的統合を推進することの困難さを強く印象づけるものであった。そうした状況で、ＥＣＳＣ最高機関（High Authority）議長を務めていたフランスのモネ（Jean Monnet）とともに、ベネルクス諸国政府、特にベルギー外相スパーク（Paul-Henri Spaak）、オランダ外相ベイエン（Johan Willem Beyen）、ルクセンブルク首相兼外相ベッシュ（Joseph Bech）がイニシアティブを発揮し、まずはより穏当と考えられた経済分野を中心とした統合により（しかもECSCやEDCよりも超国家性を抑制した形で）、ヨーロッパ統合の「再着手」（relaunch）を図ろうとしたのが、メッシーナ決議の動きであったと捉えることができる。

ところが、一九五五年当時に至るまでヨーロッパ統合の動きに直接関与することを控えていたイギリス政府――同年四月、当時八〇歳と高齢であったチャーチルが首相を辞任し、長年にわたり彼の下で外相を務めてきたイーデンが後継首相に就任していた――は、EDC条約の挫折に至ったような六カ国間の足並みの乱れを見て、メッシーナ決議という「野心的」な試みも結局は失敗するに違いないという考えを抱くことになった。当時は共同市場構想へのフランス政府の消極性や西ドイツ経済界の反発がしばしば指摘されていたが、それらもまた、メッシーナ・イニシアティブが成功する見込みは低いという判断がなされる根拠となった。(5) また、イギリスとECSCとの協力関係協定が最高機関議長モネ(6)をはじめとするECSC側からも歓迎されたこと、そして自国のリーダーシップの下で西ドイツの主権回復・再軍備という戦後処理の最大の課題を解決に導いたことへの自負もあり、当時、「イギリス政府内には、六カ国との関係は満足すべき形で解決されたというもっともな感覚が存在した」。(7)

さらに、第二次世界大戦後、アトリー政権、チャーチル政権は、ブリュッセル条約機構、OEEC、NATO、ヨーロッパ審議会、WEUなどの設立に際してほとんど例外なく中心的な役割を果たし、それらを自らの望む政府間主義的機構に導くことに成功していた。つまり、イギリス政府は、一九五〇年代半ばに至るまで、西ヨーロッパ内部において多くの点で主導的な地位を占めることに成功していたのである。(8) それゆえに、ECSC諸国政府によるメッシーナ決議の動きに対しても、当初は過度に警戒する必要はないという感覚が持たれたとしても、さほど驚くには当たらないであろう。

他方、一九五五年二月には、フランスで、ヨーロッパ統合に消極的な態度をとる傾向にあったマンデス・フランス内閣が議会での内閣不信任案の可決により崩壊し、その後を継いでE・フォール（Edgar J. Faure）が（短命に終わった一九五二年一〜三月の第一次内閣に続いて）二度目の内閣を組閣していた。そして、フランスのE・フォール新内閣には、シューマン（Robert Schuman）法相をはじめとして、複数の連邦主義者、親ヨーロッパ派が入閣するなど、ヨーロッパ大陸諸国の側では前年八月にEDC条約が挫折した時とは異なる状況も立ち現れてきていた(9)。ただし、益田実が指摘する通り、フランス政府、特にメッシーナ会議に政府代表として出席したピネーは、メッシーナ決議を公表することには賛成したものの、原子力の平和利用分野の統合への積極性（フランス政府は巨額の費用を必要とする原子力技術の開発を共同体の枠組みで進めることを狙っていた）とは裏腹に、共同市場に関しては、かなりためらいがちに、あくまでその設立に向けた協議に入ることのみに同意したにすぎなかったことは確認しておく必要がある。すなわち、「核エネルギイ分野での超国家主権的統合にはフランスは最初から極めて積極的であり、結局、この核エネルギイの統合構想を危機にさらしたくないとの考慮および、EDCに続いて再びフランスのために統合運動が行き詰まったとの批判を回避したいとの考慮が、フランスの対応を決定し、メッシナ会談ではフランスの共同市場構想へのとりあえずの合意が確保された(10)」。

しかしまた、マンデス・フランスからE・フォールへの政権交代やフランス政府の原子力の平和利用分野の統合への積極性――そしてそれゆえに共同市場に向けた交渉にも関与していくという姿勢――にもかかわらず、イギリス政府内では、フランス政府はその伝統的な保護主義ゆえに共同市場を受け入れないであろうという見方が引き続き広く持たれていたことは(11)、後には深刻な誤算であったことが明らかになっていく。実際、後年になり、ヒースが「イギリス政府はメッシーナ会議の重要性をひどく過小評価していた」と振り返り、マクミランが「疑いなく私たちはその危険性に対してもっと警戒的であるべきであったのだ」と悔やんだように(12)、メッシーナ決議に端を発した共同市場の形成に向けた動きは、さまざまな紆余曲折を経つつも最終的にEECの設立に結実していくことになるのである。

もちろん、当時から、もし共同市場の結成に向けた動きが成功したならば、そこから排除されることによる経済的不利益は石炭・鉄鋼という限られた分野を対象としていたＥＣＳＣの場合よりもはるかに大きなものになるという認識は存在した。それゆえに、イギリス政府内でも、大蔵省や（特に）商務省などの経済省庁を中心に、そうした経済面での潜在的な不利益への懸念が見られたのは確かである。[13] しかし他方で、イギリス政府内ではしばしば、六カ国政府が目指す共同市場は経済、政治の両面で閉鎖的な地域ブロックを形成するものであり、ＧＡＴＴやＯＥＥＣを通して目指された多角的貿易自由化の原則に反するだけでなく、西ヨーロッパ諸国（そして大西洋同盟）の結束を脅かすものであると捉えられた。また当時のイギリス政府内では、帝国・コモンウェルス、大西洋同盟、西ヨーロッパの結節点に位置することにより米ソと肩を並べる世界的大国としての地位・役割を維持することができるとする「三つのサークル・ドクトリン」が対外政策の根幹を形成していたが、もしイギリスが共同市場に参加すれば、「三つのサークル」のなかで西ヨーロッパよりも優先順位が高いとされた帝国・コモンウェルス、アメリカとの関係が切り崩されかねないことも懸念された。そしてさらに、①共同市場を管理するために必要になると考えられた超国家性は受け入れがたい、②フランス政府の利益に合致する共同市場の枠組みでの保護主義的な農業政策が実施され、それを受け入れたならば、それまでイギリス市場への安価な食糧輸入を保証するとともにイギリス製品に有利な市場を提供してきたコモンウェルス特恵制度が阻害されるといった考慮もあり、イギリス政府はメッシーナ決議の動きに対しておおむね消極的な反応を示したのである。[14]

第2節　スパーク委員会とイギリス政府代表の離脱

その後、一九五五年七月九日からは、メッシーナ決議を受けて各国政府代表で構成される政府間委員会（inter-governmental committee）が設置され、ブリュッセル郊外を舞台に共同市場の形成や原子力の平和利用分野の統合を目指した議論が進められた。この政府間委員会は、一般に「スパーク委員会」（Spaak Committee）と呼ばれたように、ベルギー外相スパークが委員長を務め、他の五カ国からも代表が派遣された。メッシーナ決議で「ＷＥＵのメンバーであり、ＥＣＳＣとも協力関係にある国家」と記されたイギリス政府にも正式に招待状が届けられた。六カ国政府からの招待を受けたイギリス政府は、政府内での議論を経て、スパーク委員会に「代理人」（representative）として商務省事務次官代理のブレサートン[15]を派遣することを決定した。しかし、ブレサートンがスパーク委員会に「代理人」として派遣されたことは、当初、大蔵省や蔵相バトラーが中心となり主張していた「オブザーバー」（observer）の派遣と比べれば一歩踏み込んだ対応であったとはいえ、六カ国政府が閣僚クラスの正式な「代表」（delegate）を送り込んだことと比べればやはり大きな落差があった。それは、スパーク委員会の議論と決定に深く関与することを避けようとするイギリス政府の意図を強く示唆するものであった。また、外務省や大蔵省ではなく、商務省から官僚が派遣されたことは、当時のイギリス政府が、メッシーナ・イニシアティブの経済的な（さらにいえば通商上の）側面にはある程度注意を払いつつも、その政治的意義を十分に把握していなかったことを象徴的に示すものであったと考えられる。

確かに、イギリス政府内では、ヨーロッパ大陸六カ国間の統合に反対しているという批判を受けかねないという懸念もあり、スパーク委員会に最初からまったく参加しないという選択肢がとられることはなかった[16]。そして、そうした判断と決定がなされたことに着目して、ＥＣＳＣやＥＤＣの試みへの初期の対応と比べて、イギリス政府がより踏み込んだ決定を行ったと評価することは不可能ではないかもしれない。しかし、それにもかかわらず、他の六カ国政府と比べて、イギリス政府のメッシーナ決議とスパーク委員会への対応がおおむね消極的なものに終始したことは否定しがたいことであった。

その後、ブレサートンは、（夏季休暇も挟んで）スパーク委員会での議論が進められるなかで、具体的な関与を行うことを避けつつ議論を自国に有利なものに導くという困難な役割を果すべく奮闘したが、思うような成果をあげることはできなかった。例えば、ブレサートンは、共同市場を実現する具体的な方策として、外部に対して開放的なＦＴＡを設立することが望ましいと訴えた。しかし、そうした主張は、（共通域外関税をともなわないＦＴＡは過度に自由主義的であると考える）フランス政府の反発や技術的問題への懸念、そしてＦＴＡはヨーロッパの政治統合の観点から緊密さに欠けるといった大陸諸国側の立場を前に、受け入れられることなく終わった[17]。結局、スパーク委員会での議論を経て採用されることになるのは、域内の貿易自由化だけでなく、第三国からの輸入に対する共通域外関税を設定する関税同盟であった。しかしそれは、イギリス政府の立場からは、コモンウェルス特恵制度との両立が極めて困難であり、容易に受け入れられるものではなかった。

八月三日には、フランス政府からスパーク委員会に代表として派遣された大蔵省対外経済局長クラピエ(Bernard Clappier)が、ブレサートンと非公式の会話を行った。そのなかでクラピエは、彼が見る限りではと断ったうえで、「フランスは、ただひとつの条件、つまりイギリスもその作業に参加するか、または何らかの方法でそれと緊密に協力するかが満たされるならば、共同市場に向けて相当に長い道のりをかなり早急に進む用意があるでしょう」と述べ、逆に「イギリスが現在進行していることから離脱するようならば、フランスは何の動きもとらないであろう」という考えを示した（後年のブレサートンの回顧によれば、イタリア政府代表もほぼ同様の立場を示した)[18]。L・ケインの指摘によれば、こうしたクラピエの発言は、フランス政府はメッシーナ・イニシアティブの成功に自信を持っていないというイギリス外務省の見解を補強するものであった[19]。確かにそれはいかに非公式の場でなされた個人的な発言であったとしても、それまでのイギリス政府の判断を修正するのではなく、明らかに補強する方向で働く要因になったと考えられるのである。

その後、九月上旬には、オランダ北部の北海沿いの保養地ノルトワイクで、スパーク委員会の進展について検討する外相会議が開かれた。しかし、クラピエの発言の影響もあり、イギリス政府は、六カ国政府の要請にもかかわらず、当時の外相マクミランを派遣することを拒んだ（それに対して、六カ国側は、代わりに官僚を派遣するというイギリス政府の申し出を断った）。確かに、マクミランがノルトワイクでの外相会議に派遣されなかったことには、ヨーロッパ統合をめぐる議論とは別の要因も関係していた。ちょうど同じ頃、八月二九日から九月七日にかけて、ロンドンのランカスター・ハウスを舞台に、英領キプロスにおけるナショナリズムへの対処の方法をめぐりイギリス、ギリシャ、トルコ三カ国外相による「東地中海・キプロス会議」が開かれており、マクミランによれば、「私はそれに私のすべての仕事のなかで第一の優先順位を与えていた」[20]。外務省官僚であったヘンダーソン（Sir Nicholas Henderson）が後年のテレビ番組で証言したところによると、マクミランは、「もし彼らが私に質問をしてきたら、私はキプロスで忙しいと伝えるように」と外務省のスタッフに指示していた[21]。

しかし、キャンプスが、「私は、そのときボートは乗り過ごされたといえると思う。……キプロス〔をめぐる問題〕が閣僚の関心を争っていたものの、私は〔イギリスの閣僚がノルトワイクに〕行かなかったことは誤りだったと考えている」[22]と評価したように、この時点までには、六カ国とイギリスの間に大きな溝ができてしまっていた。もちろん、ノルトワイクでの六カ国外相会議では、スパーク委員会の最初の報告が行われ、同委員会での議論が共同市場と原子力共同体の設立に集約されつつあったことが明らかになったとはいえ[23]、この時点では、いぜんとして六カ国政府間の立場の違いも大きく、EEC、EURATOMの結成に向けた道のりはまだまだ長いものであった。しかし、その後、一〇月三日に行われたスパーク委員会の運営委員会では、スパーク自身が最終報告書の起草は六カ国代表のみで行うという決定を一方的に下し、留保を保ったままの姿勢を崩そうとしないイギリス代表を排除する立場を示すなど、六カ国側のイギリス政府へのいらだちは明らかに強まっていった[24]。

そうしたなかで、イギリス政府内では、関係省庁の官僚による省庁間委員会での検討を経て、一一月一一日に蔵相バトラーを議長として閣僚級の経済政策委員会（Economic Policy Committee）が開かれ、スパーク委員会からの離脱につながる決定がなされた。この経済政策委員会会合では、共同市場に参加することは、①イギリスが主導的な地位を占めてきたOEECの枠組みを損なう、②多角的貿易自由化という政策に反する、③コモンウェルス特恵制度の終焉を招きかねないという理由から、自国の国益に反するとして原則的に意見が一致したのである。さらに、スパーク委員会で議論されている諸提案は、西ヨーロッパ諸国を分断し、アメリカに対して差別的なブロックを形成することにつながるという否定的な評価も下された。そして同委員会では、「より現実的な政策を採用する」よう説得することが可能であると考えられた西ドイツ政府とともに、アメリカ政府に対しても、その支持を獲得するために、「ヨーロッパの経済協力に関する私たちの見解が非公式に説明されるべきである」と結論づけられた。その際、アメリカ政府には、ヨーロッパ諸国間の政治統合に対して理想主義的な立場から支持を与えつつも、他方で多角的貿易体制を推進するという二律背反した姿勢が見られるとして、イギリス政府としては、後者に訴えかけていくことによりアメリカ政府からイギリスとOEECに対する支持を引き出すことができるのではないかという見通しも示された[25]。

最終的にイギリス政府代表がスパーク委員会から離脱することが決定的となったのは、一一月六日にパリのOEEC本部で開かれたOEEC諸国常駐代表間の非公式会合においてであった。この日の昼食会を主催したイギリス政府常駐代表（かつ常駐代表レベルのOEEC理事会議長）のエリス・リース（Sir Hugh Ellis-Rees）は、昼食後の非公式会合で、「六カ国による分離されかつ調整されないイニシアティブ」はOEECの存在を脅かすものであるという懸念を述べ、共同市場設立の試みに対してあくまでOEECを重視する姿勢を明確にした(26)。

こうしてイギリス政府代表のスパーク委員会からの離脱が決定的となったが、そのことにより、イギリスが（後に設立されることになる）EEC、EURATOMの原加盟国とならないことも事実上確定した。このことは、後から振り返るならば、例えばソーニークロフトが「私たちがヨーロッパ共同体を形成すべきであったまさにその時、私たちは傍観していたのだ（we were on the sidelines）」と述べ、バトラーが「それが、私たちが今日のヨーロッパ経済共同体に関して失敗しはじめたところであったというのが、私自身の考えである」と述懐したように(27)、「イギリスが自らにとって好ましい類のヨーロッパを創造しようとする試みのなかで犯した、おそらく最大の戦術的な誤りであった(28)」とも指摘されるものである。実際、ここでイギリス政府が、ローマ条約の起草からEECの設立につながっていくことになる議論に参加する道を自ら閉ざしたことは、EECの基本的な制度設計に自国の国益を反映させる機会を逃すことを意味した。そして、そのことが、その後の歴代イギリス政府がヨーロッパ統合内で「厄介なパートナー」として位置づけられていく大きな原因にもなったと考えられるのである。

しかし他方で、当時のイギリス政府内では、いぜんとしてスパーク委員会の試みは失敗する可能性が高いという見方が広く共有されていた。そのことから、西ヨーロッパ諸国間の分裂を防ぐためにも、メッシーナ・イニシアティブに対して何らかの代替案を示す必要があるという認識も抱かれることになった。そうしたなかで、イギリス政府が最終的に選択したのは、一一月一七日に西ドイツ、アメリカ両国政府に対して（先に言及したような）非公式の働きかけを行うとともに、他の五カ国政府に対しても既存のOEECを通した漸進的な域内貿易自由化を訴えていくという方針であった。OEECは、超国家性を持たない政府間主義的機構であるためイギリス自身の国益の観点からより望ましいと考えられたが、さらに共同市場という大胆な試みよりも、既存のOEECを通した漸進的な貿易自由化の方がより実現可能性が高いという判断もなされていた。それに加えて重要であったのは、OEECは、その本部こそ一九四八年の設立当初からパリに置かれていたものの、最も重要な意思決定機関である理事会（閣僚レベル、常駐代表レベル）では長らくイギリス政府代表が議長を務めており、イギリス政府にとって明らかにリーダーシップを発揮しやすい環境にあったことである（その後も毎年行われる選挙において、イギリス政府代表がOEEC理事会議長に選出される状況は続いていく）。[29] そうした有利な制度的環境もまた、イギリス政府がOEECの枠組みを最大限に維持し、活用することを望んだ背景にあったと考えられるのである。[30]

それに対して、六カ国側では、イタリア外相マルティーノが、英駐イタリア大使クラーク（Sir Ashley Clarke）との会談で、共同市場へのイギリス政府の不満に理解を示しつつも、より緊密なヨーロッパ統合を推進するという政治的目標を持つメッシーナ・イニシアティブが成果を生み出すためにあらゆる努力をする意志があると述べるなど、引き続き共同市場と原子力共同体の実現に向けた強いコミットメントが見られた。[31] さらに、ベルギー、オランダ両国政府からは、スパーク委員会から離脱するというイギリス政府の決定とスパーク委員会の努力を切り崩す試みとも受けとることができる西ドイツ、アメリカ両国政府への働きかけに対して厳しい批判が展開された。一二月一四日のWEU閣僚理事会で、マクミランは、スパーク委員会から離脱する理由として、①イギリスのコモンウェルス諸国との関係、②共同市場の外部への閉鎖性、③共同市場はOEECの働きを妨害するものであるといった点を示し、「私たちの宣言は六カ国の計画への非難ではなく、私たちはヨーロッパを統一しようとする過程でそれを分裂させてはならないという警告なのである」と述べたが、それにはスパークとベイエンから強い批判が浴びせかけられた。[32] そうしたことから、結局、この時期の「イギリス外交は疑いと不信という遺産を残し、「六カ国」を結束させることにだけ役立った」のであり、「このエピソードの後、ヨーロッパにおけるあらゆるイギリスの外交的な動きは、六カ国による疑念をもって迎えられたとしてもほとんど驚くにはあたらなかった[33]」という事態を招くことになった。

イギリス政府の政策決定者たちにさらなる困難を突き付けたのは、彼らの見通しと期待に反して、アメリカ政府からも少なからぬ反発が見られたことであった。確かに、当時のアイゼンハワー政権内部には、ヨーロッパ統合について、それが将来独立した第三勢力となる可能性を見越して懐疑的な見方をしていた者もあった。しかし、アイゼンハワーをはじめとして、ダレス（John Foster Dulles）国務長官、ディロン（C. Douglas Dillon）経済問題担当国務次官代理など政権の中枢では、六カ国間のヨーロッパ統合に対する強い支持がほぼ一貫して見られた。彼らの間に共通していたのは、統合されたヨーロッパという理念への共感とともに、ヨーロッパ統合を、フランス、西ドイツ両国間の和解を確実にすることで西ヨーロッパ諸国間の関係を安定させ、さらに（西ドイツを緊密に西側陣営に結びつけるとともに、より自立して共産主義の脅威に対抗することができる西ヨーロッパを形成することで）西側同盟全体の強化にも貢献するものとして、積極的に支持する立場であった[34]。

それに対して、イギリス政府は、六カ国間のヨーロッパ統合が保護主義的な地域ブロックを形成することや、アメリカ、ソ連から自立した第三勢力に転じる可能性を懸念し、またそれらをアメリカ政府に対して説得を行う際の材料に用いようとした。しかし、結局、アメリカ政府側ではそうした懸念は大きなものとはならなかった。例えば、アイゼンハワーが回顧録に記した「ローマ条約のいくつかの条項は、ヨーロッパとその他の外部世界の諸国との貿易をある程度まで抑制することになるかもしれないが、強力なヨーロッパ合衆国の建設ということは、一つの夢であったし、私はいつの日か、それが実現することを期待したのである」という一節は、彼の「ヨーロッパ合衆国」への理想主義的な共感とヨーロッパ統合の保護主義的側面への寛容さを示しており、西ヨーロッパ諸国が第三勢力を形成すれば「アメリカはいくらか手を引き、くつろぐことを許されるだろう」という彼の言葉からは、ヨーロッパ統合の第三勢力化を懸念するよりも、むしろ期待する立場を見てとることができる。[35] ダレスもまた、ヨーロッパ統合の第三勢力化の可能性に強い懸念を抱いていなかった。彼によれば、「西ヨーロッパ諸国とアメリカは似通った宗教、文化、その他の基本的類似性を持ち、西洋文明の一部分を構成している」のであり、西ヨーロッパ諸国が第三勢力化しても、アメリカとの緊密な関係を保ち続けることはほぼ間違いないのであった。[36]

一二月一五日には、北大西洋理事会がパリで開催された機会にマクミランとダレスが会談を行った。そこで、マクミランは、イギリス政府は共同市場に参加することはできないこと、共同市場が「高い関税障壁を持つ制限された貿易圏」に発展することを懸念しているという立場を伝えた。それに対して、ダレスは、ドイツの再統一に向けた進展が見られないなかで、（西ドイツ政府が再統一を求めるあまりにソ連に接近することを防ぐためにも）ドイツ人たちの想像力に訴えかけ、それに何らかの方向性と勢いを与えることが必要であり、そのためにも六カ国間の統合を推進すべきであるという考えを披露した。しかし、それと同時に、ダレスは、六カ国間の統合が妨げられることは望まないとしつつも、「均衡を保つ」必要があるというイギリス政府の見解は理解すると述べ、六カ国間の統合が高関税の関税同盟（Zollverein）――一八三四年にプロイセンが中心となり形成された「ドイツ関税同盟」（Deutscher Zollverein）を明確に連想させる語句が用いられた――に発展することは許されるべきでないという考え方にも同意した。[37] 他方、スパークは、一二月一七日にパリでダレスと会談した際、イギリス政府は共同市場への「激しい攻撃」に着手したとして厳しく批判する姿勢を示した。それに対して、ダレスは、アイゼンハワーと彼自身がヨーロッパ統合について抱く深い共感と関心について述べ、翌年一月にイギリス首相イーデンがアメリカを訪問する際に、ヨーロッパ統合の問題についても「疑いなく議論されるであろう」としてスパークを安心させた。[38]

一九五六年一月三〇日～二月一日、イーデンと前年一二月の内閣改造で国防相から外相に昇格したロイド（Selwyn Lloyd）――それまで外相を務めていたマクミランは、経済運営に批判が集まっていたバトラーに代わり蔵相に就任していた[39]――がワシントンを訪問し、英米首脳会談が行われた。この首脳会談に向けた準備の過程では、駐米大使メイキンズ（Sir Roger Makins）が国務省スタッフとの会合の際に、ヨーロッパ統合をめぐる問題を主要議題から外したいというイーデンの意向を事前に伝えており[40]、実際の首脳会談でも中東、極東、東南アジアなど第三世界の情勢が議論の中心を占めた。しかし、ヨーロッパ統合という重要な問題を完全に議題から外すことはできず、そのことについても一月三〇日の会合でとりあげられた。そこでは、ロイドが、共同市場はそもそも成立するかどうか疑わしいうえに、仮に成立したとしても、共同市場諸国政府により保護主義的な共通域外関税が設定されることは受け入れがたいとして、西ヨーロッパ諸国を強化する枠組みとしてはOEEC、WEU、NATOが重要であるという考え方を強調した。それに対して、アメリカ政府側からは、イギリス政府はヨーロッパ統合に関して「無分別に」敵対的な態度をとっているという厳しい見方が示されるなど、この問題をめぐり両国政府間の立場の相違が浮き彫りとなった[41]。

さらにこの時期、共同市場の結成に向けた動きが徐々に進展を見せるなかで、イギリス政府内では、マクミランが回顧録で「私たちはどうすべきであるのか。ただ座して最善を望むだけなのか。もしそうすれば、私たちにとって非常に危険なのではないであろうか」と記したような焦りと危機感が高まることになった。マクミランの懸念は、もし共同市場が成立すれば、歴代イギリス政府が二つの世界大戦を通して阻止しようとしてきたはずの西ヨーロッパ内部でのドイツの優越が、経済的手段を通して実質的に達成されるのを許すことになりかねないという点にあった。さらにマクミランの回顧録の記述によれば、当時のイギリス政府が直面していた対外政策上の課題は、大きな歴史的、地政学的視点から見れば、次のように要約できるものであった。

もちろん、ロシアとアメリカの国力が大きく増大したことにより、復興したドイツの危険というものは以前ほど恐ろしいものではなくなっている。……しかしながら、私は、世界がロシアの勢力圏、アメリカの勢力圏、そして私たちが加わっていない統合されたヨーロッパへと分化していくという見通しを好きになることはできない。この課題を提示することは容易であるが、それを解決するのは困難である。それは、スターリング圏とコモンウェルスの指導国としての私たちの立場とヨーロッパにおける私たちの地位をどのようにして調和させるのかということである。

そして、先に触れた通り、イーデンとロイドの訪米の際に明らかになったようなアイゼンハワー政権からの厳しい批判もあり、イギリス政府内では、ヨーロッパ統合に関して、「私たちは後ろ向きの行動をとっているだけと見られないことが重要である。私たちは前進とみなされるような自らの提案を行うことが必要である」という認識が強まるようになっていくのである(42)。

だが、この時期、六カ国側では共同市場の発足に向けた見通しをさらに高める変化が生じていた。なかでも重要であったのは、フランスの総選挙の結果、一九五六年二月一日に、社会党のモレ（Guy Mollet）を首相とする新たな政権が誕生したことであった。このモレ政権は、熱心なヨーロッパ統合主義者として知られた首相自身や新たに外相の座に就いたピノー（Christian Pineau）をはじめとして、ヨーロッパ統合に積極的な立場をとる人物を多く含む陣容となっていた。さらに、モレ政権は、有力なキリスト教民主主義政党の人民共和運動（ＭＲＰ）から実質的な閣外協力を取りつけることにより、国民議会でもある程度安定した地位を享受し、第四共和制の他の内閣――それらはすべて、四九八日間続いたモレ内閣よりも短命に終わった――と比べてより大きな行動の自由を確保することができた(43)。確かに、Ｅ・フォール政権からモレ政権への交代がフランス政府による共同市場の受け入れ（そして共同市場設立の試みの成功）の大きな原因となったか否かについては、これまでの先行研究でも議論が分かれている。しかし、いずれにせよ、ケインの指摘によれば、親ヨーロッパ的な立場をとるモレ政権が成立したことは、イギリス政府側に対して、少なくともメッシーナ・イニシアティブが失敗するであろうという想定を改める必要を認識させた点で、重要な出来事であったと評価することができるのである。(44)

この時期までには、スパーク委員会の作業も、さまざまな困難に直面しつつも徐々に進展を見せるようになっていた。一九五六年二月にブリュッセルで行われた六カ国外相会議では、スパークがスパーク委員会の作成した詳細な中間報告書を提出し、他の五カ国外相から「原則的な同意」を取りつけることに成功した。その後、スパークは、フランス出身でECSC経済局長を務めたユリ（Pierre Uri）を中心とする側近・専門家を集め、最終報告書の完成を目指した詰めの作業に集中的に取り組ませた。そうした結果、同年四月二一日には、スパーク委員会の最終報告書である『スパーク報告書』（Spaak Report）が六カ国の外相に提出された。この報告書は、後のEEC、EURATOMの結成につながる枠組みと理念を提供したものであり、スパークの政治的なリーダーシップとユリを中心とする専門家の緻密な起草作業がうまくかみ合い、ヨーロッパ統合史上に残る歴史的文書のひとつとして結実したものであった。五月二九〜三〇日には、六カ国の首脳や外相がベネチアに集まり、『スパーク報告書』を共同市場の設立と原子力の平和利用分野の統合に関する条約草案の基礎として採用することを決定した。ベネチアでの会議の結果、スパークは、スパーク委員会に続き、同年六月以降ブリュッセル郊外のヴァル・デュシェス城を舞台に具体的な条約の起草作業を行うことになる政府間委員会の責任者にも任命された。(45)

他方、ベネチア会議において、フランス外相ピノーが、『スパーク報告書』に同意する条件として、フランスの海外領土（territoires d'outre-mer）の共同市場への加入について公式に議論するよう求める立場を明らかにしたことは、共同市場の成立に向けた道程がいぜんとして平坦なものではないことを示すものであった。これは、その後、フランス政府が、コンゴなどアフリカ大陸に植民地を有していたベルギー政府と手を組む形で共同市場と海外領土の連合（association）関係の構築を強硬に求めて、六カ国間の交渉を大きく難航させることにつながっていく。もちろんその一方で、ベネチア会議の直前までは、フランス政府が『スパーク報告書』自体を受け入れないのではないかという懸念も存在したことを考えれば、ここでのピノーの態度をただ単に後ろ向きのものであったと評価するのは適切ではない。しかし、そうしたフランス政府の態度はドゥフェール（Gaston Defferre）海外フランス相と彼の下の官僚たちが中心となり推進されたものであり、植民地におけるナショナリズムの高まりと植民地経営の負担増大を背景として、海外領土の共同市場への加入を通してフランス政府の植民地への影響力を維持するとともに、他の五カ国政府に対して植民地への資金援助の負担分担を求めるものであった。それゆえに、こうしたフランス政府の要求は、特に第一次、第二次世界大戦を経て海外植民地をすべて失っていた西ドイツ政府にとっては、ほぼ一方的に財政的負担を強いられることになりかねないため、容易に受け入れがたいものであった。さらに、その後の六カ国間の交渉の過程で、フランス政府は、共同市場の枠組みで自由競争を行うのであれば、経済活動に対するさまざまな「社会的負担」の平準化が必要であるという主張を繰り返すことになるが、そのこともまた西ドイツやベネルクス諸国の政府から激しい反発を招き、共同市場の設立に向けた交渉を困難なものにしていくことになるのである。[46]

第2章　コモンウェルス特恵制度の揺らぎ 一九五六～五九年

――オーストラリア、ニュージーランドとのオタワ協定再交渉

第1節　オーストラリア政府の要求と交渉の開始

一九五六年五月二一日、オーストラリア首相メンジーズ（Robert G. Menzies）が、イギリス首相イーデンに対して個人的な電報を送った。そのなかで、メンジーズは、同年六月から七月にかけてロンドンで行われるコモンウェルス首相会議の期間中に、オーストラリア政府とイギリス政府が両国間の経済関係全般について公式の協議を始め、既存のオタワ協定に代わる新たな通商協定の締結を目指すべきであるというオーストラリア内閣の決定を伝えた。[1] 五月二四日には、メンジーズは、報道機関向けの声明のなかで、オタワ協定を含む両国間の通商関係の全般的な見直しをイギリス政府に提案したことを公表した。[2]

当時、オーストラリア国内では、イギリスとのオタワ協定が自国にとって不利なものになっているという批判が高まっていた。[3] 第一に、オタワ協定では、オーストラリアからイギリスへの輸出に対して保証された特恵マージン（preferential margins）[4]の多くが従量で定められていたため、一九三〇年代以来の価格水準の上昇にともない実際の価値が低下したという批判があった。例えば、オーストラリア産バターに対して保証されていた特恵マージンは1

cwt（約五〇・八キログラム）あたり一五シリングであり、それは一九三八年には実際の価格の一三・三％に相当したが、その割合は一九四七年には七・六％、一九五六年には四・六％にまで低下していた。砂糖についても、同じ時期、特恵マージンは実際の価格の三五・八％から一二・二％、八・七％に低下していた。このことは、イギリスからオーストラリアへの輸出に対して保証された特恵マージンの多くが従価で（*ad valorem*）定められており、価格水準の変化によらず一定の価値を保っていたことと対照的であった。こうした制度は、オタワ協定が締結された一九三〇年代の不況下で一次産品価格が急落した状況ではオーストラリア側に有利に働いていたが、一九五〇年代の世界的な景気拡大と価格上昇のなかでは正反対の効果をもたらすようになっていた[5]。

第二に、オーストラリア政府がオタワ協定の下でイギリスからの輸入に対して保証していた特恵マージンのために、非コモンウェルス諸国からの輸入コストが高くなり、またオーストラリア市場における十分な競争の機会が阻害されていることが国内の高コスト構造を悪化させているという批判があった。イギリスからの輸入に対して保証された特恵マージンの存在が、オーストラリア政府が通商関係の多角化を試みる際の障害になることも彼らの不満のひとつとなっていた[6]。

第三に、イギリス市場で小麦をはじめとするオーストラリアの主要な一次産品の販売量とシェアの双方が低下していたことがあった。その背景には、①イギリス政府の農業補助金——有事を意識した食糧自給率の向上、ドル不足に対処するための輸入削減、さらには他の産業に比べて厳しい状況に置かれていた国内農家の生活水準の維持・向上などを目的に支出されていた——を受けてイギリス国内農家の生産が大きく拡大していたこと、②輸出補助金を受けるかダンピングされた第三国（特にアメリカ、フランス）の農産物との競争が激化していたことがあった。また、イギリス国内農家が補助金によって手厚い保護を受けて大幅に生産を増やした結果、オタワ協定の下でオーストラリア産の農産物が享受していたイギリス市場への無関税での参入の価値も大きく低下していた。そうした状況で、第二次世界大戦が勃発した一九三九年から戦後の食糧不足の時期にかけてイギリス政府がコモンウェルス諸国政府から農産物を直接買い上げることを定めていた「一括購入協定」(bulk purchasing agreements)が一九五四年に廃止されて以降、オーストラリア産農産物のイギリス市場での立場はより厳しいものになっていた。特にオーストラリア政府が重視していた小麦に関しては、すでにイギリス政府はすべての国からの輸入に関税を課さなくなっていたため、オーストラリア産小麦には特恵関税による優遇も与えられていなかった(小麦に関する特恵廃止は、一九三八年に締結された英米通商協定でアメリカ側の関税引き下げと引き替えに定められ、戦後のGATTにも組み込まれていた)(7)。

そして第四に、オーストラリアの国際収支が、朝鮮戦争勃発による一次産品(特に羊毛)価格の高騰を受けて一九五〇年代初頭には好調であったにもかかわらず、その後一次産品価格の下落から輸出額が落ち込んだのに対して輸入の抑制が追いつかなかった結果、一九五二年以降早くも大きく悪化していたことがあった。こうした国際収支の悪化に対して、メンジーズ政権は、一九五二年三月に輸入数量制限をドル圏からの輸入だけでなくスターリング圏諸国を含むすべての国々からの輸入にも適用することで対処しようとした(それに対して、イギリス側では、スターリング圏を軽視するものであるとして強い不満が生じた)。さらに、一九五六年には羊毛価格の低下などにより国際収支が悪化したことを受けて、メンジーズ政権は緊縮財政と増税、追加的な輸入数量制限の導入といった措置をとるとともに、輸出を増加させる必要を強く認識するようになった(8)。そして、そのためには、伝統的市場であるイギリス市場への輸出を回復させると同時に、非コモンウェルス諸国を含む第三国市場にも輸出を拡大することが必要であると考えられた。以上のような状況から、オーストラリア政府は、イギリスとのオタワ協定に関して大幅な見直しを行うことが急務であると考えるようになったのである。

それに対して、オーストラリア政府によるオタワ協定見直しの要求へのイギリス側の初期の反応は、おおむね否定的なものとなった。イギリス政府側では、オーストラリアとのオタワ協定再交渉を避けたいと考える三つの大きな理由があった。第一に、一九五五年六月のメッシーナ会議以降、ECSC六カ国間での共同市場の結成に向けた動きが徐々に進んでいたが、イギリス政府内では、いかにして六カ国の共同市場との関係を構築するかという問題に関して方針が固まっておらず、それゆえに将来に向けた通商政策がいまだ不明確なままであった。その結果、そうした状況でオーストラリアとのオタワ協定の大幅な見直しを行うことは当面は困難であると考えられた。ソーニークロフト商務相によれば、イギリス政府はヨーロッパ、コモンウェルス双方に関する通商政策という「複雑で相互に絡み合った問題」に取り組んでおり、そこから導き出される結論と矛盾する可能性のあるようなコミットメントを行うことは避けるべきなのであった[9]。それゆえに、仮にオーストラリアとの間で全般的なオタワ協定再交渉を行うことが避けられないとしても、イギリス政府としては、自らの対ヨーロッパ政策が固まるまでは、できるだけそれを延期する方向で努力すべきであると考えられた[10]。

第二に、イギリスとオーストラリアの間でオタワ協定再交渉が行われれば、それに影響を受ける形で、他のコモンウェルス諸国政府が同様の要求を繰り返すことになり、結果的にコモンウェルス特恵制度全体に深刻な影響が及びかねないことが懸念された。例えば、ニュージーランド首相ホランド（Sidney Holland）は、同年のコモンウェルス首相会議の際にオタワ協定に関する問題をとりあげることはないという方針を伝えてきていたが、中長期的に見て、ニュージーランド政府がオーストラリアの前例に続くのではないかという懸念は残った[11]。

そして第三に、オタワ協定再交渉が行われれば、オーストラリア政府がイギリスからの輸入に対して保証していた特恵マージンの大幅な引き下げを要求してくることが予想されたが、イギリス側ではそのことについても強い懸念が存在した。オーストラリアは、一九五五年時点でイギリスにとって第一位の輸出相手国であり、オーストラリア市場における特恵待遇を維持することは「多くのイギリス産業の輸出戦略にとって基本的[12]」であるとみなされていた。そうした観点からも、オーストラリアとのオタワ協定再交渉はできるだけ避けるべきであると考えられた。ところが、そうしたオーストラリア市場の重要性ゆえに、イギリス側としては、ある程度困難な譲歩を行ってでもオタワ協定の下での利益の不均衡を是正し、オーストラリア側の不満を軽減することによって、オーストラリア市場での特恵待遇をできる限り維持することが必要になるのではないかとも考えられた。そして、その際には、オーストラリアからの小麦の輸入を増加させることがおそらく唯一の効果的な譲歩になるであろうと考えられた[13]。しかしながら、商務省のパーシバル（A. E. Percival）が、後に「ある程度の妨害があった[14]」と振り返ったように、国内農家の利益を優先的に考える立場にある農漁業食糧省は、オーストラリアからの小麦輸入を増加させることに消極的であった。また、イギリス政府内で、仮にオーストラリアからの小麦輸入を増加させるという方針について合意が得られたとしても、実際にどのような方法を用いて貿易の流れを操作し、輸入を増加させるのかについて具体的な合意を形成するのは容易ではなかった。この後、イギリス政府は、オーストラリア市場での特恵待遇を失う度合いをできる限り軽減するという「非常に消極的な目的[15]」を達成するための最も損害が少ない方策を探るために、多大な労力を割いていくことになる。

しかし他方で、オーストラリアとのオタワ協定再交渉においてイギリス側で中心的な役割を担うことになるソーニークロフトとリー商務事務次官は、当時のイギリス政府内で例外的といってよいほど親ヨーロッパ的な立場をとり、帝国・コモンウェルスとの伝統的関係を相対化して考える傾向の強い人物であった。そうした結果、オーストラリア側で交渉を担当したマキューエン（John McEwen）貿易相とクロフォード（J. G. Crawford）貿易事務次官が、それぞれ「彼のキャリアのなかで最も厳しいもの」であり、「困難でときに厳しいものでさえあった[16]」と回顧したように、イギリスとのオタワ協定再交渉はオーストラリア側にとっても相当に厳しいものになっていく。

イギリス、オーストラリア間のオタワ協定再交渉は、ロンドンでのコモンウェルス首相会議（一九五六年六月二七日～七月五日）開催中の六月二八日に開始された。第一回会合では、メンジーズが、オーストラリア側が交渉でとりあげたいと考えた二つの点について説明を行った。彼はまず、（オーストラリア国内での生産が少なく、イギリスを含む海外からの輸入に大きく依存していた）生産財について、イギリスからの輸入に対して特恵マージンを保証していることがオーストラリア経済に悪影響を及ぼしていることを強調した。彼はまた、オーストラリア政府は、フランス、西ドイツ、イタリア、日本といった国々との通商関係を発展させる必要があり、それらの国々との交渉に向けてより大きな行動の自由を要求すると述べた。(17) 七月三日に行われた第二回会合では、マキューエンが、オーストラリア政府は、対外貿易上の安全保障と通商関係の多角化を追求するうえで、現行のイギリスとの「保証された貿易関係」（contractual trade relationship）はもはや適切ではないという結論に達したと述べた。この会合の際に、オーストラリア交渉団は一二項目の「原則」を提示し、それらについてメンジーズとマキューエンの訪英中に両国間で合意に達することが必要であると主張した。一二項目の「原則」提案のなかで最も重要な点は、以下の二つに整理することができる。

①イギリスからの輸入に与える特恵マージンを、生産財については廃止し、その他の品目についても「保証」するという形態を止め、オーストラリア政府が自由に設定することができるように変更する（両国間の既存のオタワ協定では、イギリスからの輸入に課された「イギリス特恵関税率」が一七・五％未満、一七・五％から二五％、二五％以上の場合、イギリスからの輸入に対してそれぞれ一二・五％、一五％、一七・五％の特恵マージンが保証されていた）。

②イギリス政府は、国内農家への補助金の削減や第三国の「不公正な貿易慣行」に対する対抗措置により、オーストラリアの一次産品（特に小麦）のイギリス市場への参入の条件を改善する。(18)

オーストラリア側の一二項目の「原則」提案に対して、イギリス政府は非常に否定的な反応を示した。まず、この「原則」提案によれば、イギリスからの輸入に対して保証された特恵マージンは無制限に縮小され、生産財については廃止されることになる。イギリス政府側ではまた、「原則」提案は、自国の国内農業政策に制約を課すという点でも受け入れられないと考えられた。イギリス政府内では、「原則」提案を受け入れるくらいであれば、オーストラリア側に対して特恵制度は終わったと伝えた方がよいという議論も見られるほどであった。[19] そうした結果、イギリス交渉団は、主に以下の三つの論拠に基づき、両国間の通商関係はバランスを欠いたものではないと主張し、オーストラリア側に反論を行うことになった。

第一に、オタワ協定の枠外で結ばれていた両国間の肉類協定とコモンウェルス砂糖協定が、オーストラリアのイギリス市場への肉類と砂糖の輸出に大きく役立っていることが指摘された。第二に、オーストラリアからイギリスへの輸出は関税と数量制限の双方から免れていたのに対して、イギリスからオーストラリアへの輸出の多くはオーストラリア国内産業保護の目的で課されていた関税のみならず、一九五二年以降は厳しい数量制限の対象にもなっていたことが指摘された。第三に、イギリス政府は、国内の小麦農家に対する「例外的な」保護政策を縮小していくことを検討しており、オーストラリア側を助ける余地があることも説明された。[20] その後、両国交渉団の間で引き続き議論が行われ、特にイギリスからの輸入に対する特恵マージンの「保証」を廃止すべきか否かについて激しい議論が交わされたが、両者の歩み寄りはほとんど見られなかった。そうした結果、七月一一日の第七回会合において、ソーニークロフトは、オーストラリア交渉団に対して、一二項目の「原則」提案は交渉の土台となりえないという立場を伝えるに至った。[21]

この時期、オーストラリアとのオタワ協定再交渉は、イギリス政府内でのより広い通商政策に関する議論にも影響を及ぼすことになった。イーデン政権内部では、マクミラン蔵相とソーニークロフトが、それまで帝国・コモンウェルス特恵制度を強く支持してきたオーストラリア政府の「変化した姿勢」を受けて、（急激な変化は避け、オーストラリア市場での特恵待遇を可能な限り維持すべきであるとしつつも）コモンウェルスに強く依存してきた既存の通商政策を見直す必要があると主張した。七月一二日の閣議で、マクミランは、「オーストラリアの態度を考慮に入れ、私たちのオーストラリアとコモンウェルスとの貿易とヨーロッパと他の海外市場との貿易の相対的な重要性と将来的な見通しについて再検討する」ことが必要となったと述べた。[22] また、イギリス政府内では、オーストラリア側に対して何らかの譲歩を行うことが不可欠になるのであれば、その機会を、オーストラリアからの工業製品の輸入に対する特恵マージンを部分的に廃止し、西ヨーロッパ諸国からの工業製品の輸入を無関税で行うことができる権利を確保するために利用すべきであるという議論も強まっていた。[23] そうした議論は、当時イギリス政府内で検討されていた西ヨーロッパ諸国間の工業製品のＦＴＡ案（詳しくは第3章を参照）が最終的に閣議で了承され、他の西ヨーロッパ諸国との交渉を経て実現された際には、コモンウェルス諸国政府に対して、ヨーロッパＦＴＡ加盟国との関係でイギリス市場での工業製品の特恵マージンを放棄することに同意してもらう必要が生じることを念頭に置いたものであった。

他方、イギリス側の強い反発を受けて、マキューエンは、七月一六日の第九回会合で、オーストラリア政府にとって最大限の譲歩であると断ったうえで新たな提案を提示した。実はこの新提案は五月一〇日にオーストラリア政府内で合意に達していた要求と同水準のものであり、彼らにとってはあくまで予定していた範囲内の譲歩であった。その主な内容は以下の四点にまとめることができる。第一に、オーストラリアからの輸出に関しては、イギリス市場への無関税での参入とともに従来と同水準の特恵マージンが保証されるべきであるとされた。第二に、オーストラリア政府は、イギリスの生産財について五％の特恵マージンを保証し、それら以外の品目についても特恵マージンを（実際の水準については後に議論するとして）保証する用意があると述べられた。第三に、イギリス政府は、国内農家向けの補助金と第三国からの農産物輸入の双方の問題に関して、オーストラリア政府と協議を行い、オーストラリア側の利益に適切な配慮がなされることを約束すべきであるとされた。そして第四に、オーストラリア政府は、イギリス市場におけるオーストラリア産の小麦・小麦粉の販売が、（それらが第三国産の補助金を受けていない小麦に対して十分な価格競争力を持つ限り）小麦に換算して年間四〇〇〇万ブッシェル（約一一〇万トン）に達するという保証を期待していると述べられた[24]。

これに対して、イギリス政府側では、年間約一一〇万トンの小麦・小麦粉の輸入を保証することは深刻な困難をともなうと即座に反論したように新提案をそのまま受け入れることは不可能であると考えた。しかし、彼らはまた、新提案の内容はそれまでの「原則」提案と比べてかなり穏当なものになっているとも考えた。実際、小麦・小麦粉に関するオーストラリア政府の要求には少なからず正当な面があった。イギリス政府は、一九五〇年代初頭には、有事に備えた食糧確保の観点とドル不足を緩和するためにスターリング圏に属するオーストラリアからの小麦輸入を確保するという観点から、オーストラリア政府に対して小麦の増産を求めていた（さらに同じ時期、イギリス農漁業食糧省は、オーストラリア政府に対して、オーストラリア産小麦の販売に困難が生じた際には両国間で協議を行うという保証も行っていた）。しかしながら、イギリス政府の予測を大きく上回る速度で国内・国外での小麦生産が拡大した結果、一九五〇年代半ば頃までには、イギリスの小麦市場は飽和状態に達していた。特にオーストラリアからの小麦輸入の減少は、イギリス国産小麦の生産増加に大きく起因していた。そうした結果、オーストラリアからイギリスへの小麦・小麦粉の輸出は、第二次世界大戦前の平均的な水準であった（そしてオーストラリア側が新提案で要求した水準でもあった）年間約一一〇万トンから、一九五五年には約六〇万トンにまで大きく減少していた。さらに、マキューエンは、七月一六日に新提案を行った際、彼の訪英中にイギリス側と原則的な合意に達することができなければ、オタワ協定自体を破棄する用意もあるというオーストラリア政府の決定を伝えていた。それを受けて、イギリス政府内では、英豪間のオタワ協定、ひいてはコモンウェルス特恵制度全体の崩壊にもつながりかねないオーストラリアとの交渉決裂は避けねばならないという判断がなされるようにもなった[25]。

以上のような状況から、イギリス交渉団は、オーストラリア側に対して、オーストラリア産の小麦・小麦粉の輸入を拡大する方策について検討を行う用意があることを伝えた。ただし、それと同時に、イギリス側は、実際にどのような方策をとるのかを詳しく検討し、また国内の業界団体などとの協議を行うための時間が必要であり、即座にコミットメントを行うことはできないと主張した。そして、オーストラリア交渉団がイギリス側の提案を受け入れた結果、両国交渉団はオタワ協定の再交渉を九月まで延期するという内容の共同声明を発表し、八月上旬には交渉をいったん中断することになった[26]。

第2節　イギリス政府内の議論と交渉の妥結

オーストラリアとのオタワ協定再交渉が中断される直前の七月下旬には、イギリス政府の対外政策に関して二つの重要な変化が見られた。まず、七月二六日には、エジプト大統領ナセルがスエズ運河会社の国有化を宣言し、いわゆるスエズ危機が勃発した。このスエズ危機に際しては、オタワ協定再交渉に関しては強硬な姿勢をとったオーストラリア政府が、メンジーズのリーダーシップの下でイギリス政府の行動を（その軍事行動も含めて）強く支持していくことになる。ところが、コモンウェルス諸国政府のなかでイギリス政府を支持する立場をとったのはオーストラリア政府と（それよりいくぶんためらいがちであった）ニュージーランド政府だけであり、特にインド政府やセイロン政府からは英仏イスラエルのエジプトへの軍事力行使に対して厳しい非難が浴びせかけられた。そうしたスエズ危機をめぐるコモンウェルス諸国間の亀裂と紛糾は、イギリス政府の政策決定者に対してコモンウェルスへの幻滅を覚えさせ、その後の歴代イギリス政府の相対的なコモンウェルス離れとヨーロッパ統合への接近を促す一因にもなっていく。[27] 続いて、ヨーロッパの経済統合の問題をめぐっても、七月二七日、二八日に、マクミランとソーニークロフトがヨーロッパFTAの設立を提言する二つの閣議覚書を連名で提出し、八月二日には、ヨーロッパFTA案が初めて閣議で議論されることになった。[28]

同じ頃、イギリス政府内では、オーストラリア産の小麦・小麦粉の輸入を拡大するための方策について具体的な検討が開始された。その際に特に重要となったのは、オーストラリアからの小麦・小麦粉の輸入を拡大するのであれば、（イギリス国内の消費が急速に拡大することは考えにくい以上）どの生産者・生産国を犠牲にすべきなのかという問題であった。そのことは、マクミランが回顧録に、「私たちはいまやヨーロッパにおける農業、オーストラリアとニュージーランドの利益、そしてイギリス農業の正当な必要という三つの課題に同時に取り組まなければならない」と記したように、イギリス国内の農産物市場が飽和状態に達するなかで、西ヨーロッパ、コモンウェルス、国内農業という三者の利害をどのように調整すべきかという問題と深く関わっていた（さらにマクミランが、「これは、私たちが数年後に道をぬって進もうとすることになる困難の迷路への私にとっての最初の導入であった」と記したように、それらの三者間の利害調整は第一回EEC加盟申請の際にも大きな課題として立ち現れることになる）。[29] そして、七月二〇日の閣議でイーデンが、オーストラリアからの輸入を拡大するためにフランス産やアルゼンチン産ではなく国内産の小麦を犠牲にすることは「原則的に誤りであり、政治的に弁護できないであろう」と述べ、ヒースコート・エイモリー農漁業食糧相が、二〜三年のうちにイギリス国内の小麦生産を大幅に減少させるのは不可能であるとオーストラリア側に伝えたことからも分かるように、[30] この時点でイギリス政府が選択したのは西ヨーロッパ諸国を含む第三国からの輸入を制限するという方向であった。そこで、ソーニークロフトをはじめとする関係閣僚は、関係省庁の官僚に対して、以下の三つの方策について具体的な検討を行うことを命じた（さらにソーニークロフト、ヒースコート・エイモリーは、国内の製粉業界の代表と予備的な会談を行い、業界側の態度を探ることにもなった）[31]。

①第三国からの補助金を受けた小麦輸入への相殺関税（countervailing duties）の適用。
②オーストラリア以外からの小麦・小麦粉の輸入に対する割当制限の導入。
③オーストラリアからの輸入の大半を占める軟質小麦（soft wheat）を硬質小麦（hard wheat）、中間質小麦（filler wheat）に対して優遇するように、国内で生産されるパンに使用される小麦の割合に制限を課すこと。

そして、イギリス政府内での検討と国内の関係業界代表との協議を経て導き出されたのは、イギリス国内の製粉業界が小麦換算で年間最低七五万トンのオーストラリア産小麦・小麦粉の購入を五年間にわたり保証するという、自主的な「最善の努力」（best endeavours）を行うという案であった。他方、関係省庁の官僚に検討が命じられていた三つの方策はしだいに脇へと追いやられることになった。まず、輸入割当制限と小麦の使用制限という二つの案については、GATTを含むイギリス政府の国際的義務との整合性が問題視された。相殺関税の適用は、（第三国政府の補助金により市場価格を不当に下回る価格で輸出が行われたことによる）実際の被害が証明されうる限りはGATTなどとの関係で問題が生じないことから三つの案のなかでは最も有力視されたが、アメリカ、フランスなど他の輸出国からの強い反発が予想され、実施には大きな困難がともなうと考えられた。また、それら三つの案はいずれをとっても、オーストラリアからの小麦輸入を拡大するという限定的な目的をはるかに越える規模でイギリス政府の政策に影響を及ぼすと考えられた。そうした結果、関係閣僚たちは八月二九日の会合において、官僚の提言に沿った形で、製粉業界による年間最低七五万トンの自主的な「最善の努力」案を最も困難が少ないものとして承認することを決定した。ただし、官僚からは、もし必要であれば製粉業界の自主的な「最善の努力」に加えて、国内の飼料業界からも年間一五万トン程度の同様の措置を引き出すことが提言されていたが、他のより安価な穀物（例えば大麦や補助金を受けたフランス産小麦）との価格差を補塡するための政府補助金が必要になると考えられたこともあり、関係閣僚により採用されるには至らなかった[32]。

ただし、いずれにせよ、製粉業界による自主的な「最善の努力」案により、イギリス政府はオーストラリア政府に対して、製粉業界から年間最低一二五万トンの自主的な「最善の努力」を保証されていた国内農家と同様の措置を提示することが可能となった。また、関係閣僚とのさらなる会合を経て、製粉業界からは、交渉上必要になった場合の最後の手段として、自主的な「最善の努力」を八五万トンにまで引き上げることも可能であるという立場が示された[33]。ただし、製粉業界による年間最低七五万トン（もしくは八五万トン）の自主的な「最善の努力」だけでは、オーストラリア政府の要求に量的に満たないうえに、質的な面でもイギリス政府が直接関与しない形式の提案がオーストラリア側に受け入れられるかどうかも明らかではなかった。

オーストラリアとの交渉が中断している間に、イギリス政府内では、オーストラリアとのオタワ協定再交渉とヨーロッパ統合に関する政策形成がそれまでにも増して相互に影響を及ぼしあう状況が生まれていた。まず、オーストラリア政府に対して小麦・小麦粉に関する譲歩を行うことは、オーストラリア市場における特恵待遇をできる限り維持するための交渉材料としてだけでなく、しだいにオーストラリア政府からヨーロッパFTA案への支持を獲得するための方策としても考えられるようになった。特に九月下旬にワシントンで開かれるコモンウェルス蔵相会議——毎年、同地で国際通貨基金（IMF）と世界銀行の年次会合の後に開催されることが定例化していた——でイギリスの関係閣僚がコモンウェルス諸国の蔵相に対してヨーロッパFTA案について初めて説明を行うことが予定されていたため、それまでにオーストラリア政府に対して小麦・小麦粉の輸入拡大の方策についての検討が順調に進んでいることを伝えておくのが望ましいと考えられた[34]。また、コモンウェルス関係相ヒュームの閣内での発言に見られたように、彼が率いるコモンウェルス関係省は、ヨーロッパFTAが実現すればコモンウェルス諸国の製造業がイギリス市場への輸出に関して西ヨーロッパ諸国との関係で特恵待遇を失うことになり、中長期的にはイギリス政府が西ヨーロッパ諸国に農業分野で譲歩を強いられる可能性も排除できないことから、それらへの見返りとして、コモンウェルス諸国の一次産品輸出に関して一定のセーフガードを与えるべきであるという立場をとっていた[35]。

この時期には、オーストラリア政府のオタワ協定への批判的姿勢が、イギリス政府内でヨーロッパFTA案の採用に向けた動きを促進するという構図も見られた。実際、マクミラン、ソーニークロフトなどヨーロッパFTA推進派の閣僚は、オタワ協定再交渉におけるオーストラリア政府の姿勢を受けて、ヨーロッパFTAを通して西ヨーロッパ諸国との通商関係を強化する必要をより強く認識するようになり、またオーストラリアとの交渉で見られたようなコモンウェルス諸国側でのオタワ協定への批判的姿勢をコモンウェルス特恵制度の価値低下を示すものとして、ヨーロッパFTAの必要を訴える際の材料として用いた。他方、首相のイーデン自身を含めて、ヨーロッパFTA案に対してより慎重ないしは懐疑的な立場をとっていた閣僚も、オーストラリアとのオタワ協定再交渉を受けて、コモンウェルスに基礎を置く形でイギリスの通商関係を強化することには限界があると認めざるをえなくなっていった[36]。

そうしたなかで、イギリス政府内では、オーストラリアとのオタワ協定再交渉の再開前に自らの要求を取りまとめておくために、さまざまな準備や議論が進められた。そして、一〇月三日の閣議において、オーストラリア側に対して製粉業界による年間最低七五万トン（必要であれば八五万トン）の自主的な「最善の努力」案を提示する一方で、以下の三つの点を確保するよう努力すべきであると決定された[37]。

①生産財に関する一〇%の保証された特恵マージン。
②オーストラリアからの工業製品の輸入に関して、ヨーロッパFTA加盟国との関係で特恵マージンを廃止する権利。
③オーストラリア政府が輸入割当を導入する際にイギリスからの輸入に対して無差別待遇を与えるという保証。

一〇月四日には、ロンドンでイギリス、オーストラリア間のオタワ協定再交渉が再開された。再開後第一回目（通算で第一四回目）の会談において、リー商務事務次官は、イギリス製粉業界による年間最低七五万トンの自主的な「最善の努力」案と前日の閣議で決定された三つの要求を提示した。しかし、それらの提案はすぐさま強い反発に直面した。オーストラリア側の代表を務めたクロフォード貿易事務次官は、イギリス政府が小麦・小麦粉に関して真剣な検討を行ったことは評価したものの、製粉業界による七五万トンの自主的な「最善の努力」案は、その総量とイギリス政府の関与の度合いの双方において不十分であり、補助金を受けた第三国産の小麦による価格低下の圧力に対する措置も欠いているため、受け入れることができないと主張した（それらのなかでも、総量の問題が決定的に重要であるとされた）。クロフォードはまた、リーに対して非公式に、自主的な「最善の努力」案の総量が一〇〇万トンにまで引き上げられたとしても、オーストラリア政府は生産財に関して一〇%の特恵マージンを保証することには同意しないであろうという考えを伝えた(38)。

ところが、オーストラリア側の否定的な反応にもかかわらず、イギリス政府は当面は譲歩を行うことを控える方針をとった。生産財に関して保証された特恵マージンを七・五%まで縮小することは、イギリス官僚たちの経済的判断としては（もちろん満足のいくものにはほど遠かったが）受け入れ不可能ではないと考えられるようになっていたが、国内政治上の困難がともなうと予想されたため、できる限り避けるべきであると考えられた。また、ここで大きな譲歩をすれば、将来ニュージーランド政府との間でオタワ協定再交渉を行わざるをえなくなった時にイギリス側の交渉上の立場を弱めることになりかねない点も懸念された。自主的な「最善の努力」案の総量を八五万トンにまで引き上げることも、いぜんとして最終的な手段として残しておくべきであると考えられた[39]。そうした結果、クロフォードがジュネーブで行われた国連砂糖会議に出席するためにロンドンを離れ、一〇月一八～二二日に交渉が一時中断されるまでは、両国交渉団の間でほとんど歩み寄りは見られなかった。

交渉が少しづつ進展を見せはじめるのは、クロフォードがロンドンに戻ってからであった。まず、オーストラリア側は、ヨーロッパＦＴＡが成立した場合、イギリス政府が、オーストラリアからの工業製品の輸入に関して、ヨーロッパＦＴＡ加盟国との関係で特恵マージンを変更・廃止する権利を確保することに同意した。この合意は、ヨーロッパＦＴＡの対象品目に含まれる可能性があると考えられたコプラなどのいくつかの品目をカバーしておらず、それゆえに完璧なものではないと認識されていたが、それでもイギリス政府はヨーロッパＦＴＡ案を推進するための行動の自由をひとつ確保することになった。それに対して、イギリス交渉団の側からも、オーストラリア側の要求を受けて、イギリス政府の閣僚が国内農業政策を議論する際にオーストラリア政府の意見を考慮に入れることを非公式に保証することができるかもしれないという見方が示された。ただし、これらの歩み寄りにもかかわらず、両国間のオタワ協定再交渉において最も中心的な議題となっていた特恵関税と小麦・小麦粉の扱いに関しては、いまだに合意は得られていなかった[40]。

しかし、一一月上旬までには、両国交渉団は大筋での合意に達することに成功する。第一に、イギリス交渉団は、オーストラリア側に対して、製粉業界による年間最低七五万トンの自主的な「最善の努力」案を受け入れさせることに成功した。その背景としては、まず、それまで数年間にわたってかなりの豊作が続いていたオーストラリア産小麦の収穫低下にイギリス、フランスなどヨーロッパ諸国での不作が重なり、オーストラリア産小麦の販売状況が大きく好転しつつあったことが有利に作用した点があったようである。(41) また、オーストラリアから十分な供給が得られるにもかかわらずイギリス製粉業界による購入が年間七五万トンに満たない場合、まずは両国政府間で協議機関を設置し、それでも状況が改善しない場合はオタワ協定の再々交渉も可能にするという形でイギリス政府が関与の度合いを強めたことも、オーストラリア側の譲歩の背景にあった。そうした結果、両国交渉団は、クロフォードが「「最善の努力」よりは好ましいが、七五万トンの確固たる保証ではなかった」と評価した線で妥協するに至った。(42)

第二に、イギリスからの生産財の輸出に対して保証された特恵マージンについても、イギリス側が七・五％という数字を（それがオーストラリア側に受け入れられるという感触を得た後に）提示し、オーストラリア側もそれを受け入れたことで妥結に向けて大きく進展した。その後、相対的に重要度が低いと考えられた生産財以外の品目についても妥協が成立し、最終的には、イギリス特恵関税率が一〇％未満の品目については七・五％の特恵マージン、それら以外については一〇％の特恵マージンを保証することで合意がなされた。(43)

第三に、イギリス交渉団が要求していたオーストラリアの輸入割当制度における無差別待遇の問題についても一定の合意が得られた。まず、オーストラリア側は、英駐キャンベラ上級通商弁務官（Senior Trade Commissioner）とオーストラリア官僚の間で年四回の公式協議を行い、それらの会合の内容をオーストラリア政府の輸入割当制度に関する政策形成に反映させることを提案した。次いで、イギリス交渉団の粘り強い努力の結果、最終的にオーストラリア側は、輸入割当の適用に際して、イギリスからの輸入を他国からの輸入よりも不利に扱わないという意図を非公式にではあったが保証することに同意した。(44) イギリス政府側は、一九五六年三月にオーストラリア、ニュージーランド間で結ばれた相互に特別の輸入割当枠を設ける非公式の取り決めに見られたように、オーストラリア政府がイギリスを排除する形で第三国と輸入割当枠を供与しあう傾向に懸念を抱いており、(45) この無差別待遇の保証を基本的には歓迎した。しかし他方で、この保証は、あくまで非公式の形でオーストラリア政府の「意図」を表明したものにすぎず、後には不十分なものとして認識されるようになっていく。

そして最後に、先にイギリス交渉団が暫定的に提示した自国の農業政策にオーストラリア政府の意見を反映させるという保証をより明確化する形で、両国交渉団は、両国政府の官僚が双方の農業分野の生産・マーケティング・輸入政策について年一回の公式協議を行うことで合意に達した。しかしながら、オーストラリア側が、補助金を受けるかまたはダンピングされた第三国からの農産物輸入に対する対抗措置を求めていたことについては、イギリス交渉団は、両国政府がそれらの「不公正な」貿易慣行への懸念を表明し、反ダンピングないしは相殺関税（anti-dumping or countervailing duties）の導入を可能にする国内法を「できるだけ早い機会に」制定する意図を明らかにすることに同意したにとどまった。

こうして、一一月九日までには、両国交渉団はオタワ協定に代わる新通商協定と非公開扱いとされた付属文書の双方の草案に関して合意に達した。そして、新通商協定の草案を簡略化した「新通商協定の項目」（Heads of a New Trade Agreement）が同日公表された。イギリス政府がオーストラリアからの工業製品輸入に関してヨーロッパＦＴＡ加盟国との関係で特恵マージンを廃止する権利、オーストラリアの輸入割当制度に関する無差別待遇の保証と両国間の年四回の定期協議、農業分野に関する年一回の定期協議についてはすべて非公開扱いとされ、新通商協定の本文ではなく、非公開の付属文書に記録されることになった。オーストラリア産の小麦・小麦粉の輸入については、「新通商協定の項目」では、イギリス市場での販売が小麦換算で年間七五万トンを下回らないというイギリス政府の「願望と期待」が表明されるにとどまり、自主的な「最善の努力」については、イギリスの製粉業界とオーストラリアの生産者団体の間の非公開かつ民間レベルの合意として記録された(46)。その後に行われた駐米イギリス大使館員によるアメリカ国務省への説明では、イギリス政府は一定量のオーストラリア産小麦を輸入するというコミットメントは行っておらず、オーストラリアとの新通商協定はＧＡＴＴとまったく矛盾しないというイギリス政府の「見解」が伝えられた(47)。

その後、イギリスでのイーデンからマクミランへの政権交代（一九五七年一月）を経て、一九五七年一月から二月にかけて両国の官僚が最終的な詰めの作業を行った結果、二月二六日には、キャンベラの国会議事堂内において、マキューエンとキャリントン（Lord Carrington）英高等弁務官によりオタワ協定に代わる両国間の新通商協定が調印されるに至った(48)。こうして、イギリス、オーストラリア間のオタワ協定再交渉は、両国間の多くの利害の相違と衝突を経つつも最終的には妥結した。その点では、両国政府は、いぜんとして相互の通商関係を重視しており、何らかの特恵協定を保持する必要に関する認識を共有していたといえるであろう。しかし他方で、オーストラリア政府によるオタワ協定再交渉の要求とその後の厳しい交渉姿勢は、同国政府の通商関係多角化に向けた決意の強さ——さらにはコモンウェルス諸国間貿易における遠心的傾向——を顕著に示すものであり、それゆえにイギリス政府側の通商関係多角化に向けた動きを促進することにもなった。実際、オーストラリアとのオタワ協定再交渉は、イギリス政府がヨーロッパＦＴＡ案の採用という形で、西ヨーロッパ諸国との通商関係の緊密

図3　イギリス，オーストラリア新通商協定の調印式（キャンベラ）

オーストラリア貿易相マキューエン（左），イギリス高等弁務官キャリントン（右）。

出典）National Archives of Australia : A1200, L22349.

化に向けた政策転換を行う際のひとつの重要な背景となったのである。

第3節　ニュージーランド政府の要求と交渉の開始

一九五六〜五七年のイギリス、オーストラリア間のオタワ協定再交渉とその帰結としての新通商協定の締結は、それら自体がコモンウェルス諸国間貿易における遠心的傾向を顕著に示すものであったことに加えて、イギリス、ニュージーランド間の同様の交渉と新通商協定の締結を引き出すことになった点でも重要であった。実際、一九五六年五月にオーストラリアのメンジーズ首相からオタワ協定の全面的な見直しの要求を受けて以来、イギリス政府内では、他のコモンウェルス諸国、特にニュージーランド政府がオーストラリアに続いてオタワ協定の再交渉を求めてくることが繰り返し懸念されていた。そして、一九五七年春にはそうした懸念は早くも現実のものとなる。ニュージーランド政府が、同年四月から五月にかけてロンドンで行われた農業に関する閣僚協議の際に、イギリスからの輸入に対して保証された特恵マージンをイギリス、オーストラリア間の新通商協定で合意されたものと同じ水準まで引き下げることを求めてきたのである。

こうしたニュージーランド政府の要求に対するイギリス政府の当初の反応は相当に厳しいものとなった。従来のオタワ協定の下で、ニュージーランド政府は、イギリスからの輸入に対して一律で二〇％というコモンウェルス諸国のなかでも最も気前のよい特恵マージンを保証しており、それはエクルス（Sir David Eccles）商務相によれば、「私たちが以前オーストラリアにおいて享受していたものよりも価値がある」ものであった。(49) それゆえに、ニュージーランド市場での保証された特恵マージンが縮小されることは可能であれば避けるべきであると考えられたのである。しかし他方で、オーストラリアとの新通商協定を締結した以上、ニュージーランド政府からの要求を拒みつづけることもまた困難であり、それゆえにイギリス政府は難しい立場に立たされることになった。

そうしたなかで、イギリス交渉団から提示されたのは、ある種のパッケージ・ディール案であった。それは、ニュージーランド政府が輸入割当における無差別待遇を保証するならば、ニュージーランド側が（第三国に対して関税を引き下げ、それと引き替えに自国の輸出に有利な譲歩を引き出すために）イギリスからの輸入に与える特恵マージンを保証された水準以下に引き下げることを求めてきた場合は、イギリス政府はそれを「好意的に考慮する」(consider sympathetically) というものであった。イギリス政府側としては、オーストラリアとのオタワ協定再交渉の際にも輸入割当における無差別待遇を要求しており、このパッケージ・ディール案自体はそれまでの政策から逸脱したものではなかった。しかし、ニュージーランド側は、第三国と相互に輸入割当枠を交換することを余剰農産物を売却する新市場を開拓するための有力な手段と捉えており、そうした手段に制約を課すような提案の受け入れには消極的であった。また、ニュージーランド側にとって、特恵マージンを削減するという要求について個別的に「好意的に考慮する」だけでは、イギリス政府の関与の度合いとしても不十分であった[50]。結局、ニュージーランド交渉団は、イギリス交渉団により提示されたパッケージ・ディール案を拒否し、その結果、一九五七年春の時点では両国政府間で特恵と輸入割当について合意が得られることにはならなかった。

とはいえ、一九五七年春の閣僚協議では農業分野に関して一定の成果も見られた。当時、ニュージーランド政府は、オーストラリア政府と同様に、イギリス市場への一次産品輸出を維持・促進することを大きな目標としていた。特に当時の与党国民党は（オーストラリアのメンジーズ自由党・地方党連立政権と同じく）農村部を重要な支持基盤としていた。またニュージーランド交渉団を率いていたホーリーオーク (Keith Holyoake) 副首相兼農相も農業界出身で、国内の大規模農家や生産者団体（同国で最も強力なロビー団体であった）と深いつながりを持っていたこともあり[51]、同国交渉団は一次産品輸出の問題に関して非常に熱心であった。そうした点からも、イギリス交渉団がニュージーランド側の要求を受け入れ、それ以降十年間にわたりニュージーランド産の乳製品と豚肉に輸入数量制限を課さないこと、そして両国間で毎年一一月に農業に関する公式協議を開くことについて合意がなされたことは重要な成果であったといえる。しかしながら、農業分野でも両国間に立場の相違は残った。ニュージーランド側が、非コモンウェルス諸国からのダンピングされた肉類輸入に割当制限を課すことを求めたのに対して、イギリス側は、貿易自由化という自国の通商政策とGATTの下での国際的義務に反するとしてそれを拒否し、代わりにニュージーランドの肉類貿易に深刻な被害が及ぶ恐れが生じた場合に救済措置をとることを「好意的に考慮する」ことに同意するにとどまったのである[52]。実は、エクルスは、ホーリーオークに対して、そうした救済措置として輸入割当による制限を行うことも排除しないという立場を非公式に伝えていたのだが[53]、結局、ニュージーランド側はイギリス政府による関与を十分なものとは考えなかった。イギリスとの閣僚協議の結果に不満を抱いたニュージーランド交渉団は、オタワ協定の再交渉を再び要求するかもしれないが、その時は事前に通告すると言い残して帰国した[54]。

一九五七年五月に閣僚協議が終わった後も、ニュージーランド側の閣僚からは、引き続きオタワ協定の再交渉を求める発言が繰り返された[55]。そして九月一二日、ニュージーランド政府は、イギリス政府に対して、オタワ協定の再交渉を行いたいという意向を正式に伝えてきた。ただし、それと同時に、当時ニュージーランド政府内で通商政策の見直しが行われていたこと、そして同年一一月には同国で総選挙が予定されていたことから、翌年四月が交渉を開始するには最も望ましい時期であるという考えも伝えられた[56]。

そして、一九五七年一一月に行われたニュージーランド総選挙では、労働党が国民党に勝利し、政権交代が起こった。総選挙の選挙運動中、政権与党であった国民党は、労働党のイギリスに対する姿勢を「感傷的」と批判するなど、イギリスからの「自立」とオタワ協定の再交渉を声高に主張したが[57]、労働党側はイギリスとの通商関係について多くを語ることは控えていた。また、労働党の勝利を受けて首相（外相兼任）に就任したナッシュは親英派として知られており、イギリス帝国・コモンウェルス諸国との関係についても肯定的な立場をとることが多い人物であった[58]。しかしながら、結局、ナッシュ率いる労働党新政権も、それまでの国民党政権と同様に、イギリスとのオタワ協定の再交渉を行う必要があるという結論に達する。こうしてニュージーランドの二大政党がオタワ協定再交渉を求めるという点で一致した結論に達したことは、既存のオタワ協定に基づくイギリスとの通商関係への同国内での不満の大きさを端的に示すものであった。そして、一九五八年一月二四日、マクミランが五週間半に及ぶコモンウェルス諸国歴訪の途中でニュージーランドを訪問した際、ナッシュ自らがマクミランに対して、オタワ協定の大幅な「見直し」を行うことを求めたのであった[59]。

ナッシュ政権がイギリスとのオタワ協定再交渉を求めた背景には複数の要因を指摘できるが、それらは一九五六年にオーストラリア政府がオタワ協定再交渉を求めた際の要因と多くの点で共通したものであった。第一に、ニュージーランドからイギリスへの輸出に対しても多くの特恵マージンが従量で保証されていたため、一九三〇年代以来の価格水準の上昇にともないその実際の価値が低下していたことへの不満があった（ここでも、イギリスからニュージーランドへの輸出に対しては多くの特恵マージンが従価で保証されていた）。

第二に、イギリスからの輸入に対する一律二〇%という気前のよい特恵マージンの保証が、ニュージーランドの通商関係の多角化を阻むとともに、同国の国内コストを上昇させる要因となっているという不満があった。特に同国にとって海外市場での最大の競争相手であったオーストラリアとイギリスとの間で結ばれた新通商協定によって、オーストラリア政府がイギリスからの輸入に対して与える特恵マージンを縮小する権利を確保したことは、ニュージーランド政府にいっそう危機感を強めさせるものであった[60]。また、イギリスからの「自立」の度合いに関してオーストラリアと同等の立場を確保することは、相対的に親英的な立場をとる傾向が強いナッシュ政権にとっても（あるいは親英的な立場をとる傾向が強いからこそ）、野党第一党の国民党からの批判を避けるためにも必要であったと考えられる。

第三に、一九五七年以降、国際収支が極端に悪化したことも、ナッシュ政権の通商政策に大きな影響を及ぼした。こうした国際収支の悪化は、国民党政権が総選挙前に実施した景気拡大措置にも原因があったが、それと同時にイギリス市場におけるバターや肉類の価格の下落にも起因していた。ニュージーランドでは、イギリス市場にダンピングされたヨーロッパ諸国産のバターが大量に流入したこと、そしてイギリスの国産農産物の生産が大きく拡大していたことに対して強い不満が存在した。また、イギリス政府は、（オーストラリアの場合と同様に）ニュージーランド政府に対しても一九五〇年代初頭まで農産物（特に肉類と乳製品）の増産を求めていたが、一九五〇年代中頃には、イギリス国内の農産物市場は、国内外での急速な増産と輸入自由化のためにイギリス政府の予想に反して早くも飽和状態に達するようになっていた。[61]

ニュージーランド政府・農業界はまた、イギリス以外の新たな輸出市場開拓にも十分な成果をあげられずにいた。確かに、第二次世界大戦後、特に一九五四年にイギリスとの「一括購入協定」が廃止されて以降、ニュージーランド政府内では、アジア太平洋諸国（特にアメリカが強く意識されていた）との貿易を拡大し、通商関係を多角化する必要があるという認識が徐々に高まっていた。[62] 実際、一九五八年にはニュージーランドの牛肉輸出の七〇％以上がアメリカ市場向けに行われるようになっており、日本向けの羊肉輸出の重要度も増していた。[63] しかし、食習慣の相違や西ヨーロッパ諸国、アメリカ、日本などにおける根強い国内農業保護政策の影響もあり、乳製品や羊肉に関してイギリスの他に大規模な輸出市場を見つけることは容易ではなかった。[64] また、ＧＡＴＴも、農産物を含む一次産品貿易における非関税障壁の削減、各国の（農産物に関する輸出補助金を含む）農業保護政策の抑制といった点に関しては、極めて限定的な成果しかあげることができていなかった。そのため、ニュージーランド（そしてオーストラリアも）においては、GATTに関して、工業製品を中心とする貿易自由化を進めるばかりで、農産物輸出が重要となる自国の経済安全保障に資するところが少ないといった不満や不信感が存在した[65]。こうしたことから、ニュージーランドの労働党政権は、海外への農産物輸出に大きく依存していた自国の高い生活水準と完全雇用政策を維持するためにも、イギリス市場への輸出状況を改善すると同時に、イギリス以外の国々に対して二国間で貿易上の譲歩を行い、それと交換条件として自国の農産物輸出を拡大する必要があると考えるようになったのである。

他方、イギリス政府側では、ニュージーランドとのオタワ協定再交渉が行われれば、イギリスからの輸入に対して保証された特恵マージンが（程度の差はあっても）縮小されるのは明らかであったので、可能であれば、ニュージーランド側の要請に個別に対処することで全般的なオタワ協定の再交渉を回避または少なくとも延期することが望ましいという考えがあった[66]。しかし、首脳会談でのナッシュ自身による要請もあり、マクミランは不承不承ながらもニュージーランド側の立場に歩み寄り、一月二八日にクライストチャーチで行われた両首相の共同記者会見では、両国政府間でオタワ協定の「見直し」についての議論を始めることが発表された[67]。

次いで、二月一九日には、ニュージーランド政府はイギリス政府に対して、首脳会談の際のナッシュの要請を正式に文書で示すとともに、より具体的に彼らの要求を提示した。そこでは、オタワ協定下での利益のバランスを回復させるとともに、ニュージーランドの立場をオーストラリアよりも不利なものにしないためとして、以下のような提案が行われることになった[68]。

①鉄鋼、トラクター・エンジン、航空機エンジンなどの「重要な生産財」については、イギリスからの輸入に対して与える特恵マージンを撤廃する。

②一定のリストアップされた生産財、福祉製品（welfare goods）、イギリス特恵関税率が一〇％以下の品目については、イギリスからの輸入に対して保証された特恵マージンを七・五％に引き下げる。
③その他の品目については、保証された特恵マージンを一〇％に引き下げる。

確かに、イギリス政府側でも、ニュージーランド政府が特恵マージンを縮小する権利を求めてくることは予想されていた。しかし、保証された特恵マージンをいくつかの生産財について「撤廃」するという提案はイギリス側の予想を超えたものであった(69)。それゆえに、イギリス政府側も反発を強め、オタワ協定再交渉に向けて相当に厳しい内容の逆提案を行うことになった。第一に、ニュージーランド政府が輸入関税を適用する際に、同国市場におけるイギリス製品の「妥当な競争のための十分な機会」を損なわないこと、そしてコモンウェルス諸国内での最恵国待遇（most-favoured-Commonwealth-nation treatment）を相互に保証することが提案された。第二に、ニュージーランド政府が輸入数量制限を国内産業保護の目的で導入しない（つまりGATTで定められていたように、国際収支の悪化を理由とする場合以外には導入しない）ことを宣言し、輸入割当をイギリスからの輸入に対して差別的に用いないことを厳格に保証すべきであるとされた。第三に、当時、西ヨーロッパ諸国間で交渉が行われていたヨーロッパFTA（詳しくは第3章を参照）が設立された際には、イギリス政府が、ニュージーランドからのカゼイン（乾酪素）と皮製品の輸入に関して、ヨーロッパFTA加盟国との関係で特恵マージンを撤廃する権利を確保することも提案された(70)。

一九五八年四月一七日、イギリス、ニュージーランド両国間のオタワ協定再交渉がロンドンで始まった。ニュージーランド政府はまた、イギリス政府に対して、スウェーデン、フィンランド、アイルランドからのバターの輸入に対して反ダンピングないしは相殺関税を適用することを要請しており(71)、オタワ協定再交渉と並行してバターに関する協議もロンドンで行われた。ニュージーランド政府によるバターに関する反ダンピングないしは相殺関税適用の要請の背景には、イギリス市場におけるバター価格の低下をめぐりニュージーランド国内で不満が噴出していたことがあった。[72] この要請は、伝統的なイギリス市場への農産物の輸出状況の改善を狙うものであった点で、一九五六年にオーストラリア政府が行った小麦・小麦粉に関する数値目標の要求と同様の性質を持つものであった。

四月一七日に行われた第一回会合では、イギリス交渉団がニュージーランド政府側の議論に対する見解を述べた。まずイギリス交渉団は、次の三点を指摘してニュージーランドとオーストラリアのケースを同等に扱うことはできないとし、またイギリス、ニュージーランド間のオタワ協定下の利益のバランスは大きく偏ったものではないと主張した。

①イギリス市場におけるニュージーランドの特恵的立場は、オーストラリアのものと比べて大きく有利になっている。

②ニュージーランドからイギリスへの輸出は関税と数量制限の双方から免れていたのに対して、イギリスからニュージーランドへの輸出はそれら双方の対象となっている。

③ニュージーランドのイギリスに対する貿易黒字は年々増加している。

続いてイギリス側からは、イギリスからの輸入に対して保証された特恵マージンを大幅に縮小し、いくつかの重要な生産財に関しては撤廃するという提案に対する強い不満が表明された。特に同年九月にモントリオールで開催が予定されていたコモンウェルス貿易経済会議（Commonwealth Trade and Economic Conference：CTEC）に向けてコモンウェルス諸国間で準備が進められている状況で、ニュージーランドとの特恵関係を後退させることは困難であるという主張がなされた。[73] その後、両国交渉団の間でさまざまな協議が行われたが、双方はおおむね当初の主張を繰り返すだけで、ほとんど歩み寄りは見られなかった。
もちろん、イギリス交渉団の側でも、交渉が最初から大きな障害もなく容易に進展するとは考えていなかった。しかし、それにもかかわらず、彼らが多少なりとも慌てさせられたのは、ニュージーランド代表団が、カゼインと革製品についてヨーロッパＦＴＡ加盟国との関係で特恵マージンを廃止することに同意はできないという立場を示したことであった（そこでは特にカゼインの問題が重視された）。この時期、ヨーロッパ統合をめぐっては、一九五八年一月にＥＥＣが正式に発足したのに対して、前年一〇月に開始された西ヨーロッパ諸国間のＦＴＡ交渉にはほとんど進展が見られないという状況があった。そうしたなかで、ヨーロッパＦＴＡ交渉において徐々に苦しい立場に立たされつつあったイギリス政府にとって、さらにヨーロッパＦＴＡ案の対象品目からカゼインと革製品を除外するために他の西ヨーロッパ諸国政府から譲歩を獲得するのは非常に困難であると考えられた。[74]イギリス、ニュージーランド間のオタワ協定再交渉は、開始から一カ月も経たずに早くも行き詰まることになった。
こうした行き詰まりの背景には、両国交渉団がそれぞれの政府から十分な譲歩を行う権限を与えられていなかったことに加えて、イギリス側に交渉を意図的に引き延ばすような誘因が働いたことがあったと考えられる。例えば、イギリス政府内では、ニュージーランド政府によるバターに関する反ダンピングないしは相殺関税の適用の要請と（ニュージーランド政府が近日中に行うと予測されていた）国際収支危機に対処するための財政支援の要請に好意的に対応することで、オタワ協定再交渉を有利に進めることができるのではないかという憶測が見られた。さらに、ここで交渉を急げばいたずらにその決裂を招く恐れがあるという判断がなされていたことも重要であっただろう。[75]
とはいえ、いずれにせよバターの問題に関しては、スウェーデン、フィンランド、アイルランドからイギリスへの輸出は（ニュージーランド政府が主張した通り）輸出補助金を受けており、そのことで実際にニュージーランドの産業が損害を被っていたため、イギリス政府は何らかの対応を迫られていた。[76] そこで、イギリス政府は、反ダンピングないしは相殺関税の適用は見送ったものの、ニュージーランド政府の要求への大幅な歩み寄りを決定した。五月一四日、コモンウェルス関係相ヒュームは、前日の閣議での決定に従い、ニュージーランド副首相兼農相スキナー（C. F. Skinner）に対して、スウェーデン、フィンランド、アイルランド、ポーランドなどからのバターの輸入を合計で約四万トン削減する方針を伝えた。[77] ところが、ヒュームが、イギリス政府はバターの問題に関して相当の配慮を行ったのであるから、オタワ協定再交渉においてはニュージーランド側が柔軟な対応を示して欲しいと伝えたのに対して、ニュージーランド政府はそれらを基本的に別の問題と考えており、イギリス側が期待したような譲歩は容易には得られなかった。[78]

他方、ニュージーランド側でオタワ協定再交渉に遅々として進展が見られない状況にいらだちが強まっていたこともあり、イギリス政府内でも、しだいに譲歩を行う必要があるという認識が高まった。なかでもニュージーランド政府にとって、イギリスとオーストラリアの間の新通商協定で定められた水準よりも大きな特恵マージンを保証することは「不可能ではないとしても明らかに最も困難」であると考えられた。[79] そこでエクルスは、関係閣僚に提出した文書において、これ以上交渉を引き延ばさず、彼らの側から新たな提案を行うべきであるという主張を展開した。エクルスは、ニュージーランド政府が「重要な生産財」について特恵を廃止するという要求を取り下げ、かつ輸入数量制限に関するイギリス政府の提案を受け入れるならば、イギリス側としても、最終的には生産財について七・五％、その他の品目について一〇％の保証された特恵マージンを受け入れる用意をすべきであるという考え方を示した（ただし、後者については、まず一二・五％という数字を提示すべきであるとした）。[80] その後、エクルスの主張は五月二二日に行われた関係閣僚の会合で了承された。その閣僚会合では、イギリスからの輸入に対して保証された特恵マージンを縮小する権利が、ニュージーランド政府が他の市場を開拓する際の交渉材料として用いられるのであれば、イギリス側にとっても利益になるであろうという意見も出された[81]。五月二八日に開かれた両国交渉団の第八回全体会合では、イギリス交渉団からエクルスの主張に沿う形で新たな提案が示された[82]。

こうしたイギリス側の新提案に対して、ニュージーランド交渉団からもいくつかの譲歩が示された。まずニュージーランド側は、カゼインと革製品をヨーロッパＦＴＡの対象品目から除外することは困難であり、他の西ヨーロッパ諸国政府のイニシアティブにより品目別の協議が始まった場合にのみ、イギリス政府がカゼインを対象品目から除外するために努力することが可能になるというイギリス側の主張を受け入れた。また、ニュージーランド交渉団は、コモンウェルス諸国内の最恵国待遇を相互に保証するというイギリス側の要求については容易に受け入れる姿勢を示さなかったが、自国の関税率をイギリスからの輸入にとって競争の機会を損なわない水準にとどめるという点は受け入れる意向を表明した。他方、イギリスからの輸入に対して保証された特恵マージンについては、ニュージーランド側が「重要な生産財」に関する特恵廃止の要求を取り下げ、二・五％の特恵マージンの保証を提示するなど進展も見られたものの、いぜんとして両国交渉団の間ではいくつかの隔たりが残っていた。輸入数量制限と輸入割当に関しても、ニュージーランド交渉団は厳格かつ公開された無差別待遇の保証を与えることを拒み、代わりに非公開の文書に次の三点を記すことを提案するにとどまった[83]。

①ニュージーランド政府は、国内産業保護のために輸入数量制限を用いることを制限したＧＡＴＴの条項を遵守する。
②ニュージーランド政府は、英駐ウェリントン上級通商弁務官との間で輸入割当制度の運用について年一回の公式協議を行う。
③ニュージーランド政府は、イギリス側に対して通商上の差別的待遇を行うことを避ける意図を持っている。

その後、六月五日にはスキナーが帰国の途についたが、その時点では、バターのダンピング問題についてはある程度の成果が得られたものの、オタワ協定再交渉については両国間で多くの立場の相違が残されたままであった。そして、これ以降、両国間のオタワ協定の再交渉は主にロンドンとウェリントンの両国政府の間の文書のやりとりによって行われることになる。

この時点では、イギリス政府は、スキナーの帰国前にニュージーランド交渉団から示された提案について、当初のものより改善されたとはいえ、いまだにそれ自体では受け入れることができないと考えていた。特に輸入割当に関する無差別待遇についての部分は、ニュージーランド政府の「意図」を非公開の形で記すものにとどまっており、非常に不十分であると考えられた[84]。エクルスによれば、イギリス、オーストラリア間のオタワ協定再交渉の過程で、オーストラリア政府はその「意図」のみを記した非公開の文書で輸入割当に関する無差別待遇を保証することに不本意ながら同意したが、その後、そうした保証は同国政府が第三国と排他的に輸入割当枠を交換するのを効果的に阻止しえないことが明らかになっていた。そのため、イギリス政府としては、輸入割当制度の運用において、「オーストラリアよりも悪い記録」を残していたニュージーランド政府からは、より厳格かつ公開しうる保証を取り付ける必要があると考えられたのである[85]。

ところが、ニュージーランド政府の立場からは、そうした厳格かつ公開しうる保証を与えることは、自国の輸入割当制度の柔軟な運用を妨げるだけでなく、他のコモンウェルス諸国政府もイギリスに同水準の保証を与えてはおらず、受け入れ難いと考えられた。また、そうしたイギリス政府の要求は既にGATTで制限されていることを改めて保証するよう求めるものであり、不必要であるばかりでなく、侮辱的であるとさえ受けとめられた（他方、イギリス側では、輸入数量制限に関する無差別待遇についてのGATTの条項自体が不十分であると考えていた[86]）。そうした結果、ニュージーランド政府内では、イギリス側の要求が緩和されない場合にはオタワ協定自体を破棄するという可能性も考慮されはじめることになった。六月六日には、ナッシュ自身がいったんオタワ協定を破棄する意図を伝えるマクミラン宛の書簡を作成したが、その時点では書簡を送ることは見送られた[87]。

この時期、イギリス側では特恵マージンの問題に関してさらに譲歩を行うという決定がなされた。この決定にあたり、イギリス政府の関係閣僚は、ニュージーランドとの交渉の焦点を関税と輸入割当に関する無差別待遇の問題に絞るとともに、ニュージーランド政府がオタワ協定を破棄するという強硬手段に出るのを未然に防ぐことを考えていた。そして、イギリス側が保証された特恵マージンを「重要な生産財」については五％、リストアップされた生産財、「福祉製品」、イギリス特恵関税率が一〇％以下の品目については七・五％、その他については一〇％にまで引き下げることを受け入れる意志があると伝え、ニュージーランド政府もそれらを受け入れた結果、特恵マージンの問題に関して両国政府間で合意が成立した（ニュージーランドからの輸入に対して保証された特恵マージンは従来と同じ水準で維持されることになった）[88]。

イギリス、ニュージーランド間の特恵マージンに関する合意は、イギリス、オーストラリア間のオタワ協定再交渉の時と比べて、イギリスからの輸入に対して保証された特恵マージンの縮小幅がより大きかったにもかかわらず、より迅速に達成された。こうした結果には、関税と輸入割当に関する無差別待遇の問題に交渉の焦点を絞るというイギリス側の交渉戦術だけでなく、イギリス、オーストラリア間の新通商協定という前例の存在が大きく影響していた。ナッシュ政権にとって、特恵関税というオタワ協定の根幹を成す問題に関してオーストラリアに対するパリティの要求を取り下げることは、経済的な考慮のみならず、国内政治的な考慮からも困難であり、イギリス政府もしだいにそのことを理解するようになったのである。他方、イギリス政府は、関税と輸入割当に関する無差別待遇の要求についてもニュージーランド政府から「公開」された保証を求めることの困難さを認識するようになり、その点については要求を緩めたものの、「厳格」な保証は必要であるという立場をとったため、両国政府間ではいぜんとして立場の相違が残された。[89]

第4節　両国首相のイニシアティブと交渉の妥結

この段階に至り、七月二五日、ナッシュがマクミランに対して個人的に書簡を送り、オタワ協定再交渉への直接的な関与を開始した。この書簡のなかで、ナッシュはまず、ニュージーランド政府は関税によってイギリスからの輸入に差別的な措置をとることは考慮しておらず、イギリス側の懸念を理解することができないと記した。次いで彼は、ニュージーランド政府が第三国との間で排他的に輸入割当枠を交換しようとするのは、既存の貿易をイギリスから転換することを目指しているからではなく、もはやイギリス市場が吸収できなくなった余剰農産物の新たな輸出先の確保を目指しているからであると説明した。そして、イギリス政府が求めるように輸入割当に関して厳格な無差別待遇を保証することは、「現在の世界貿易の状況下では、新たな市場の開拓を不可能ではないとしても極めて困難にする」として、イギリス政府が同様の保証を求めつづけるのであれば、「[オタワ]協定の破棄を考慮せざるをえない」と主張した。[90] これに対して、イギリス政府側は、ナッシュの警告を深刻に受け止めはしたものの、マクミランの最初の返信は従来からのイギリス政府の立場を修正するものではなく、九月に予定されていたCTECの際に両国間で閣僚会談を行うことを提案するものにとどまった。[91]

そうしたマクミランの態度を受けて、ナッシュはさらに警告の度合いを強め、八月八日付の書簡のなかで、ニュージーランド政府としてはCTECが開催される前に（オタワ協定を破棄する際の条件として定められていた）六カ月前の事前通告を行わざるをえないと伝えてきた。[92] ナッシュがより明確な警告を送ってきたことで、イギリス政府内ではニュージーランド政府によるオタワ協定破棄の可能性についての懸念がいっそう強まった。しかし他方で、イギリス側では、他のコモンウェルス諸国への波及の可能性をめぐり以下のようなジレンマも認識されていた。

もし〔ニュージーランドとの交渉の〕決裂があれば、それは帝国特恵制度における最初の破綻となるであろう。インド、パキスタンなど他の国々もニュージーランドの例に続こうとしかねない。他方、もし私たちにとって非常に不十分で私たちが必要と考えるセーフガードを欠くような通商協定に調印すれば、他の国々は彼らもイギリスに対して不当な要求を行うことができると感じるであろう。[93]

ここで重要となるのが、当時、コモンウェルスにおいては、イギリスと他のコモンウェルス諸国の間の二国間関係が他のコモンウェルス諸国間の二国間関係（例えばカナダとインドの関係）と比べて多くの場合はるかに緊密であったという点で、ハブ・スポーク的な構造が存在したことであった。そのため、イギリス以外のコモンウェルス諸国政府がイギリスとの関係を中心に考えて行動する傾向があったのに対して、コモンウェルス内部における「ハブ」に位置していたイギリス政府は、他のコモンウェルス諸国間の波及や連鎖反応を常に気に懸けねばならない立場に置かれていた。この場面でも、他のコモンウェルス諸国への波及をめぐるジレンマが認識されていたこともあり、イギリス政府は即座に態度を軟化させることにはならなかった。

そうした結果、マクミランからナッシュに対して、CTECのわずか数週間前という時期にオタワ協定の破棄が考慮されていることに強い懸念が伝えられた以外には、両国間で代わり映えのしないやり取りが再度繰り返された。[94] 英駐ニュージーランド高等弁務官マラビー（Sir George Mallaby）の報告によれば、ナッシュは、輸入割当に関するイギリス側の要求を、ニュージーランド政府の行動の自由を否定し、またイギリスの家父長的で横柄な態度を示すものとして強く反発していた。また、ニュージーランドの閣内でノードメイヤー（A. H. Nordmeyer）蔵相、ホロウェイ（P. N. Holloway）産業通商相といった主要閣僚が、オタワ協定を破棄すべきであるという考えを強く持っているという見方も伝えられた[95]。

両国政府間の交渉の行き詰まりを前にして、マクミランは、ニュージーランド側によるオタワ協定破棄の可能性に強い懸念を抱き、イギリス政府が「原則の問題」にこだわりつづけることは望ましくないという考えを強めた。マクミランは、それまで商務省が中心となり行われてきたニュージーランドとのオタワ協定再交渉に対して個人的な関与を強め、八月一八日の関係閣僚の会合では、ニュージーランドの輸入割当による被害の度合いを見極めてから対処法を決めればよいのではないかという考え方を示した[96]。同じく八月一八日には、ニュージーランド側からの一定の譲歩も示された。ナッシュが、同日付のマクミランへのメッセージのなかで、ニュージーランド政府もオタワ協定破棄の事前通告がＣＴＥＣに悪影響を及ぼすことへの懸念を共有しており、それゆえに、もしイギリスとの交渉で満足すべき解決がなされなくても、ＣＴＥＣが終わるまでは事前通告を延期する用意があることを伝えてきたのである[97]。

マクミランは、ナッシュへの返信のなかで、オタワ協定破棄の事前通告を延期するという配慮に対して感謝の意を述べるとともに、ニュージーランド政府が第三国と二国間で行う輸入割当枠の交換を妨げることなく、イギリス側の利益も正当に保証するような柔軟な調整が可能になるであろうという希望を（かなり曖昧なものではあったが）伝えた[98]。そして、八月二八日に開かれたイギリス政府の関係閣僚・官僚の会合において、マクミランは、イギリス政府の目的はニュージーランド政府がオタワ協定を破棄する意図について通告を行うのを防ぐことであるべきであり、それは、関税と輸入割当の双方に関してニュージーランド側から既に提示された保証を信頼することにより達成されるのではないかと述べた。こうしたマクミランの意見は、エクルスやヒースコート・エイモリー蔵相など関係閣僚にも受け入れられた(99)。

九月三日、マラビーとニュージーランド政府の外務事務次官代理を務めていたレイキング（George Laking）の間で、ある重要な会合が開かれた。マラビーが、ナッシュの伝記を著したシンクレアに対して、オタワ協定再交渉の解決策を見出したのは彼自身とレイキングであったと説明した際(100)、彼の念頭にあったのはこの会合のことであったと考えられる。この会合において、レイキングは、「一般的な考え」と断ったうえで、通商協定本体とは別の共同コミュニケまたは公開可能な交換書簡のなかで、ニュージーランド政府は以下の四点を表明することができるかもしれないという考えを述べた(101)。

①ニュージーランド政府の多角的貿易体制への支持。
②イギリスからの輸入に最恵国待遇を与えるという決意。
③ニュージーランドの貿易を拡大するために、第三国との二国間取り決めを結ぶことが望ましい状況が生じるかもしれないという留保。
④ただし、そうした第三国との二国間取り決めは、ニュージーランドの貿易全体の非常に小さな部分のみにとどまるであろうという見解。

これに対して、マクミランはレイキングの「一般的な考え」を歓迎し、マラビーからの報告に対して、「まだそれについて同僚たちと議論する時間がとれていないが、私は個人的にレイキングが示した解決策に惹かれている。……これが、私たちが進むべき類の道であると確信している」と直ちに返信を送った(102)。イギリス政府は、（マクミラン以外の関係閣僚の主張を受けて）ニュージーランド政府に対して輸入割当におけるより厳格な保証を再度求めたものの、それが再び拒否されると、最終的には九月三日のレイキング提案に沿った内容のニュージーランド側の草案を大筋で受け入れることになった[103]。ただし、関税に関する無差別待遇の問題については、イギリス政府はコモンウェルス諸国内の最恵国待遇を相互に保証するという提案を取り下げてはいなかったが、この段階に至って同提案を再び持ち出すのは困難となっており、結局イギリスからの輸入に対して差別的な扱いをする考えはないというニュージーランド政府の曖昧な保証に頼る以外になくなった[104]。ニュージーランド政府が輸入数量制限を国内産業保護のために利用しないというイギリス側の要求についても、ニュージーランド政府が明確な保証を行うことを拒み、イギリス側もそれ以上強く要求しなかったため、結局は未解決のままとなった。

その後、九月一二日には、ナッシュが、ニュージーランド議会において、マクミランとの間でさらに複数のメッセージを交換した結果、イギリスとのオタワ協定再交渉において残されていた主要な問題点は両国政府にとって満足できる形で解決されたと発表した。ナッシュは、「私は、新しい協定が私たちのイギリスとの将来にわたる通商関係の運営にとって適切で十分に受け入れられる基盤を提供するであろうことに満足している」と述べ、彼の演説を締めくくった[105]。

九月一五日から二六日まで、モントリオールにおいてCTECが開催された。そして、CTECの終了後、イギリス、ニュージーランド両国の官僚がウェリントンに集まり、両国間の新通商協定に向けた詰めの作業が行われ、一一月二五日には、「新通商協定の項目」が調印・公表された。また、同じ日に調印・公表された「通商政策に関する合意文書」では、輸入割当に関する無差別待遇について両国政府間で合意された内容が記された。イギリス政府がニュージーランドからのカゼインと革製品の輸入について、ヨーロッパFTA加盟国との関係で特恵マージンを廃止する権利を確保したことは非公開扱いとされ、新通商協定本文ではなく、非公開の付属文書に記録されることになった。その後、両国政府間で最終的な調整が行われた結果、一九五九年八月一二日、ウェリントンで、一九三二年のオタワ協定に代わるイギリス、ニュージーランド間の新通商協定が調印された[106]。

イギリス、ニュージーランド間のオタワ協定再交渉においては、マクミラン、ナッシュという両国首相の個人的な関与が、それまで長引き、困難に直面していた交渉を妥結に導いた大きな要因となった[107]。また、両国首相ともに、交渉の結果にはおおむね満足していたように思われる。しかし他方で、（オタワ協定の破棄を回避しえたことがイギリス側の関係者を多かれ少なかれ安心させたのは間違いなかったとしても）ニュージーランド政府が無差別待遇の問題に関して不十分ないしは曖昧な保証しか与えなかったことは、商務相として産業界の利益に配慮する立場にあったエクルスをはじめとする閣僚・官僚にとっては大きな不満であった[108]。また、オタワ協定再交渉の際のニュージーランド側の姿勢には、イギリスとの二国間のオタワ協定、そしてコモンウェルス全般の重要性を軽視する傾向が見られ、さらにはそれらを切り崩そうとする態度さえも散見された[109]。マラビーは、回顧録のなかで、「私たちはニュージーランド政府との困難な論争状態にあり、私はナッシュ氏との関係において、困難、非常に深刻な困難を抱えていた。彼はコモンウェルス全体の観点から見て、私には性急で危険に思えた行動をとる決心をしたのである[110]」と記している。オーストラリアとのオタワ協定再交渉に続き、ニュージーランドとのオタワ協定再交渉もまた、イギリス政府に対して、コモンウェルス諸国側の通商関係多角化に向けた強い決意とともに、ともすればコモンウェルス諸国間の関係を軽視するようにも見える姿勢を印象づけるものとなった。

ただし、ニュージーランドとのオタワ協定再交渉がイギリス政府の通商政策の変化に対して直接的に及ぼした影響は、オーストラリアとの交渉の場合と比べて限定的なものであった。その理由としては、主に以下のような要因があったと考えられる。すなわち、①一九五六～五七年に行われていたイギリス、オーストラリア間のオタワ協定再交渉との共通点が多かった、②イギリスにとってオーストラリアの方がより重要な貿易相手国であった、③ニュージーランドとのオタワ協定再交渉が行われた時期には、イギリス政府はヨーロッパＦＴＡとＥＦＴＡ（ヨーロッパＦＴＡ交渉の決裂を受けて設立に向けた議論が進められたもの。詳しくは第5章を参照）というヨーロッパにおける二つの工業製品のＦＴＡの設立に向けた交渉に当たっており、さらなる政策転換を行う時期にはなかった、の三点である。

しかし、それにもかかわらず、より大きな視点から考えると、ニュージーランドとのオタワ協定再交渉もまた、イギリス政府の対外政策の転換を促した要因のひとつとして捉えることができる。つまり、当時のイギリス政府・産業界が失いつつあったのは、「両方の世界における最良の状態」とも表現された通商上の恵まれた立場であったが、ニュージーランドとのオタワ協定再交渉もまた、オーストラリアとのオタワ協定再交渉や六カ国間のメッシーナ・イニシアティブと並び、イギリスの通商上の立場がコモンウェルスと西ヨーロッパの両方においてしだいに困難な状況に直面するようになっていたことを示すものであったのである。

おわりに

以上の第I部の第1章で検討したメッシーナ・イニシアティブとそれに対するイギリス政府の対応は、ヨーロッパ大陸六カ国政府が共同市場の結成に向けた動きに着手したにもかかわらず、当初はイーデン政権がおおむね否定的な対応に終始したことを示すものであった。そして、そうした否定的な対応の背景には、六カ国間のEDC条約の挫折に見られたような超国家的なヨーロッパ統合の行き詰まりや、それまでの歴代イギリス政府が西ヨーロッパ内部で主導的な地位を占めてきたという経緯から、イーデン政権がメッシーナ・イニシアティブの実現可能性を過小評価するとともに、自国の交渉上の立場を過大評価していたことがあったと確認された。そうした結果、この時期のイーデン政権の対外政策は、後から振り返るならば、EEC、EURATOMの結成に――さらにはその後のEC、EUへの発展にまで――つながっていくことになるヨーロッパ統合の「バスに乗り遅れた」として、しばしば厳しい評価を下されるものとなったのである。

他方、メッシーナ・イニシアティブに対する大蔵省や商務省の反応に見られたように、イギリス政府内でも、ヨーロッパ大陸六カ国間での全般的な経済統合から排除されることによる潜在的な経済的不利益に関する認識が存在したのも事実であった。実際、イーデン政権も、スパーク委員会に商務省官僚ブレサートンを「代理人」として派遣する形で、慎重を期しつつも一定の関与を行う姿勢は見せた。しかし、当時のイーデン政権内では、共同市場に参加することによって帝国・コモンウェルスとの伝統的関係や「英米特殊関係」が損なわれかねないこと、共同市場の超国家性や保護主義的な農業政策を受け入れざるをえなくなることへの懸念の方が大きかった。また、フランス政府の伝統的な保護主義や西ドイツ政府のより開かれた貿易体制への志向ゆえに、結局は共同市場の結成に向けた試みは失敗するに違いないという捉え方もなかなか拭い去られなかった。そうした結果、ブレサートンはスパーク委員会が始まってからわずか五カ月ほどで離脱し、そのことにより、イギリスがEEC、EURATOMの原加盟国となる可能性も実質的に封じられることになった。

その後、イギリス政府は、メッシーナ・イニシアティブ——その当面の目標はスパーク委員会での議論を経て、関税同盟の設立に収斂するようになっていた——に対する代替案として、超国家性を持たない既存の政府間主義的機構であったOEECを通して漸進的な貿易自由化を進めるという方針を打ち出したが、六カ国側の態度が揺らぐことはなく、結局は失敗に終わった。また、スパーク委員会からの離脱と前後して、イギリス政府は西ドイツ、アメリカ両国政府に対して、共同市場よりも開放的な枠組みで貿易自由化を進めるべきであるとして非公式に説得を行ったが、そうした試みは、それ自体が不調に終わっただけでなく、上記のOEECを通した貿易自由化の提案と相まってヨーロッパ大陸諸国側で厳しい反発を招くこととなった。そうした結果、この時期のイギリス政府の対外政策は、六カ国の間にくさびを打ちこむというよりも、むしろそれらの国々を結束させる効果を持つことになってしまったといえる。

さらに、イギリス政府にとって大きな誤算となったのは、アメリカのアイゼンハワー政権が、超国家的なヨーロッパ統合への理想主義的な共感とともにそれが仏独間の和解を確実にし、西側陣営の強化にも役立つという現実主義的な判断に基づき、六カ国間の統合の試みを強く支持したことであった。その結果、一九五五年末のイーデン政権による非公式の働きかけに見られたようなアメリカ政府への期待は、ほぼ完全に裏切られることになった。以上のような状況から、イギリス政府は、スパーク委員会からの離脱後、ヨーロッパ大陸六カ国間でメッシーナ・イニシアティブに基づく交渉が（いぜんとして多くの困難をともないつつも）徐々に進展を見せるなかで、何らかの新たな——そしてアメリカ政府からも前向きのものと評価されるような——対案を提示する必要に迫られることになっていくのである。

第2章で検討したイギリス、オーストラリア間、イギリス、ニュージーランド間の二つのオタワ協定再交渉は、一九五〇年代後半において、イギリス、オーストラリア、ニュージーランド三カ国にとって、既存の通商政策をめぐり長期的な変化の必要と短期的な現状維持の必要が併存していたことを示すものであった。第一に、それら二つのオタワ協定再交渉は、イギリス、オーストラリア、ニュージーランドそれぞれにおける通商関係の多角化という長期的な傾向、言い換えればコモンウェルス諸国間の通商関係における遠心的作用の存在を示していた。オーストラリアとニュージーランドにとって、イギリスとの通商関係はいぜんとして非常に重要であったが、他方で両国政府は、伝統的なイギリス市場以外の新たな市場を開拓する必要にも迫られていた。特に、両国政府がイギリスからの輸入に対して保証していた特恵マージンを縮小する権利を要求し、イギリスとの特恵関係を部分的に犠牲にしてでも通商関係の多角化を模索する構えを見せたことは、そのような必要の存在を如実に物語るものであった。

こうした通商関係多角化の試みの背景には、直接的にはイギリス国内農家の生産増大と第三国との競争激化によるイギリス市場への一次産品の輸出の伸び悩みがあった。しかし、それをより大きな視点から捉えるならば、コモンウェルス諸国間関係において「ハブ」に位置したイギリスが、他の先進諸国と比較して相対的に緩慢な経済成長しか残すことができず、コモンウェルス諸国に対して十分な市場や資本を供給することができなくなってしまった状況があった。[1] そして、一九五七年七月にはオーストラリア政府、一九五八年九月にはニュージーランド政府がそれぞれ日本政府と通商協定を結び、日本からの輸入に原則的に最恵国待遇を供与する見返りとして、日本市場への一次産品輸出の機会を拡大しようと試みたように[2]、両国政府はアジア太平洋地域を重視する形で通商関係多角化への努力を強めていくことになる。

イギリス政府にとっても、伝統的に「帝国特恵の最も強い支持者[3]」であり、イギリスとの経済関係も最も深かったオーストラリア、ニュージーランドから（しかもメンジーズ、ナッシュという親英的で、帝国・コモンウェルスとの関係にも肯定的な立場をとることで知られた両首相の下で）オタワ協定への批判的な態度が示されたことは少なからず衝撃となった。さらに、両国政府とのオタワ協定再交渉の結果、イギリスからの輸入に対して保証された特恵マージンが大幅に縮小され、輸入割当に関する無差別待遇についても十分な保証を得ることができなかった結果、イギリス政府内では、両国（そしてより一般的にコモンウェルス諸国）との通商関係の将来について悲観的な見方が強まることになった[4]。そうした結果、急速な経済発展と市場拡大を記録していた西ヨーロッパ諸国間でEEC結成に向けた動きが進められていたことと並んで、二つのオタワ協定再交渉は、イギリス政府に対して、コモンウェルス特恵制度とスターリング圏に大きく依存してきた従来の通商政策を大幅に転換する必要を強く印象づける効果を持つことになった。実際、イギリス政府は、オーストラリア、ニュージーランド両国政府に対して通商関係多角化の権利を認める一方で、決して容易ではなかった二つのオタワ協定再交渉の過程で、オーストラリア、ニュージーランドからの工業製品輸入に関してヨーロッパFTA加盟国との関係で特恵マージンを廃止する権利を要求し、自らの側でも通商関係多角化のための行動の自由を確保すべく努めたのであった。

第二に、二つのオタワ協定再交渉はイギリス、オーストラリア間、イギリス、ニュージーランド間の通商関係が（特に短期的に考えると）引き続き重要性を保っていたことを示すものでもあった。オーストラリア、ニュージーランドの輸出産業にとって、従量で定められた特恵マージンの価値低下やイギリス国内農家の生産増加などにもかかわらず、イギリス市場はいぜんとして最も重要な市場であった。当時、イギリスは世界最大の食糧輸入国であり、一九五六年にはオーストラリアの輸出の約三二・九%、ニュージーランドの輸出の約六四・四%がイギリス市場向けになされていた。[5] オーストラリア政府による小麦・小麦粉に関する数値目標の要求、ニュージーランド政府による非コモンウェルス諸国からの肉類輸入に対する割当制限の要求やヨーロッパ諸国からのバター輸入に対する反ダンピングないしは相殺関税適用の要求は、伝統的なイギリス市場への輸出を回復させようとする努力の現れであった。

さらに、イギリス政府側でも、コモンウェルス諸国との通商関係は相対的な停滞傾向が明らかになりつつあったとはいえ、当時はいぜんとしてイギリスの貿易の多くはそれらの国々との間で行われていたため、引き続き重要なものと捉えられていた。一九五六年から五八年までの三年間にわたり、イギリスにとってオーストラリアは第二位、ニュージーランドは第六位の輸出相手国であった。[6] 特に自動車、繊維など衰退傾向にあったイギリス製造業にとっては、特恵関税をはじめとする諸要因により有利な競争条件を確保することができる両国市場の存在は非常に重要と考えられていた。[7] イギリス政府が両国市場における保証された特恵マージンが縮小される度合いをできる限り小さくしようと努めたことは、少なくとも短期的には両国市場の重要性が認識されていたことを示すものである。またイギリス政府は、コモンウェルス諸国間の波及や連鎖反応を常に気に懸けねばならない立場にあり、そのことも同国政府に対して（オーストラリアまたはニュージーランドへの安易な妥協を戒めると同時に）両国政府とのオタワ協定再交渉の決裂を避ける必要があると考えさせる一因となった。

そして、二つのオタワ協定再交渉が数多くの利害の相違と衝突を経つつも最終的に妥結に至ったという事実も見逃すことはできない。それら二つの再交渉は、一九三二年のオタワ協定で定められた特恵制度を一九五〇年代後半の環境に適応するよう修正する試みであったともいえる。その試みは、交渉の妥結によって少なくとも一定の成果をあげたと考えてよいのであろうが、そうした背景には、イギリス政府がコモンウェルス特恵制度の存続を重視し、そのためにかなりの程度の譲歩を行ったことがあったのである。

一九五〇年代後半までには、イギリス、オーストラリア、ニュージーランド三カ国の政策決定者たちは、彼らの間の伝統的な通商関係をできる限り維持するという短期的な必要を理解しつつも、より長い目で見てそれぞれの通商関係を多角化させる必要を強く認識するようになっていた。イギリス政府の対外政策について見れば、そうした二重の必要に関する認識は、一九六一年八月の第一回EEC加盟申請につながったものとして理解することができる。まず、イギリス政府による第一回EEC加盟申請は、コモンウェルス諸国に依存してきた従来の通商政策に大幅な修正を加える試みであった点で、長期的な通商関係多角化の必要を強く意識した動きであった。しかしそれと同時に、第一回EEC加盟申請は、一九六一年七月三一日のマクミランの下院演説に見られたように、さまざまな条件を付けられたものであり、(国内農業とEFTA諸国の利益と並んで)コモンウェルス諸国との伝統的関係もできる限り維持することが望ましいという短期的な必要を反映したものでもあった(詳しくは第7章を参照)。そして、イギリス政府による第一回EEC加盟申請が条件付きのものにとどまったことは、その後のEEC加盟交渉(一九六一年一〇月〜六三年一月)を難航させ、最終的にはドゴールによる拒否を許す大きな背景ともなった。この時期の二つのオタワ協定再交渉を通してイギリス政府が直面した長期的な変化と短期的な現状維持という相反しつつ併存する要請は、その後のイギリス政府の対外政策にも大きな影響を及ぼしていくのである。

第II部　二つのＦＴＡ構想とイギリス対外政策の行き詰まり

はじめに

一九五〇年代において、イギリスを含む西側諸国間の通商関係を規定していたのは、一九四七年一〇月三〇日に二三カ国政府代表によりジュネーブで調印され、翌年一月一日に発効したＧＡＴＴに示された諸原則であった。それらは、両大戦間期（特に世界恐慌以降）の保護主義化、ブロック経済化への反省から、ＧＡＴＴの締約国間で無差別的、互恵的、多角的な貿易自由化を進めることを掲げるものであった。しかし、その一方で、ＧＡＴＴ第二四条では、例外的に限定された数の締約国間において、設立までの明確な期限を設けたうえで関税同盟またはＦＴＡを形成することにより、他の締約国に先行して貿易自由化を進めることが認められていた。そうした規定に基づき、一九五五年以後、メッシーナ決議に基づくヨーロッパ大陸六カ国間の交渉では当面の目標として関税同盟を設立することが打ち出されていた。それに対して、この時期イギリス政府が目指すことになるのは、二つのＦＴＡを設立することを通してより広い範囲での貿易自由化を進めるという方針であった。

ここで注目すべきは、関税同盟とＦＴＡの相異点である。関税同盟が加盟国間の貿易を自由化する（つまり関税、輸入数量制限をはじめとする貿易制限措置を撤廃する）ことに加えて、域外の第三国からの輸入に共通の関税（共通域外関税）を課すことを特徴とするのに対して、ＦＴＡは加盟国間の貿易自由化のみを目指すものであった。そのため、世界的な通商上のつながりを持つとともに貿易自由化にともなう制度化の度合いを極力抑えることを望むイギリス政府の立場からは、FTAの方が関税同盟よりも望ましいと考えられたのである。そうした考慮から、この時期のイギリス政府は、西ヨーロッパ一七カ国間の多国間FTAとカナダとの二国間FTAという二つの提案を行うことになった。しかしながら、その後、ヨーロッパ大陸六カ国間での関税同盟の設立を掲げた統合の試みは一九五七年三月のローマ条約の調印、一九五八年一月のEECの正式発足により結実していくのに対して、イギリス政府が打ち出した二つのFTA構想は、いずれも国際的に十分な支持を獲得することができず、結局は失敗に終わることになる。

そこで、以下の第II部では、それら二つのFTA構想の形成から挫折に至る過程について検討したうえで、それらが結果的に挫折に終わったことによりイギリス政府の対外政策がどのような影響を被ることになったかという点に着目する。まず第3章では、イギリス政府内での西ヨーロッパ一七カ国間の工業製品のFTA案の形成から、西ヨーロッパ諸国間の政府間委員会交渉、そしてその最終的な挫折に至る過程ついて検討を行う。その際、六カ国間の統合の試みが進展を見せるなかで、イギリス政府はそれら六カ国をひとつの単位として包摂する西ヨーロッパ規模のFTAの設立を提案したが、同案はコモンウェルス諸国や国内農家への配慮から農産物を自由貿易の対象から除外しており、また制度化の度合いを抑えた緩やかな内容にとどめられたことが主な原因となり、西ヨーロッパ諸国間で十分な支持を獲得することができず、最終的に失敗に終わったことを指摘する。また、当時のアメリカのアイゼンハワー政権が六カ国間のヨーロッパ統合を強く支持した反面、ヨーロッパFTA案に対しては相対的に控え目な支持しか与えなかったことにも着目し、そうしたアメリカ政府の対応がヨーロッパFTA交渉の挫折の重要な背景となったことも明らかにする。

次いで、第4章では、ほぼ同じ時期にイギリス政府が打ち出したカナダとの二国間FTA案について、イギリス政府内での同案の形成から、カナダ政府との二国間協議、そしてその最終的な挫折に至る過程について検討を行う。この英加ＦＴＡ案は、農産物を主要な輸出品としていたカナダ側への配慮から、工業製品のみならず農産物も含む包括的な内容となったが、結局はカナダ政府がイギリスとの自由貿易の受け入れにより国内製造業が深刻な打撃を被りかねないと懸念して強く反発したため、本格的な交渉に入ることなく早期に挫折に終わった点を指摘する。そして、こうした英加ＦＴＡ案をめぐる一連の経緯を通して、当時のマクミラン政権内ではコモンウェルス諸国との通商関係を強化しようとする構想と努力が見られたにもかかわらず、結果的には、そのための具体的な提案があえなく失敗に終わったことを通して、コモンウェルス諸国との通商関係の限界についての認識が高まるようになった点を明らかにする。

第3章　ヨーロッパFTA案と政府間交渉の挫折　一九五六～五八年

第*1*節　ヨーロッパFTA案の形成とその採用

一九五六年春までには、第1章で検討したように、『スパーク報告書』の提出（四月）とベネチア会議（五月）を経て、六カ国間での共同市場と原子力共同体の結成に向けた交渉は、各国間の立場の相違を少なからず残しつつもかなりの進展を見せるようになっていた。そうしたなかで、イギリス政府にとっては、ヨーロッパ大陸六カ国間の統合の動きに対してどのように対応すべきかという課題がますます重みのあるものとして立ち現れてくることになった。確かに、いぜんとして当時の状況はイギリス政府にとって不利なものばかりではなかった。例えば、スパークは、共同市場を弱体化させなければという条件付きではあったが、西ヨーロッパ規模のFTAの形成も可能であるという立場を示し、共同市場に参加することができない西ヨーロッパ諸国――そのなかでも特にイギリスが意識されていたことは明らかである――に対する配慮を見せた(1)。しかしながら、いずれにせよ、一九五六年五月末のベネチア会議を経て、六カ国政府がイギリス抜きで共同市場を成立させる見通しが着実に高まりつつあったのは確かであった。そしてこの頃までには、イギリス国内でも産業界を中心として、共同市場から完全に排除されることによる経済的不利益についての懸念が強まるようになっていた。そうした結果イギリス政府は、それまでにもまして、六カ国政府が共同市場の設立に成功した場合、どのようにしてそれとの関係を構築するかという困難な課題に直面することになったのである。[2] カイザーの指摘を用いるならば、この時点でのイギリス政府にとっての課題は、以下のように要約することができるものであった。[3] すなわち、「一九五六年に経済省庁が追求していたのは、六カ国の関税同盟から排除される危険をそらすとともに、六カ国が失敗した場合には関税同盟の代わりとなり、彼らが成功した場合には〔六カ国の関税同盟に対する〕貿易上の覆いとなるのに適したような首尾一貫した計画であった。その新たなイニシアティブはまた、イギリスのコモンウェルスとアメリカとの関係にできるだけ影響を及ぼさず、三つのサークル・ドクトリンと十分に適合的でなければならなかった」。

こうした課題に対応する試みとして、その後につながる重要な方向性を示すことになったのは、大蔵省のクラーク（R. W. B. Clarke）を委員長とする省庁間作業部会（クラーク委員会）[4] が四月二〇日に提出した報告書であった。この報告書では、共同市場を設立する試みが失敗すればヨーロッパ諸国の分裂と西ドイツの西側からの自立を招きかねないが、他方で共同市場が成功すれば、西ドイツを西側に緊密に組み込むことには役立つものの、長期的には西ドイツによるヨーロッパ支配を招きかねないというジレンマが強調された。また、共同市場が成功した場合、イギリスの経済的利益が脅かされるため、他の地域での利益を犠牲にしてでも特別な調整を試みる必要が生じることも予想された。それゆえに、もしイギリス政府が、コモンウェルス諸国やアメリカとの関係を弱めることなく、西ヨーロッパ諸国との経済的なつながりを築くことができるならば、西側の強化に大いに貢献するであろうという見方が示された。[5] この報告書に見られたように、当時、イギリス政府内では、共同市場が失敗した場合に備えて西ヨーロッパ諸国を包摂する枠組みを用意するとともに、共同市場が成功した場合にも、六カ国政府が内向きの姿勢を強め、将来そのなかで西ドイツが覇権的な位置を占めることを防ぐためにも、六カ国と他のOEEC諸国を結びつけるより広い枠組みを構築する必要があるという考え方が強まっていたのである。

その後、官僚レベルの省庁間作業部会と関係閣僚による協議を経て、共同市場に対するさまざまな対案が具体的に検討された。そうした過程で、コモンウェルス諸国とOEEC諸国を包摂する「共通特恵圏」(common preferential zone) などの案は却下されていき、最終的には、イギリス政府内で「G計画」と呼ばれていた西ヨーロッパ諸国間の工業製品のFTA案が唯一の現実的な選択肢として残された。七月二七日、二八日には、同案がマクミランとソーニークロフトによる連名覚書として閣議に提出されたが、[6] この段階になると、もはや「その計画はその最終形態においては、六カ国が共同市場または関税同盟を形成することに成功するという想定に基づいていた」[7]。こうしてイギリス政府内で浮上してきたヨーロッパFTA案の主な内容は、閣議文書等から以下のようにまとめることができる。

①ヨーロッパFTAは、六カ国の関税同盟をひとつの単位として含むOEEC加盟一七カ国を加盟国とする（当初の段階では、現実的には、イギリスと六カ国以外では、FTAへの加入を希望すると予想された国々、つまりノルウェー、スウェーデン、デンマーク、スイス、オーストリアが想定されていた）。

②農産物（加工食品、飼料、飲料、タバコを含む）と園芸品を除くすべての産品に関して域内での関税と数量制限、その他の保護的措置（輸出税、輸出補助金など）を約一〇年間の移行期間を設けて段階的に撤廃する。

③FTA域内での関税引き下げは、六カ国の関税同盟と同じ日程で行う。

④国際収支が悪化した際に再び数量制限を課す免除条項 (escape clauses) を設ける。

⑤共通域外関税を設定する関税同盟とは異なり、域外の第三国からの輸入に関しては各国政府が従来からの権限を保持する。

⑥ヨーロッパFTAの運営は、政府間主義の原則に基づきOEEC内部に設置される「運営委員会」（Managing Board）が担当する。
⑦六カ国の共同市場とは異なり、FTAの枠組みからは（イギリスを含めた）ヨーロッパ諸国の海外領土、コモンウェルス諸国を完全に除外する。
⑧六カ国の共同市場とは異なり、FTA協定には、労働者、資本、サービスの自由移動、社会基金、投資基金などの規定を設けない。

ヨーロッパFTA案は、イギリス政府の立場から見れば、六カ国との工業製品の自由貿易を確保することで共同市場から排除される経済的不利益を回避するとともに、（すべてのOEEC諸国が加わったならば）約二億四〇〇〇万人規模の自由な市場を誕生させることでイギリス経済への積極的な効果（規模の経済、競争の刺激など）の確保を目指したものであった。特に後者の点は、イギリスの輸出産業にとって、豊かで巨大ではあるが「非常に保護されたアメリカの国内市場」[8]に匹敵する規模の市場が確保されることを意味した。さらにヨーロッパFTA案は、関税同盟と異なり共通域外関税を設定しないことで域外の第三国に対する通商政策の自律性を維持するとともに（そのことでコモンウェルス特恵制度の中核をなすコモンウェルス諸国からの無関税での輸入の継続も可能となる）、農産物を自由貿易の対象から完全に除外することで国内農業とコモンウェルス諸国の利益を守ることを狙ったものでもあった。つまり、ケインが、「イギリス政府は、G計画への支持を獲得するのが最も困難な集団はコモンウェルスと政府内部のコモンウェルス支持派であろうということを常に認識していた」[9]と指摘したように、ヨーロッパFTA案が形成された背景には、コモンウェルス諸国、さらにはソールズベリ（Lord Salisbury）枢密院議長に代表されたような閣内の帝国・コモンウェルス支持派への配慮があったのである（ただし、そうした配慮は、後に検討するように、結局はヨーロッパＦＴＡ案の挫折の大きな原因にもなっていく)。

こうしたヨーロッパＦＴＡ案であるが、まずヨーロッパ諸国のなかでは、輸出中に占める工業製品の比重が高かった西ドイツやベルギーでの支持が見込まれた(他方、それらの国々では、フランス政府が中心となり目指されていたＥＥＣの枠組みでの共通農業政策［ＣＡＰ］にはしばしば否定的な態度が目立った)。さらに、ヨーロッパ諸国間の統合に関してイギリス政府が踏み込んだ政策を採用することはアメリカ政府の意向にも合致すると考えられたため、ヨーロッパＦＴＡ案は対米関係にも好ましい影響を及ぼすことが期待された。

ところが、ヨーロッパＦＴＡ案は農産物を自由貿易の対象から例外なく除外するものであったため、労働党の有力議員で、親ヨーロッパ派として名の通っていたジェンキンズ(Roy Jenkins)が、「私たちのパートナーのうちのいくつかにとっては非常に受け入れがたいものになるであろう」と評したように[10]、フランス、イタリア、オランダ、デンマークなど農産物輸出国との関係を考えると、最初から大きな不安材料を抱える内容となっていた[11]。また、共通域外関税を設定しない自由貿易地域の運営が技術的に可能であるか否かは、当時としては議論の分かれるところであり、政府間主義に基づくＦＴＡ案が西ヨーロッパ諸国間の緊密な関係を構築するために十分なものとみなされるか否かも定かではなかった。そして、これらの点に着目するならば、ヨーロッパＦＴＡ案は、六カ国政府による共同市場の結成に向けた動きが現実味を帯びてきたことに対する、イギリス政府側での受動的な、そしておそらくは不十分な対応であったと評価することができるであろう。しかし他方で、同案は、イギリス政府が、一九三〇年代以来の(帝国・コモンウェルス諸国以外に対する)保護主義的な通商政策を、西ヨーロッパ諸国からの工業製品の輸入に関して部分的にではあったが放棄するという点で、同国の通商政策史における画期的な一歩であったといえる。そしてまた、それゆえに、ヨーロッパＦＴＡ案は、第一回ＥＥＣ加盟申請につながる「三つのサークル・ドクトリン」再編の試みのはじまりであったと評価することもできるのである。

他方、駐米大使メイキンズの報告に見られたように、ヨーロッパＦＴＡ案は、いぜんとして超国家的なヨーロッパ統合を強く支持していたアメリカ政府から（おそらく否定的な反応は受けないとしても）「積極的な支持」を得るには十分でないのではないかという懸念は存在した。さらに、ヨーロッパＦＴＡ案は農産物を除外するものであったためコモンウェルス諸国の経済的利益はおおむね保障されていたが、多くのコモンウェルス諸国ではイギリス市場への工業製品輸出の発展が望まれていたため、ヨーロッパＦＴＡによりヨーロッパ諸国との関係で特恵待遇を失うことには少なからず不満が生じることも予想された。[12]イギリス国内でも、大規模な企業の間ではＦＴＡを通して西ヨーロッパ諸国市場への平等なアクセスを確保することを重視する立場が目立ったものの、より競争力の弱い産業ではいぜんとして伝統的な保護主義に依存する体質が残っており、それらの産業に対してヨーロッパＦＴＡ案を受け入れさせることには困難も予想された。[13]

さらに、この時期、エジプト大統領ナセルによるスエズ運河会社の国有化宣言（一九五六年七月二六日）に端を発したスエズ危機が起こり、イギリス政府は戦後最大ともいえる対外政策上の混乱と挫折を経験することになる。一〇月二九日以降、スエズ運河をめぐる対立は、まずイスラエル軍、それに続いてイギリス、フランス両国軍が三カ国政府間の共謀に基づく対エジプト軍事行動を開始したことで、実際の武力紛争（スエズ戦争）に至った。ところが、当時のイーデン政権は、約三カ月間の逡巡の末に、最終的に自国の威信と世界的大国としての将来をかけて軍事行動を断行したものの、その結果は悲惨なものとなった。まず、イギリス、フランス、イスラエル三カ国軍による軍事行動は、アメリカをはじめとする西側同盟国やインド、セイロンなどコモンウェルス諸国を含む多くの国々の政府や世論から非常に厳しい非難を浴びた。さらにイギリス政府は、外国為替市場においてスターリングが大量に売却され、急速な金・ドル準備の流出に見舞われたにもかかわらず、アメリカ政府の強い圧力でＩＭＦからの緊急支援を受けることもできなくなった。その結果、英仏軍による空爆開始（一〇月三一日）からわずか一週間も経たずに停戦（一一月六日）に追いこまれ、一二月下旬までにはエジプトからの完全な撤退を余儀なくされたのであった。

こうした悲惨な結末を迎えたスエズ危機の結果、イギリスの国際的地位はいくつもの面で大きな揺らぎを見せた。まずイギリス政府は、長年にわたり「非公式の影響力」（informal influence）[14]を及ぼしてきたエジプトにおいて、ナショナリズムに基づく自立の動きに対して赤裸々な武力の行使を選択したことに加えて、結局は目的を果たせずに屈服する形となり、二重の意味で中東を含む第三世界の多くの地域で威信や影響力を大きく減退させた。[15]また、スエズ危機をめぐる摩擦と対立を通して、それまでイギリス政府の対外政策の拠り所とされてきた「英米特殊関係」と「コモンウェルスの紐帯」にも弱点と限界があることが明らかとなった。[16]こうしたことから、スエズ危機の経験は、イギリス政府、とりわけ次期首相に就任するマクミランに対して対外政策の再検討を余儀なくさせ、アメリカとの関係を再強化する――ただしそれ以降、英米関係においてイギリス側がジュニア・パートナーにとどまらざるをえないことがより明確になっていく――とともに、それまで相対的に軽視されてきた西ヨーロッパ諸国との関係を強化する必要を認識させる効果を持つことになった。[17]そして、そのことは、この時期イギリス政府内において、最終的にヨーロッパＦＴＡ案が採用される際の重要な背景にもなるのである。

他方、カイザーが指摘するように、「スエズ戦争はＧ計画という通商上の概念に向けた決定を促した。しかしながらそれは、フランスの場合と異なり、六カ国の間で期待されたようなヨーロッパへの政治的な方向転換にはつながらなかった[18]」という点で、イギリス政府の西ヨーロッパ諸国への接近には明確な限界が存在した。また、より短期的に見るならば、主要閣僚や官僚がスエズ危機への対応に忙殺されたことに加えて、危機の最中にヨーロッパＦＴＡ案を公表すれば外国為替市場でさらなるスターリングへの圧力を招く危険があるといった考慮もなされたことから、スエズ危機にはヨーロッパＦＴＡ案に関する政策決定を遅らせた側面があった点も無視できない。[19]

実際、スエズ運河をめぐる問題が深刻化するなかで行われた関係閣僚による議論では、ヨーロッパＦＴＡ案について賛否両論が入り交じる状況が見られた。確かに同案は、マクミラン、ソーニークロフトに加えて、ヒースコート・エイモリー農漁業食糧相、マクラウド（Iain Macleod）労働相、エクルス教育相、サンズ（Duncan Sandys）住宅・地方政府相といった若手の有力閣僚——彼らはその後の歴代保守党政権でより重要な閣僚ポストを任されていくことになる——の間では熱心な支持を受けた。しかし、より閣僚経験が長いバトラー玉璽尚書、レノックス・ボイド（Alan Lennox-Boyd）植民地相やヒューム・コモンウェルス関係相からは、ヨーロッパＦＴＡによるヨーロッパ統合への接近の試みに対して引き続き慎重な態度が示された。特にヒュームは、コモンウェルス関係相としての立場から、イギリス政府がヨーロッパに向けて方向転換するならば、「私たちが最も固い絆を保持してきた」カナダ、オーストラリア、ニュージーランドはますますアメリカの方を向いていくのではないかと懸念を表明した。さらにヒュームは、コモンウェルス諸国政府からヨーロッパＦＴＡ案への支持を確保するためには、それらの国々に対して農産物貿易に関する積極的な計画を示すことが不可欠であるとして、そうした提案が明確になるまで、同案に対する彼自身の立場も保留せざるをえないと主張した。[20] 九月一八日の閣議では、レノックス・ボイドが、ヨーロッパＦＴＡ案が成功する見込みは「せいぜい理論上のもの」にすぎないにもかかわらず、そのために「コモンウェルスとの関係というより確実な利益」が損なわれはしないかと述べるなど懐疑的な立場を見せた。しかし結局、マクミランが九月二八～二九日に開かれるコモンウェルス蔵相会議の際にヨーロッパＦＴＡ案について考慮していることを説明し、コモンウェルス各国代表の反応を探ることで、とりあえずは合意がなされた。[21]

そして、九月一八日の閣議での合意に基づき、ワシントンで（ＩＭＦと世界銀行の年次会合が終了した後に）開かれたコモンウェルス蔵相会議では、マクミランとソーニークロフトがヨーロッパＦＴＡ案について以下のような説明を行い、コモンウェルス諸国の蔵相に対して原則的な支持を求めた。

①ヨーロッパFTAは（六カ国の共同市場とは異なり）域外に対する関税の変更をともなわず、内向きの地域的ブロックにはならない。
②イギリスのコモンウェルス諸国からの輸入の約八割を占めていた（加工食品、飼料、飲料、タバコを含むように広く定義された）農産物はヨーロッパFTAの対象品目から除外される。
③ヨーロッパFTAを通してヨーロッパ諸国（そして何よりもイギリス自身）が経済的に強化されることは、コモンウェルス諸国に対してより大きな市場と資本の供給源を提供することにつながりうる。
④ヨーロッパFTAによってスターリングが強化されれば、スターリング圏全体の利益となる。
⑤ヨーロッパFTAには加盟国の海外領土は含まれない。
⑥ヨーロッパFTAは超国家的機構の設立をともなわない。
⑦ヨーロッパFTA案を採用するか否かの決定は、コモンウェルス諸国側の見解を十分に考慮に入れることなくしては行われない。

マクミランとソーニークロフトはまた、ヨーロッパFTAは、共同市場の結成が失敗すれば西ヨーロッパ諸国の分裂と弱体化を招き、他方で共同市場が成立すれば（長い目で見て）西ドイツにより支配される国家グループが誕生しかねないという事態をともに防ぐための方策でもあるとして、その政治的意義も強調した。それに対して、コモンウェルス諸国の代表たちは、その場で正式な態度を表明することは控えたものの、マクミランとソーニークロフトの説明におおむね好意的な態度を見せ、イギリス政府側で懸念されていたような強い反発を見せることはなかった。[22]

その後、イギリス政府の要請を受けて、コモンウェルス各国政府から詳細な検討に基づく見解が寄せられたが、そこでも明確に否定的な反応は見られなかった。それまでイギリス政府側で最も懸念されていたのは、コモンウェルス諸国のなかで唯一まとまった規模で工業製品をイギリス市場に輸出していたため、ヨーロッパFTA案により少なからぬ影響を被る立場にあったカナダから強い反発が生じかねないことであった。しかし、そうした懸念にもかかわらず、カナダ政府からも、ヨーロッパFTA案について、それが内向きで外部に対して閉鎖的なものにならなければという条件付きではあったが、原則的に支持する立場が伝えられた[23]。それに対して、植民地である香港の総督からはイギリス市場への工業製品（主に繊維・衣類など軽工業品）輸出に関して特恵待遇を失うことへの懸念が繰り返し表明されたが[24]、この文脈では、植民地からの声が持つ重みはコモンウェルス諸国のものと比べれば小さなものにすぎなかった。他方、アメリカ政府は、いぜんとしてヨーロッパFTA案に関して詳細な検討を行っている最中であり、正式な態度を明らかにはしていなかったが、ハンフリー（George M. Humphrey）財務長官の発言などからは同案を原則的に支持する立場をうかがうことができた。アイゼンハワーもまた、一〇月二九日にマイアミで行った演説で、ヨーロッパFTA案について「魅力のあるアイデア」と言及するなど積極的な評価を見せた。さらにイギリス国内の産業界や労働組合、マスメディアなどからも、個別的な反論や懸念は表明されたとはいえ、政府の提案に対しておおむね支持が得られることになった[25]。

そうした結果、ヨーロッパFTA案は、スエズ危機が英仏両国政府の停戦受諾（一一月六日）により終息に向かうなかで、一一月一三日、二〇日の二度の閣議を経て、イギリス政府の正式な提案として議会に諮られることが決定された。特に一一月二〇日の閣議では、それまでヨーロッパFTA案への躊躇を見せていたイーデンが、長年の持病にスエズ危機の際の激務と精神的ストレスが重なり健康を害したことから公務を離れ、最後には閣内で孤立する形となったレノックス・ボイド（一三日の閣議では態度を保留していた）も他の閣僚に同調した[26]。

一一月二六日には、イギリス下院において「ヨーロッパの貿易政策」と題して、ヨーロッパFTA案に関する長時間の審議が行われた。そこでは、マクミランとソーニークロフトが、コモンウェルス諸国との関係ゆえにヨーロッパ諸国間の関税同盟には加わることができないという立場を明確にしたうえで、政府内部で彼らが中心となり推進してきたヨーロッパＦＴＡ案の経済的、政治的意義について詳細な説明を行った。午後三時四五分に始まり深夜まで続いた下院の審議では、保守党、労働党双方の議員から少なからぬ懸念も表明されたものの、こうして、イギリス政府がヨーロッパＦＴＡ案に関して他のＯＥＥＣ諸国政府との交渉に入るための国内的な手続きが踏まれることになった(27)。

六カ国側では、この時期、共同市場の設立に向けた動きがさらに加速する状況が見られた。西ドイツ政府内では、一九五六年一〇月には、エアハルト（Ludwig Erhard）経済相が、共同市場を通してフランスとの協調を確保するという政治的利益を優先するアデナウアー（Konrad Adenauer）首相やハルシュタインに押し切られるという変化が見られた（エアハルトは自由貿易を重視する立場で知られており、イギリス政府内でも「閉鎖的な」共同市場よりもヨーロッパＦＴＡ案を支持することが期待されていた）。また、マクミランは、長年にわたり親英的な立場を示してきたベルギー外相スパークに対して、イギリスや他のヨーロッパ諸国政府がＦＴＡを通して共同市場との関係を築くことを可能にするため、しばらくの間、六カ国間の議論を「できるだけ流動的に保つ」ことはできないかと説得を試みた。しかし、もはやスパークは首を縦には振らなかった。共同市場の設立を重視するスパークの立場からすれば、西ドイツの総選挙が迫っていたことに加えて、親ヨーロッパ的な立場をとるフランスのモレ政権が（それまでの第四共和制の歴代政権と同様に）いつまで続くのか分からない状況では、できるだけ早く交渉を終わらせる必要があったのである(28)。

その後、西ドイツ政府の譲歩が大きな決め手となり、六カ国政府は一〇月二〇日にブリュッセルで開かれた外相会議において、フランス政府が強く求めてきた社会的負担の平準化（ここでは男女賃金と有給休暇日数の平準化）について合意に達した。さらに社会的負担に関わる他の諸点についても、一一月六日のモレ、アデナウアーによるパリでの首脳会談の際に行われた両国の専門家の会合で最終的な合意が達成された。また、フランス、西ドイツ間の戦後処理のなかで懸案として残されていたザール地方の帰属問題についても、一九五六年六月の仏独首脳会談での合意に基づき、最終的には一〇月二七日に、同地方の西ドイツへの復帰に関する条約が締結された。この条約は、基本的には一九五五年一〇月に行われたザールでの住民投票の結果（住民の大多数が西ドイツへの復帰を望んでいることを明確に示したもの）を反映したにすぎなかったとはいえ、フランス政府がそうした結果を大きな抵抗を見せることなく受け入れ、西ドイツとの協力関係を優先する立場を明確にしたところにその眼目があったといえる。そして、ザールの帰属問題をめぐるフランス政府の譲歩は、アデナウアーが、フランス政府・議会・産業界が一体となって求めてきた社会的負担の平準化を受け入れる際の大きな要因ともなった。この時期にフランス、西ドイツ両国間でいわゆる「歴史的和解」が達成されたことは、共同市場の成立に向けた動きを加速させる重要な背景となったのである。(29)

第2節　マクミラン政権の成立とFTA交渉の開始

一九五七年に入ると、イギリスでは一月九日にイーデンが首相を辞任した。それは、直接的には彼の健康状態の悪化を理由としていたが、前年のスエズ危機の際の失敗がその大きな原因となったことは否定しがたいところであった。イーデンは長年にわたり保守党党首・首相を務めたチャーチルの自他共に認める後継者であり、一九五五年四月に首相に就任した直後の総選挙（五月二六日）でも野党との議席差を広げて勝利するなど、首相としての前途もおおむね安泰のように見えた。それだけに、首相就任後わずか二年に満たない時期に起こったイーデンの早すぎる辞任は、保守党内に大きな混乱を巻き起こした。その後、チャーチル、ウェイヴェリ（Lord Waverley）[30]、チャンドス（Lord Chandos）[31]など保守党内部の「長老政治家」（Elder Statesman）の推薦と現役閣僚の大半の支持を得て、バトラーとの保守党党首争いに勝利して首相の座に就いたのが、イーデン政権下で外相、蔵相を歴任したマクミランであった。こうして、保守党は、その「進歩的な」思想に加えて、初の二〇世紀生まれの首相として政治に新しい風を送りこむことも期待されたバトラーではなく、むしろイーデンよりも三歳年上（一八九四年生まれ）の老政治家マクミランに、スエズ危機直後の困難な舵取りを委ねることになった。結局、マクミラン政権内でのバトラーの処遇は実質的な副首相格の内相兼玉璽尚書に落ち着いた（例えばマクミラン首相の外遊中にはバトラーが閣議の議長を務めた）[32]。

こうして新たに成立したマクミラン政権では、ソーニークロフトが蔵相、エクルスが商務相、サンズが国防相に格上げされるなど、農漁業食糧相に留任したヒースコート・エイモリーなどとともに、比較的若手の親ヨーロッパ派が主要な閣僚ポストを占めた。特にソーニークロフト、サンズは、チャーチル政権期にマクミラン（当時、住宅・地方政府相）がイギリス政府はヨーロッパ統合を主導する立場に立つべきであると主張した際、当時のマックスウェル・ファイフ（David Maxwell-Fyfe）内相とともに、閣内でほぼ孤立したマクミランを支えた人物であった。エクルスも、ヨーロッパ審議会の諮問議会議員時代以来のマクミランの古くからの同僚であり、マクミランとはヨーロッパ統合をめぐる考えを共有する関係にあった[33]。また、マクミランは、スエズ危機の際の外交運営により大きく傷がついたロイドを大方の予想に反して外相に留任させたが、それは、彼を「レイム・ダックの外相」として残すことで、首相自身が対外政策の主導権を握るための手段であったとも指摘されるものであった[34]。他方、ヨーロッパＦＴＡ案に対して最後まで躊躇を見せていたレノックス・ボイドは植民地相に留任し、さらに保守党内の帝国・コモンウェルス支持派の重鎮で、「最も手に負えない反ヨーロッパ派[35]」とも評されたソールズベリも、マクミラン政権の発足当初は枢密院議長の座にとどまった。しかし、ソールズベリが、マクミランとの個人的関係の悪さに加えて、キプロス問題をめぐる両者の対立もあり同年三月末に早くも辞任したこと（詳しくは第4章を参照）は、結果的にマクミラン政権によるヨーロッパへの接近の試みを少なからず容易なものにしていくことになる（ソールズベリの辞任後は、上院議員でコモンウェルス関係相を務めていたヒュームが枢密院議長を兼任した）。

ただし、マクミラン政権は、発足当初から、スエズ危機をめぐり悪化した英米関係を改善するという課題については積極的にイニシアティブを発揮したものの、ヨーロッパ統合に関しては、前政権以来の政策――それはマクミラン自身がソーニークロフトとともに主導していたものであったが――をおおむね引き継ぐ形となった。マクミランが首相に就任したことは、後の第一回EEC加盟申請に向けた政策転換の際には重要な意味を持つことになるが、より短期的に見れば、政権交代によりイギリス政府のヨーロッパ政策に大きな変化が見られたわけではなかった。実際、マクミラン政権は、一九五七年二月七日のOEEC閣僚理事会で、他のOEEC諸国代表に対して西ヨーロッパ諸国間の工業製品のFTA形成に向けて公式の交渉に入ることを提案した[36]。しかしながら、その直後にパリで開かれたOEEC閣僚理事会（二月一二～一三日）などでは、早くも六カ国やデンマークの代表がヨーロッパFTA案から農産物を除外することをめぐり反発を見せるなど、厳格に工業製品のみに限定された部分的なFTAの実現に向けた見通しは決して楽観視できるものとはならなかった[37]。

他方、六カ国側では、ユリの仲介努力とフランス、ベルギー両国政府の譲歩（特に海外領土への投資基金の規模を縮小するもの）が大きな決め手となり、二月一八～二〇日にパリで行われた六カ国首脳・外相会談（特にモレとアデナウアーの仏独首脳会談）において、交渉の最後の障害となっていた海外領土との連合関係に関してさしあたり五年間の適用にとどめることで妥協がなされ、交渉妥結に向けて大きく前進した[38]。そして、各国の実務家による詰めの作業を経て、一九五七年三月二五日、ローマにおいて、EEC、EURATOMの設立条約が調印された。それら二つの条約は、ローマのカンピドリオ広場に面するコンセルヴァトーリ宮殿の「オラーツィとクリアーツィの広間」(Sala degli Orazi e Curiazi)で調印されたことから、ローマ条約と呼ばれた。ローマ条約の調印式では、フランス外相ピノー、西ドイツ首相アデナウアー、イタリア首相セーニ(Antonio Segni)、オランダ外相ルンス(Joseph Luns)、ベルギー外相スパーク、ルクセンブルク首相兼外相ベッシュが六カ国政府を代表し、さらにイタリアからマルティーノ、西ドイツからハルシュタインなど各国一名ずつが加わり調印が行われた。こうして、一九五五年六月のメッシーナ会議から二年弱を経て、ついにEEC、EURATOMの設立に向けた道が大きく開かれることになったのである。

もちろん、EEC、EURATOMが正式に発足するためには、六カ国のすべてにおいてそれぞれの憲法上の手続きに従いローマ条約が批准されることが必要であったため、EDC条約の時のように、フランス国民議会で条約が葬り去られる可能性は低くないと見られていた。実際、フランス国民議会は、いぜんとして共産党とゴーリストというヨーロッパ統合に対する左右の強力な反対派を抱えていた。こうして、フランス、西ドイツでは同年七月末までに

図4　ローマ条約の調印式(1957年3月25日)

最前列左から，ベルギー(スパーク，スノワ)，フランス(ピノー，M. フォール)，西ドイツ(アデナウアー，ハルシュタイン)，イタリア(セーニ，マルティーノ)，ルクセンブルク(ベッシュ)，オランダ(ルンス，リントホルスト・ホーマン)の各国政府代表。

出典) Audiovisual Library of the European Commission.

ローマ条約の批准手続きを行うことが予定されていたが、議会での審議・採決には困難がともなうことが予想されたため、六カ国政府（特にフランス政府）は、ローマ条約の批准が完了するまではヨーロッパFTA案をめぐる交渉の開始を延期することを強く希望した。そうした結果、五月に行われたマクミランとアデナウアーの首脳会談、ソーニークロフトとフランス閣僚の英仏間の協議を経て、まずはローマ条約の批准を優先させるが、それが済みしだいヨーロッパFTAに関する議論を再開することで妥協がなされた。とはいえ、マクミランが回顧録のなかで、独仏両国政府は表面的にはヨーロッパFTA案に共感を見せつつ、実際には「遅延」の政策をとる決心をしていたようであると記したように、イギリス政府側には不満や不信も残った。[39]

確かに、ソーニークロフトが、FTA交渉が始まるまでの期間にヨーロッパFTA案の影響についてさらに詳細に検討するとともに、コモンウェルス諸国との官僚級の協議で同案をめぐる議論を深めるべきであると指摘するなど、交渉開始前の数カ月間を無為に過ごすことのないようさまざまな工夫はなされた。しかし、ヨーロッパFTA交渉の開始が当初の想定よりも大きく遅れたことは、マクミラン政権にとって、やはり懸念すべき事態であった。そうした懸念とは、詰まるところ、ヨーロッパFTAという西ヨーロッパ規模の枠組みを欠いたままで、ヨーロッパ大陸六カ国間での全般的な経済統合を目指す組織が発足し、独自の発展を遂げていくことへの懸念であった。そのことは、ソーニークロフトが、閣議覚書に「もし〔六カ国間の〕関税同盟が実現したにもかかわらず、自由貿易地域が存在しないことになれば、それはイギリスにとって極めて甚大な経済的脅威となるであろう」と記し、閣議で「もしアメリカが、私たちの影響力がヨーロッパ共同体のものよりも小さいと信じるならば、私たちの既存のヨーロッパ政策は切り崩され、私たちのアメリカとの特殊関係も危険にさらされるであろう」と発言したことからも、明確に見てとることができる。[40]

その後、ローマ条約は、当初の懸念――それは反ヨーロッパ主義者にとっては期待であったであろうが――にもかかわらず、七月九日にはフランス国民議会で批准された。賛成が三四二票、反対が二三九票と票は大きく割れたものの、事前の予想を大きく上回る票差を確保しての批准であった[41]。さらに、ローマ条約は、西ドイツ連邦議会では、アデナウアー政権の与党キリスト教民主同盟（CDU）・キリスト教社会同盟（CSU）に加えて、野党第一党の社会民主党（SPD）の賛成も得て圧倒的多数で批准されるなど、結果的には各国議会で順調に批准されていくことになる。こうして六カ国でローマ条約の批准が順調に進んだ背景には、EECが成立することを重視するアメリカ政府（特にダレス）による説得の努力も寄与していたことが指摘されている[42]。

他方、ヨーロッパFTAの設立に関する閣僚級の公式交渉の開始は秋以降にずれ込み、マクミランがソーニークロフトに宛てた文書のなかで、「私たちは六カ国の活動によって脅されてはならない」として、EECがイギリスの利益を損なうならば、さまざまな方策で対抗しなければならないと記したように、マクミラン政権内では焦りや危機感が強まっていた[43]。そうしたなかで、マクミラン政権は、その後の交渉に向けていくつかの準備や再検討を進めていくことになる。第一に、八月二日の閣議で、モードリング（Reginald Maudling）を、ヨーロッパFTA交渉に向けた準備の調整と実際の交渉を専門に担当する閣僚に任命することが決定された（正式な就任は八月七日[44]）。ただし、モードリングの人選については、「彼は、知的で、詳細を理解する才能と感じがよくおおらかな個性を持ち合わせており、理想的な選択であった」という積極的な評価がある一方で[45]、国際的な知名度のなさ、閣内での地位の低さ、多国間交渉での経験の欠如などを挙げて否定的に捉える見解も見られる[46]。また、モードリングは、実務能力には長けていたものの、「交渉の過程を加速させることができたかもしれないヨーロッパへの熱意を欠いていた」という評価もなされている[47]。このようにモードリングの任命に関してはさまざまな評価が入り交じっているが、彼は保守党内部で将来を嘱望された若手政治家の一人（実際、その後の歴代保守党政権で商務相、植民地相、蔵相、内相など要職を歴任することになる）であり、この人選は、少なくともマクミラン政権内では積極的なものとして進められていた。しかしながら、当時いぜんとして政治的経験が浅かったモードリングにとって、西ヨーロッパ一七カ国間の多国間交渉において、「「六カ国に食い込む」ことを模索しつつ、「一一カ国（自由貿易地域に関心を持つすべてのヨーロッパ諸国）をとりまとめる」[48]」という困難な任務を果たすのはやはり荷が重い課題であったことは否めないであろう。実際、その後の西ヨーロッパ諸国間のFTA交渉は、モードリングの奮闘にもかかわらず、容易に進展を見せることにはならないのである。

第二に、一九五七年夏までには、農産物に関して何ら譲歩を行わなければヨーロッパFTA設立に関する合意はおぼつかないことがほぼ明らかとなり、マクミラン政権内でも、農産物を交渉から完全に除外するという従来の方針に修正が加えられていくことになった。確かに、デンマークやオランダなどヨーロッパの主要な農産物輸出国においても、必ずしもヨーロッパFTAの枠組みで農産物の自由貿易を行うことが求められていたわけではなかった。しかし、それらの国々の政府は、イギリス政府の国内農業保護政策によってイギリス市場での自国の農産物のシェアが低下することはないという保証を求めてくることが予想され、さらにヨーロッパFTAを通してイギリスの工業製品を無関税で輸入する見返りとして、イギリス市場での農産物のシェア拡大の機会を求めてくることもありうると考えられた[49]。

しかしながら、マクミラン政権内では、農産物について何らかの譲歩を行う必要があるという点ではおおむね見解の一致が見られたとはいえ、具体的にどのような行動を起こすべきかという点について合意を形成するのは容易ではなかった[50]。まず、オーストラリアやニュージーランドなどコモンウェルス諸国の利益への配慮から、ヨーロッパFTA案から農産物を除外するという原則を修正することは難しいと考えられた[51]。さらに、バトラーが、マクミランに対して、政府が農業分野で譲歩を行うことは地方の選挙区にとって「ダイナマイト」となるであろうと懸念を伝え、注意深い対応を行うよう釘を刺したように[52]、保守党の重要な支持基盤を構成していた国内農家への配慮にも見逃せないものがあった。特にこうしたバトラーの反応は、いぜんとして主要閣僚の間にも、農産物をヨーロッパＦＴＡの枠組みで扱うことに対して消極的な立場が残っていたことを端的に示すものであった。

この時期、マクミラン政権は自国の経済状況の悪化への対応にも追われた。一九五七年八〜九月には、フランス・フランの切り下げ実施に続いてドイツ・マルクの切り上げの観測が高まったことで、外国為替市場でスターリングの大規模な投機売りが起こり、イギリスの外貨準備から約七億ドルが流出する事態が生じた。そこで、マクミラン政権は、折からのインフレと国際収支の悪化に加えて、深刻なスターリング危機にも対処するため、閣議において、公定歩合を一九二〇年のロイド・ジョージ（David Lloyd-George）政権期以来の高水準となる七％まで引き上げ、政府支出の水準も抑制するという大蔵省主導の緊縮政策を採用することになった[53]。

一九五七年秋には、ヨーロッパＦＴＡ交渉を開始するにあたり、モードリングが中心となり、関係省庁の官僚が補佐する形で、詳細な交渉方針をまとめた複数の覚書が閣議に提出された。それらの覚書では、ヨーロッパＦＴＡはＯＥＥＣの枠内で設立され、さらに（ＥＥＣ委員会に大きな権限が与えられるＥＥＣと異なり）各国政府代表で構成される閣僚理事会を最高決定機関とし、日常的な運営も各国政府から派遣された少人数の官僚（または国際公務員）で構成される委員会に委ねるべきであるとされるなど、政府間主義に固執する立場が見られた。閣僚理事会での決定方式についても、将来のＦＴＡ協定で明示的に定められる場合を除き全会一致制をルールとすべきであると提言された[54]。

モードリングが「最も困難な政治的問題[55]」と記した農業分野については、ＦＴＡ協定を補完する別個の協定（Agreement）または規則（Statute）に基づき、ＯＥＥＣの下での農産物の生産・貿易に関する既存の協議制度を強化することは受け入れ可能であるとされた。しかし、そこでの決定方式としてはやはり全会一致制の導入が譲ることのできない条件であると強調された。さらに、そのような協定または規則によって、（もし他国政府が希望するのであれば）農産物の関税と輸入数量制限の撤廃が定められることには反対しないという考えが示されたが、イギリス政府にとって、コモンウェルス特恵制度を維持するためにも関税の撤廃に関してはウェーバーの確保が不可欠であるとされた[56]。

続いて、モードリングが「最も骨の折れる技術的問題[57]」と記した原産地管理（origin control）について検討された。それは、どの範囲の製品をFTA域内で作られたものとみなし、自由貿易の対象として認めるのかというFTAの制度設計をめぐる根本的問題であった。その点に関しては、できるだけ多くの製品を自由貿易の対象とすべきであるという立場から、製品の価値の少なくとも五〇％がFTA域内で加えられていれば自由貿易の対象として認めるという基準を提案すべきであるとされた（そうした基準は、その後のヨーロッパFTA交渉でもイギリス政府の基本的な主張となっていく）。また、それらの覚書のなかでは、コモンウェルス特恵制度を守る必要から、域外の第三国からの輸入に対して「限定的な関税の平準化」を行うことにさえも同意できないという立場が示された。そのことは、マクミラン政権がヨーロッパFTA交渉を進展させるために大きな譲歩を行うことの難しさを改めて示すものであった[58]。

一〇月八日の閣議では、ヨーロッパFTA交渉に向けた政府の方針を固めるための詰めの議論が行われた。そこでは、モードリングが、イギリスと六カ国の間にはいぜんとして大きな立場の相違があるとしつつも、特に西ドイツ、ベルギー、オランダ各国政府からはヨーロッパFTA案への政治的支持を見込むことができるという見通しを示した。イタリア政府は、国内産業を競争にさらすことには消極的だが、ヨーロッパFTA案に政治的な意義を見出しているとされた。他方、フランス政府については、ヨーロッパFTA交渉においても、彼らがローマ条約の調印に至る過程で自国の国内産業に有利な譲歩を引き出すために用いた戦術を繰り返そうとすることが予想された。他のOEEC諸国については、スカンジナビア諸国、スイス、オーストリア、ポルトガル各国政府はイギリス政府に近い立場をとっているが、デンマーク政府は、ヨーロッパFTAを通して農産物貿易に関して満足すべき調整を確保することができなければ、EECへの加盟に向かいかねないという懸念が示された。アイルランド、アイスランド、ギリシャ、トルコに関しては（経済水準の低さから）ヨーロッパFTAへの参加にともなう義務を最初から完全に受け入れることを期待できないが、それらの国々でもFTA案への原則的な支持が見られると考えられた。農業に関しては、閣議での議論のなかで、イギリス政府としては他のヨーロッパ諸国政府に対して、イギリス政府が自国市場で国内農家のシェア拡大を控え、ヨーロッパ諸国産の農産物のシェアを維持するという保証を受け入れるよう説得に努めるべきであるという意見が出されたが[59]、そうした保証が交渉を進めるのに十分な譲歩となるのかどうかは予断を許さないところであった。

一〇月一六～一七日、ローマ条約の調印から半年以上の遅れをとり、パリでOEEC閣僚理事会が開かれ、ついにヨーロッパFTA交渉が開始された。そして、各国閣僚が一〇月一七日に行った決議では、交渉の出発点として、「機構〔OEECのこと〕のすべての加盟国で構成され、ヨーロッパ経済共同体と他の加盟国を多国間の原理で結びつけるとともに、ヨーロッパ経済共同体の目標を十分に考慮に入れつつ、実質的にローマ条約と並行して発効するヨーロッパ自由貿易地域の設立を確保する決意」が宣言された。同決議ではさらに、農産物貿易の拡大を確保するために、農業問題に関する加盟国間のさらなる協力を進める方法についてもFTA協定と同時に合意に達するという決意が表明された[60]。さらに、この閣僚理事会では、FTAの設立に向けた交渉を行うため、モードリングを委員長とし、OEEC加盟一七カ国政府の閣僚級の代表で構成される政府間委員会を設立することも合意され、一〇月一八日には第一回の政府間委員会がパリで開かれた。モードリングは、それらの機会に、イギリス政府としては、他のヨーロッパ諸国政府と同様に農産物に関する自由貿易を考慮することには賛成できないが、農業分野に関してより緊密な協力を行うための調整について議論を行う用意はあるという立場を明確にした[61]。それに対して、原産地管理の問題に関しては、いぜんとして、どのような基準を設けるべきであるかについて合意が得られる見通しは立っていなかった[62]。

他方、アメリカ政府は、それまでと同様に六カ国間のヨーロッパ統合を強く支持する立場をとっていたが、それでも当初は、ヨーロッパＦＴＡ案に対してもＥＥＣと同様に支持する態度を示していた[63]。しかしながら、実際にヨーロッパＦＴＡ交渉が始まる段階になると、アメリカ政府は、ヨーロッパＦＴＡ案に対して徐々に控え目な支持しか与えないようになっていった。例えば、一〇月二三〜二五日には、マクミランとロイドがワシントンを訪問して英米首脳会談が行われたが、その際、ロイドが、西ヨーロッパ規模のＦＴＡを欠いたままで高関税の共同市場が発足した場合、西ヨーロッパ諸国間に分裂が生じる恐れがあると警告を行ったのに対して、アイゼンハワーはそうした議論には「共感を示さず、共同市場の活性化を最も重視していることを明らかにした」。続いて、ディロンも、ヨーロッパＦＴＡ案にも好意的な見方はしているとしつつも、アメリカ政府は共同市場の早期の成立を非常に重視しているという立場を示し、また（アメリカ政府としても説得に努めるので）共同市場が必ずしも高関税の機構になるとは考えていないと述べた[64]。ディロンはさらに、ロイドが、ＥＥＣ諸国が海外領土との連合関係の構築に関してＧＡＴＴ第二五条に基づくウェーバーを確保する――そのためにはＧＡＴＴ締約国の三分の二以上の承認が必要であった――ことをヨーロッパＦＴＡ交渉が妥結するまで延期すべきであると主張したのに対して、「共同市場が予定通りに発足するのを妨げることは……何もなされるべきではない」と強く釘を刺した[65]。ディロンは後に、ヨーロッパＦＴＡ案について、それがＥＥＣの成功を妨げない限りは「特に反対したとは思わない」としつつも、「どちらかを支持する選択を迫られたならば、私たちはより重要と考えていたＥＥＣに支持を与えたであろう」と証言したが[66]、この会談でもそうした姿勢が明確に示されたのであった。

その後、ヨーロッパＦＴＡの設立を目指す政府間委員会の会合が重ねられたが、フランス政府代表を務めた外務次官のM・フォール（Maurice Faure）は、一九五七年一一月の会合などの際、西ヨーロッパ一七カ国の枠組みでの自由貿易を受け入れるためには、域外関税の広範な平準化によって各国企業の負担を公平にすることが必要であると述べるなど、コモンウェルス特恵制度を抱えるイギリス政府の立場とは容易に相容れない主張を繰り返した。さらに、M・フォールは、①少なくとも最初の段階ではヨーロッパFTA加盟国間の貿易自由化のスケジュールをEECよりも遅らせる――それは翌年春までには両者の間に三年間の「時間的ずれ」（décalage）を設ける提案として具体化されていく――か、②FTAの完成に向けた移行段階ごとに各国政府の全会一致の合意を義務づける――そのことでフランスを含む各国政府の拒否権が確保される――といった対抗提案を行った。他方、この時期になると、マクミラン政権側が、ヨーロッパFTAの枠内での苦情申し立ての手続きやそれにともなうセーフガードの発動に関して全会一致制ではなく多数決制で決定を行うという考えを受け入れるなど、ある程度の歩み寄りも見られた。しかしながら、全体として見れば、ヨーロッパFTA交渉は、主に英仏両国政府間の利害の対立から多くの分野で難航する様相を呈するようになっていた[67]。

さらに、英仏両国間では、旧フランス保護領のチュニジア（一九五六年三月独立）に対する武器供給の是非をめぐり、外交面の対立が深まる事態も生じた。それは、チュニジア大統領ブルギバ（Habib Bourguiba）の要請を受けて、英米両国政府が小規模ながら武器の供給に同意したことが、チュニジア政府をアルジェリア民族解放戦線（FLN）とつながっていると考えるフランス政府側の怒りをかった出来事であった。そして、このことは、マクミランが後に「深刻な誤り」であったと認め、ヘイルシャム（Lord Hailsham）枢密院議長が「私たちとアメリカ人は、ブルギバを遠ざけないという目的を果たすために、フランスの態度を遠ざけることになってしまった」と記したように、英仏両国間の関係をいたずらに悪化させ、間接的にではあったがヨーロッパFTA交渉にも悪影響を及ぼす結果となった[68]。チュニジアへの武器供給問題もあって英仏両国間の摩擦が強まり、ヨーロッパFTA交渉も開始早々に難航を余儀なくされるなかで、ローマ条約の方は、一九五七年一二月のオランダを最後に六カ国のすべてにおいて年内に批准が完了し、その結果、当初の予定通り一九五八年一月一日にはEECとEURATOMが正式に発足することになった。

第3節　FTA交渉の難航とドゴールの政権復帰

こうして、一九五八年始めには、ヨーロッパ大陸六カ国間の本格的な統合の試みが現実のものとなったが、それに対して、EEC諸国を包摂する西ヨーロッパ規模のFTA案に関しては、「本当の交渉はちょうど始まったばかりである」という状況が生じていた。モードリングは、一月末に閣議に提出した覚書のなかで、そうした状況に関する強い危機感を次のように記している。[69]

いまやヨーロッパ経済共同体が創設された。六カ国は、一億六〇〇〇万人の勤勉な人々――世界で最も高い水準の科学技術の能力を備えた国民のいくつかを含む――に基礎を置く単一の経済を形成することに関与している。もし自由貿易地域協定が達成されなければ、この新たな産業上の巨人は、世界中で私たちの貿易に関する将来にますます影を投げかけることになるであろう。ヨーロッパの経済問題の重心は、情け容赦なくボン（またはパリ）に移っていくであろう。より小さな大陸諸国は、否応なしに六カ国と合意を結ばなければならなくなるであろう。大陸市場の魅力は、コモンウェルスの目にも大きなものとなり、コモンウェルス市場で私たちと競争する六カ国の力は着実に増大するであろう。

さらに深刻な問題として認識されたのは、フランスにおける伝統的な保護主義の影響に加えて、同国政府がローマ条約の調印に至る過程で非常に有利な条件を引き出すことに成功していたこともあり、「今のところ……（フランス国内の）どの方面でも、経済的な理由に基づく自由貿易地域への支持が見られない」ことであった。[70] フランス政府は、国内からの否定的な圧力のため、ヨーロッパＦＴＡ案について（必ずしも無条件に反対したわけではなかったものの）少なくともその設立の延期を望む構えを見せるなど、[71] マクミラン政権の前に深刻な障害として立ちはだかった。

図5　マクミランのコモンウェルス諸国歴訪（1958年1～2月）
キャンベラにて，マクミラン（左），オーストラリア首相メンジーズ（右）。

出典）National Archives of Australia : A1674, UKPM2/4.

こうした現実を前にして、マクミラン政権側でも、交渉の妥結に向けた障害を取り除くためには、「実際にイギリスの要求に適応するように仕立てられた」当初のヨーロッパＦＴＡ提案のあり方から、応分の（ただしできるだけ限定された範囲の）譲歩を行わざるをえないのではないかという認識が強まることになった。[72] しかしながら、政権全体としての対応はいぜんとして緩慢なものにとどまった。例えば、一九五八年に入ると、マクミランは一カ月間以上（一月七日～二月一四日）におよぶアジア太平洋地域のコモンウェルス諸国歴訪に出た。確かに、マクミラン自身は、コモンウェルス各国において多くの時間を費やしヨーロッパＦＴＡ案について説明を行い、おおむね好意的な反応を得るなど、同案の推進に向けた努力を怠っていたわけではなかった[73]。しかしながら、こうした長期にわたるコモンウェルス諸国歴訪は、いぜんとして帝国・コモンウェルスとの伝統的な紐帯を優先し、ヨーロッパ統合への本格的な関与を控えるイギリス政府の姿勢を少なからず印象づけるものであった[74]。マクミラン政権はまた、ヨーロッパFTA交渉において、農業分野に関して、特定の農産物の貿易を増加させるための検討を行うことを提案するなど一定の譲歩の姿勢は見せたものの、ヨーロッパ域外の第三国との農産物貿易の重要性を強調し、域内の自由貿易の対象から農産物を除外する主張を繰り返した点では、当初の立場を変更することはなかった[75]。

こうした状況で、一九五八年三月の政府間委員会では、イタリア政府代表のカルリ（Guido Carli）貿易相が、彼の名前からカルリ案（Carli Plan）と呼ばれることになる妥協案を提示したが、交渉の決定的な打開策となるには至らなかった。この案の最大の特徴は、FTA加盟国間で域外関税が異なることから生じる「貿易のゆがみ」(trade deflection）の問題を解決するために、それぞれの品目について、①域外関税率が同一または合意された一定の「幅」(band）に収まっている国々の間では自由貿易の対象とするが、②そうした国々に対して、一定の「幅」への平準化を拒否した国々から輸入が行われる際には補償関税（compensation tax）を課すことができるというものであった。さらに同案は、こうした規定によって各国の域外関税の（おそらくは共同市場の共通域外関税に接近するような）平準化を促進し、ひいてはヨーロッパFTAを実質的に関税同盟（具体的にはEEC）に近づける効果を狙ったものでもあった[76]。他方、マクミラン政権にとっては、もしFTA交渉の過程でカルリ案が採用されたならば、アメリカをはじめとする第三国からの輸入への関税を自由に設定する権限が大きく制約され、さらにコモンウェルス特恵制度も切り崩されかねないため、原則として受け入れられるものではなかった（ただし、イギリス政府内でも、工業製品について原産地管理に関する一般的規則の適用が困難な場合に限り補償関税を受け入れることもありうるという議論がなされるなど、FTA交渉の打開策としてカルリ案を限定的に採用することは検討された[77]）。

同じく三月には、政府間委員会のフランス政府代表M・フォールが、ヨーロッパFTA案に対してより対抗的な内容を持つ提案を示した。このいわゆるフォール案（Faure Plan）には、ヨーロッパFTA加盟国に対しても、限定された製品（例えば自動車）に関してコモンウェルス諸国市場でイギリス製品と同様の特恵待遇を認めることを求める内容が含まれていた。それは、カイザーが、主にヨーロッパFTA交渉の妨害を意図したものであったと評価したように、コモンウェルス特恵制度を切り崩し、ひいては骨抜きにしかねない内容を含む提案であり、マクミラン政権は極めて否定的な反応を示した。こうしたフランス政府の態度を受けて、三月二七日のイギリス閣議では、ヨーロッパFTA構想が失敗する可能性が高まった場合にとるべき政策について検討を進めておく方がよいかもしれないという意見も出されるほどであった（他方、いくつかのコモンウェルス諸国、特に前年にイギリスとのオタワ協定再交渉を終えていたオーストラリア政府とそれと同様の交渉に臨もうとしていたニュージーランド政府は、EEC諸国市場への農産物輸出を確保すべく、イギリスからの輸入に対して与えていた特恵マージンの削減を交渉材料としつつ、EEC諸国との調整・合意を目指す可能性があると考えられた）。[78]

一九五八年春には、六カ国側からカルリ案、フォール案という独自の提案が行われたことに加えて、アルジェリア独立戦争をめぐりフランスの内政が大きく混乱したことによっても、ヨーロッパFTA交渉の進展はさらに遅れを余儀なくされた。特にフランスにおいて、一九五八年四月一六日にガイヤール（Félix Gaillard）内閣（一九五七年一一月成立）が総辞職した後、五月一四日にフリムラン（Pierre Phlimlin）内閣が成立するまで政府の空白が続き、それ以降も内戦の寸前まで至ったような政治的混乱が続いたことにより、FTA交渉は（一部の技術的問題に関する議論を除き）基本的に中断を強いられた。マクミラン政権内でも、いったんはカルリ案の部分的な受容について検討が行われようとしたものの、フランスの政治状況の不透明さが増すなかで、そうした検討は「フランスの政策がより明確になるまで」延期されることになった。[79]こうした状況を受けて、モードリングは、フランス以外の

図6　マクミランとアデナウアー

1958年4月，アデナウアー（写真左）のイギリス訪問時。

出典）*Harold Macmillan : A Life in Pictures*, London : Macmillan, 1983.

ローマ条約調印国政府がフランス政府に対して必要な圧力をかけることに乗り気でないという問題点を指摘し、アデナウアーがイギリスを訪問する際に説得を行うとともに、アメリカ政府の助けを求めることも必要になるかもしれないという考え方を示した。(80)

四月一六～一八日には、アデナウアーとエアハルトがロンドンを訪問した。その際の首脳会談後のコミュニケでは、両国首脳が「六カ国のヨーロッパ経済共同体をヨーロッパ自由貿易地域によって補完することのヨーロッパ統一の利益における非常に大きな政治的、経済的重要性」について合意したことが公表された。さらに記者会見では、アデナウアーとエアハルトが、ヨーロッパFTA交渉の成功について楽観的な見方を示し、アデナウアーがついにフランス政府への説得に乗り出すのではないかという印象が広まることにもなった。(81)

しかし、ヨーロッパFTA交渉におけるさまざまな技術的問題（特に原産地管理）について直ちに有効な打開策を見出すことは容易ではなく、また仮にアデナウアーが積極的に説得に乗り出したとしても、結局はフランスの政局がどのように落ち着くのか（または落ち着かないのか）ということに交渉全体の行方がかかっている状況には基本的に変わりがなかった。

また、モードリングが閣議で触れた「アメリカ政府の助け」についても、アイゼンハワー政権がヨーロッパFT

A案よりも六カ国間のヨーロッパ統合を強く支持している以上、過大な期待が掛けられるものではなかった。実際、当時となっては、ヘイルシャムが、アメリカ政府の冷戦戦略上のイギリスの重要性を強調しつつも、「英米協力の基盤は同盟にかかってくる圧力に耐えるには脆弱すぎる」と危機感を滲ませたように[82]、「英米特殊関係」は必ずしも盤石なものとは考えられておらず、特にヨーロッパ統合をめぐる問題については両者の間の溝は容易に埋めがたいものになってしまっていた。西ヨーロッパ一七カ国間のFTA——ヨーロッパ大陸六カ国間のEECを包摂し、その政治、経済両面でのパワーを相対化することを大きな動機としていた——の設立に向けてアメリカ政府から十分な支持と支援を期待することができない状況は、将来、EEC諸国（なかでも西ドイツ）にアメリカの第一のパートナーとしての地位を奪われかねないという懸念を強めていたイギリス政府にとって非常に困難な閉塞状況を突き付けるものであった。

こうした状況で、フランス国内の政治危機に大きく終止符を打つことになったのが、一九五八年六月一日のドゴールの首相復帰であった。ドゴールは、第二次世界大戦中、「自由フランス」（France Libre）を設立して対独レジスタンスを率い、フランス解放に大きな役割を果たしたことで名声を得ていたが、戦後は国内改革をめぐる軋轢などにより一九四六年一月に早々と首相（共和国臨時政府議長）の座を退いていた[83]。ところが、ドゴールは、アルジェリアをめぐる緊張が頂点に達するなかで、アルジェリア現地の植民者（colon）や軍部の待望論に後押しされる形で事態の収拾を委ねられ、約一二年ぶりに政権に呼び戻されたのであった。ただし、当時六七歳でマクミランよりもさらに三歳年上であったこの老政治家の首相復帰は、フランス国内政治に安定をもたらすという意味では多くの方面から強い期待をもって迎えられたものの[84]、ヨーロッパ統合の将来には少なからぬ不安を投げかけるものであった。ドゴールは、政権から離れていた間、国民議会のドゴール派議員と連携をとりつつ、超国家的なヨーロッパ統合の試みに強硬に反対し、ECSC、EDC（さらにはドイツ再軍備そのもの）、EECなどへの非難を声高に繰り返していた。そのため、彼の政権復帰は、ヨーロッパ統合推進派（連邦主義者）からは強い懸念をもって、そして逆に、ヨーロッパ統合懐疑派（政府間主義者）からは少なからぬ期待をもって迎えられたのである。[85]

しかし、そうした懸念や期待にもかかわらず、ドゴールは、以下のような理由から、結局はローマ条約の受け入れを選択していくことになる。第一に、ドゴールが、ローマ条約を受け入れることの利益と代償について冷静な判断を行っていたことがあったと考えられる。ドゴールは、ローマ条約について、自国の経済強化に役立ち、西ドイツに対するコントロールを確保することにもつながるなど大きな利益をもたらすものと捉えており、他方で、回顧録のなかで「ローマ条約は欧州経済共同体の始動第一段階では、全会一致による以外、決定は効力を持ち得ずと規定している。したがってフランスの主権侵害を防ぐには、条約の実施を監視すれば足りた。私は注意深く見守った」[86]と記したように、同条約を受け入れる代償は制御可能なものと考えていた。第二に、政権復帰直後には、ドゴールの政権基盤が決して盤石のものではなかったことがあった。ドゴールは、ピネー、モレ、フリムランなど、それまでフランス政府のヨーロッパ統合政策に直接関与してきた閣僚を多く含む連立政権のトップに就いたにすぎず、それゆえに最初から、他の主要閣僚が長年推進してきた政策を根底から覆すことは容易ではなかった。第三に、ドゴールの国際関係に関する現実的な判断があったと考えられる。当時、アルジェリア問題を抱えて苦境に立たされていたフランス政府にとって、ローマ条約を破棄して国際的な孤立を深めることは容易に受け入れられるものではなかったが、そうであるならば、EECの枠組みに残ったうえで、そのなかでできるだけ自国に有利なように主導権を発揮していく方が賢明であるという判断がなされたと考えられるのである。そして実際、その後ドゴール政権は、ローマ条約を受け入れる姿勢を明確にしていくとともに、フランス・フランの切り下げや経済近代化計画の実施などを通して、EEC内部で主導権を握り、さらにはEECのCAPの実現を強く求めることで自国の農業利益も満たすべく、積極的な政策を展開していくことになる。[87]

他方、ドゴールの政権復帰は、第二次世界大戦中にイギリス政府の代表としてアルジェに派遣されて以来、ドゴールと旧知の間柄にあったマクミランにとっては有利な面がありうるとも思われた。特にマクミランにとって、当時のヨーロッパ統合をめぐる情勢は極めて不本意なものであり、ドゴールの政権復帰はそうした状況を打開するための弾みとなる可能性を秘めたものであったといえる。マクミランは、以下で引用するロイドへの書簡のなかでいささか感情的に——または自嘲的におおげさな表現を用いて——訴えたように、六カ国という「小ヨーロッパ」(Little Europe) の枠組みでヨーロッパ統合が順調に発展する様相を見せるなかで、ヨーロッパFTA交渉が思うような進展を見せないという状況を打破する必要を強く認識していた。

私たちは、ヨーロッパの友人たちに対して、自由貿易地域の並行した発展を欠いたままで小ヨーロッパが形成されるならば、私たちはヨーロッパに対する私たちの政治的、経済的態度のすべてを再考しなければならなくなるであろうということを明確にすべきであると感じる。私は、私たちがNATOに残留することができるかどうか疑問に思う。私たちは、小ヨーロッパが私たちに行っていることに対抗するため、当然、非常に保護主義的な関税と輸入割当を課すべきである。換言すれば、私たちは自分たちが少しずつ破壊されることを許すべきではないのである。私たちは私たちの武器庫のあらゆる武器をとって戦うであろう。私たちは私たちの軍隊をヨーロッパから引きあげるであろう。私たちはNATOから撤退するであろう。私たちは孤立主義の政策を採用するであろう。私たちは私たちをロケットで囲い込み、ドイツ人、フランス人、そして彼らの残りすべてに対して「あなたたち自身の力で自分たちの面倒を見なさい。ロシア人があなたたちの国家を蹂躙しても自分たちで面倒を見なさい」と言うであろう。(88)

しかし、こうしたマクミランの危機感とドゴールへの期待にもかかわらず、ドゴールのヨーロッパFTA案に対する態度は当初から消極的なものに終始することになった。例えば、六月二九〜三〇日には、マクミランとロイドが、ドゴールの政権復帰以降、西側諸国の首脳として初めてフランスを訪問したが、彼らはそこでも期待したような成果を挙げることはできなかった。マクミランは、フランス政府が引き続きＦＴＡに対して消極的な姿勢をとりつづけるならば致命的な政治的帰結を招きかねないとして、ヨーロッパＦＴＡ案を原則的に受け入れるよう強く説得を試みたが、ドゴールは同案について「明らかに興味を持たず、感銘を受けてもいなかった」[89]。その理由としては、まず、当時のドゴールにとって最大の関心事はアルジェリア問題と（彼自身が長年の持論としてきた強力な大統領制度の導入を軸とする）憲法改正であり、ヨーロッパＦＴＡ案の優先順位は低いものにとどまっていたことがあった。また、キャンプスの指摘によれば、ドゴールは政治問題と比べて経済問題への関心が低く、経済政策についてはテクノクラートに任せる傾向が強かったが、フランス政府内部のテクノクラートたちはそもそもヨーロッパＦＴＡ案に反対していた。さらに、ドゴールにとって、内戦寸前の危機から脱したばかりの状況で、憲法改正に関する国民投票とその後の総選挙を控えていたことからも、国内の産業界、農業界が強い反発を示していたＦＴＡ案を支持することはほとんど考えられないことであった[90]。そうした結果、英仏首脳会談では、マクミランとドゴールはさまざまな問題について深い議論を交わし、会談のコミュニケでも旧知の仲であった両首脳の再会が積極的に描き出されたものの[91]、結局、ヨーロッパ統合をめぐる問題について両国政府間の利害の相違を埋めることはできなかった。例えば、ドゴールの回顧録によれば、マクミランは次のような強硬な表現を用いて共同市場の撤回を求めたものの、ドゴールがそうした要求に応じることはなかったとされている。

数多くの問題にわたり友好裏に話を進めるうち、首相は興奮その極に達し、出し抜けにいった――「共同市場はまさに大陸封鎖です。英国は受入れられません。放棄していただきたい。さもなければ戦争になる。当初は経済の争いにとどまろうが、しだいに他分野にも波及しかねません」。私は誇張にわたる点は取合わぬこととし、貴国は英連邦内にある特恵関係が六カ国間に設けられることに、なぜ立腹されるのか、とたずね、首相をなだめようと努めた。[92]

ただし、M・ヴァイスによれば、マクミランが、ヨーロッパFTA案が拒否された場合にヨーロッパ諸国が分断される危険性と「経済戦争」の可能性について言及したのは事実であったものの、「共同市場はまさに大陸封鎖です。……放棄していただきたい」と言ったという記録は残っておらず、ドゴールの回顧録には不正確な（または意図的に誇張された）部分が見られるようである。[93] しかし他方で、マクミランがパリから帰国した後の閣議で、「彼〔ドゴールのこと〕は計画されているヨーロッパ自由貿易地域について精通していなかった」が、マクミランたちが説得を試みた結果「近い将来に彼が、実質的な交渉の再開を確保するために彼の個人的な権威を用いることがいくらか期待される」[94]と報告したこともまた（仮に意図的な誇張ではなかったとしても）交渉の行方を過度に楽観視したものであった。マクミランは、フランスから帰国する直前（六月三〇日）、ドゴールに対して、新政権の成立でフランス政府は重要な決定を下すことができるようになるであろうとしてドゴールへの期待を表明したうえで、「ヨーロッパはすでにシュテッティンからトリエステまで悲劇的に分断されており、私はさらなる分断を避けることを強く切望している」と記すなど、「可能な限りで最も強い言い方」を用いてヨーロッパFTAを設立する必要を訴える書簡を残したが、やはりドゴールの反応は消極的なものに終わっていた。[95] ドゴールはマクミランへの返信のなかで以下のように記した。[96]

私の優先事は……あなたのものに近いのです。しかし、私たちは、私の政府が――あなたは容易に理解するでしょうが――最も重視しているフランスの経済と財政の均衡を崩すことなく、またヨーロッパ共同市場の六つの加盟国の間に存在する合意を根本から問題にすることなく、そこに到達する方法を見つけねばならないのです。

ヨーロッパFTA案に関する技術的問題をめぐっても、有効な打開策がなかなか見出せない状況が続いていた。確かに、一九五八年六月にはハルシュタイン委員長が率いるEEC委員会が、六カ国間で第一回目の関税引き下げが予定されていた一九五九年一月一日に、六カ国と他のOEEC諸国の間でも一八カ月間の暫定協定の下で関税を相互に一〇%引き下げ、その期間中に恒久的協定を締結すべく交渉を継続することを提案するなど、交渉の決裂を避けるための努力は続けられた。しかし、マクミラン政権は、そのような暫定協定の締結は長期的な協定に関する合意達成への圧力を低下させる恐れがあるとして消極的態度をとった。さらに、六カ国側でも相互の立場を収斂させるのに手間取ったため、結局、暫定協定に関する提案が正式に行われるのは同年秋のFTA交渉決裂後のことになってしまう(97)。

他方、この時期、フランス以外のEEC諸国政府がフランス政府に対してヨーロッパFTA交渉での妥協を受け入れるよう説得を試み、フランス政府内でもEECとFTAの三年間の「時間的ずれ」の要求を取り下げるといった譲歩を行うべきであるという議論がなされるなど、交渉の進展につながりうる兆候がいくらか見られたのも事実である(98)。しかし、交渉の最大の難関となっていた原産地管理の問題をめぐり技術的な解決策を見出すことができないまま、同年七月までには、前述のカルリ案、フォール案に基づく議論は大きく勢いを失うことになっていた。そうした結果、イギリス政府にとっては、ヨーロッパFTA交渉の妥結に向けた見通しが立たないまま、時間ばかりが経過するという状況がいっそう明らかなものとして立ち現れるようになったのである。

加えてこの時期、GATTを舞台とした世界的な多角的貿易自由化の展開もまた、マクミラン政権に懸念を抱かせるものとなった。確かに、一九五八年八月二〇日、アメリカ議会を互恵通商協定延長法が通過し、新たなGATTラウンドの開催に向けた道が開かれたことは、マクミラン政権にとっても基本的に歓迎すべきものであった。しかし、アメリカでは、一九五七年秋以降、景気後退の兆しが強まり、一九五八年には経済状況が大きく悪化するとともに、深刻な国際収支赤字と金準備の流出が起こっていた。(99) そうしたなかで、アメリカ議会――アメリカ憲法では、大統領ではなく議会に通商に関する権限が与えられている――での伝統的な保護主義が強まり、互恵通商協定延長法では、大統領側が求めた交渉権限の最低五年間の延長が四年間に短縮され、GATTにおける関税の引き下げ方式も（一九六二年通商拡大法から採用される一括引き下げではなく）個別の品目別に限定された。他にも、互恵通商協定延長法には、国家安全保障条項の適用範囲の拡大、セーフガード条項の強化、危険点条項の維持など伝統的な保護主義の痕跡が所々に残ることになった。(100)

第二次世界大戦後、イギリスでは、ほぼ一貫してGATTへの強い批判が存在した。その背景には、GATTによりコモンウェルス特恵制度の拡充が禁じられたことに加えて、GATTを通した多角的貿易自由化を中心となり支えることが期待されたアメリカ市場の開放が十分に進んでいない（そしてその背景には何よりもアメリカ側のリーダーシップの欠如がある）という認識があったが、そうした状況は一九五〇年代後半になっても基本的には変わっていなかった。(101) 一九五八年一〇月にはディロン（同年七月に経済問題担当国務次官に昇格）が第五回目のGATTラウンドの開催を提唱したが、彼の名前から「ディロン・ラウンド」と呼ばれることになる同交渉でも、アメリカ政府に与えられた交渉上の権限が限られていたため、最初から大幅な関税の引き下げを期待することはできない状況になってしまっていた。そして、そのことは、世界最大のアメリカ市場の開放が大きく進まないのみならず、同年一月に正式に発足し、早速ディロン・ラウンドに共通の代表団を送ることになったEECの共通域外関税の水準が下がらないことも意味した（さらにそれは、イギリスからEEC諸国への輸出の約七割が向かっていた西ドイツ、ベネルクス市場の関税障壁がＥＥＣ成立以前よりも高くなることを意味した）。そうした結果、マクミラン政権は、ＥＥＣの外側にとどまる経済的不利益を回避するとともに、当面は大幅な開放が進む見込みのないアメリカ市場以外の有望な輸出市場を模索する必要にも迫られることになったのである。

第4節　仏独関係の緊密化とＦＴＡ交渉の決裂

一九五八年九月一四～一五日、アデナウアーがドゴールの招待を受けてシャンパーニュ地方のコロンベイ・レ・ドゥ・ゼグリーズにあるドゴールの私邸を訪れ、両首脳の初めての会談が行われた。それまでアデナウアーは、ドゴールの前歴――第二次世界大戦直後には、ドイツの恒久的な分割を含む最も（つまりスターリンよりも）強硬な戦後処理を主張しており、またアデナウアーが積極的に推進してきた超国家的なヨーロッパ統合にも手厳しい批判を繰り返していた――に対する懸念もあり、ドゴール側からの首脳会談の申し入れを拒否していた。しかしながら、ドゴールの首相復帰から三カ月余りが経過したこのとき、ついに両首脳の初会談が実現したのであった。結果的に、この首脳会談は、両者の間で多くの問題に関する意見が原則的に一致するなど、非常に有意義で成功したものとなった（その後、ドゴールとアデナウアーは親しい個人的関係を築くようになり、「仏独枢軸」とも呼ばれた緊密な両国関係の基盤となっていく）[102]。さらに、この会談の際、ドゴールとアデナウアーはＥＥＣやヨーロッパＦＴＡに関しても議論を交わしたが、ドゴールの回顧録には、以下のように、両国首脳がヨーロッパＦＴＡ交渉の打ち切りで合意したと記されている。

おりから、英国および全西欧を含む広大な自由貿易地域に六カ国共同体を引入れて、共同体を発足当初から解体させてしまおうとする交渉が継続中であった。レジナルド・モードリング（当時英支払総監）が交渉の音頭をとっていた。仏独両国政府は、とくにこの交渉打切りで合意に達した[103]。

ところが、こうしたドゴールの回顧録の記述は必ずしも正確なものではなかったようである。実際の会談では、アデナウアーは、イギリス政府はヨーロッパＦＴＡ案を通して、共同市場の破壊ではなくヨーロッパへの接近を目指しているという見方を示したうえで、西ドイツ政府としてもＦＴＡの設立を支持し、交渉の進展を望んでいるという立場を示した。しかし、アデナウアーのヨーロッパＦＴＡ案に対する態度がどのようなものであったにせよ、より重要であったのは、ドゴールの方はマクミランの意図をそれほど好意的には受けとめておらず、ヨーロッパＦＴＡ案に対する否定的な態度を翻すこともなかったということであろう[104]。他方、この会談に際して、ドゴールはアデナウアーに対して、ローマ条約を受け入れる意向を改めて示し、首脳会談後のコミュニケでもフランス政府がローマ条約の諸義務を履行することが強調されるなど、六カ国の統合に向けた動きは基本的に順調なものとして立ち現れることになった（ただし、ドゴールは、フランス政府がＥＥＣを承認するための条件のひとつとして、農業共同市場を早期に設立することを求めており、この段階でも農業をめぐる六カ国間のその後の厳しい交渉の前兆を見てとることができた[105]）。

しかし、その直後、ドゴールとアデナウアーの急接近にもかかわらず、少なくとも短期的には両国間の関係をこじれされる事態が生じた。それは、九月一七日、ドゴールが、アイゼンハワーとマクミランに宛てた書簡とそれに添付された覚書のなかで、アメリカ、イギリス、フランス三カ国が自由主義諸国を政治的、戦略的に主導することを内容とするいわゆる「三カ国主導体制」（three power directorate）の構築を提案したことであった[106]。この提案に対して、英米両国政府は、NATO内での両国の主導的地位――W・R・ルイス、R・ロビンソンにより、「NATO内部での隠密の共同リーダーシップ[107]」と評されたもの――を損なうことへの警戒に加えて、西ドイツ、イタリア、カナダなど他の西側同盟内の主要国での反発を避ける考慮もあり、おおむね消極的な反応を示した。そして、こうした英米両国政府の消極的な対応はドゴールの反発を招き、フランス政府側でのいくつかの動きを引き出すことになっていく。まずドゴールは、それまでにもNATO内部での英米両国の特権的な地位にしばしば不満を表明していたが、「三カ国主導体制」提案が受け入れられないと見るや、NATOから距離を置く姿勢を強め、一九五九年三月にはNATO地中海艦隊からフランス艦隊を撤退させた（それは、一九六六年七月のNATO統合軍事機構からの脱退に至る一連の行動の最初のものであった）。さらに、英米両国政府が「三カ国主導体制」提案に消極的な反応を示したことは、その後、ドゴールがヨーロッパFTA案を最終的に拒絶する際のひとつの背景にもなっていくのである[108]。

この時期にはまた、ドゴールが率いるフランス政府の交渉上の立場を強化するような変化も見られた。まず、九月末にベネチアで行われたEEC閣僚理事会では、ヨーロッパFTAに関するすべての決定は全会一致で行われるべきという立場で合意に達したが、そのことは、FTAにおいては各国政府の拒否権が認められるべきであるというフランス政府の主張が他の五カ国政府に受け入れられたことを意味した[109]。また、九月二八日には、ドゴールが長年の持論としてきた強力な大統領制度の導入を含む新憲法案――ドゴールの側近であるドブレ（Michel Debré）法相が中心となり起草されたもの――が、国民議会において約八〇%の圧倒的多数の賛成を得て成立した。さらに、それに基づき一〇月五日には第五共和制が成立し、ドゴールが追求してきた憲法改革の試みが一段落することになった。そうした結果、わずか半年ほど前には内戦の瀬戸際にあったフランスの国内政治は急速に安定に向かい、ドゴールにとっては、ヨーロッパFTA交渉を含めて、外交面の政策により大きな力を注ぐことが可能な環境が整う結果ともなった。

マクミランも、その間ただ手をこまねいていたわけではなく、一〇月八～九日には自らボンを訪問し、シャウムベルク宮殿を舞台にアデナウアーとの首脳会談を行った。マクミランは、「この訪問での私の主要な目的は……自由貿易地域に関して私たちを手助けするようアデナウアーを説得すべく試みること」であるとして、特に「私はドゴールの覚書〔「三カ国主導体制」提案のこと〕をめぐる彼のフランスに対する怒りを利用することができると思う」と、かなりの意気込みと彼なりの見通しを持ってボンに乗り込んだ[110]。実際、一〇月八日の会談では、マクミランは、ドゴールの「三カ国主導体制」提案へのアデナウアーの怒りをなだめる態度をとりつつ、ヨーロッパ統合をめぐっては、六カ国側が「経済戦争」を仕掛けてくるならばイギリス政府はヨーロッパ大陸の防衛に関与を続けることはできなくなるであろうとして、西ドイツ駐留の英軍撤退をほのめかしつつアデナウアーに脅しをかける戦術に出た[111]。しかし、カイザーによれば、そうした脅しはマクミラン政権がその後も西ドイツ側に対して繰り返し用いるものであったが、イギリスよりもアメリカ、フランスとの関係を優先するアデナウアーには効果がなかった。さらに、そのような脅しの内容自体がイギリスの国益にまったく反するものであったため、アデナウアーの反発を招くことはあっても、ヨーロッパFTA交渉を進展させる効果を持つことにはならなかった[112]。

他方、イギリス政府側では、アデナウアーの反発や非協力的姿勢の背景には、彼が第二次世界大戦直後の占領期の経験からイギリスに強い反感を抱いていたことがあったのではないかという見方もなされていた。それは、一九四五年一〇月、アデナウアーが、占領行政の方針をめぐる軋轢を（少なくとも直接的な）理由として、イギリス占領軍の現地司令官によりケルン市長から罷免され、ケルン市からの退去とすべての政治活動の禁止を言い渡されたことの影響を重く捉える見方である[113]。ところが、イギリス占領当局によるケルン市長からの罷免はアデナウアーのイギリスに対する態度に大きな影響を与えなかったという証言――例えば一九五〇年代当時の西ドイツ外務省スポークスマンで、一九七〇年代に駐英大使を務めることになるハーゼ（Karl-Günther von Hase）によるもの[114]――も残されており、実際の影響については議論が分かれるところである。しかし、いずれにせよ、それまでにもアデナウアーは（特に非公式の場では）しばしばイギリスに対する不信を口にしており、この首脳会談の際のマクミランの戦術も、アデナウアーにとっては、そうした不信を増幅させる効果を持つことはあっても、その逆ではありえなかったと考えられるのである。

そうしたなかで、六カ国政府は、EEC閣僚理事会（一〇月七～八日）での合意を経て、一〇月一七日、他のOEEC諸国政府に対して、ベルギー政府OEEC常駐代表オクラン（Roger Ockrent）が中心となってまとめた『オクラン報告書』（Ockrent Report）を共同で提出した。この『オクラン報告書』では、ヨーロッパFTAは「ヨーロッパ経済連合」（European Economic Association：EEA）と表現が改められ、その内容もカルリ案とそれまでのフランス政府の主張をとり入れて多くの修正が施されたものとなっていた。キャンプスによれば、六カ国の間ではいまだに合意に至っていない点も多く、『オクラン報告書』は「一貫性のある連合の計画ではなく、六カ国がいかなる連合協定でも満たさなければならないと考えた条件を集めたものにすぎなかった」。しかし同時に「それは交渉中になされた「共同体」の見解の最も包括的な表明であった」。『オクラン報告書』の大きな特徴は、域外関税の大幅な平準化と補償関税の導入（カルリ案に沿った内容）に加えて、各国政府の社会政策や域外に対する通商政策を調整・平準化する必要にも言及していたことであった。さらに同報告書には、ヨーロッパFTAを運営するための制度的枠組みを弱め、各国政府の拒否権を強調し、貿易自由化からの免除条項に訴えることを容易にするなど、明らかにフランス政府の主張に沿った内容が含まれていた。確かにフランス政府は、六カ国間で『オクラン報告書』について合意に達する過程で、①EEAはEECの第一回目の域内関税の引き下げおよび輸入数量制限の緩和と同時に発足する、②EEAの移行期間は基本的にEECと同じであり、最長でもプラス三年以内とするといった点で重要な譲歩も行っていた。しかしながら、一〇月二四日に開かれた政府間委員会会合では、フランス政府代表が、加盟国の域外関税と通商政策に関する自由を制限する方向を示し、『オクラン報告書』の内容を越えた主張を公然と行うなど、マクミラン政権にとって『オクラン報告書』を中心とする六カ国側のイニシアティブはおよそ受け入れがたいものとなった。結局、政府間委員会会合は、関税と貿易政策、さらにFTAの運営のための制度のあり方をめぐる対立により何ら進展を見せることなく終わった(115)。

マクミラン政権内では、ヨーロッパFTA交渉が成功裏に妥結することはいよいよ難しくなったという悲観的な見方がさらに深まった。マクミランは一〇月二六日の日記のなかで、「ヨーロッパ自由貿易地域に向けた見通しは悪いようである。フランス人たちはイギリスを排除することを決心しており、ドゴールはヨーロッパの覇権を得ようとがむしゃらになっている」と記した(116)。さらに彼は一〇月三〇日の閣議で、「現在のパリでのラウンドにおいて、ヨーロッパ自由貿易地域提案に関して合意が達成される見込みはなさそうである。この問題の政治的決着が模索されるべき時が近づいているのかもしれない」と述べた(117)。

その後、一一月六日、フランスのクーブ・ド・ミュルヴィル（Maurice Couve de Murville）外相がロンドンを訪問し、マクミラン、ロイド、モードリングと会談を行った。しかし、クーブ・ド・ミュルヴィルは、ヨーロッパFTA案に関して交渉をいたずらに引き延ばすだけのような発言を繰り返すなど、非常に消極的な姿勢に終始した(118)。それに対して、ロイドは「幻想を抱えたままで交渉を続けるよりも、むしろ本日打ち切った方がましである」という考えを述べるまでに至った(119)。また、同じ日の午後にパリで行われたドゴールとジェブ（Sir Gladwyn Jebb）英駐フランス大使の会談でも、ドゴールは、ヨーロッパFTA案を受け入れることは経済的に困難であると強調するなど、従来からのフランス政府の立場を繰り返した(120)。こうしたフランス政府の消極的な対応を受けて、マクミランはドゴールへの書簡で、「私たちの古くからの友情」に訴えつつ、ヨーロッパFTA案の受け入れを求めて、以下のような必死の説得を行った。

私は、自由貿易地域に向けた交渉において私たちが到達した状況について深く懸念を抱いています。……ローマ条約は、それのみでは、連合の絆になるというよりも、容易にヨーロッパ諸国の分断を導きかねません。六カ国の市場から他の西ヨーロッパ諸国の産業がしだいに排除されるならば、私たちは、いかにして経済的な対立だけでなく政治的な敵意が高まることを防ぐことができるのでしょうか。……私は、あなたに対して、このことを技術的な問題と捉えないようにお願いしたい。私は、あなたが、このことに対して、その最も広範な政治的側面に十分に注意を払うことを望みます。私は、私たちはすでにヨーロッパにとっての長期的な災いの種を孕んだ危機的状況にあると確信しています。短期的に見ても、政治的な帰結は〔一九五九年〕一月一日に先鋭なものになりはじめるでしょう。私たちが、その前にヨーロッパの二つの半分（two halves of Europe）の間に障壁が打ち立てられるのを防ぐために何かすることができないとすれば、私はその帰結を恐れているのです[121]。

しかしながら、こうしたマクミランの必死の訴えも虚しく、もはやヨーロッパFTA交渉の決裂に向けた流れを押しとどめることはできなかった。ついに、一一月一三〜一四日の政府間委員会会合の際、長年にわたるドゴールの側近であり、彼の下で情報相を務めていたスーステル（Jacques Soustelle）が、一四日午前の閣僚会合後の記者会見で、共通域外関税と経済・社会政策の平準化をともなわないヨーロッパFTA案を受け入れることはできないと述べ、同案を実質的に拒否する意向を示したのである（ただし彼は、共同体六カ国とその他の諸国の関係を満足すべき形で解決するための努力は続けられるであろうとした）[122]。それまでフランス政府は、ローマ条約の調印に至る過程で、EEC内での競争条件を平等に近づけるために社会的負担の平準化を求め、最終的に男女賃金の平等化、有給休暇の調和、時間外労働報酬の不平等によって損害を被る産業部門へのセーフガード条項の制度化、輸出奨励金・輸入特別税の維持などを確保することに成功していた。しかし、ヨーロッパFTA案は、域外関税の共通化ないしは平準化を欠き第三国からの輸入に対する関税率の設定を各国ごとの裁量に委ねることに加えて、経済・社会分野の平準化もともなわないものであった。それらは、イギリス政府の立場からすれば、コモンウェルス特恵制度と経済・社会政策の自律性を維持するために譲ることのできない条件であったが、結局、フランス政府からは、自国の経済的な利益と容易に相容れないものとみなされたのであった。[123]

ところが、フランス政府は、このスーステル声明に関して、他のOEEC諸国政府だけでなく、フランス以外のEEC諸国政府にも事前の通告や協議を行っていなかった。それゆえに、既にヨーロッパFTA交渉は実質的に行き詰まりの状態にあったとはいえ、各国代表の間には衝撃と反発が沸き起こった。アメリカ政府から政府間委員会にオブザーバーとして派遣されていたバージェス（W. Randolph Burgess）が国務省に報告したところによれば、会談の雰囲気は「冷たく不愉快な」ものとなった。[124] 特にフランス政府の決定に強く反発したのは（イギリス政府以外では）西ドイツのエアハルトと彼が率いる経済省、そしてそれ以上に、開かれた貿易形態への指向を強く持っていたオランダ政府であった。[125] しかし、六カ国内部からも少なからず反発が見られたにもかかわらず、ドゴールはヨーロッパFTA案を葬り去ろうとする態度を崩すことはなかった。結局、以下の回顧録の記述からも見てとれるように、ドゴールにとっては、EECよりも緩やかで域外に開かれた性質を持つヨーロッパFTA案は、フランス経済を国際競争から保護しつつ発展させるという微妙な舵取りを必要とする目標を達成するためには不十分なものと捉えられていた。さらに、ヨーロッパFTA案は、西ドイツに対するコントロールを確保するとともにフランスの国際的地位を強化することにも役立つと考えられたEECを吸収し、ひいては破壊しかねないため、到底受け入れることができないと考えられたのである。

モードリング閣外相は英国もその一員である欧州経済協力機構を舞台に六カ国を牽制し、共同体の発足を遅らせる交渉を鋭意主宰していた。共同体は自由貿易地域に吸収され、その結果として解消するというのがモードリングの提案であった。マクミランは何通も書簡を寄せて懇請しつつ私の同意を得ようと努めた。しかし、わが政府は惑うことなくこれをしりぞけ、対外共通関税および農業規則を伴わぬものはいかなるものも受入れぬと告げた。[126]

しばしば用いられた比喩によれば、ヨーロッパFTAは、「紅茶のカップのなかで角砂糖が溶けるように」、堅さはあるが脆さもあわせ持つEECを包み込み、最後にはより広い西ヨーロッパの枠組み――それは「紅茶のカップ」に喩えられたように、イギリス人の好みにあうものに違いなかった――のなかに溶かし込んでしまうのではないかと懸念されたのである。実際、当時のEECはまだ発足したばかりであり、関税同盟の形成に向けた第一回目の関税引き下げも実施に移されておらず、CAPに関してはいぜんとして具体化に向けた交渉が行われている途中であった。[127] ヨーロッパFTA案は、EECよりも緩やかな性質を持つ（つまり各国政府にとって加盟する際の代償がより少なくて済む）ものでありながら、西ヨーロッパ諸国間の工業製品の自由貿易を確保するとともに、西ヨーロッパ諸国間に一定の結束をもたらし、西ドイツを西側陣営に結びつけることにも役立ちうると考えられたため、EECという制度枠組みを通してこそ最も大きな利益をあげることが見込まれたフランス政府からは大きな障害として認識されたのである。

こうして、スーステルの実質的な拒否の意向表明によりヨーロッパFTA案は挫折の危機に直面したが、当時の状況について、マクミラン政権側では、大蔵事務次官メイキンズが約一年後にアメリカを訪れた際に以下のような回顧を行っている。それは、イギリス政府側で、ヨーロッパFTA交渉におけるフランス政府の実質的な拒否権行使がある種の達観と戦術的な考慮をもって比較的冷静に受けとめられていた様子をうかがわせるものであった。[120]

実際のところ、フランス側はFTAを原則として本当には受け入れておらず、イギリス側も交渉が終結するずっと前からそのことを分かっていた。しかしながら、主導権を発揮した以上、イギリス自らが交渉を決裂させることはできず、フランス側が彼らの本当の立場を誰の目にもまったく明らかなものにするまで、そのままにしておくことを強いられたのであった。

しかし他方で、スーステル声明が行われた直後の反応からは、イギリス政府内の落胆の様子をはるかに明確に見てとることができる。例えばモードリングは、スーステル声明を受けて一一月下旬に開催が予定されていた政府間委員会の延期を余儀なくされたが、その際、自らの驚きと失望を隠すことはなかった。[129] マクミランもまた、ドゴールに宛てた書簡のなかで、スーステル声明とヨーロッパFTA交渉の実質的な決裂について、西ヨーロッパ諸国間の結束に及ぼす悪影響などに言及しつつ、明らかに落胆の色をにじませながら深い懸念を示した。[130]

この時期、マクミラン政権に対してさらに厳しい状況を突き付けたのは、アメリカ政府が非協力的な対応に終始したことであった。スーステル声明と同じ日、ディロンが記者会見を行ったが、彼は、EEC諸国政府が自由主義的な共通域外関税を採用することに関するアメリカの利益を強調したものの、ヨーロッパFTA交渉の挫折についてはまったく批判や遺憾の意を述べることはなかった。[131] こうしたディロンの発言からは、EECの高関税のブロック化を防ぐためには、西ヨーロッパ諸国間のFTAの存在は必ずしも必要ではなく、GATTにおいてアメリカとEECを二つの軸とする関税交渉を行えばよいとするアイゼンハワー政権の立場をうかがうことができる。そして、そうした立場とは、まさにフランス政府やEEC委員会がとる（あるいはそれ以降とることになっていく）立場と一致するものであった。ここに、ヨーロッパ統合と世界的な貿易自由化のあり方をめぐり、アメリカ、フランス両国政府の共通利害がマクミラン政権の前に立ちはだかる状況が現れることになったといえる。

そうしたなか、モードリングは一一月一八日の閣議で、「フランス政府は、今や私たちが提案した土台に基づく自由貿易地域に参加する用意がないことを明らかにした」と切り出し、ヨーロッパFTA交渉が延期された後にとるべき方策について二段階に分けて説明を行った。モードリングによれば、第一に、短期的には、翌年一月一日に予定されていたEEC諸国間の第一回目の関税引き下げと輸入数量制限の緩和による、西ヨーロッパ内部の新たな差別的ブロック形成の防止が急務であった。その際、具体的には、①六カ国間の関税引き下げをすべてのGATT締約国にも適用すること、②六カ国間の輸入数量制限の緩和を他のOEEC諸国にも適用すること、の二点について合意取りつけを目指すべきであると考えられた。そして第二に、それらの短期的な措置を確保したうえで、当面はフランスの利益を特別に保護することも含めて、六カ国側にも受け入れられうるヨーロッパ諸国間のFTAを設立するための方策を探ることが必要になると指摘された[132]。

一一月二六日には、西ドイツのバート・クロイツナッハにおいて、アデナウアーとドゴールの二度目の首脳会談が行われた。確かにこの時点でも、西ドイツでは、エアハルトに代表される政治家・官僚や経済界を中心に、EECよりも開放的、自由主義的な貿易の枠組みを求める声が目立っていた。しかし、ここでもアデナウアーは、EECの枠組みを通してこそフランスとの和解が確実になり、かつ自国の西ヨーロッパ内部での地位を確固たるものにすることも可能になるといった観点から、フランス政府への譲歩を辞さない立場を示した。結局、バート・クロイツナッハでの首脳会談では、フランス政府側が（ローマ条約の免除条項に訴えることなく）一九五九年一月一日のEEC諸国間の第一回目の関税引き下げ・数量制限緩和に完全に参加すると確約したことと引き替えに、最終的に両国政府の間でヨーロッパFTA案を拒否することで合意がなされた（さらにアデナウアーは、そうした合意を国内経済界とエアハルトにも受け入れさせることに同意した）[133]。

また、しばしば指摘されてきた通り、ヨーロッパFTA案の拒否に関する両国首脳の合意の背景には、当時のベルリン問題をめぐる緊張の高まり（第二次ベルリン危機）の影響もあった。この時期のベルリン問題をめぐる緊張の高まりは、一九五八年一一月一〇日、当時のソ連首相フルシチョフ（Nikita Khrushchev）が訪問先のポーランドで行った演説で以下のように述べたことに端を発するものであった。

ポツダム協定に調印した国々にとって、ベルリンにおける占領体制の遺物を放棄し、ドイツ民主共和国〔東ドイツのこと〕の首都での正常な雰囲気を作り出すことを可能にすべきときが……明らかにやってきた。ソ連側では、いぜんとしてソビエトの機関の手にあるベルリンにおける機能を、主権を有するドイツ民主共和国に譲り渡すであろう。[134]

こうしたフルシチョフ声明とその後のモスクワでの演説で示された六カ月間の「最後通牒」（一一月二七日）[135]によりベルリンの地位と東ドイツ承認問題をめぐる緊張が高まるなかで、アデナウアーは他の西側諸国政府の確固たる支持を必要としたが、それに対して最も明確に応えたのがドゴールであった。第二次ベルリン危機に際して、ドゴールはベルリンの地位のいかなる変更にも反対するという立場を示すなど、西側各国の首脳のなかで最も強硬な姿勢を貫き、アデナウアーを支える意志を明確にしたのであった。[136]しかし他方で、マクミランは、いたずらにソ連との緊張（そして武力衝突の危険）を高めないことが重要であるとして、東ドイツの「事実上の承認」にまで踏み切ることもやむをえないという立場をとったため、「東独の存在に全く正統性を認めておらず、東独の承認につながりかねない行動には、ことごとく強い拒絶反応を示していた」アデナウアー政権の強い反発を招くことになった。[137]確かに、第二次ベルリン危機をめぐるマクミランの対応は、一九六〇年代半ば以降、ドゴール、そして西ドイツの外相・首相を歴任するブラント（Willy Brandt）が推進した「東方政策」（Ostpolitik）に部分的につながるものであり、その後の歴史的変化を先取りする内容を含むものであった。しかしながら、当時の西ドイツ首相アデナウアーにとっては、マクミランの宥和主義的な振る舞いはまったく受け入れがたいものであった。一九五八年の秋から冬にかけて、ドゴールとマクミランは、「三カ国主導体制」提案とベルリン問題をめぐる柔軟姿勢によりそれぞれ一度ずつアデナウアーを憤慨させたが、現実的には、ベルリン危機の方が明らかにより切迫した問題であった。そうした結果、マクミランは、西ドイツ政府によるヨーロッパFTA拒否への同調という形で、アデナウアーからより強いしっぺ返しを受けることになったといえる。

一二月一五日にパリで開かれたOEEC閣僚理事会では、最終的にヨーロッパFTA交渉の決裂が確認された。そして、六カ国政府の代表たちは、OEEC諸国間の通商関係に関する長期的な解決が見出されるまでの暫定協定を結ぶべく、引き続き協議を行うことを提案した。しかし、OEEC閣僚理事会に出席したイギリス政府代表（議長を務めたヒースコート・エイモリー蔵相とモードリング、エクルス）は、六カ国側が提示した暫定協定を不十分と考え、翌年一月一日からEEC諸国間で実施される輸入割当の拡大を他のOEEC諸国にも無差別かつ相互主義的に適用すべきであるという対抗提案を行った。これに対して、（いぜんとして内部に意見の相違を抱えていた）六カ国側は、具体的な提案に関しては翌年に入ってからより詳しく検討するという多分に曖昧な返答を行うにとどまった。そうした結果、イギリス政府代表は、いたずらに解決を引き延ばしたままで通商上の差別が実施に移されるならば自衛的な通商政策をとる権利を留保せざるをえないと強硬な態度を示したが、それに対してフランス政府代表は脅迫の下で交渉を行うことはできないと反論するなど、OEEC閣僚理事会の議論は英仏間の非難の応酬の様相を呈することとなった。さらに、フランス政府代表――そして後にエクルスと会談したイタリアのコロンボ（Emilio Colombo）対外貿易相も――は、六カ国と他のOEEC諸国の間で輸入割当に関してある程度の差別が存在することは六カ国のアイデンティティを保つために必要であるという議論も持ち出した。そうした様子を、OEEC閣僚理事会にベルギー政府代表として出席していたスノワ（Baron Snoy）は、「エクルスが非常に傲慢な態度をとったのに対して、フランス代表はもちろん彼らの〔原文はイタリック〕側でも非常に傲慢な態度で応じた。そして、OEECの会合は非常に悲惨なものとなった」と回顧している。結局、午前中に始まり深夜まで及んだ長時間の激しい議論の末、翌年一月一五日にOEEC閣僚理事会を再び開催して議論を継続すること、そしてそれまではイギリス政府も報復措置をとることを控えることが合意されたものの、ヨーロッパFTA交渉は、当事者間に険悪な雰囲気を残したままでいったん幕を閉じることになった[138]。

そして、マクミラン政権の立場をさらに苦しいものにしたのは、一二月一五日のOEEC閣僚理事会にも準加盟国として参加していたアメリカ政府代表が、ヨーロッパFTA案が挫折し、EECと他の西ヨーロッパ諸国を包摂する枠組みが確保される見通しが立たなくなっても、積極的な介入を行わない立場をとったことであった[139]。こうしたアメリカ政府代表の姿勢の背景には、国務省がOEEC閣僚理事会に向けた方針として、①いずれかの側を支持する立場をとらず、ヨーロッパ諸国側にイニシアティブをとらせるべきである、②アメリカ政府代表としては、ヨーロッパ諸国政府がEEC諸国と他のOEEC諸国の間の問題を解決するために、GATTと矛盾し域外諸国の利益を脅かすような特恵協定を結ぶことを受け入れる用意があるという印象を与えないよう留意すべきであると指示していたことがあった。さらに、フランス政府に圧力をかけても効果はないという判断もあり、OEEC閣僚理事会に出席したアメリカ政府常駐代表マッカーシー（John McCarthy）は、イギリス政府の期待に反して、「一九五八年一二月一五日の酷い夜、一言も発することはなかった[140]」。結局、メイキンズがディロンに苦言を呈したように、ヨーロッパFTA交渉を通して「イギリスはアメリカのFTAに対する支持を強く望んだが、アメリカはある種の支持は与えたものの、大抵は実際の効果を欠いた一般的性質のものにすぎなかった」のであった[141]。

こうしたアメリカ政府のヨーロッパFTA交渉に対する「不干渉」の態度の背景としては、これまでにもアメリカでの景気後退の影響が指摘されてきた[142]。国務省のマーチャント（Livingston T. Merchant）が、イギリス駐米大使館員との会談（一九五九年一月八日）の際、既に発足していたＥＥＣに「自由貿易地域が加わることは、アメリカに対して差別を行う地域を増やすだけである」という立場を示したことからも、景気後退と国際収支赤字を受けてアメリカ政府がそれまで以上に通商上の差別に敏感になっていた様子を見てとることができる。さらにその会談において、マーチャントは、アメリカ政府としてはＥＥＣに反対しているとみなされないようにする必要があるとして、フランス政府だけでなく西ドイツ政府に対しても、ヨーロッパＦＴＡを受け入れるよう説得に乗り出す用意がないことを明らかにした[143]。そうした結果、マクミラン政権内では、「自由貿易地域を設立するために再開された私たちの試みにアメリカをより活発に関与させることを模索すべきである[144]」が、ヨーロッパ統合のあり方について「何らかの新しく、より想像力に富んだ長期的な提案が現れるまで、私たちはアメリカとの関係において何ら実質的な進展はできないであろう」という厳しい認識が深まっていくことになった[145]。

第4章　イギリス、カナダ間のＦＴＡ協議とその挫折　一九五七年

第*1*節　輸入転換発言とイギリス政府の対応

ヨーロッパにおいてローマ条約が調印されてから二カ月半が経過した一九五七年六月一〇日、大西洋の対岸のカナダでは、四年ぶりの総選挙（総議席数二六五）が行われた。そこでは、それまで二二年間の長期の単独政権を維持してきた自由党が前回の一七一議席から一〇五議席に大きく後退したのに対し、進歩保守党が五一議席から一一二議席へと躍進を見せた。その結果、サンローラン（Louis St. Laurent）自由党政権が退陣し、僅差ではあったが第一党となった進歩保守党党首のディーフェンベイカー（John G. Diefenbaker）が率いる少数与党政権が成立した。カナダでの二二年ぶりの政権交代はイギリスでも大きな反響を呼んだが、特にそれまでの歴代自由党政権はアメリカからの経済的浸透(1)に対する警戒が不十分で、政治・外交面でも「母国」たるイギリス寄りの立場をとることが少ないと認識されていたため、この政権交代を歓迎する向きが広く見られた。

カナダでも、対米貿易依存の大きさ（一九五六年にはカナダの輸出の約五九％、輸入の約七三％を対米貿易が占めていた）や対米貿易赤字の拡大（それはカナダの対外貿易全体の赤字の大部分を占めていた）、さらにアメリカからの投

資への依存の大きさなどを懸念する声が高まっていた。特にアメリカの輸出産業はその国際競争力の高さに加えて、米加両国の地理的近接性からも有利な立場にあり、カナダ市場で大きなシェアを占めるに至っていた。公法四八〇号（ＰＬ四八〇）に基づくアメリカ政府の余剰農産物（特に小麦）の処理もまた、海外への農産物輸出でアメリカと競合する立場にあるカナダで大きな不満を呼んでいた。ＰＬ四八〇の下で、アメリカの余剰農産物が、日本、インド、ブラジルなどに、一定量の通常貿易の消化を条件として、購入代金の大部分を「見返資金」として購入国への長期・低利の融資に充てることを前提に国際価格よりも安価に、かつ現地通貨による支払で輸出されていたのである。(2)

また、一九五六年のスエズ危機の際、サンローラン政権、特にピアソン（Lester B. Pearson）外相は、（ダレスとは異なり）英仏両国政府の軍事行動を国連憲章違反として公然と非難することは控えたが、イギリス、フランス、イスラエル三カ国軍の対エジプト武力行使に批判的な立場をとり、国連を中心とする調停外交に力を注いだ。そうしたなかで、英仏両国政府の拒否権行使によって国連安全保障理事会が麻痺したことを受けて、「平和のための結集」決議（国連総会決議三七七（Ｖ））(3)に基づく緊急特別総会が開かれ、史上初の国連平和維持軍である第一次国連緊急軍（ＵＮＥＦＩ）が英仏軍に代わりスエズ運河地帯での停戦監視や掃海作業を担当した。その際、国連事務総長ハマーショルド（Dag Hammarskjöld）とともに大きなイニシアティブを発揮したのがピアソンであり、ＵＮＥＦＩの初代司令官にもカナダ陸軍のバーンズ（E. L. M. Burns）中将が抜擢された。(4)

他方、進歩保守党は、以前から対米依存の高まりに警戒的であり、イギリスとの伝統的な紐帯を重視する政党として知られてきた。例えば、二二年間続いた自由党政権の直前、一九三五年まで政権の座にあった進歩保守党のベネット（Richard B. Bennett）首相は、世界恐慌とスムート・ホーレー法によるアメリカの保護主義化に対応するとともに、(5)対米経済依存を軽減する意図もあり、一九三二年七〜八月に帝国経済会議（オタワ会議）を議長国として主催し、帝国・コモンウェルス特恵制度（オタワ協定）の確立に大きな役割を果たした。矢内原忠雄による同時代の指摘によれば、帝国・コモンウェルス特恵制度の構築により、「カナダは英帝国的関係をば利用して、北米合衆国の経済的属領たる地位に墜つる危険より自己を防衛したのである」[6]。その後、自由党の長期政権が続くなかで、特に第二次世界大戦中のマッケンジー・キング（William Lyon Mackenzie King）首相の指導の下で、カナダ政府の対外政策はイギリスとの伝統的関係から巨大な隣国たるアメリカとの戦略的関係を重視する立場に大きく舵が切られていたのであった[7]。

そして、一九五七年にベネット以来の進歩保守党の首相に就任したのがディーフェンベイカーであったが、彼は前年のスエズ危機の際、イギリス政府の行動を（その武力行使も含めて）強く支持し、自由党政権の対応を公然と批判するなど、親英的な立場をとることで知られていた[8]。彼はまた、一九五七年の選挙運動中、対米依存の高まりに対する自由党政権の無策を非難し、コモンウェルス諸国との関係強化を訴えていた[9]。彼は、政権発足直後の六月二六日～七月五日にロンドンで開かれたコモンウェルス首相会議に早速出席したが、その際に行われたマクミランとの首脳会談では、「アメリカがカナダをメキシコかブラジルのように扱う傾向」への反発を露わにし[10]、他のコモンウェルス諸国首脳に対して経済関係強化について話し合う会議（Commonwealth Trade and Economic Conference : CTEC）の開催を提案した。

ところが、ディーフェンベイカーのCTEC提案――それはベネットが主催した二五年前のオタワ会議を意識したものであった[11]――は、彼の独断で突然行われたものであり、周到な準備を欠いていた。ディーフェンベイカーは、その強い意気込みとは裏腹に、総選挙での勝利の直後に行われたコモンウェルス首相会議に明らかに準備不足の状態で臨んでいた[12]。そのため、この提案は、帝国・コモンウェルスを重視する立場で知られたオーストラリア首相メンジーズからもその実効性に疑問を呈され[13]、ディーフェンベイカー自身が「マクミラン首相がこれについて私

図7　1957年のコモンウェルス首相会議（6月26日，ロンドンにて）

前列左から，ガーナ首相エンクルマ，インド首相ネルー，ディーフェンベイカー，マクミラン，メンジーズ，パキスタン首相シュラワルディ。後列左からセイロン法相デ・シルヴァ，ニュージーランド外相マクドナルド，南アフリカ外相ルー，中央アフリカ連邦首相ウェレンスキー。

出典）*Harold Macmillan : A Life in Pictures*, London : Macmillan, 1983.

を支持してくれなかったならば、その会議が開催されていたかどうか疑わしい」と回顧したように[14]、最初から多くの困難に直面した。しかし他方で、その内容とタイミングはさておき、同提案はイギリス、コモンウェルス諸国との関係を重視するカナダ新首相の姿勢を強く印象づけるものであり、大きな注目を浴びることになった。

そして、その直後にディーフェンベイカーが行ったもうひとつのイニシアティブが、その後のイギリス、カナダ間の二国間FTA案の始点となった。彼は、七月六日、コモンウェルス首相会議から帰国した際にオタワのアップランズ空港で行った記者会見のなかで、イギリスに対してより多くのドルを提供して同国のカナダからの輸入を増加させるために、カナダのアメリカからの輸入の一五%をイギリスからの輸入に転換することが、彼の政権の「計画された目標」(planned objective) であると述べた[15]。この発言は、ディーフェンベイカーが事前に誰とも相談せずに行ったものであったため、イギリス政府側だけでなく、カナダ政府の閣僚や官僚からも驚きをもって受け止められた[16]。

ディーフェンベイカーの発言の実現可能性もまた疑わしいものであった。一九五六年には、カナダのアメリカからの輸入の一五%とは六億二五〇〇万ドルに相当したが、イギリスからの輸入総額は四億八五〇〇万ドルにとどまっており、彼が示した一五%の転換を実現するためにはイギリスからの輸入を二倍以上に伸ばす必要があった。別の数字を用いれば、一九五六年時点でのカナダの総輸入に占めるイギリスからの輸入の割合は約八・五%であったが、ディーフェンベイカーのいう「計画された目標」を達成しようとすれば、その割合を一九二〇年代の平均的水準であった約一九・五%を超える水準にまで引き上げる必要があった。実際にも、ディーフェンベイカー自身、一五%もの規模の輸入転換を実現する方法についてほとんど具体的に考えていなかったようであり、彼自身の回顧録には、「カナダ市場の要求に応えるのはイギリスの責任であった」[17]という無責任ともとれる記述さえ残している(ただし、もし一五%の輸入転換を達成することができるならば、イギリス側にとって、総輸出額が約六%、そしてより重要なことに輸出によるドル獲得が三〇%以上も増加するため、その潜在的な利益は大きかった[18])。

このほぼ実現不可能な「計画された目標」は、ディーフェンベイカーのアメリカに対する強い反発とコモンウェルスとの関係強化という選挙公約に大きく由来していたと考えられる。それゆえに、この発言について、彼の感情的な性格と経験不足が背景にあり、アメリカの経済的支配からの脱却を目指す悲痛な叫びと帝国・コモンウェルスへの時代遅れの愛着が結び付いたものとして否定的な評価を下すことはまったく困難ではない[19]。しかし、この多くの問題を孕んだ発言は、カナダにとっての「母国」イギリスとの関係を再強化して「拮抗勢力」(counterweight)[20]

として用いることにより、アメリカとの緊密ではあるが非対称的な相互依存関係にともなう不利益を緩和し、カナダの独立性とアイデンティティの維持を図ろうとする性質を帯びたものであり、大西洋両岸で大きな反響を呼んだ。それゆえに、イギリス政府としても、ディーフェンベイカーの発言に対して積極的な対応を行うことを迫られていくことになるのである(21)。

イギリスでは、一九五七年一月九日、前年のスエズ危機が大きな原因となりイーデンが首相を辞任し、その翌日にはマクミランが新首相に就任していた。その後、一九六三年一〇月まで続くマクミラン政権の下で、イギリス政府の対外政策は、さまざまな試行錯誤を経つつ、帝国・コモンウェルスから徐々に距離を置き、ヨーロッパ統合に接近する動きを見せていく。しかし、一九五七年の冬から春にかけて、イギリス国内では造船業を中心に労働者のストライキが広がり、英領キプロスではテロリズムをともなうナショナリズムが強まるなど、マクミラン政権は当初から多くの困難に直面した。特に三月二九日、枢密院議長ソールズベリが、マクミラン政権がキプロスのギリシャ系ナショナリズム運動——「エノシス」（ENOSIS）と呼ばれ、ギリシャ本国との統合を目指すもの——の中心的人物マカリオス大主教（Archbishop Makarios）の釈放を決めたことに反発して辞任したことは、新政権への大きな衝撃となった(22)。

ここで辞任したソールズベリ（第五代ソールズベリ侯爵）とは、一九世紀後半から二〇世紀初頭にかけて長年にわたりインド担当相、外相、首相を歴任した第三代ソールズベリ侯爵の孫にあたる人物であった。そして彼自身も、「光栄ある孤立」、つまり帝国の維持・拡大を重視し、ヨーロッパ大陸への過度の関与を控える政策を推進した祖父の姿勢を継承するかのように、当時、保守党内の帝国・コモンウェルス支持派の重鎮かつ反ヨーロッパ派の代表的人物として存在感を発揮していた。そうしたソールズベリの辞任は、長い目で見ればマクミラン政権がヨーロッパ統合への接近を図る際の障害を取り除いたと評価することもできるが、より短期的には、いぜんとして発足直後で政権基盤が不安定であったマクミラン政権の将来に大きな不安を投げかけるものであった。マクミラン政権は、そうした状況でディーフェンベイカーの輸入転換発言に直面したこともあり、それに対して積極的な対応を行う必要に強く迫られることになったのである。

とはいえ、カナダ首相の発言を受けたイギリス政府側の初期の反応は消極的なものが大半を占めた。確かに、前年八月にイギリス官僚が作成した報告書では近い将来のカナダとの関係が展望され、そこではカナダにおける経済面での対米依存への反発とイギリスへの再接近の模索という可能性が予見されていた[23]。そうしたことからも、ディーフェンベイカー提案の方向性自体は、イギリス政府側の想定の範囲内であったといえる。しかし、彼の提案の具体的内容（特に一五％という非現実的な規模の輸入転換）は、イギリス側としても懐疑的な受け止め方をせざるをえないものであった。七月九日、オタワのイギリス高等弁務官事務所は、本国の商務省に宛てて、「〔貿易転換問題に関して〕現時点で詳細な計画はまったく存在しない。実際、〔カナダ政府の〕官僚たちは転換提案、特に一五％という数字への言及に非常に不満を抱いており、それらの実現方法について明確に考えを持つことができずにいる」と報告を送った[24]。イギリス政府側では、ディーフェンベイカー発言に沿った貿易転換を実現するために何らかの差別措置を導入した場合、アメリカで強い反発が起こることへの懸念も見られた。しかし他方で、貿易転換発言に積極的に対応すべきという意見もまた存在した。例えば、ガーナー（Sir Saville Garner）英駐カナダ高等弁務官は、短期間で一五％の輸入転換が実現される可能性は明確に否定したものの、カナダ首相の発言は長い目で見てイギリスの利益につながりうるものであるとし、また「私たちは、これに冷や水を浴びせたと言われるわけにはいかない」とも指摘した[25]。

商務相を務めていたエクルスも、七月一五日の覚書で、もしディーフェンベイカーが「部分的な成功さえもおさめることができなければ、彼は打ちのめされるであろう。……私たちの国民は、私たちがイギリス、カナダ間の貿易を増加させるための最も例外的な機会を摑み損ねたと言うであろう」と指摘した。特に彼は、国内の帝国・コモンウェルス支持派の間に不満を残したまま、同年秋に開始が予定されていた西ヨーロッパ諸国間の工業製品のFTA結成に向けた多国間交渉に入ることへの懸念を示した。さらに彼は、ヨーロッパFTA交渉に向けて、カナダとの関係を「拮抗勢力」として持っていることがイギリス政府の交渉上の立場を強化するという考え方を示し、カナダ首相の発言に積極的に対応すべきであると主張した。[26] エクルスの意見に対して、ソーニークロフト蔵相は慎重な考えを示し、カナダ政府からのコモンウェルス貿易拡大に関する具体的な提案を待つべきではないかと主張したが、マクミランが大いに関心を示した結果、エクルスの覚書は閣議に提出される覚書として採用された。[27] ただし、この閣議覚書では、カナダとの貿易を増加させるためのさまざまな方法が列挙されたものの、二国間でFTAを形成するという方法についてはまったく言及がなかった。[28]

しかし、官僚レベルでは、イギリス、カナダ間の二国間FTAがかなり早い時期から構想に上っていた。例えばコモンウェルス関係省のリントット（H. J. B. Lintott）は、カナダ政府がアメリカからの輸入に差別を行わない限り顕著な貿易転換は起こりえないが、そうすればアメリカから強い反発を招くであろうし、ましてカナダ政府がイギリスからの輸入に与える特恵マージンを拡大した場合はなおさらであろうとしたうえで、それにもかかわらず、「体裁がよく、実際に目下流行中の「差別」のひとつの形態がある。つまり自由貿易地域である」と指摘した。[30]

七月二三日、イギリス閣議はディーフェンベイカー発言について初めて議論を行い、それを原則的に歓迎することで合意に達した。そこでは、カナダ政府側にイギリスとの二国間FTA設立による競争激化を考慮する準備ができている見込みは高くないが、カナダではアメリカの経済的影響力に懸念が強まっており、（FTAもひとつの可能性として含む）さまざまな方法によりカナダとの経済関係をより緊密にすることができるのではないかという見通しが語られた。[31] 官僚レベルでは、コモンウェルス関係省がFTAを含む大胆な提案を唱えたのに対して、大蔵省のリケット（Sir Denis Rickett）を委員長とする省庁間委員会では、カナダ政府の軍事関連調達のアメリカからイギリスへの部分的転換、カナダ貿易使節団の訪英などより穏当な方法についても検討が進められた[32]。しかし他方で、オタワのイギリス高等弁務官事務所からは、①カナダ政府内で一五％輸入転換発言は大きく勢いを失いつつある、②英加ＦＴＡを受け入れることはカナダ首相にとって非常に困難であろう、といった否定的な報告も入ってきていた[33]。

第2節　英加ＦＴＡ案の形成過程

イギリス、カナダ両国間での閣僚級の具体的な動きも進められた。八月初旬までに、ソーニークロフトとカナダ蔵相フレミング（Donald Fleming）が両国間の貿易問題に関して書簡を交換した結果、カナダのケベック州モン・トランブランで開催されるコモンウェルス蔵相会議（九月二八日〜一〇月一日）の後に、イギリス、カナダ間の二国間協議を行うことで合意がなされた[34]。そうした動きを受けて、イギリス政府内ではカナダ側との協議に向けた政策形成が急がれたが、他方でオタワの高等弁務官事務所からは、カナダの閣僚・官僚との議論を経てさらに否定的な報告が入ってきた。それらによれば、カナダの閣僚・官僚は一五％輸入転換の可能性について非常に懐疑的であり、フレミングに至っては首相の発言を「最大の頭痛の種」と述べていた。また、カナダのブライス（R. B. Bryce）内閣官房長官は、ガーナーからイギリス政府内で二国間ＦＴＡがひとつの選択肢として検討されていると伝えられた際、イギリスとの間でＦＴＡを設立することはカナダの国内産業に非常に深刻な困難をもたらし、アメリカからの反発も招きかねないという懸念を示した[35]。

この時期、イギリス政府の官僚の間の議論でも、英加FTA案はいったん脇に追いやられることになる。八月六日、大蔵省のA・W・フランス（A. W. France）がリケットに提出した草案では、カナダにおける「イギリス製品購買」運動（"Buy British" campaign）、カナダ貿易使節団の訪英、カナダの政府調達先の変更、カナダ側の関税に関する譲歩とイギリス側の輸入数量制限の緩和、そして二国間FTAの構築といった貿易転換に貢献しうると考えられた方法が列挙された[36]。リケットは、この草案に関して修正すべきと考える点をいくつか指摘したが、そのなかで、上記のさまざまな方法を、「自由貿易地域がいくぶん遠い可能性として最後に来るようにして」序列立てて並べ直すことはできないかと記した[37]。

リケットの指摘を受けてA・W・フランスが作成した第三草案（八月二〇日）では、イギリス、カナダ間の貿易を拡大するための方法が三つのカテゴリーに分けて議論された。まず、第一のカテゴリーには、「イギリス製品購買」運動、カナダの貿易使節団の訪英、カナダ政府の行政指導といった関税率の変更をともなわない方法が列挙された。第二に、カナダ政府が関税に関する譲歩とスターリング強化への貢献（例えば外貨準備のドルからスターリングへの部分的転換）を行い、イギリス政府がカナダからの輸入に対する数量制限を緩和するというパッケージ・ディール案が提示された。カナダ側の関税に関する譲歩としては、①イギリスからの輸入に与える特恵マージンを一九三九年以降に縮小された（つまり最恵国待遇の関税率は多角的に引き下げられたが、イギリス特恵関税率は引き下げられていなかった）ものに関して、GATT設立以前と同水準に回復させる（そうすればGATTの特恵拡大禁止ルールに抵触しない）か、②イギリス側にとって有益と考えられる品目について再固定することが考えられた（第二次世界大戦後、カナダ政府は、イギリスからの輸入に与える特恵マージンを自由に設定する権利をコモンウェルス諸国のなかで例外的に確保していた）。このパッケージ・ディール案に関しては、カナダからの輸入に対する数量制限を緩和すれば、ドル圏からの輸入が急増することにより短期的にはイギリスの外貨準備が圧迫される危険がともなうと予想されたが、いずれにせよ（カナダを含む）ドル圏への差別措置は遅かれ早かれ撤廃する必要があった。それゆえに、イギリスの外貨準備の強化を含む合意がなされるのであれば、このパッケージ・ディール案を追求することが望ましいとされた。ただし、カナダからの輸入に対する数量制限を大幅に緩和する場合は、国際収支が悪化した際に再び輸入数量制限を導入する免除条項を確保することが必要であるとされた。さらに同案は、コモンウェルス諸国のなかで唯一ドル圏に属しており、多くの点で例外的な立場にあったカナダと他のコモンウェルス諸国の相違を減らすことから、イギリスにとっての経済的利点のみならず、コモンウェルス関係の観点からもおそらく最も望ましいであろうと指摘された。

第三に、イギリス、カナダ間の二国間のＦＴＡが、より控え目な選択肢として提示された。そこでは、英加ＦＴＡ案は、発展途上にあったカナダの製造業を激しい競争にさらすため、カナダ側に非常に大きな困難を突き付けるであろうが、それにもかかわらずイギリスの閣僚はそれを「十分な検討に値する提案としてオタワにおいて提示しうる」とされた。英加ＦＴＡの具体的内容としては、（当時イギリス側では、カナダからの農産物輸入に関税を課しておらず、数量制限もごく部分的に適用していただけであったが）カナダ政府はイギリスの農産物輸入に制限が課される可能性を封じたいと考えるはずなので、同案には工業製品のみならず農産物も含めることが求められるであろうとされた。ただし、そうした場合、イギリス政府が農産物を除外することが必要であると考えていたヨーロッパＦＴＡにも農産物を含めるべきという圧力が強まりかねず、さらに他のコモンウェルス諸国からの反発も予想されるといったことが懸念された。(38)

しかし、官僚レベルでいったん周辺的な選択肢とされた英加ＦＴＡがイギリス政府の第一の選択肢として浮上する状況が生じた。この変化には、カナダ政府が他のコモンウェルス諸国政府に提出した覚書が大きな影響を与えたと考えられる。この覚書は、九月に予定されていたコモンウェルス蔵相会議に向けたカナダ政府の立場を示すもので、特別にイギリスとの二国間関係を扱ったものではなかった。しかしながら、そのなかで、カナダ政府は、コモンウェルスとの経済関係を強化するという目標にもかかわらず、新たな特恵関税制度や（アメリカを含む）非コモンウェルス諸国との貿易への制限措置を提案する用意がないことを明らかにした。[39] この覚書の背景には、七月二七日、二八日にオタワで行われたダレスとディーフェンベイカー、フレミングらの会談の影響があったと考えられる。その会談では、カナダ側がアメリカへの強硬な姿勢を示し、（一五％という数字にこそ触れなかったものの）アメリカからイギリスへの貿易転換を進める意向を伝えたのに対して、ダレスは、それはカナダの自由であるとしつつも、決心ができたら知らせて欲しいと述べた。当時のマーチャント米駐カナダ大使によれば、「それはまるで彼らに釘を刺すようであった」。他方でダレスは、巧みに硬軟を織り交ぜる姿勢も見せ、アメリカの余剰農産物処理をめぐる問題については早期にアメリカ、カナダ両国間で閣僚協議を開くことに同意した。[40]

カナダ側の覚書を受けて、ロンドンでは、カナダ政府がアメリカからの輸入に対する差別措置を導入することは困難であり、イギリスだけがカナダから関税に関する譲歩を獲得することができる可能性は低いという見方が強まった。同じ頃、ワシントンのイギリス大使館からは、イギリス政府がカナダからの輸入に対してだけ数量制限を緩和した場合、アメリカ議会から強い反発が予想されるという警告も伝えられた。[41] こうした状況は、上記の大蔵省のA・W・フランスの文書（第三草案）のなかで、最も望ましいとされた第二のパッケージ・ディールが達成される可能性が著しく低下したことを意味したのである。

こうした状況を受けて、イギリス官僚レベルの方針は修正を余儀なくされ、大蔵事務次官メイキンズがまとめた閣議覚書では、英加FTAが（カナダ側に受け入れられるか否かという問題は残るものの）顕著な貿易転換につながりうる唯一の現実的な方法として提示された。[42] 技術的な面では、もちろん、FTAも第三国からの輸入に対する差別となる点では特恵関税などの措置と変わりない。しかし、GATT第二四条では、関税同盟またはFTAを通して一部の締約国の間で関税と輸入数量制限を全般的に撤廃することが積極的に認められており、(アメリカでしばしば批判されてきたコモンウェルス特恵制度と異なり) アメリカ政府や議会も、それらを公然と非難するのは容易でないと考えられた。また、同年三月二五日に調印されたばかりのEEC設立条約 (ローマ条約) では当面の主要目標として関税同盟の形成が掲げられており、直後の一〇月には西ヨーロッパ諸国間で多国間のFTAの設立に向けた交渉が開始されるという状況も、英加FTA案が国際的に受け入れられうるという見方を強めたと考えられる。そうした結果、八月二二日に開かれた大蔵事務次官、商務事務次官を含む官僚レベルの省庁間会合では、「FTA案は、将来の批判から私たち自身を守るための戦術的な動きや外貨準備の強化へのカナダの支援を得るための交渉材料としてではなく、それ自体で真剣な提案として提示されるべきである」という合意がなされた[43]。

八月二七日の閣議では、ソーニークロフトが、カナダ政府の国際的義務をまったく損なうことなく顕著な貿易転換をもたらしうる方法として英加FTAを提示した。彼はまた、FTA案は、(繰り返し懸念されていたように) もしカナダ側に拒否されたとしても、イギリス政府がカナダ首相のイニシアティブに積極的に対応したことを示すのには貢献するであろうとして、同案の戦術的意義についても言及した。さらに、ソーニークロフトは、FTA案に続く第一の予備案として、カナダ政府の関税に関する譲歩と (可能であれば) スターリング強化への貢献、イギリス政府の輸入数量制限の緩和というパッケージ・ディール、第二の予備案として、両国間の貿易を刺激するより穏当な方法を列挙した。エクルスも、ソーニークロフトの提案を支持し、カナダ側は英加FTAが長期的には同国の製造業の利益にもなることを認識すべきであると付け加えた。結局、八月二七日の閣議では、英加FTAを第一の提案とする方針でカナダ政府との協議に臨むべきであると結論づけられた。

さらにこの閣議では、FTA案をどのようにカナダ側に提示するかという実際的な問題についても話し合われた。そこでは、同案を最初から官僚間の技術的な議論の対象にしてしまうことを避け、まずはその広い政治的意義について両国の閣僚間で議論するのがふさわしいとされたが、カナダ側に熟考する時間を与えるためには、一〇月に予定されていたカナダとの閣僚協議の前に知らせておく必要があると考えられた。そこで、マクミランが、九月上旬に北米諸国を訪問する予定であったヒースコート・エイモリー農漁業食糧相、リー商務事務次官がカナダ側と事前に協議を行うという案を示し、閣議でもそれが了承された[44]。

ただし、この時点になっても、英加FTA案に対する懐疑的な見方は残っていた。イギリス内閣官房長官ブルック（Sir Norman Brook）は、スターリングが外国為替市場で強い圧力を受けていたことから、カナダからの輸入に対する数量制限の緩和は時期尚早ではないかと指摘し、オタワのガーナー高等弁務官は、カナダ側に対して二国間のFTAが唯一の案であるという印象を与えないよう注意すべきであるという考えを伝えてきた[45]。しかし、マクミランは、インフレ抑制とスターリング防衛のために政府支出の削減や公定歩合の引き上げも検討される厳しい経済状況のなかで、ヨーロッパ、カナダとの二つのFTAを経済強化のための創造的で大胆な方策として積極的に捉えていた[46]。それゆえに、彼はガーナーの意見に対して、「私たちがひとつの案しか持っていないという印象を与えるべきでないことには賛成だが、イギリス、カナダ間のFTAという考えは非常に重要なものであり、私たちはそれを提案することに何ら恥じ入ることはない」とやや感情的な反論を見せた[47]。そして、ガーナーも、英加FTA案はイギリス政府がディーフェンベイカーの提案を真剣に受けとめ、積極的に対応したことを示すであろうし、もし（彼が繰り返し警告した通り）カナダ政府がそれを拒否したとしても、カナダ首相の発言を実現するための相手側の提案を引き出すことにつながりうるとして、最終的には本国政府の決定を受け入れた[48]。

その後、九月初めには、イギリス政府の関係省庁の官僚により、カナダ政府との事前の非公式協議に向けた細部の詰めの作業が行われた。まず九月二日の文書では、カナダ側の農業利益に配慮する必要から、カナダとのFTA案には農産物を含めることが必要であるとされた。他方、カナダ政府は、輸入数量制限の撤廃とともに、FTAを通して期待される利益がイギリスの国内農業政策によって損なわれないという保証とそのための協議の機会を求めてくるのではないかと予想されたが、カナダ側にそれらの譲歩を行えば、ヨーロッパFTA交渉に悪影響を及ぼしかねず、イギリス国内農家の反発も予想されるといった懸念が示された。[49] 九月五日の最終文書では、カナダ側がFTA案を拒否した場合の予備としてより限定的な案も排除すべきではないが、顕著な貿易転換を実現するためにはFTA案を提示することが必要であると結論づけられた。そして、非公式協議の際に予想されるカナダ側の質問に対する対応も含めて、同案の詳細について主に以下の三点が示された。

①関税による保護を失うカナダ産業への被害が予想されるが、関税引き下げは漸進的なものになる。また両国の特にセンシティブな産業への配慮も行われうる。

②カナダ側から質問があれば、英加FTAは（センシティブな産業に関する例外的な措置を除き）工業製品だけでなく、農産物も含むであろうと回答する。

③カナダ側がイギリスとの二国間FTAの設立よりもヨーロッパ諸国間の多国間FTAへの加入を望んだ場合、それは望ましくないという考えを示す。その際には、カナダがヨーロッパFTAに加入しても、ヨーロッパFTA交渉を複雑にするだけで、貿易転換という目的にはあまり役に立たず、またカナダを含めたヨーロッパFTAが（カナダ政府が望むと予想されたように）農産物をカバーすることになれば、イギリスのみならず他のコモンウェルス諸国の利益も脅かされるという理由を提示する。

英加FTAとヨーロッパFTAの間の関係については、それらが別々に設立された後に両者を合併することは検討に値するとされたものの、それ以上の具体的な議論は見送られた。[50] この文書は、最終的にソーニークロフト、ヒースコート・エイモリー、エクルス、リーを含む関係閣僚・官僚の会合で承認された。[51]

第3節　非公式協議と情報漏洩をめぐる迷走

九月九〜一〇日、ヒースコート・エイモリーとリーがオタワを訪問し、カナダ側に対して二国間のFTAを提案する意向を非公式に伝えた。しかし、イギリス政府側でもある程度予想されていたとはいえ、カナダ側の反応は極めて消極的であった。確かにカナダ側でも、ディーフェンベイカー発言がイギリスの保守党内部（さらにはその支持者の間）で大いに関心を呼んだため、マクミラン政権は積極的な対応を迫られ、何らかの大胆なアイデアを打ち出してくるのではないかという予測はなされていた。[52] しかしながら、FTA案は二国間で実質的にすべての貿易障壁を撤廃することを内容とするものであり、カナダ側、より具体的には、いぜんとして発展途上にあり関税による保護を必要としていた製造業にとっては最も厳しい提案であった。

九月九日の協議では、ディーフェンベイカー自身が、一五％転換発言はあくまで「非常に一般的な目標」を想定したものにすぎなかったと弁明し、英加FTAによりカナダの国内産業が甚大な損害を被るとともにアメリカや他のコモンウェルス諸国からの反発を招くことは受け入れがたいと主張した。同日、カナダ閣僚・官僚との会合も行われたが、カナダ側からは、対米関係悪化への懸念から、イギリスからの輸入に与える特恵マージンを再拡大するという考えにも消極的な立場が示された。ディーフェンベイカーの一五％転換発言は、フレミングからは「いくぶん当惑させられるもの」とみなされており、彼の周囲にそれを実現可能と考える者はいないようであった。ガーナーからの報告によれば、カナダ大蔵省の官僚は近い将来に一五％もの規模の貿易転換を実現することができる見込みはないと判断しており、フレミングは彼らの説明の影響を受けていた。[53]

結局、ヒースコート・エイモリーは、マクミランへの報告のなかで、英加FTA案について、「私は、私たちがこの提案を行ったことで何ら損害は生じておらず、注意深く扱えばよい結果につながることもありうると考える。しかし、現在の状況でそれを売り込むことに完全に失敗したことを申し訳なく思う」と記さざるをえなかった。[54] カナダ政府側は、ヒースコート・エイモリーとリーが九月末から始まるコモンウェルス蔵相会議の前に非公式に意向を伝えてきたことには謝意を示したものの、ディーフェンベイカーが貿易使節団をイギリスに派遣するという案に積極的な考えを示した以外には、何ら具体的なコミットメントを見せなかった。[55]

こうしたカナダ側の極めて消極的な反応を受けて、イギリス政府は早々と方針の修正を余儀なくされた。九月一二日のイギリス関係省庁の官僚の会合では、英加FTA案は再び脇に追いやられ、より控え目な方法に取って代わられた。A・W・フランスがまとめた閣僚への提言では、一〇月上旬にオタワで行われる予定のカナダとの公式閣僚協議の場でFTA案を再び持ち出しても成果は期待できないと指摘された。第一の予備案とされたパッケージ・ディール案もまた、現時点ではカナダの閣僚に対して提示されるべきでないとされた。[56] その後、関係省庁の事務次官級の会合では、一〇月上旬の公式閣僚協議を両国間の貿易を拡大するための「継続的で長期にわたる努力の第一段階」に位置づけるべきとされたものの、英加FTA案とパッケージ・ディール案はともにカナダ側に受け入れられる可能性が低いという点では同様の指摘がなされた。[57] またこの時期、マクミラン政権のジョーンズ（Aubrey Jones）供給相がオタワを訪問したが、その際、カナダ政府には軍事関連の政府調達先を部分的にイギリスに転換するという考えについても積極的な行動をとる用意がないことが判明した。[58]

こうした状況で、エクルスはいぜんとして大胆な提案を行うことに熱心であったが、[59] イギリス政府の官僚たちの関心は、カナダ首相の発言に対するイギリス側の対応をいかにして「公表」するかという問題に移っていった。特に大蔵省のトレンド（Burke Trend）は、マクミランに宛てた書簡のなかで以下のように記した。

私たちは、私たちの提案が行われたという事実とそれに対するカナダ側の態度について公式に言及する方法に関して、カナダの同意を確保することにこれ以降の努力を集中させるのが賢明であるかもしれない。閣僚がディーフェンベイカー氏のイニシアティブに建設的に対応したことを政府の支持者たちに納得させる必要があるため、このことはまさに重要である。[60]

官僚たちのこうした動きは、リーが九月上旬にカナダを訪問し、カナダ側の官僚と意見交換した際、イギリス政府が二国間のFTA案を提示したという事実を公表することはカナダ政府の閣僚にとって深刻な問題を引き起こすことにはならないのではないかという感触を得て、それを本国政府に伝えていた[61]ことによっても後押しされたと考えられる。

ところが、その直後にG・チャーチル（Gordon Churchill）カナダ貿易通商相――ヒースコート・エイモリーとリーの訪問時にはオタワを離れており、両国間の協議に参加していなかった――がイギリスを訪れ、ディーフェンベイカーやフレミングと異なる立場を示したことで事態は再び流動化することになる。G・チャーチルは、九月一九日にコモンウェルス関係相ヒュームと会談した際、英加FTA案について、実現までに長い時間を要するうえにいくつか条件を付けられるべきかもしれないが、想像力に富んだものであるとして評価した。彼はまた、同じ日に行われたエクルスとの会談で、FTA案は「即座に切り捨てられるべきではなかった。再びそれをより注意深く検討するのが正しいであろう」として、九月一四日に外相（それまでは暫定的にディーフェンベイカーが兼任）に抜擢されたばかりのトロント大学前学長スミス（Sidney Smith）も同じ意見であろうと述べた。[62]

九月一九日のイギリス閣議では、カナダ側との公式閣僚協議に向けた方針が議論された。そこでは、ソーニークロフトが、官僚の意見に沿って大胆な提案を行うことに否定的な考え方を示したものの、エクルスは、G・チャーチルとの直前の会談に言及し、非公式協議で示されたカナダ側の態度は決定的なものではない可能性があると述べた。そうした結果、閣議では、官僚の慎重な意見は脇に追いやられ、カナダ側の閣僚と英加FTA案についてさらに協議を行うことに前向きな方針が採用された。さらに、その際には、「私たちが、イギリス、カナダ間の貿易を促進するための継続的で長期的な努力に原則的に取り組む用意があることを示すために、この提案が十分に知れ渡る」よう努めるべきであるという意見も出された。[63]

このような英加FTA案に込められた戦術的な考慮は、マクミランによる九月二五日付の文書からも見てとることができる。彼はそこで、カナダとの公式閣僚協議のコミュニケで英加FTA案に言及することができれば、それは、「プロパガンダの観点から私たちにとって決定的に重要である。それはビーバーブルックへの完全な回答になる」と記した。[64] この時期、カナダ出身で、ソールズベリたちと並ぶ保守党内の帝国・コモンウェルス支持派、反ヨーロッパ派の重鎮であったビーバーブルック（Lord Beaverbrook）は、マクミラン政権がヨーロッパFTA案を通してヨーロッパ統合への接近を図ろうとする際の大きな障害となっていた。[65] 彼は、『デイリー・エクスプレス』『サンデー・エクスプレス』『イブニング・スタンダード』の三紙を所有しイギリスの大衆ジャーナリズムに多大な影響力を有していた。そして、それら三紙には、「比類がない程に彼の個人的な創造物で、社会的ゴシップから政治的主義に至るまで彼の気まぐれを反映していた」[66] とも批判されたほど、ビーバーブルックの意向が強く反映されていた。そこでも帝国・コモンウェルスへの強いコミットメントは顕著であり、例えば前年の一九五六年五月には、ヒュームがカナダを訪問した際にカナダの投資面での対米依存を容認するともとれる発言をしたのに対して、ビーバーブルックが所有する各紙では、派手な見出しを掲げて厳しい批判が展開された。[67] こうして英加FTA案は、カナダ政府との非公式協議が行われる前よりもいくぶん用心深く、そしてより戦術的な意図をもって再びイギリス政府の方針として採用されたのである。

ところが、ここで突然、英加FTA案に関する情報が新聞にリークされる状況が生じ、そのことで同案をめぐる事態は、急速に、そしてそれまで十分に想定されていなかった形で展開を見せはじめる。それまでは、駐英アメリカ大使館から国務省への電報の「イギリス政府はほとんど情報を漏らしていない」[68]という一節に見られたように、英加FTA案に関するイギリス政府内部での議論は極秘に進められ、カナダ政府との非公式協議も当然のことながら完全に非公開で行われていた。ところが、九月二七日の『フィナンシャル・タイムズ』紙上で、突然、ニューヨーク特派員の情報として、イギリス、カナダ間の貿易を拡大するというカナダ首相の政策を実現するため、両国の関係者の間で二国間のFTAとカナダの外貨準備の部分的なスターリングへの転換が予備的に検討されていると報じられたのである。[69]

このリークは、それまで公開されていなかった情報をかなりの程度まで正確に伝えていたため、イギリス政府内では関係者による情報漏洩ではないかという疑念が広がり、特にコモンウェルス関係省のランボールド（H. A. F. Rumbold）は、コモンウェルス蔵相会議を前にニューヨークに滞在していたエクルスの仕業ではないかと推測した。イギリス政府文書を見る限り、これらの情報を漏らした人物が誰であったのかを完全に特定することはできないが、いずれにせよこのリークの結果、カナダ側は（報道機関などから質問を受けた場合）貿易転換という自らのイニシアティブを実行に移すための提案への消極的姿勢を明らかにせざるをえないと考えられたため、イギリス政府内では大きな懸念が生じた。[70]

実際、カナダ側にとって、そうした事態は、英加FTA案とそれに対するカナダ政府の消極的な反応を公表することにより、「イギリスはカナダを犠牲にして、いささか厄介な国内状況を切り抜けようとする」のではないかという疑念を裏付けるものとなった。[71]フレミングは、後に回顧録のなかで、イギリス側が「その初期の段階において最も厳格に秘密に扱われるべきであったもの」を意図的に報道機関にリークしたとして非難している。[72]そのうえ、イギリス、カナダ間で二国間協定が検討されているという情報が漏洩されたことで、九月二八日から始まるコモンウェルス蔵相会議での多国間協議に悪影響が及ぶことも懸念された。特にカナダ政府側では、同蔵相会議で、ディーフェンベイカーが提案したCTEC開催への支持を取り付けることを目指していたため、そうした影響を回避する必要があった。しかしながら、英加FTA案のリークにより、コモンウェルス蔵相会議では、イギリス、カナダ両国代表は、他の諸国の代表から質問を受けた結果、不調に終わっていた非公式協議の内容について説明せざるをえない状況に追いこまれた。そこでは、ソーニークロフトが、イギリス政府側が二国間貿易を拡大するためのカナダ政府との協議に向けたひとつの案としてFTAを提示したと説明したのに対して、フレミングはそのことを認めたうえで、同案はカナダ政府にとって非常に深刻な困難を突きつけるものであるという消極的姿勢を明らかにした。[73]

さらに、『フィナンシャル・タイムズ』紙上のリークは、イギリスと非コモンウェルス諸国の関係にも影響を及ぼすことになった。まず、同紙上でのリークの当日、ちょうどイギリス訪問（九月二七日〜一〇月一日）のためロンドンに到着した日本の藤山愛一郎外相の反応が見られた。[74] 藤山は、九月三〇日午前にロンドンで行われたボーン・モーガン（John Vaughan-Morgan）商務担当国務相との会談で、「若し新聞に伝えられるところが事実なりとせば日本の対カナダ輸出は右により阻害される惧れあり、かつ日本の対加入超は著しいものがあったところ、最近漸く日本の対加輸出が伸び始めている際だけに憂慮に堪えぬ旨」を伝え、「いずれにせよ英国カナダ両国交渉の過程において種々率直な見解を述べる機会を得たい」と述べた。[75] 藤山はまた、同日午後のロイドとの外相会談においても、英加FTA案について、日本は「その発展に深い関心を持つ」とし、カナダのアメリカからの輸入の削減分を日英両国に振り分けるのが望ましいとも述べた。[76]

藤山のこれらの発言の背景には、以下の二つの要因があったと考えられる。第一に、彼は、経済同友会代表幹事、日本商工会議所会頭などを経て、岸信介首相の熱心な要請により第二次岸内閣に民間から入閣したが[77]、就任時の記者会見でも「経済外交については経済問題の知識も経験も相当あると思っているから、これまでの考えを実行に移すつもりだ[78]」と抱負を語ったように、経済問題に熱心な外相であった。第二に、当時多数の先進国を含むGATT締約国（日本を除く全締約国三三ヵ国中一四ヵ国）政府が、GATT第三五条を援用して日本への最恵国待遇の供与を拒んでいたのに対して、カナダは、日加通商協定の締結（一九五四年三月三一日）に加えて、日本のGATT正式加入（一九五五年九月一〇日）当初から日本とGATT関係に入った締約国（一九ヵ国）のひとつであり、日本の輸出産業が平等な基盤で参入することができる貴重な海外市場となっていた[79]。それゆえに、カナダ市場でのイギリス輸出産業の立場――既にオタワ協定下での特恵待遇を享受していた――をさらに有利なものにすることになる英加FTA案は、日本側にとって簡単には受け入れがたい内容を含んでいたといえる。

西ヨーロッパ諸国の間でも、西ドイツ、オランダ両国政府から、英加FTA案の意図と内容についてイギリス政府に質問が行われた[80]。そして、西ヨーロッパ諸国のなかでも最も強い反発を見せたのは、フランス政府であった。駐英フランス大使館のボーリュ（Leroy Beaulieu）は、A・W・フランスとの会談で、英加FTA案はイギリス人がヨーロッパの一部となることをいまだに躊躇しているのではないかと疑問を生じさせるものであり、ヨーロッパにおいて悪い印象を与えていると述べた[81]。翌年六月一日にフランス首相に復帰することになるドゴールも、イギリス政府がコモンウェルス諸国との関係を維持したままでヨーロッパ統合への接近を試みることに批判的な立場であった[82]。それゆえに、こうした事態は、コモンウェルスとヨーロッパの間でバランスを保ちつつヨーロッパ統合への漸進的な接近を進めるというマクミラン政権の方針が、その後、多くの困難に直面していくことを示唆するものでもあった。

英加FTA案は、カナダ政府との非公式協議、G・チャーチルの訪英を経て、イギリス閣議（九月一九日）において、カナダ側との公式閣僚協議に向けた第一の提案として了承された。ところがその後、同案をめぐる情報の突然のリークにより、イギリス政府は、カナダ、そして他の諸国との関係においてさまざまな困難を突きつけられることになる。しかし、エクルスの個人的判断に基づくと思われる情報漏洩により、イギリス政府は、結果的に、ディーフェンベイカー発言への積極的な対応を公表するという英加FTA案の二次的ではあるが現実的な目的を果たす形にはなったといえる。

第4節　公式閣僚協議と英加FTA案の挫折

ケベック州モン・トランブランでのコモンウェルス蔵相会議が終了した後、一〇月二一～四日、オタワでイギリス、カナダ間の公式閣僚協議が開かれた。まず、二日午前の会合では、ソーニークロフトが、顕著な貿易転換を実現しうる唯一ではないが最善の方法として英加FTA案を提示し、カナダ政府に対して真剣に検討を行うことを求めた。しかし、ディーフェンベイカーは、英加FTA案は貿易自由化の危険性を一方的にカナダ側に負わせるものであり、彼の立場を非常に困難なものにするとして反論した。彼はまた、議会で過半数を確保するために早期の解散・総選挙を考えていたが、その際に英加FTA案が国内製造業から反発を招く要因になることに懸念を示した。フレミングは、彼らの立場がヒースコート・エイモリーとの非公式協議の時点から変わっておらず、やはりFTA案は受け入れがたいという考えを強調した。G・チャーチルも、FTA案を長期的目標として受け入れることはできるのではないかとしつつも、「現時点ではそれについてあまり議論をしない方が賢明であろう」と述べた。最後にディーフェンベイカーは、イギリス、カナダ間で二国間協定を進めれば他のコモンウェルス諸国からの反発を招きかねないため、カナダ側としては、同案に関する決定を（彼が非常に重視しており、直前のコモンウェルス蔵相会議で翌年にカナダで開かれることが決まっていた）CTECの後まで延期したいと述べ、当面は即座に実施できるような方法に力を注ぐ方が有用ではないかという考えを示した[83]。同日午後にも両国の閣僚・官僚の会合が行われ、カナダの政府調達先の変更、イギリスからの輸入に与える特恵マージンの再拡大・再固定といった両国間の貿易を拡大するためのさまざまな方法が議論された。しかし、結局のところ具体的な合意が得られたのは、カナダの貿易使節団の訪英（同年一一月）だけにとどまった[84]。

一〇月三日午前の会合では、議論の焦点は翌日発表されるコミュニケの内容へと移った。その後、（当初の予定になかった）カナダ閣議が急遽開かれ、英加FTA案への対応が再度検討された。そこではイギリス側のFTA提案を即座に拒否するのは適切でないとされたものの、英加FTA案は「深刻で複雑な問題と困難を引き起こす」ことをコミュニケに明記すべきであり、またコミュニケで「自由貿易」という表現が使われなければ最もよいであろうという意見も出されるなど、消極的な立場が大勢を占めた[85]。約四時間に及ぶカナダ閣議が終わった後、午後一〇時に両国間の閣僚協議が再開された。そこでは、ディーフェンベイカーが、次期総選挙に勝利すれば英加FTA案を考慮することも可能になるとして、後の段階で再度検討する可能性は残したものの、現時点ではカナダ政府の閣僚の多数は同案に反対していると述べた。彼はそのうえで、最終コミュニケでは英加FTA案に一切言及すべきでないという考えを示した。

これにはイギリス側も強く反発し、両者の間で深夜に及ぶ激しい議論が交わされた。その結果、最終的には、コミュニケのなかで、イギリス政府はカナダ側に対して英加FTA案について最終的な見解を表明するよう求めなかったと記すことで妥協がなされた。この妥協の利点は、イギリス側はカナダとの公式協議で英加FTAが議題に上ったと示すことができるのに対し、カナダ側も同案を受け入れたか否かという質問に悩まされずにすむ点にあった。カナダ側への同様の配慮から、パッケージ・ディール案の一部を構成していた特恵マージンの再拡大・再固定についてはコミュニケで一切言及されないこととなった[86]。結局、一〇月四日に公表された公式閣僚協議の最終コミュニケでは、英加FTA案について以下のように記された。

イギリスの閣僚により、彼らの提案は長期的性格のものであり、一二年から一五年の期間を経てしか完全には実現されないことが強調された。イギリスの閣僚は、この提案が深刻で複雑な問題と困難を提起することを認識しており、提案の長期的性格を考慮に入れ、カナダの閣僚に対してその提案に関する彼らの見解を表明するよう求めなかった。

そして、最終コミュニケのなかでは、両国間の経済関係を拡大するための具体的な方策として、以下の三つの控え目なものが列挙されるにとどまったのである[87]。

①カナダ政府の政府調達の見直し。
②海外に渡航するカナダ国民に対する免税規定の改訂。
③カナダ貿易使節団のイギリスへの訪問。

こうして、一〇月上旬の公式閣僚協議の結果、英加FTA案はイギリス政府の正式な方針として採用されてからわずか一カ月余りで大きく勢いを失うことになった。もちろん、公式閣僚協議でカナダ政府が同案を正式に拒絶したわけではなく、次期総選挙またはCTECの後まで考慮を延期したにすぎなかった。また、その後もしばらくの間、イギリス政府内部では同案についての議論が引き続き行われた。しかしながら、カナダ側の消極的姿勢が大きく変化することはなく、一九五八年三月三一日の総選挙の結果、進歩保守党は二六五議席中二〇八議席を獲得する歴史的勝利を収めた（自由党はわずか四九議席にとどまった）ものの、それ以降も英加ＦＴＡ案が両国政府間で再び本格的に議論されることはなかった。[88]

英加ＦＴＡ案をめぐるこうした結末は、マクミラン政権側にとって非常に不本意なものであった。確かに、イギリス政府内でも、英加ＦＴＡ案だけが検討の対象となったわけではなく、カナダ政府の反応についても常に懐疑的な見方が存在していた。しかしながら、イギリス政府は、カナダ首相のイニシアティブを受けて、顕著な貿易転換を実現しうる最も建設的な提案として英加ＦＴＡ案を採用したのであり、カナダ側による実質的な拒否は、エクルスのように同案に熱心であった人物だけでなく、その実現可能性に関してより慎重な見方をしていた閣僚・官僚にとっても不満が残るものとなった。一〇月二三日にカナダ下院で、野党（自由党）議員の質問を受けたフレミングが、ヒースコート・エイモリーが九月上旬にオタワを訪れた際、後の段階で英加ＦＴＡを提案する可能性に「非常に軽く触れた」と述べるなど、同案をめぐる両国間の非公式協議の内容を部分的にではあったが漏らしたこともイギリス側をいらだたせた。この質疑に関する報告書を読んだマクミランは、その欄外に「フレミング氏は非常に不誠実な人物に違いない」と走り書きを残している。[89] 結局、カナダ側の消極的姿勢が変わらなかったことから、一二月一九日のイギリス下院では、バーチ（Nigel Birch）大蔵省経済担当国務相が、「この提案はイギリスに関する限りいぜんとして開かれたままである。カナダ政府はこれまで、この長期的提案が彼らに提示されて以来、何らかの最終的な見解を形成するための時間を相対的に十分に持つことができていない」と苦しい説明を強いられることにもなった。[90]

ディーフェンベイカーの輸入転換発言に端を発した一連の事態は、カナダ国内でも野党側に格好の批判材料を提供した。例えば、自由党の有力議員で一九六三年以降は外相を務めることになるマーティン（Paul Martin）は、ディーフェンベイカー政権の政策について、カナダ国民の間のイギリスやコモンウェルスへの親近感を利用しておきながら、自らへの政治的リスクや一部の支持者への不利益が表面化すると尻込みしたとして痛烈に批判した。ただし、一九五八年一月に自由党党首に選出され、後に首相を務めることになるピアソンは、政府の不手際を批判しつつも、グリーン（Howard Green）公共事業相から英加FTA案を支持するのか否かと問い返されると一転して明確な態度を示すことを避けるなど、野党側でも中途半端な対応が目立った。(91)

そうした結果、イギリス政府側にとって、カナダ首相の発言への積極的な対応を示すことができた以外には、一九五七年一一月二一日〜一二月一八日にカナダ貿易使節団が訪英したことがほぼ唯一の目に見える成果となった。フレミングが「これまでにこの国から出発した最も重要な貿易使節団」(92)と評した同使節団は、G・チャーチルが団長を務め、カナダの連邦・州政府代表、経済界、農業団体、労働組合の代表など五七名で構成された。この貿易使節団は、イングランド、スコットランド、ウェールズ、北アイルランドとイギリス各地を周り、百カ所以上の工場を視察するとともに、イギリス側の政治家、官僚、経営者などと多くの会議・会合を重ねた。そして、帰国後に団長自身がカナダ議会で「イギリスにおいてあらゆる予想を超えた成功を収めた」と自画自賛したように、カナダからの貿易使節団はイギリス各地の訪問先で大きな歓迎を受け、両国間の主に民間レベルの関係を深めることに貢献した。しかしそれは、いかに注目を集めたとしても、他のより積極的な措置と組み合わされない以上、イギリス、カナダ両国間の貿易拡大という目的には限定的な効果しか持ちえないものであった。(93)

また、イギリス政府にとって、英加FTAを提案することにより達成しようとした目的の多くが裏目に出たことも大きな誤算となった。第一に、同案が形成された背景には、イギリス、コモンウェルスとの関係を重視するカナダ首相のイニシアティブを挫折させるのは得策でないという考慮があったが、結局、英加FTA提案に対してカナダ側から見られたのは、賛意や歓迎ではなく困惑と反発であった。第二に、カナダ首相のイニシアティブへの積極的な対応を示すことにより国内の帝国・コモンウェルス支持派の非難を避けるという目的もまた、十分達成されたのかどうか疑問が残る結果となった。確かに、当時のイギリスの新聞でも、一〇月一日の『フィナンシャル・タイムズ』が、英加FTA案について、イギリスが結節点となる形でヨーロッパとコモンウェルスの間のより緊密な経済関係を構築することに貢献するならば価値があるであろうと論じたように、なかには好意的な論調も見られた。[94]しかし他方で、同日の『イブニング・スタンダード』では、カナダのノバ・スコシア州に滞在中のビーバーブルックのインタビューが「自由貿易計画は策略である」（Free Trade Plan is a Trick）という見出しで掲載され、そこではマクミラン政権による英加FTA提案に対して以下のような批判が展開された。[95]

その提案の目的は、帝国貿易がヨーロッパの自由貿易運動の犠牲にされてはならないという私たちの帝国支持派の人々（Empire-minded men and women）の批判を無力化することである。いまやイギリス政府は、カナダによる帝国自由貿易の拒否によりヨーロッパ自由貿易以外に選択肢はなくなったと言うのであろう。

第三に、八月二二日のイギリス閣僚会合で、英加FTA案は「その経済的利点において私たちに有利となり、ヨーロッパFTAに向けた交渉においても私たちの利益になるであろう」と指摘されたように、[96]同案を通してイギリス政府のヨーロッパでの交渉上の立場が強化されることも期待されたが、特にフランス政府が強い反発を見せたことから、それもまた裏目に出ることになったと考えられる。結局、イギリス政府の英加FTA提案は、ヨーロッパ各国、特にフランス政府に対して、イギリス政府のヨーロッパ統合への関与の不十分さを印象づけ、またイギリス政府が提案するヨーロッパFTAはより広い範囲の貿易自由化につながり、EECの枠組みで進められようとしていた地域的な統合を阻害しかねないという懸念を与えることになったといえる。

以上のように、英加FTA案は、それ自体が早々と棚上げされてしまったうえに、マクミラン政権が同案に込めた目的と期待の多くが裏目に出たことで、狭い意味でも、また広い意味でも、挫折したという評価を免れえないものとなった。確かに、その後、カナダ貿易使節団の訪英に続き、一九五八年五月にはイギリスのドル輸出理事会の代表団がカナダを訪問するといった動きも見られた。しかし、当時、カナダの経済はアメリカでの深刻な景気後退の影響もあり減速の度合いを強めており、カナダ政府は国内製造業を圧迫しかねない――あるいは実際の影響はともかくそのように見られかねない――イギリス製品の輸入拡大について、それ以上の積極的措置をとることに躊躇を見せた。(97) 結局、英加FTA案の成果は非常に限定的なものにとどまることになった。

おわりに

以上の第II部の第3章で検討したイギリス政府内でのヨーロッパFTA案の形成から西ヨーロッパ一七カ国間での多国間交渉、そしてその挫折に至る過程は、ヨーロッパ大陸六カ国間のEEC結成が現実のものとなるなかで、イギリス政府は域外に対してより開放的で、制度化の度合いも緩やかなヨーロッパFTAの設立を目指したものの失敗に終わり、その後さらなる政策転換を強いられていくことを示すものであった。

この時期にはまず、一九五六年五月末のベネチア会議などを経て、六カ国政府がイギリス抜きで共同市場を発足させる見込みが高まったことを受けて、イギリス政府は同年一一月までに、六カ国間の共同市場をひとつの単位として包摂する西ヨーロッパ一七カ国間の工業製品のFTA構想（G計画）を採用した。このヨーロッパFTA案は、イギリス政府の立場からは、①共同市場からの排除にともなう経済的不利益を回避するとともに、西ヨーロッパ規模の市場の形成を通して積極的な経済効果を創出する、②共通域外関税を設定しないことで域外の第三国（特にコモンウェルス諸国）に対する通商政策の自律性を維持する、③農産物を自由貿易の対象から完全に除外することで国内農業とコモンウェルス諸国の利益を守ることを狙ったものであり、自国の利益におおむね合致するものであった。しかしながら、ヨーロッパFTA案に込められたそれらの目的や考慮は、フランスをはじめとする複数の西ヨーロッパ諸国政府にとっては容易に受け入れがたい内容を含んでいた。同案はまた、超国家性をともなう六カ国間のヨーロッパ統合の試みとは対照的にあくまで政府間主義を原則としており、その点でもイギリス政府の立場は六カ国側のものとは異なっていた。

その後、一九五六年後半に起こったスエズ危機を大きな背景として、翌年一月にイーデンが首相を辞任し、マクミランが新首相に就任した。しかし、マクミラン自身がイーデン政権下でヨーロッパＦＴＡ案の形成に深く関わっていたこともあり、政権交代を経ても、短期的に見ればイギリス政府のヨーロッパ統合政策に大きな変化は見られなかった。そして、マクミラン政権は、同年二月のＯＥＥＣ閣僚理事会において、他のＯＥＥＣ諸国代表に対して西ヨーロッパ諸国間の工業製品のＦＴＡの形成に向けた公式の交渉に入ることを提案した。ただし、マクミラン政権では、ソーニークロフト、エクルス、サンズなど比較的若手の親ヨーロッパ派が主要な閣僚ポストを占めることになり、さらに帝国・コモンウェルス支持派の重鎮かつ強硬な反ヨーロッパ派の代表的人物であったソールズベリが政権発足後数カ月で閣外に去るなど、この時期には、その後の第一回ＥＥＣ加盟申請の下地になる保守党政権内の世代交代と勢力変動も見られた。

他方、同じく一九五六年後半から五七年初めにかけて、フランス、西ドイツ両国間では、ザール問題の解決などを通して「歴史的和解」が進み、六カ国間の共同市場の形成に向けた交渉でも社会的負担の平準化、海外領土との連合関係などの難題について妥協が成立した。その結果、一九五七年三月二五日には二つのローマ条約が調印され、ＥＥＣ、ＥＵＲＡＴＯＭの成立に向けて大きく道が開けることになった。こうした動きに対して、マクミラン政権は、六カ国間のＥＥＣを包摂する西ヨーロッパ規模のＦＴＡの形成を急いだが、フランス、西ドイツをはじめとする六カ国側がローマ条約の批准を優先する立場をとったため、ヨーロッパＦＴＡ形成に向けた交渉は六カ国間の統合よりも遅れをとることを余儀なくされた（結局、六カ国すべてにおいてローマ条約が批准された結果、一九五八年一月一日にはＥＥＣ、ＥＵＲＡＴＯＭが正式に発足した）。さらにマクミラン政権に対して大きな困難を突き付けたのは、アメリカ政府が、ヨーロッパFTA案に対して（当初こそ好意的な態度を示していたものの）自国の景気後退と国際収支悪化の影響もあり、控え目な支持しか与えないようになっていったことであった。

その後、マクミラン政権は、ヨーロッパFTAの枠内での苦情申し立ての手続きやそれにともなうセーフガードの発動に関して多数決制で決定を行うという考えを受け入れ、農業に関してもヨーロッパFTA域内での特定の農産物の貿易を増加させるための検討を行うことを提案するなど、いくつかの点である程度の歩み寄りを見せた。さらには、一九五八年春には六カ国側からも「カルリ案」「フォール案」などの提案が示されたが、いずれもヨーロッパFTA交渉を進展させる打開策となることはなかった。

そうしたなかで、フランスでは、アルジェリア問題をめぐる混乱からドゴールが一二年ぶりに政権に復帰したが、ドゴールと旧知の間柄であったマクミランの期待も虚しく、ドゴール政権下でもヨーロッパFTA交渉の進展が見られることはなかった。そして、ドゴール、アデナウアーの間で急速に緊密な関係が築かれていくなかで、マクミランの両者に対する説得にもかかわらず、一九五八年一一月には、フランス情報相スーステルが、共通域外関税と経済・社会政策の平準化をともなわないヨーロッパFTA案を受け入れることはできないとして、同案を実質的に拒否する内容の声明を行った。さらに、マクミラン政権が西ドイツ政府、アメリカ政府の協力を得ることにも失敗した結果、一九五八年一二月までにはヨーロッパFTAの設立に向けた交渉は最終的に合意に至ることなく終結した。こうして、ヨーロッパFTAが結成される見通しが立たないなかで、一九五九年一月一日にはEEC諸国間で第一回目の域内関税の引き下げ、輸入数量制限の緩和が実施されることとなり、イギリス政府のヨーロッパ統合をめぐる政策は深刻な行き詰まりに直面することになったのである。

第4章で検討したイギリス政府内でのカナダとの二国間FTA案の形成から両国間での協議、そしてその挫折に至る過程は、当時のイギリス、カナダ両国政府が直面していた対外政策上の課題と困難を示すものであった。まずディーフェンベイカーの一五％輸入転換発言の背景には、現代のグローバリゼーション（特にその重要な側面であるアメリカナイゼーション）にともなう繁栄と苦悩を先取りしたかのようなカナダの人々の経験があった。つまり、当時のカナダ人たちは、巨大で豊かな隣国アメリカとの相互依存を重要な背景として、旧宗主国たるイギリスを上回る所得水準を享受するようになっていたが、他方で極端な対米依存の大きさからアメリカの影響を強く受ける経済構造を持ち、アメリカナイゼーションの圧力の前に自らのアイデンティティの危機にも直面する状況に陥っていた。カナダ首相の発言はそうした苦悩を強く反映したものであり、それゆえに、その非現実性にもかかわらず大きな反響を呼んだといえる。

そして、イギリス政府内での英加ＦＴＡ案の形成過程も、当時のマクミラン政権が、「三つのサークル」の間でバランスを見極めつつ、試行錯誤を重ねる状況を端的に示していた。第一に、マクミラン政権は発足後まだ日が浅く、ヨーロッパＦＴＡ案を通してヨーロッパ統合への接近を図っていたこともあり、国内の帝国・コモンウェルス支持派に配慮せざるをえない立場に置かれ、カナダ首相の発言に積極的に対応したことを示す必要に迫られた。第二に、ディーフェンベイカー発言がイギリスの輸出（特に輸出によるドル獲得）の拡大につながりうるという潜在的利益が存在した。特に輸出によるドル獲得の拡大は、イギリス政府がスターリングの交換性（convertibility）を回復し、世界的な多角的レジームへの復帰を進めるために不可欠となる金・ドル準備の強化に欠かせないものであった。第三に、カナダとの関係を「拮抗勢力」として持っておくことが、ヨーロッパＦＴＡ交渉での自国の立場を強化するという期待もあった。さらに、アメリカでのコモンウェルス特恵制度の不評やＧＡＴＴとの整合性も考慮に入れられた結果、ＧＡＴＴ第二四条で積極的に認められており、アメリカ政府・議会も反対しにくいと考えられたカナダとの二国間ＦＴＡ案が浮上した。マクミラン政権は最終的に、顕著な貿易転換を実現しうる唯一の現実的方策であり、また仮にカナダ政府側に拒否されたとしても自らの積極的な対応を示すことにはなるとして、英加

FTAを提案することを決定したのである。

他方、英加FTA案が早々と棚上げされてしまった背景には、イギリス政府がカナダにおける保護主義的な圧力の強さを認識しつつも、それを過小評価していたことがあった。当時、カナダ政府は、いぜんとして国内製造業を保護する必要に迫られており、また同国の経済自体も景気後退の局面を迎えていた。それに対して、イギリス政府は、第二次世界大戦後の相対的に保護主義的な通商政策から脱却し、ヨーロッパとカナダとの二つのFTAの設立により大幅な貿易自由化に踏み出すことを目指すようになっていた。一九五〇年代、西ヨーロッパ諸国間では貿易自由化の動きが徐々に進んだのに対して、工業化の途上にあったコモンウェルス諸国、特にイギリスにとって重要な貿易相手であった旧自治領諸国では輸入代替化と保護主義の強まりが見られた（その結果、コモンウェルス諸国の製造業は徐々にイギリス製品に対する競争力を強め、従来の垂直分業的な貿易構造に修正を迫っていくことにもなる）[1]。そうした傾向を顕著に示した英加FTA案の挫折は、マクミラン政権に対してコモンウェルス諸国との通商関係への懐疑的な見方を強めさせ、第一回EEC加盟申請につながる相対的なコモンウェルス離れと漸進的なヨーロッパへの接近を促す背景にもなった。

ディーフェンベイカーの輸入転換発言とイギリス政府の英加FTA提案は、両国間の貿易の拡大とともに、北アメリカと西ヨーロッパ双方における地域化（regionalisation）の影響を緩和することを狙ったものでもあった。確かに、カナダ政府にイギリスとの大幅な貿易自由化を受け入れる用意がなかったのは事実であるが、貿易関係を再び多角化することで「拮抗勢力」を確保し、対米依存を軽減する必要があるという考えはおおむね真剣なものであった。カナダ政府側はまた、ヨーロッパ統合の動きが進むことに対して、それが自国の輸出産業に打撃を与えるだけでなく、自分たちにとってアメリカ以外の選択肢を狭めることになるという理由からも不満を強めていた[2]。例えば一九五七年五月の英加間の経済問題に関する協議の際、カナダ側は、北アメリカ、ヨーロッパのいずれかで「大陸主義」(continentalism)が強まった場合、自分たちは他のほとんどすべての国々よりも深刻な被害を受けるという懸念を示していた。[3] 他方、イギリス側にとっても、カナダが自国から距離を置き、対米依存を深めていく状況――それは多かれ少なかれイギリスの相対的衰退の産物であったのだが――は望ましいものではなかった。また、イギリス政府側でも、(英加FTAとEEC、そしてヨーロッパFTAを相互に相容れないとみなすような立場は見られなかったとはいえ)ヨーロッパにおける地域化、特に大陸六カ国間での統合の進展に対して何らかの「拮抗勢力」を持つことは望ましいという考えが広く持たれていた。[4] つまり、当時のイギリス、カナダ両国の間には、相互の関係を再強化することにより、大西洋両岸における地域化の進行に対応するという共通の利害が存在したといえるのである。

しかしながら、双方のイニシアティブは、当時の現実に照らし合わせるとやはりナイーブなものであり、ほとんど成果を生むことなく終わった。ディーフェンベイカー発言から英加FTA提案、そしてその挫折に至る過程は、地域化への対応に対する強い期待・要請とともに、それを実行に移すことの困難さを示すものであり、結果的にイギリス側はヨーロッパ統合への接近以外の選択肢を失いつつあり、カナダ側もアメリカとの非対称的にならざるをえない相互依存に深く組み込まれているという現実を浮き彫りにした。その後、イギリス政府は一九七三年にECへの加盟を果たし、カナダ政府は一九八九年に米加自由貿易協定――北米自由貿易協定(NAFTA)の原型となったもの――を発足させることになるが、特にカナダにおいて進歩保守党のマルルーニ(Brian Mulroney)政権が他ならぬアメリカとのFTAの形成を推進したことは、一九五七年当時の議論を振り返ると皮肉さえ感じさせるものであった。[5]

他方、イギリスについて考えれば、英加FTA案をめぐる事態は同国のその後の対外政策の転換が一筋縄ではいかないことを示唆するものでもあった。まず、英加FTA案の形成過程は、イギリス政府がヨーロッパに接近しようとする際には国内の帝国・コモンウェルス支持派への配慮が欠かせないことを示すものであったが、マクミラン政権がその後も同様の配慮を強いられたことにより第一回EEC加盟申請は条件付きのものとなり、そのことが、結果的にドゴールによる拒否を許す一因にもなった。またイギリス政府が、EECへの加盟申請に向かう前に西ヨーロッパ諸国とカナダとの二つのFTAの形成を追求したことは、超国家主義的で相対的に閉鎖的なヨーロッパ統合への消極性という、EC加盟を経ても現在に至るまで見られるイギリス対外政策の特質をうかがわせるものでもあったのである。

第III部　「三つのサークル」の交錯と第一回ＥＥＣ加盟申請への道

はじめに

一九五〇年代後半のイギリス政府の対外政策は、第II部で検討した二つのFTA構想の挫折により西ヨーロッパ、コモンウェルスの双方において深刻な行き詰まりに直面することになった。それは、この時期、ヨーロッパ大陸六カ国間で関税同盟の設立を当面の目標に掲げたEECが正式に発足し、徐々に軌道に乗り始めたのに対して、西ヨーロッパ一七カ国とカナダという広範な地域を包摂する二つのFTAの設立を通してより広い枠組みで自由貿易を推進することを目指したイギリス政府の構想が挫折したことを意味した。しかしながら、マクミラン政権は、その後、直ちに第一回EEC加盟申請へと向かったわけではなく、しばらくの間はさらに試行錯誤を続けていくことになる。

この時期のマクミラン政権の試行錯誤でまず注目されるのが、EECの外側にとどまっていた西ヨーロッパ七カ国間で設立されたEFTAであった。EFTAは、失敗に終わったヨーロッパFTA案と同じく工業製品のみを対象とするFTAであり、西ヨーロッパ一七カ国を包摂するとされたヨーロッパFTA案の「縮小版」ともいえるものであったが、実際に設立までこぎつけられ、現在に至るまで存続している。確かに、現在ではEFTAの加盟国はノルウェー、スイス、アイスランド、リヒテンシュタインの四カ国のみとなり、その存在感が大きく薄れていることは否めない。しかし、EFTAは、EECと比べて制度化の度合いがより緩やかで、域外諸国に対してより開かれているといった特徴を持っており、それゆえにヨーロッパ諸国間の通商関係の制度化、さらにはヨーロッパ統合のひとつのあり方を示すものとして、当時のEEC（そしてその後のEC、EU）に次ぐ意義を有しているといえる。

しかしながら、このEFTAも、一九六〇年五月に設立されて間もなく（あるいは設立される前からさえも）六カ国間で形成されたEECと比べて限られた重みしか持たないことが明らかとなった。そうした結果、マクミラン政権は、EFTAの設立に際して大きなイニシアティブを発揮したにもかかわらず、その設立から間もなくして、第一回EEC加盟申請に至る政策転換へと向かっていくことになる。そこで、以下の第Ⅲ部では、まず第5章において、ヨーロッパFTA交渉が挫折した後、イギリスを中心とする西ヨーロッパ七カ国間でEFTAが設立されたものの、早々とそれが不十分なものとみなされるに至った過程について検討を行う。その際には、特にアメリカ政府が引き続きEECを強く支持する反面、EFTAに対してはほぼ一貫して冷たい態度に終始したことが、EFTAの存在意義を軽いものにし、さらにEFTA設立の大きな目標とされていたEECとのいわゆる「橋渡し」の展望を損なった大きな要因のひとつになったことに着目する。

この時期におけるマクミラン政権の対外政策上の試行錯誤は、コモンウェルス諸国との関係についても見られた。なかでも特に注目されるのが、南アフリカ連邦が共和国に移行した後にコモンウェルスに残留することを認めるか否かをめぐり、コモンウェルス諸国間関係が紛糾し、最終的に南アフリカ政府がコモンウェルスからの脱退に追いこまれたことであった。マクミラン政権は、南アフリカの残留問題をめぐるコモンウェルス諸国間の紛糾に際して、南アフリカ政府のアパルトヘイトには批判的な態度を見せつつも、同国のコモンウェルス残留を確保すべく各国政府間の立場の相違を埋めるよう努めた。しかし、結局、そうしたマクミラン政権の努力は、コモンウェルス内のアジア・アフリカ諸国政府やカナダ政府からのアパルトヘイトへの強い非難を前に挫折を余儀なくされた。以下の第6章では、南アフリカの脱退に象徴されたようなコモンウェルスの性質の変化がイギリス政府の対外政策の相対的なコモンウェルス離れと漸進的なヨーロッパ統合への接近を促した要因となったという観点に基づき、第二次世界大戦後の「旧コモンウェルス」から「新コモンウェルス」への変化、一九六〇年、六一年の二度のコモンウェルス首相会議での南アフリカの残留の是非をめぐる議論、そして最終的な南アフリカのコモンウェルス脱退に至る過程について検討を行う。

最後に第7章では、一九六〇年七月のマクミラン政権の内閣改造を経て、マクミラン政権内で対外政策の再編に向けた議論が進められ、一九六一年七月下旬の二度の閣議において最終的に第一回EEC加盟申請を行うことが正式に決定される過程について明らかにする。その際には、特に一九六一年一月にアメリカでケネディ政権が発足したことが、マクミラン政権の政策転換にどのような影響を及ぼしたのかという点に着目する。さらには、コモンウェルス諸国との政治面、経済面での関係の変化、EFTA諸国（なかでもEFTA内の中立諸国）との関係のあり方にも目を配り、第一回EEC加盟申請に帰結することになったイギリス政府の対ヨーロッパ政策の転換について、「三つのサークル・ドクトリン」の再編の試みというより広い文脈のなかで捉え直す。

第5章 EEC、EFTAの並立と英米関係の展開 一九五九〜六〇年

第*1*節 アウター七諸国間のFTA形成に向けた議論

一九五九年一月一日、EEC諸国間において、工業製品に関する第一回目の域内関税の引き下げ（一〇%）と輸入数量制限の緩和（二〇%）が予定通りに実施された。フランス政府も、ドゴールの約束通り、ローマ条約の免除条項に訴えることなく、他の五カ国と同じ水準の関税引き下げと輸入数量制限の緩和を受け入れた。(1) これにより、ローマ条約は、発効から一年間の準備期間を経て本格的に実施に移され、六カ国間での関税同盟の形成に向けた動きが端緒についた（ただし、この時点ではまず域内の貿易自由化が先行し、各国別に設定されていた域外関税を共通域外関税に向けて収斂させる動きはとられなかった）。他方、結局、六カ国政府は、EEC域内での第一回目の関税引き下げを他のOEEC諸国に対しても適用したため、当面のところは西ヨーロッパ諸国間で関税上の差別が生じることは避けられた。また、マクミラン、アデナウアー、エアハルトなどのフランス政府への働きかけが功を奏し、一九五八年末をもってフランスを含む西ヨーロッパ一二カ国とスターリング圏諸国通貨のドルに対する交換性がほぼ完全に回復された（イギリスではそれまでにも為替管理の緩和は徐々に進められていたが、ここで非居住者の経常

勘定に関する制限も撤廃された)。ここにおいて、安定的な為替レート――いわゆる「調整可能なペッグ」(adjustable peg) 制度――の下で各国通貨が相互に自由に交換されるというブレトン・ウッズ体制の基本的目標はほぼ達成された。そうした結果、それまでは、EEC諸国間の関税引き下げと輸入数量制限緩和にともない西ヨーロッパ諸国間で深刻な貿易上の差別が生じるという「一九五九年一月一日の危機」が繰り返し語られてきたもの[2]の、現実には、一九五九年の幕開けは比較的穏やかなものとなったのである。しかしながら、マクミラン政権にとって、フランス政府との経済面での協調はそれらを最後にしばらく影をひそめることになる[3]。

この時期にマクミラン政権に深刻な問題を突き付けたのは、一九五八年末までにヨーロッパFTA交渉が失敗に終わった結果、中長期的に見て、六カ国市場での無差別待遇を確保するための方策を見出す目処が立たなくなったことであった。そのような状況で、マクミラン政権は、次のような方針を採用することになっていく。まず、第一に、マクミラン政権は、前年までに続き、西ヨーロッパ一七カ国間においてEEC諸国をひとつの単位として包摂するFTA――この頃までには、『オクラン報告書』で用いられたヨーロッパ経済連合(EEA)という表現で呼ばれるようになっていた――を設立することを最優先の目標として追求した。しかしながら、少なくとも短期的には、西ヨーロッパ規模のFTAを設立することができる見込みは高くないと考えざるをえない状況にあった。そこで、第二に、マクミラン政権は、当面は自国にオーストリア、デンマーク、ノルウェー、ポルトガル、スウェーデン、スイスを加えた七カ国の間で工業製品の自由貿易地域の形成を試みるという戦術をとった。それらの七カ国は、EECの「インナー六」(Inner Six) に対して、制度的、地理的に外側にあることから「アウター七」(Outer Seven) と呼ばれ、その枠組みが後のEFTA設立につながっていくことになる[4]。

実際、ヨーロッパFTA交渉が最終的に決裂するかなり前から、マクミラン政権内では、国内企業(特に大企業)の利害を代表するイギリス産業連合 (Federation of British Industries : FBI) などと連携をとりつつ、ヨーロッパ

FTA案への代替案の候補として、スカンジナビア諸国（スウェーデン、デンマーク、ノルウェー）やスイスを中心とする「非六カ国」（non-Six）との間でより小規模なFTAを設立する可能性について検討が行われていた。(5)一九五八年一二月一日には、スイス政府代表シャフナー（Hans Schaffner）が中心となり、「非六カ国」間で共通の立場を維持し、それらの諸国の政府が六カ国側と個別に取引を行うのを防ぐことを目的として、ジュネーブでアウター七諸国政府の高官による協議が行われた（このときオーストリア、ポルトガル両国政府の代表が初参加した）。そこでは、六カ国側の動きに対応するとともに、「非六カ国」間での将来の協力のあり方を探るために一般的な話し合いが行われ、さらに非公式な形ではあったものの、それらの国々の間でより小規模なFTAを形成する方向も検討された。(6)さらに、マクミラン政権内では、一九五八年一二月に閣僚級のヨーロッパ経済問題委員会（Committee on European Economic Questions）とそれを補佐するための官僚級の委員会が設置され、アウター七の枠組みでのFTAを形成するための予備的な議論が進められた。

しかしながら、アウター七諸国間でFTAを設立するという選択肢には、さまざまな問題点も存在すると考えられた。例えば、一九五八年一二月一二日に開かれたイギリス政府の関係閣僚の会合では、ヒースコート・エイモリー蔵相が、ヨーロッパ経済問題委員会での検討作業を参照しつつ、スカンジナビア諸国との間で工業製品のFTAを設立するにはそれらの国々の重要な輸出品であるベーコンや魚類に関して大きな譲歩を行わざるをえないと予想されるが、そうした譲歩は国内農家やコモンウェルス諸国との既存の合意に反する内容を含むため容易ではないという見方を示した。ただし、同じ会合では、自国の経済全体の利益を確保するためにはある程度の犠牲を払うこともやむをえないという見方も示され、さらにスカンジナビア諸国とのFTAは、ヨーロッパFTAの代替物としてではなく、そうしたより大きな枠組みを達成するための第一歩として捉えられてきたはずであるということも強調された。

また、マクミランは、スカンジナビア諸国の間で関税同盟――ノルディック関税同盟（Nordic Customs Union）と呼ばれた――の設立に向けた計画が進められていることを忘れてはならないとして、「もし彼らが彼ら自身の〔関税〕同盟を設立し、そのうえで六カ国と独自の協定を結ぶことを決定すれば、この国のヨーロッパとの工業製品貿易の全体的な発展は危機に瀕するであろう」と警戒感を示した。マクミランは、ヨーロッパでの孤立の危険がいっそう高まっているという危機意識に基づき、スカンジナビア諸国政府に対して、イギリス側に事前に知らせることなしにノルディック関税同盟または六カ国との連合に関して性急な行動をとることがないよう念を押しておく必要があるとして、関係閣僚との議論を締めくくった。(7)

しかし他方で、同年一二月二三日の閣議の議論に見られたように、いぜんとして（もはやそれが早期に成功する見込みは決して高くなかったとはいえ）OEEC諸国の枠組みでの協議が継続されている状況では、スカンジナビア諸国とのFTAの設立に向けた試みを過度に進めることは控えるべきであると考えられた。そうした結果、当面の間は、それまでにも行われていたFBIとスカンジナビア諸国、スイス、オーストリアの産業組織の間の協議を、あくまで西ヨーロッパ全体を包摂するFTAの形成に向けた努力を損なわない範囲で継続することだけを承認するという判断がなされることになった。(8)

その後、一九五九年一月中旬には、FBIを代表してビーバー（Sir Hugh Beaver）とキッピング（Sir Norman Kipping）がストックホルム、コペンハーゲンを訪れ、スカンジナビア諸国の産業組織代表と予備的な協議を繰り返した。(9)二月に入り、政府レベルでも、ベルンでイギリス、スイス両国間の官僚級協議（二月五〜六日）が行われた。そこでは、シャフナーが代表を務めたスイス側から、六カ国（特にフランス）政府が西ヨーロッパ諸国間の貿易関係をめぐる議論に関して「引き延ばし戦術」をとり、「神経戦」を仕掛けてきているとして強い不満が漏らされた。さらにシャフナーは、そうした状況では「非六カ国」政府が六カ国側に共同で圧力をかける必要があるという考えも示したが、イギリス側はスイス政府の性急に思われる姿勢を抑制する立場に回った。[10] スウェーデン通商相ランゲ（Gunnar Lange）もまた、二月一六日の演説で、「非六カ国」の枠組みで共同行動をとることで後のEEC諸国との交渉を有利に運ぶことができるという考え方を披露するなど、スイス政府と並び、西ヨーロッパ一七カ国間のFTA設立を最優先する立場から徐々に距離を置く姿勢を強めた。[11]

確かに、この頃にはマクミラン政権側でも、二月一六日に行われたEEC委員会代表との会談などを通して、フランス政府が関税と輸入割当の撤廃を拒む以上、六カ国と「非六カ国」の連合関係の構築について近い将来にGATTに合致する受け入れ可能な長期的解決を見出す見通しが立たないという認識が強まるなど、西ヨーロッパ一七カ国の枠組みでのFTAを追求する立場から距離を置く考えも見られるようになった。[12] 他方、デンマーク外相クラック（Jens Otto Krag）が、二月一七日の国会演説で、ヨーロッパFTAの設立に向けた交渉が再開されることが自国の国益にかなうと述べつつも、EECに加盟する道も「まだ開かれている」と述べたことは、[13] マクミラン政権に少なからぬ不安を投げかけることになった。この時点で、「非六カ国」の間には、スイス、スウェーデン両国政府のように、西ヨーロッパ一七カ国間のFTAを設立する試みはいったん脇に置き、積極的に「非六カ国」（現実的にはアウター七諸国）間で共同行動を進めるべきであるという立場があり、他方でデンマーク政府のように、EECに直接加盟することも排除しないという立場が現れつつあった。そうした状況で、マクミラン政権は、前者に対して安易に歩み寄ることは西ヨーロッパ諸国全体のFTA設立という最優先目標を損ないかねないが、そうであるからといって、何ら行動をとらなければ、デンマークをはじめとする後者の国々がEECに接近（ひいては加盟）していく事態を招きかねないというジレンマに直面したといえる。

そうしたなかで、二月一九～二〇日には、コペンハーゲンにおいて、イギリスとスカンジナビア諸国（スウェーデン、デンマーク、ノルウェー）間の会合が行われた。さらにその翌日には、場所をオスロに移して、スイス、オーストリア、ポルトガルの代表も加わりアウター七諸国間の会合が行われ、それらの国々の間でのＦＴＡの設立が主要な議題としてとりあげられた。特にそれらの会合では、いぜんとしてイギリス政府が積極的な動きをとることを控えるなかで、スウェーデン、ノルウェー両国政府がアウター七諸国間のＦＴＡ設立に向けたイニシアティブを発揮していくことが確認された。イギリス政府側では、西ヨーロッパ一七カ国間のＦＴＡ設立という目標を放棄してはおらず、当面のところ身動きがとりにくい立場にあったため、そうした動きは大いに歓迎された。(14) モードリングが三月四〜五日にスウェーデンを訪問した際にも、ランゲは、（適切な時期が来ればイギリス政府がリーダーシップを発揮することを期待するであろうとしつつも）当面の間は慎重な対応をとらざるをえないイギリス政府に代わり、彼らがイニシアティブを発揮する用意があると述べた。こうして、まずはスウェーデン政府が、アウター七諸国間において「共通の貿易圏」を創設する可能性について検討を任せられることになった。(15)

他方、同じ頃、フランス官僚ウォルムセール（Olivier Wormser）が、イギリス外務省のゴア・ブース（Sir Paul Gore-Booth）との会談で、ＯＥＥＣ諸国が期限を明示せずに関税と輸入割当の撤廃を目標として宣言できるようＧＡＴＴ第二四条を改正することが可能ならば、フランス政府も関税と輸入割当の撤廃（つまりＦＴＡの形成）を受け入れられるであろうという見方を示したことは、マクミラン政権側に少なからぬ期待を抱かせるものであった。(16) しかしながら、イギリス政府の官僚がＧＡＴＴの専門家と協議した結果、一部の締約国間で最終的な撤廃期限を設けずに関税を段階的に削減するという計画は、ＧＡＴＴの条文ばかりか、その基本哲学にも反するものであるという回答が得られた。さらに、そのためにＧＡＴＴ第二四条を改正するという提案は、アメリカ、カナダ、そして発展途上国の政府にとってまったく受け入れがたいであろうという判断も下された結果、(17) ウォルムセールからの働きかけに期待する考えは急速に現実味を失っていくことになった。

さらに、イギリス政府は、二月二六日にＥＥＣ委員会からＥＥＣ閣僚理事会に提出された覚書の全文を「間接かつ秘密の手段」により入手したが[18]、それは、「自由貿易はいくつかの条件が満たされなければ達成することが不可能な目的である」として、FTA設立の条件として域外関税の平準化などそれまでEEC諸国側が繰り返し主張してきた条件を列挙するものにとどまっていた[19]。そうした結果、マクミラン政権内では、明確な期限を設定した関税・輸入割当の撤廃に消極的な立場をとるフランス政府や、域内での自由貿易のためには域外関税と社会政策の平準化が必要という立場をとるイタリア政府を含めた西ヨーロッパ全体の枠組みでFTAを構築することは、やはり困難であるという認識が強まることになったのである[20]。

他方、マクミラン政権側でも、いぜんとして自らがEECに加盟することはできないという立場に変更が加えられることはなかった。そのことは、EECに加盟することは以下の四つの点のような乗り越えがたい代償・困難をともなうという判断に基づくものであった。

①EECの共通通商政策の採用が必要となり、その結果、コモンウェルス諸国との関係の根本的な変質を強いられかねない（当時、イギリスの貿易の約四分の三はヨーロッパ以外との間で行われていたのに対して、六カ国の貿易の約四分の三はヨーロッパ諸国とのものであり、両者の間では通商上の利害が大きく異なるという判断がなされていた）。

②一九五七年農業法と相容れず、コモンウェルス諸国からの無関税での農産物輸入も損なうことになるEECの共通農業政策の採用が必要となる。

③超国家的な政治統合という究極的目標に向けて協力することに同意を迫られる。例えば、ローマ条約には、将来ヨーロッパ議会は直接選挙で選ばれた議員で構成されると明記されていた。ドゴールが率いるフランス政府が同調するかどうかは疑問であるかもしれないが、六カ国政府が超国家的な政治統合という究極的目標を放棄しない限り、EECに加盟すれば（少なくとも条文上は）それを受け入れたことになる。

④六カ国側がコモンウェルスの立場が守られるような条件でのイギリスのEEC加盟を認めるかどうか定かでなく、特にフランス政府に至っては、そもそもいかなる条件であってもイギリスの加盟を認める用意があるのかどうか定かではない。

こうしてマクミラン政権は、少なくとも短期的にはヨーロッパFTA案という切り札を失いつつあったにもかかわらず、いぜんとして自らがEECに加盟する用意もなかったため、EECの外側にとどまる不利益を最小限に抑えるためにもEECとは別の組織を作る必要に迫られた。そして、そうした組織の具体的な形態は、コモンウェルス特恵制度との関係からヨーロッパの関税同盟に加わることはできないという立場とGATT第二四条との整合性を保つ必要から、「非六カ国」――実質的にはアウター七諸国――の間でFTAを設立するという方針に収斂していくことになった。(21)

さらに、このことを歴史的な視点から考えれば、デンマークなどスカンジナビア諸国は、長年にわたりイギリスと緊密な通商・交流関係を築いてきた国々であり、ポルトガルも、経済的にはアウター七諸国のなかで大きく遅れをとっていたとはいえ、(22)数世紀にわたるイギリスとの相互補完的な通商関係の伝統を持ち、さらにイギリスとの間で現存するヨーロッパ最古の同盟条約（一三七二年条約）を維持してきた国であった。つまり、一見すると地理的なまとまりを欠くように見える「アウター七」の枠組みにも、伝統的なイギリス対外政策の視点から見れば、ある程度の自然さをともなう側面があったといえる。そのうえ、当時のアウター七諸国間では、EECの外側にとどまることにともなう政治、経済両面での不利益に関する懸念とともに、超国家的なヨーロッパ統合に参加することへの消極性が広く共有されていた。それゆえに、アウター七諸国の枠組みでのFTAが構築される基盤も（おおむね受動的なものであったとはいえ）かなりの程度まで形成されるようになっていたと考えられるのである。

五月七日には、マクミラン政権の閣議において、それまでスウェーデン政府のイニシアティブで準備が進められてきたアウター七諸国間のFTA設立に向けた交渉に参加することが正式に承認された。アウター七諸国間のFTAに加われば、デンマーク、ノルウェーなどの農産物や魚類の輸入に関して譲歩を迫られるとともに、カナダの工業製品やニュージーランドの乳製品がアウター七諸国との関係でイギリス市場での特恵待遇を失うことが予想されたが、それらに関しても国内農業界代表やコモンウェルス諸国政府と周到な協議を行ったうえで、基本的には受け入れるべきであるとされた。そうした際、マクミラン政権内でアウター七諸国間のFTAの設立を通して目指されたのは、次のような目標であったとまとめることができる[23]。

①EEC諸国との交渉上の立場を強化し、中長期的な目標である西ヨーロッパ一七カ国（少なくともインナー六、アウター七の計一三カ国）間のFTA形成への道を開くこと。特に西ドイツ——一九五八年時点で同国の輸出市場としてはEEC諸国よりもアウター七諸国（総輸出額の二七・五％）の方がわずかではあったが大きかった——をはじめとする六カ国政府・産業界にとりアウター七諸国市場での無差別待遇を失うことは少なからず損失となるため、交渉のテーブルにつく誘因が高まると期待された（ただし、そのことは、アウター七諸国市場への依存が小さかったフランスにはあまり当てはまらなかった[24]）。

②技術的な面では、西ヨーロッパ一七カ国間の多国間交渉と比べて、六カ国と七カ国の間で交渉を行う方がより複雑さが少なく、さらにアウター七諸国間の関税引き下げをEECと同じ日程で進めていくことで、二つのグループ間の調整・合併を行うことが容易になると考えられた。

③アウター七諸国との貿易拡大によりEECの外側にとどまる経済的不利益を緩和すること。

④デンマークをはじめとするアウター七諸国が一国ずつEECに引き寄せられていき、西ヨーロッパ内部でイギ

リスが経済的、政治的に孤立するのを防ぐこと。[25]

以上で検討したように、アウター七諸国間のFTAは、それ自体に大きな意義が込められていたというよりも、西ヨーロッパ規模のFTAを形成するという長期的目標とEECの外側にとどまることの諸々の不利益を緩和するという短期的要請の双方に応えるための多分に便宜的な――そして少なからず防御的な――手段として推進されたといえる。他方、アウター七諸国間のFTAは、ゴア・ブースが、「六カ国に対する反撃（anti-Six counter-blast）ではないのだが、多くの人々はそうであると言うであろう」と記したように、六カ国政府（ここでも特にフランス政府）の強い反発を招くことが懸念された。それゆえに、イギリス政府としては、アウター七諸国間のFTAを打ち出す際には「六カ国に報復することはまったく私たちの目的ではない」ことを強調する必要があると考えられたのである。[26]

確かに、西ドイツ政府、特にエアハルトと彼の側近として知られた経済省事務次官ミュラー・アルマック（Alfred Müller-Armack）やベルギー政府からは、アウター七諸国間のFTAをより広範なヨーロッパ諸国間の貿易自由化につながるものとして評価する声も聞かれた。しかしながら、その後もフランス政府から好意的な反応が示されることはなく、アデナウアーもまた慎重な姿勢を崩さないという状況が続いた。この時期にヨーロッパ諸国を訪問したオーストラリア首相メンジーズによれば、アデナウアーは「小さな自由貿易地域」の設立に批判的で、ドゴールはヨーロッパFTA案について（再び）検討する前に、フランス経済の強化のために長い時間が必要と考えているようであった。[27] また、六月一二日には、デンマーク首相ハンセン（Hans Christian Hansen）がイギリス首相官邸でマクミランと会談した際、アウター七諸国間でFTAを設立すればEECとの「貿易戦争」につながるのではないかと懸念を漏らすなど、アウター七諸国間でも足並みの乱れが見られた。しかし、ハンセンの懸念の表明に対しては、マクミランが、①アウター七諸国間のFTAはEECとの「橋」（bridge）を渡すことを想定したものであり、「貿易戦争」を招くものではない、②デンマークからの農産物輸入に関しては二国間で調整を行う用意があると述べるなど、デンマーク政府の理解を求める努力がなされた[28]。

第2節　EFTA設立に向けた動きと英米関係の交錯

一九五九年四月一五日、アメリカでは、国務長官ダレスが病気のため辞任し、それまで国務次官を務めていたハーター（Christian Herter）が後を継いだ（その後、ダレスは五月二四日に七一歳で亡くなった）。それまでアイゼンハワー政権の外交政策を取り仕切ってきたダレスの辞任・死去は、アメリカ外交の行方に少なからず不透明感を漂わせたが、ことヨーロッパ統合をめぐる問題に関しては、ダレスからハーターへの交代は、マクミラン政権内にアメリカ政府の政策が自国に有利なものに変化するのではないかという期待を生じさせる効果を持った。特にアメリカ政府のOEEC常駐代表マッカーシーが、FTA交渉が失敗した後の西ヨーロッパ諸国間の協力関係の構築について、「全般的に見て、ハーターはディロンやマーチャント、その他の高官より理解があり、手助けすることに熱心であった」という見方を伝えてきたため、イギリス側では、国務長官が「当初から……六カ国のヨーロッパ統合の成功に第一義的な関心を置いていた」ダレスからハーターに交代したことで、アメリカ政府のヨーロッパ統合に関する「先入観」が弱まるのではないかと期待が生じたのである[29]。しかしながら、そうした期待は、ヨーロッパ統合に積極的な立場をとるディロンが国務次官に昇格し、ヨーロッパ統合をめぐる議論ではハーターよりも前面に出たことによって、実際には大きく裏切られていくことになる（ディロンは、フランス系の祖母を持ち、一九五三〜五七年には駐フランス大使を務めるなど、イギリスよりもむしろフランスとの関係が深い人物でもあった）。

ただし、ダレスの辞任直後の時期には、アウター七諸国のＦＴＡに対するアメリカ政府の態度がある程度まで好意的なものに見えたのも確かであった。例えば、七月一七日の英米間の官僚級協議では、アメリカ駐英大使館のグリーンウォルド（Joseph Greenwald）とエバンス（John Evans）から、国務省の立場に関して、①アウター七諸国のＦＴＡについて、西ヨーロッパ諸国間の結束と西側の強化を目指しているという想定に基づき原則的に共感している、②いぜんとして「共同市場に非常に惚れ込んで」いるものの、アウター七諸国のＦＴＡはＥＥＣへの報復ではなく、それと共存するために設計されたというイギリス政府の主張を受け入れる、③ただし最終的な見解については、アウター七諸国間の協定がＧＡＴＴ第二四条を逸脱するような第三国への差別を含むか否かにより左右される、という説明が行われた[30]。

その後、アウター七諸国の外相は、七月二〇～二一日にストックホルムで開かれた会議で、それぞれの政府に対して七カ国間のＦＴＡの設立を提言するとともに、実務レベルの担当者に対してＦＴＡ協定の草案を作成するよう命じることを決定した。それらのことは公式の声明としても発表された。スカンジナビア諸国政府（特にノルウェー政府）の要求によりイギリス政府が譲歩を迫られていた魚類の扱いについても、①缶詰または加工された魚類は工業製品として扱い自由貿易の対象とする、②他の一般の魚類については後の交渉で継続して議論を行うことで当面の合意がなされた[31]。

しかしながら、イギリス外務省のホリデイ（L. G. Holliday）がエバンスに抗議したように、アメリカ政府は、英米両国間の協議での議論とは異なり、公の場でアウター七に対する「好意的な態度」をなかなか示さなかった[32]。この時期、イギリス駐米大使のカッシア（Sir Harold Caccia）も、国務省が西ヨーロッパ諸国駐在の大使館に対して、アウター七諸国のＦＴＡがＧＡＴＴと矛盾せず、アメリカ政府のＥＥＣへの支持を損なわない限り「共感を持った支持」を与えうると指示したことを伝えて、「これが、私たちがアメリカ政府に期待できる最も好意的な態度であると思う」と指摘した。カッシアはまた、ヨーロッパ統合をめぐるアメリカでの世論のあり方について、次のような見方を示した[33]。

ヨーロッパ合衆国の設立は、いまだにアメリカの世論の大部分により母なる大陸が抱える問題の解決策とみなされている。……そこから、彼らのEECへの強い共感と、私たちにいらだち、私たちの純粋な経済協力の提案に冷たく当たる傾向が生じている。……超国家的なヨーロッパ機関を受け入れることがイギリスにとって困難であることは理解されている。しかし、西ヨーロッパ全体を包摂する統合の拡大（extension）よりも、ヨーロッパ統合の強度（intensity）により大きな重要性が与えられているのである。

そうしたなかで、イギリスでは一〇月八日に総選挙が行われ、マクミランを党首とする保守党が議席を前回総選挙（一九五五年五月）から二一議席増やして三六五議席とし、労働党（二五八議席）に一〇〇議席以上の大差をつける圧勝を収めた。保守党圧勝の背景には、総選挙を意識した経済刺激策もあり景気が好転し、低失業率や実質所得の上昇が見られたことを、マクミランが「こんなによい時代はなかった」（You have never had it so good）という文句とともに、保守党政権の実績として印象づけたことがあったとしばしば語られてきた[34]。ところが、実際には保守党の得票率（四九・四％）は、前回総選挙（四九・七％）からわずかに低下していた。保守党は、当時復調の兆しを見せていた自由党が前回総選挙から（議席数は六議席と変わらなかったが）得票率を二・七％から五・九％に伸ばし、労働党が得票率を下げた（四六・四％から四三・八％）結果、議席を伸ばした面が大きかったのである。しかし、いずれにせよ総選挙での圧勝により行動の自由を大きく拡大した第二次マクミラン政権は、それまでヨーロッパFTA交渉に関して設置されていたアド・ホックな閣僚級の委員会を再編して、ヨーロッパ経済連合委員会

(European Economic Association Committee) を設立し、マクミラン自身が委員長の座に就くなど、積極的に対ヨーロッパ政策の見直しに着手していくことになる。[35]

ただし、キャンプスが指摘するように、ＥＥＣへの加盟が正しい方向であるという結論は一九六〇年から六一年の前半にかけて徐々に固まっていったものであり、ある時点で突然生じたものでもなければ、政策決定に主要な責任を持つ人々の間で同時に共有されるようになったものでもなかった。[36] しかし、そうしたなかで、マクミランは、比較的早い段階からヨーロッパ統合をめぐる政策の大胆な転換が必要であるという認識を持つようになっていた。そして、彼はその後、慎重を期しつつもときに積極的なリーダーシップを発揮し、イギリス政府をＥＥＣへの接近、そして加盟申請へと引っ張っていくことになる。

総選挙での勝利の後、一〇月二〇日に第二次マクミラン政権の組閣後初の閣議が開かれ、[37] 二七日には恒例の「女王演説」(Queen's Speech) で新議会が開会された。そうしたなかで、マクミランは、再び外相に留任したロイドに宛てた覚書で、ヨーロッパ統合をめぐる現状についての認識を示したうえで、新政権がとるべき方策についての考え方を提示した。マクミランはまず覚書の冒頭で、ヨーロッパ統合問題に関して、新たな議会の任期（五年間）に向けた課題とともに現状に関する深い危機感を示した。

> 明らかに今後五年間の最も重要な課題のひとつは、イギリスのヨーロッパとの関係を構築することになるであろう。ナポレオンの時代以降初めて、主要な大陸諸国がかなりの政治的側面を持った積極的な経済グループとして統一された。それは特にイギリスに対抗するものではないとはいえ、私たちをヨーロッパの市場とヨーロッパの政策に関する協議の双方から排除する効果を持ちかねないものである。

しかしながら、それにもかかわらず、マクミランによれば、もしイギリス政府が共同市場を妨害しようとすれば、「過去一〇年間にわたりヨーロッパの弱さによって屈辱を味わってきたすべてのヨーロッパの人々を私たちに反対する形で結束させてしまう」うえに、おそらくアメリカでも反発が沸き起こり、ソ連を利することにもなってしまうのであった。さらにマクミランは、共同市場にはヨーロッパ諸国の間により強い結束をもたらすという一定の利点もあるとして、結局のところ、「問題はいかにして共同市場と経済的に共存し、その政治的影響力を私たちに無害なものに転じるかということである」と記した。彼によれば、詰まるところ共同市場の中核は「仏独同盟」であり、最終的には仏独両国政府に影響を及ぼすことが必要になるのであった。そして、フランス、西ドイツ両国政府に対しては、次のように大きく異なる対応を行うことが求められていた[38]。

①フランス政府は基本的に政治的に強い立場にあるため、イギリスをヨーロッパにおけるパートナーとして受け入れさせるべく「脅しをかけること」(bullying) が成功する見込みは小さく、結局は説得に努める他にないであろう。そのためには、例えばWEUや軍備面の協力、英仏両国間の一般的な政治的接触の拡大など具体的行動を通して、フランス政府との協議を促進することが有用ではないか。

②他方、西ドイツ政府は強い政治的立場にないため、「脅しをかける」好機があるのではないか。例えば、アデナウアーに対して、西ドイツの防衛に関してイギリス軍がアメリカに次ぐ貢献をしているにもかかわらず、ヨーロッパ統合がイギリスを排除する形で実施されようとしている状況は国内的に受け入れられがたいと伝えることが考えられる。

実際にもこうした現状認識に基づき、マクミラン政権内では、アウター七諸国のFTA設立に向けた交渉が完了する前から、単に六カ国と七カ国の「橋渡し」を目指すことを越えて、より積極的にEEC諸国側と調整を行うことが考慮されるようになった[39]。特に同年秋以降、ロイドが中心となり、ヨーロッパ大陸諸国（特にフランスと西ドイツ）との関係を再構築するための努力が強化された。[40] 他方、関係省庁の官僚で構成された経済運営委員会（Economic Steering Committee）――なかでも商務省など経済省庁――では、当時のイギリス経済の好調さに加えて、EECから排除されることによる経済的不利益はそれほど大きくはならないであろうという判断もあり、ヨーロッパ統合の外側にとどまる現状について相対的に楽観的な立場が目立つようになっていた。そうした結果、この時期、関係省庁の官僚から積極的な対応を行うように提言がなされることにはならなかった。[41]

一九五九年一〇月の総選挙後も、マクミラン政権はいぜんとしてEECに直接加盟する選択肢は排除しており、引き続きアウター七諸国のFTAを早期に設立し、それを通して西ヨーロッパ規模のFTAの設立に向けた道筋をつけることを優先的な目標としていた。ところが、アウター七諸国間の交渉は、漁業を重要な産業としていたノルウェー政府（さらに他のスカンジナビア諸国政府も）が将来主要な輸出品になると期待された冷凍魚類を自由貿易の対象にすべきであると主張したことで難航を強いられていた。マクミラン政権側では、冷凍魚類に関する輸入関税（一〇%）による保護が失われることへの国内の漁業関係者の反発もあり、しばらく議論が紛糾した。しかしながら、関係閣僚の間ではこの問題をめぐりアウター七諸国間のFTA交渉全体を決裂させることは論外であるという考え方が共有されており、最終的には冷凍魚類も自由貿易の対象に含めるという譲歩を行うことが決定された。ただし、そうした譲歩を行うためには、①スカンジナビア諸国側が年間二万トン以内という輸出自主規制を実施する、②アウター七諸国間のFTA協定締結後にスカンジナビア諸国の漁獲枠が拡大された場合にはイギリス政府は協定を見直す権利を留保する、という条件が付けられており、それらに対して特にノルウェー政府が難色を示したため、交渉の行方は予断を許さないものとなった（さらにノルウェー政府は、生鮮魚類についてもイギリス政府が関税を引き上げたり、輸入割当を課したりしないよう約束することを求めた）。[42]

マクミラン政権にとってさらに頭痛の種となったのは、アメリカ政府がアウター七諸国のFTAに対してより厳しい態度を示すようになったことであった。一〇月二七日、東京で行われた第一五回ＧＡＴＴ総会の際に、イギリス外務省のゴア・ブースとディロンなどが会談を行ったが、アメリカ側からは、自国の経済状況の悪化を背景として、アウター七諸国またはより広範な西ヨーロッパ諸国間のＦＴＡについて国内産業界や議会の支持を得ることが困難になるであろうという見方が示された。[43] また、一一月一日の『サンデー・タイムズ』紙では、「アメリカ政府は「アウター七」計画に好意的ではない見解を持っており、予想される加盟国にそのことを伝えた。それは、共同

図 8　アイゼンハワーのイギリス訪問（1959 年 8〜9 月）

アイゼンハワー訪英時のフリート・ストリート（ロンドン）。先頭車両にアイゼンハワー（左）とマクミラン（右）。

出典）*Harold Macmillan : A Life in Pictures*, London : Macmillan, 1983.

市場に既に見られるアメリカに対する通商上の差別圏を拡大するだけであるというのがアメリカの立場である」と報じられた。[44] こうした動きにイギリス外務省は強く反発し、駐米大使館宛の電報のなかで、アウター七諸国のＦＴＡについて、「彼らは、これは私たちが誇りに思っており、彼らの公の場での支持を受けるに値すると考えている成果であることを明確に理解する必要がある」として、ハーターが、アイゼンハワーととも

に訪英（同年八〜九月）した際にアウター七への支持を適切な時期に表明すると述べつつも、いまだにそれを果たしていないことに強い不満を滲ませた。[45]

他方、総選挙後のヨーロッパ大陸諸国との関係改善の試みの一環として、一一月一一日からロイドのフランス訪問が実施された。その際、ロイドは、パリのオルリー空港での声明で、ヨーロッパにとって英仏両国間の相互理解が重要であるという考えを強調するとともに、イギリスは「ヨーロッパの一部」であり、フランスはヨーロッパ諸国間の協力の「土台」であると表現するなど、フランス政府に大きな配慮を見せた。しかしながら、フランス政府側は、ロイドの訪問に際しても、早期に六カ国と七カ国の間の問題について協議することに消極的で、それら双方を包摂する枠組みであるOEECについてもまったく言及することがなかった。フランス政府側はさらに、EEC諸国の域外に対する貿易障壁の削減についても、GATTにおける多国間交渉を通して進めれば十分であると主張するなど、アメリカ政府と重なりあう立場を示すにとどまった。[46]

そうした状況で、一一月一九〜二〇日、ストックホルムでアウター七諸国間の閣僚会合が開かれた（イギリスからは、ヒースコート・エイモリー蔵相、モードリング商務相が出席した）。アウター七諸国間の交渉は主に魚類の扱いをめぐり最後まで難航しており、閣僚会合が開かれる直前まで、イギリス、ノルウェー両国間で激しい議論が交わされていた。しかし結局、魚類の扱いについてイギリス政府が以下の三点にまとめられる譲歩を行うことを決定し、ノルウェー政府もそれらを受け入れた結果、最終的に交渉は妥結するに至った。

①生鮮魚類については、イギリス政府が、関税を引き上げたり、輸入割当を課したりする意図がないことを公式に声明する。

②冷凍魚類については、スカンジナビア諸国の輸出自主規制枠を年間二万四〇〇〇トンにまで引き上げる（その

枠内でイギリス市場への無関税での輸出を認める)。

③ ただし、年間二万四〇〇〇トンの輸出自主規制枠を越えた場合は、イギリス政府は関税の削減について修止する権利を留保する。

また、それまでの交渉の過程で、イギリス政府はベーコンなどデンマークの主要輸出品についても輸入関税を撤廃することに同意するなど譲歩を見せていた。確かに、農業一般については、EFTA協定に輸出補助金の撤廃や農産物貿易に関する一年ごとの検討について一般的な条文が盛り込まれるにとどまり、工業製品の自由貿易地域としてのEFTAの基本的性質に変更が加えられることはなかった。しかしながら、農産物の輸出に大きく依存するデンマークを工業製品のFTAに取り込むためには農業分野で一定の配慮が欠かせず、イギリス政府は、デンマーク政府との間で二国間での譲歩を行うことでそうした要請に応じたのであった。さらに、EFTAの最高決定機関と定められたEFTA理事会（閣僚レベル、常駐代表レベル）での決定方式についても、全会一致制を原則としつつも、手続き、協議、苦情、例外扱いの許可に関しては七カ国中四カ国の賛成で成立する多数決方式を採用することで合意に達した。そうした結果、一一月二〇日には、アウター七諸国の閣僚の間でEFTA協定（ストックホルム協定）が仮調印（initial）されるに至った[47]。

こうして、一九五九年一一月までにはEFTAの発足に向けて大きく道が開けることになった。しかしながら、既にこの時点までに、EFTAは多くの困難に直面していた。実際、一一月二七日付のイギリス政府のヨーロッパ経済連合委員会文書では、EFTAを通して実現が目指されていた西ヨーロッパ規模のFTAについて、EEC諸国側（特にフランス政府とEEC委員会）が原則的に反対の立場をとっており、以前は「距離を保ちつつも好意的」であったアメリカ政府も敵対的な傾向を示すようになってきたため、短期的には実現の見込みが低いという判断が示された。そして、アメリカ政府がEFTAに対して敵対的な態度を示すのは、それが通商面での対米差別を含むことに加えて、(イギリス政府がEFTAを通して目指していた西ヨーロッパ諸国を包摂する枠組みが成立しないことで)西ヨーロッパ諸国が政治的に分断されることの深刻さを過小評価しているからでもあると分析された[48]。

一一月二九日、関係閣僚・官僚の会合がイギリス首相の郊外の別邸チェッカーズで行われた。その会合では、首相の私設秘書であり、マクミラン政権の外交政策の形成にも影響を持っていたデ・ズルエータ(Philip de Zulueta)が「ヨーロッパの週末」(European-weekend)[49]と名づけたように、ヨーロッパ統合をめぐる問題が集中的に議論されたが、なかでも以下のような指摘がなされたことが注目に値する。

①EEC諸国政府は、アメリカ政府の反対を盾にとりEFTA諸国との交渉に入ることを拒んでいる。

②EEC諸国政府は「世界的な文脈、おそらくはGATT」において交渉を行うべきであると主張するが、「それらの成功はアメリカが自由主義的な通商政策――長年の間アメリカ政府が採用するように見えなかったもの――を採用するか否かにかかっている」ことを理解したうえでのことである。

③それゆえに、EEC、EFTA間の協定が成立しない状態が続いた場合にEECがイギリスに及ぼす経済的影響について緊急に検討する必要がある。具体的には、EEC諸国の共同市場が域内の投資を活性化するとともに、域外からの投資を引きつけ、またその巨大な「域内市場」(home market)の利点によってより低い価格での輸出が行われるようになる可能性があることなどが懸念される。

チェッカーズでの会合では、外交面に関しても、ロイドが、EEC、EFTA間の協定が成立せず、EECが独自に「連邦国家」(Federal State)に向けた発展を遂げた場合、アメリカ政府はイギリスよりもEEC諸国で構成される「ヨーロッパ合衆国」(United States of Europe)との関係を重視するようになりかねず、そうした事態は、「私たちのアメリカとのつながりは他のいかなるつながりよりも重要」であるため、非常に深刻であるとして危機感を露わにした[50]。そして、同日の会合では、EECがイギリスへの経済的脅威となることは変わらないとしても、EECが「強大なドイツ」に率いられるよりは、「強大なフランス」に率いられる方が（その結果、NATOが分解するという事態に至らない限りは）政治的脅威としては小さなものになるであろうという見方も示された。さらに、マクミランは、ヨーロッパ統合をめぐる困難な状況を打開するための方策として、ドゴールに対して核兵器に関する技術を提供するという考え方を初めて提示することにもなった[51]。

次いで、一二月七〜一〇日には、ディロンがイギリスを訪問し、マクミランやロイドなどとの会談が行われた。まず一二月八日の会談では、ロイドが、EECが排他的な形で発展すればヨーロッパ諸国間の分裂を招くとして、再びヨーロッパ統合の外交面の問題点を指摘した。ヒースコート・エイモリーは、「六カ国のなかには、七カ国の解体を望んでいるように見えるだけでなく、アメリカの見解を彼らの目的を支持するものとして引用する者がいる」と苦言を呈した。彼はさらに、EFTAがヨーロッパ諸国間の広範な連合の形成に役立てば、アメリカ側の利益にもなるという考え方を示すとともに、イギリス政府はEEC、EFTAが保護主義化することを防ぐために全力を尽くすと述べた。しかし、それに対してディロンは、アメリカ政府のEECへの支持は経済的というよりも政治的なものであるとして、イギリス政府がEECに加盟できないことは理解できるとしつつも、英米両国がNATOの枠組みで協力すればヨーロッパ諸国間の分裂が深刻化するのは防ぐことができるという考え方を披露した。ディロンはまた、アメリカ政府は、EEC諸国政府が自由主義的な通商政策を採用することについて、イギリス政府よりも楽観的な見方をしているとも述べた。翌日の会談では、マクミランが、EFTAはEEC諸国政府に対して自由主義的な政策をとらせる圧力になるとともに、NATOと西ヨーロッパ諸国の結束を強化することにも貢献するとして、EFTAを擁護する議論を展開した。しかしながら、ディロンは、アメリカ政府はEFTAという構想については受け入れたとしつつも、「いまやそれは実際的な可能性には見えない。……アメリカは常に共同市場の政治的重要性を認識してきたが、七カ国は何の政治的重要性も持たない経済的機構であると感じている」として極めて厳しい見解を示した(52)。

他方、こうしたディロンの態度を受けて、マクミラン政権内でEFTAの政治的意義についての信念が少なからず揺らいだのは確かであったとしても、EECの外側にとどまることの経済的判断については引き続き悲観論と楽観論が入り交じる状況が見られた。一二月一五日の閣議では、EFTA協定の仮調印後のヨーロッパ統合をめぐる情勢が議論されたが、ヒースコート・エイモリーは、フランス政府の反対とそれへの西ドイツ政府の同調により西ヨーロッパ規模のFTAを設立する試みが進展する見込みは低いとしたうえで、EECの共通域外関税が高水準にとどまった場合にイギリス経済が損害を受けることやEEC諸国市場がアメリカからの（そしてイギリスからも）投資を引きつけることへの懸念を示した（ただし、そうした危険はEFTAの設立によりある程度緩和されたという見方も示された）。モードリングは、西ヨーロッパ諸国間の貿易自由化が進まなければ、EECの外側にとどまることによる貿易、投資両面での不利益は深刻なものになりかねないとして、EECの経済的脅威を過小評価してはならないという考えを強調した(53)。他方、一二月二三日付のヨーロッパ経済連合委員会文書（官僚の報告書）では、共同市場の創設によるヨーロッパ市場での損害はそれほど深刻なものではなく、さらにEECが形成されるまでの過程は非常に漸進的なものであるので、適切な対応ができれば「私たちの生活水準への永続的な被害があると想定する理由はない」とされるなどいぜんとして楽観的な見方も示された(54)。

ところで、アウター七諸国間でEFTAの設立に向けた交渉が行われていた時期は、すべてのEEC諸国、EFTA諸国（さらにいわゆる「周辺諸国」と準加盟国アメリカ、カナダ）を包摂する経済・通商機構であったOEECを改革する議論が進められた時期でもあった。しかし、それもまた、イギリスにとって有利に働くことはなかった。

当時、OEECの改革が急がれた背景には、この頃までに、OEECの設立（一九四八年四月）以来の三大目的であった、①マーシャル・プランに基づくアメリカからの援助の配分・調整、②西ヨーロッパ諸国間の（主に輸入数量制限の緩和による）貿易自由化、③通貨の交換性回復がほぼ実現されたことに加えて、OEECを舞台に行われた西ヨーロッパ一七カ国間の工業製品のFTA交渉が決裂していたこともあった。そうした結果、ディロンや、アメリカ政府の対外経済政策理事会（Council on Foreign Economic Policy：CFEP）議長ランドール（Clarence C. Randall）、さらに当時「ヨーロッパ合衆国のための行動委員会」（Comité d'action pour les Etat-Unis d'Europe）委員長を務めていたモネなどが、OEECの拡大（準加盟国アメリカ、カナダの正式加盟）と再編（役割と機構の強化）につながる提言を行うことになったのである。

そうした際、OEECの拡大・再編を通して期待されたのは、西側先進諸国間での発展途上国援助の調整・負担分担や経済面での米欧関係の強化とともに、アメリカを加えて強化された新機構がEECとEFTAの間の「橋渡し」に貢献することであった。特にマクミラン政権内では、OEECを拡大・再編した新機構が、EECとEFTAの分裂にともなう諸問題の解決に貢献することへの強い期待が存在した。そして、一九六〇年一月には、欧米一三カ国とEEC委員会の代表で構成された特別経済委員会（一二〜一三日）とOEEC加盟国・準加盟国の閣僚が出席したOEEC理事会（一四日）がパリで開かれ、新機構の設立に向けた議論が進められた。ところが、アメリカ政府は、EEC諸国とEFTA諸国双方が第三国に対して差別的な特恵協定を結ぶことにより問題の解決を図ろうとするのを警戒しており、フランス政府も、OEECとそれが拡大・再編された新機構の枠組みでEECとEFTA間の調整を図ることには消極的であったため[55]、イギリス政府側で期待された通りに事態が進展する見通しは決して明るいものではなかった。

第3節 イギリス対外政策の行き詰まりと政策転換の開始

一九六〇年初めの段階では、マクミラン政権内では、いぜんとしてEECへの加盟に否定的な考え方が支配的であった。ところが、R・J・リーバーが「最も劇的な変化のあった年[56]」と指摘する一九六〇年（特にその年の前半）には、いくつかの新たな事態が生じ、マクミラン政権に対して既存の対外政策の行き詰まりと自国の国際的地位の低落を痛烈に認識させるとともに、ヨーロッパ統合に接近する必要を印象づけていくことになる。その点で、U・W・キッティンガーによる「イギリスにとって、その国際的地位が一九三九年から――一九一四年からということはいうまでもなく――いかに根本的に変化したかを認識するには〔第二次世界大戦終結から〕一五年間かかった[57]」という同時代の指摘は、ある程度の単純化を含むとしても、いぜんとして示唆的である。

まず、一九六〇年一月四日、ストックホルムにおいて、アウター七諸国の政府代表によりEFTA協定が正式に調印（sign）された。その後、各国議会（スイスのみは国民投票）での批准手続きを経て、加盟国間での工業製品（冷凍魚類など工業製品扱いとされた産品を含む）の関税が一〇年間（または後に合意されればそれより短い期間）の移行期間を経て相互に撤廃されることとなった。マクミラン政権の当面の課題は、マクミラン自身が一九六〇年最初の閣議（一月四日）で強調したように、「私たちの主要な目標はEFTAを強化し、活性化することでなければならず、この目的のために私たちはその内部の制度と共通の政策を発展させる最善の方法について熟慮すべきである」とされた[58]。同月末までには、EFTA協定とは別に（しかしそれと密接に関連して）調整が行われていたイギリス、デンマーク間の農産物貿易に関する協定についても最終的な合意に達した[59]。こうして、一九六〇年初めには、西ヨーロッパ内部にEECとEFTA――それらはしばしば「六カ国と七カ国」（the Sixes and the Sevens）と表現された――が並立する状況が明確に立ち現れた。

ただし、EFTA協定はその前文において、OEEC内部でのEEC諸国との経済関係強化を目指すいわゆる「橋渡し」と将来における西ヨーロッパ規模のFTAの実現を主要目的に掲げており、EFTAが必ずしもヨーロッパFTA交渉の失敗への報復やEEC諸国との対立を意図したものではなかったことをうかがうことができる[60]。ところが、EFTAは、そもそもローマ条約への調印にともなう権利と義務を受け入れることへの共通の尻込みとヨーロッパ統合からの排除により政治的、経済的に孤立しかねないことへの共通の恐怖から生まれた、その場しのぎの機構という側面が強いものであった。EFTAはまた、三つの中立国（スウェーデン、スイス、オーストリア）を含むがゆえに政治・外交面の協力を深めることが困難であり、さらに設立国自体においても西ヨーロッパ規模のFTAを実現するまでの過渡的な機構にすぎないと捉えられていた面もあり、ECSC、EEC、EURATOMに見られたような将来にわたる大きな理念や目標を持つものとはいえなかった[61]。

マクミラン政権内では、EECとEFTAが並立する状況が続けば、英米関係に悪影響が及びかねないという懸念も強まっていた。例えば、二月一日付の外務省文書では、「アメリカ人たちは基本的に私たちのヨーロッパ統合に対する態度に共感していない。……それゆえに、もし西ヨーロッパが二つのグループに分裂したままであれば、英米関係が損なわれかねない。……もし選択を迫られれば、アメリカはストックホルム・グループ（EFTAのこと）よりもEECを支持する傾向がある」として、アメリカの第一のパートナーとしての地位をEEC諸国側に奪われることもありうるという危機感が示された[62]。デ・ズルエータも、アメリカ政府がドイツ問題、東西首脳会談、核軍縮問題などに関して英米両国間で十分な協議を怠っていることに加えて、ヨーロッパ統合をめぐる問題に関してイギリス政府に協力的でないことを挙げて、英米関係が徐々に問題を孕むものになってきていることに懸念を示した[63]。そうしたなかで、三月一八日には、マクミランを筆頭に関係閣僚が集まりヨーロッパ経済連合委員会の会合が行われた。そこでは、モードリングが議論を引っ張り、「もし私たちが大陸ヨーロッパの中心から経済的に切り離されるならば、イギリスは徐々にパワーと影響力を失い、アメリカとの関係も切り崩されるであろう」として、「私たちは全般的な問題を真剣に再検討すべきである」と述べた。モードリングは、いぜんとしてEEC、EFTA間の部分的な調整が可能ではないかという見方を示すマクミランとは対照的に、既存のヨーロッパ政策を大きく見直す必要を訴えたのであった[64]。

他方、EEC諸国内では、フランス政府やアデナウアーが将来の「橋渡し」を主要な目標に掲げるEFTAをEECの枠組みを骨抜きにしかねないと受けとめた（ただし、エアハルトやオランダ外相ルンスはEFTAとEECの「橋渡し」への期待を公言していた）ことに加えて、六カ国側ではアメリカ政府のEECへの強い支持が十分に理解されていたこともあり、EEC、EFTA間の「橋渡し」には遅々として進展が見られなかった[65]。そして、EFTAがその市場規模や国際的な存在感においてEECに劣っているのは否定しがたい事実であり、またEFTA諸国内ではイギリスだけが圧倒的に大きな国であったため、「橋渡し」が成功する見込みが低下するにつれて、マクミラン政権にとってのEFTAの存在意義はしだいに失われていくことになった（さらに、ヒースによれば、他のEFTA諸国政府にはイギリス側に過度の負担を求める傾向が見られた[66]）。また、EECとEFTAが並立する状況では、西ヨーロッパ内部でのイギリスの地位が大きく低下することも予想され、その結果、イギリスが「西ヨーロッパの問題における新たな中心から離れ、〔そこでの〕重要な展開にほとんど影響力を持つことなく、側面から眺めている[67]」と表現されたような立場に陥ってしまうという懸念も強まった。そのうえ、ヨーロッパFTA交渉の失敗に続いて、EECとEFTAの「橋渡し」も思うような進展を見せなかったことにより、冷戦下の厳しい国際環境にもかかわらず西ヨーロッパ諸国が経済的に分裂している状況が生じ、そのことがマクミランをはじめとするイギリス政府内部での懸念を引き起こすことにもなった。

三月三日、EEC委員会のハルシュタイン委員長が、一九六一年一二月三一日までに域内関税を五〇％引き下げるなどEEC諸国間の関税同盟設立に向けた日程を前倒しするとともに、一九六〇年七月一日をもって域外関税を二〇％削減するよう提案したことも、マクミラン政権に困難な状況を突き付けた。このいわゆるハルシュタイン案(Hallstein Plan)――または「加速」(acceleration)提案とも表現された――は、EECとEFTAの域内関税の引き下げを同じ日程で進めることで将来の西ヨーロッパ規模のFTAの設立につなげようと目論んでいたイギリス政府にとっては、容易に受け入れがたい内容を含んでいた。しかし他方で、アメリカ政府は、三月四日の国務省による報道機関向けの発表でハルシュタイン案への支持を表明し、三月一五日に行われたアイゼンハワーとアデナウアーの首脳会談後の共同声明でも、同提案を世界的な貿易障壁の緩和に大きく貢献するものとして歓迎する立場が示された(他方、西ドイツ国内では、エアハルトや経済界から、ハルシュタイン案についてEECとEFTAの分裂を深めるとして反発の声も聞かれた)[68]。アイゼンハワーとアデナウアーの共同声明は、『フィナンシャル・タイムズ』紙が論じたように、「アメリカはヨーロッパにおける経済的分裂を緩和するという希望を公言しつつ、根本的に共同市場の側に立っているという、イギリスにおける危惧を裏付けずにはおれない[69]」ものであり、マクミラン政権は「EEC委員会提案の支持に加わるアメリカの活発な介入政策[70]」に強い反発を見せた。

しかしそれと同時に、マクミラン政権側でも、ヨーロッパ統合をめぐる既存の政策を見直す動きが徐々に出はじめていた。まず、一九六〇年三月には、「官僚レベルでの経済政策に関する最高の意思決定機構[71]」であった経済運営委員会の改編が行われた。ここで、同委員会はヨーロッパ、コモンウェルス、一般経済問題の三つの分野に関する部会に分割され、ヨーロッパ問題に関する部会(Economic Steering [Europe] Committee)の長には、同年一月に商務事務次官から大蔵事務次官に異動したリーが就任した。この経済運営委員会ヨーロッパ部会は「イギリスの西ヨーロッパに対する経済政策に関して検討を行い、閣僚に助言を行う」ことを目的に設置され、部会長のリー以下、大蔵省を中心に外務省、コモンウェルス関係省、植民地省、商務省、農漁業食糧省、イングランド銀行の官僚で構成された。そして、経済運営委員会ヨーロッパ部会は、三月三一日の第一回会合以降、EEC諸国との関係に関してイギリス政府がとりうる選択肢の再検討に取り組んでいくことになる。ここで注目すべきは、同部会の長にイギリス政府内では例外的ともいえるほどの親ヨーロッパ派であったリー（彼は六カ国政府がメッシーナ・イニシアティブに着手した一九五五年の時点から、ほとんどただ一人でヨーロッパ統合への参加を主張していた）が就任したことであった。このことは、マクミラン政権の政策転換の意図を強くうかがわせるものであり、それまでに見られたようなEECへの接近に対する官僚側の消極的な姿勢もその後は着実に変化していくことになる。(72)

そして、三月二六〜三〇日にはマクミランがワシントンとキャンプ・デーヴィッドを訪問して英米首脳会談が行われたが、それはヨーロッパ統合をめぐる英米間の確執のひとつの頂点となったとともに、その後のイギリス政府の政策転換の大きな転機にもなったものであった。マクミランはまず、ワシントンでハーター、ディロンたちと会談した際、「六カ国に限定された機構には長所とともに明確な政治的欠点があると感じる」として、将来にわたるフランスの政治情勢の不確実性を指摘するとともに、「ドイツは戦後の敗戦の雰囲気のなかで協力的であるが、そうした雰囲気が長続きするとは限らない」と持論を展開し、ヨーロッパ統合が仏独両国の主導で進むことの危険性について語った。さらにマクミランは、もしEECが成功すれば、彼自身が「阻止するために長年を費やしてきた類のヨーロッパの政治機構が出現することになる。六カ国の強力な政治機構は、より大きな単位のなかの統合された一部とならない限り大きな危険があると思われる」として、仏独間でヨーロッパの覇権争いが生じる可能性も指摘したうえで、「イギリスがヨーロッパにとどまり、状況の求めに応じて一方または他方にその重みをかけることができる」ことが不可欠であると述べた。

他方、ディロンは、EECについて、それが西ドイツを不可逆的に西側に結び付ける最善の方法であるという主に政治的な考慮から支持する立場を強調し、ＥＥＣの「加速」にも寛容な考えを示した。ディロンはまた、ＥＥＣ諸国が「強力で独立した政治的方向性」をとることを防ぐための方策のひとつとして、アメリカがＯＥＥＣに正式に加盟することを挙げた。それに対して、マクミランは、ＥＥＣの「加速」に反対する考えを示し、西ドイツ政府から著しい貿易上の差別を受けるならば、西ドイツ駐留の英軍を撤退させることも考慮せざるをえないなどとして反論した。(73) また、当時の大蔵省経済担当国務相ボイル（Sir Edward Boyle）が後に証言したところによると、この英米首脳会談の際、アイゼンハワーはマクミランに対して、イギリスがＥＥＣに加盟しなければ英米特殊関係は急速に弱まるであろうと警告を行った。(74) こうした英米首脳会談での激しい見解の対立とアイゼンハワーによる警告は、「イギリスがヨーロッパにとどまる」必要を訴えつつも、いぜんとしてＥＥＣへの加盟ではなくＥＥＣ、ＥＦＴＡ間の「橋渡し」を優先していたマクミランたちに衝撃を与え、その後の第一回ＥＥＣ加盟申請に向けた政策転換に少なからず影響を及ぼしたと考えられるのである。

この時期の重要な変化には、一九六〇年二月頃までに、従来のＶ型爆撃機（V-bomber）に代わる次世代の核兵器運搬手段として期待されていた国産のブルー・ストリーク（Blue Streak）型地上発射弾道ミサイルについて、その軍事向けの開発を断念せざるをえないことが決定的になったこともあった。その背景には、開発費用が当初の予想よりもはるかに高くなると明らかになったことに加えて、もし開発に成功したとしても、地上固定式かつ発射までに時間を要する液体燃料式であったために脆弱性が高いと考えられたことがあった。しかし、いずれにせよ、ブルー・ストリーク型ミサイルの軍事向けの開発断念は、イギリス独自の核兵器運搬手段の開発の挫折を意味するものであったために、イギリスの大国としての地位の揺らぎに関する認識を高めることになった。(75)

また、その後いったんは、アイゼンハワー政権との間で、アメリカで開発中であったスカイボルト型空中発射弾道ミサイルの供給に関する合意がなされたものの、ミサイルはいぜんとして開発の初期段階にすぎず、アメリカ側

図9　マクミランとドゴール

東西間のパリ首脳会議（1960年5月）に向けてパリの空港に到着したマクミラン（左）と出迎えるドゴール（右）。

出典）*Harold Macmillan : A Life in Pictures*, London : Macmillan, 1983.

が主に技術的な問題から開発に手間取ったこともあり、供給は遅々として実施に移されなかった。そのうえ、当時アメリカ政府内部では、同盟国への核拡散について消極的な意見が強まっていたことから、マクミラン政権が適切な核兵器運搬能力を確保できるかどうかということ自体しだいに流動的になっていった。[76] それゆえに、こうした事態は、マクミラン政権に対して、将来にわたり「独自の核抑止力」を維持していくことができるかどうかという重い課題を突き付けたのである。[77]

続いて、五月一日にソ連上空でアメリカ軍の偵察機U２が撃墜される事件が起こり、それが直接の原因となり、五月一六日から開かれる予定であった米英仏ソ四カ国間のパリ首脳会議が決裂するという事態が生じた。[78] このパリ首脳会議の決裂に加えて、その後も米ソ間の緊張が高まり、双方での強硬姿勢が強まった結果、マクミランがそれまで大きな力を注いできた東西首脳会議とイギリス政府が米ソ間で緊張緩和を推進するという「東西間の架け橋」

構想は挫折した。特にマクミランは、首脳外交の場で米ソ間の調停役を果たすことを通して、彼自身が深い懸念を抱いていた米ソ直接戦争の危険を緩和するとともに、[79]自国の米ソと並ぶ世界的な役割と影響力を確保するという構想を抱いていたが、両超大国間の対立の激化という現実を前にしてそうした構想は大きく損なわれることになった。

ここで、パリ首脳会議の決裂と「東西間の架け橋」構想の挫折について全般的なイギリス対外政策の視点から考察するならば、東西首脳外交を通して米ソ間の調停役を果たすという構想は、「三つのサークル・ドクトリン」——それ自体が米ソ両国と比べた際のイギリスの（単独での）弱さを前提にしていた——を補完するとともに、ある意味でそれを乗り越えようとするものでもあった。つまり、この構想は、イギリス政府が単独で米ソ両国政府の間でかなりの影響力を持ちうるという（相当にナイーブな）信念と期待に基づくものであったが、それは結局、米ソ間の緊張の高まりという厳しい現実を前に脆くも崩れ去ることになった。そうした結果、マクミランは、大きな衝撃を受けるとともに強い無力感を抱くに至り、従来の対外政策を大幅に見直す必要があるという認識を強めていくことになった。そのうえ、U2撃墜事件とパリ首脳会議の決裂を契機として（さらに同年七月以降深刻化したコンゴ危機の影響などもあり）東西間の緊張が再び高まりを見せ、その結果、マクミラン政権内では、西ヨーロッパ諸国がEECとEFTAに分裂していることの危険性についての認識が強まることにもなった。[80]

マクミランは、同年六月三〇日の日記で、パリ首脳会議の決裂を振り返って、「私にとってそれはおそらく数年来の仕事であった。……そして、それは世界にとって究極的な災禍に向けた一歩でもあるのだ」[81]と記し、後年のインタビューでは、パリ首脳会議の決裂を「私の人生で最も悲劇的な瞬間であった」とまで述懐した。[82]そうした際、マクミランは、フルシチョフの謝罪要求を頑なに拒むアイゼンハワーの態度を変えることができなかった苦い経験を通して、両超大国間の情勢に翻弄される無力感とともに、英米関係の限界についての意識を強く抱くようになったと考えられる。こうした文脈で、N・J・アシュトンは、パリ首脳会議の決裂について、彼が「英米同盟を強化するための方策ではなく、その不確実性に対するヘッジ」であったと評価する第一回EEC加盟申請を促した要因であったと強調している。(83) しかし他方で、フルシチョフが首脳会議に姿を見せず、パリ首脳会議の決裂が確定的となった翌日、マクミランは失意のなかでアイゼンハワーと会談したが、そこで彼は、東西間の緊張が急激に高まるなかで、自由世界の統一を示すためにもEECとEFTAの問題を解決しなければならないとして、アメリカ政府がEECを支持し、EFTAに冷淡な態度をとってきたことに苦言を呈した。マクミランは、パリ首脳会議の決裂と「キャンプ・デーヴィッド精神」(84)と表現されたデタントの雰囲気の崩壊を、ただ嘆くだけではなく、ヨーロッパ統合に関する英米間の相違を解消する機会としようとするしたたかさも持っていたのである。

また、五月三一日にドゴールが、エリゼ宮殿からラジオとテレビを通して放送された演説でEEC諸国間の政治連合に関する提案を行ったことも、(85) マクミラン政権の判断に影響を及ぼすことになった。ドゴールは、政府間主義の原則に基づき、EEC諸国間で経済のみならず、政治、文化、人的交流の面でも協力関係を進めるべきであるという考え方を示したが、そこではフランスの自立性を強調するとともにNATOを必ずしも重視しない姿勢が目立ったため、他の西側諸国の間ではフランス政府がさらに対米自立傾向を強めるのではないかという懸念が広がった(マクミラン政権でも、彼ら自身がEECに加わり、そのなかでヨーロッパ統合の「内向き」の傾向を修正する必要があるという考え方が強まる契機となった)。そうした状況には、自由世界の統一を示すためにもEEC、EFTA間の「橋渡し」を進めるべきであるという主張を繰り返してきたマクミランにとって有利な面もあった。さらに、それまでにもヨーロッパ統合の超国家性が実際にはほとんど機能する様子を見せていなかったことから、EECへの加盟によりイギリスの国家主権が大幅に制約を受けるという懸念はある程度緩和されていたが、ここでドゴールが、モネやスパークが好んで用いた「連邦制」「ヨーロッパ合衆国」といった表現を用いず、国家主権を尊重する国民国家間の連合としてのＥＥＣの性質を強調したことは、マクミラン政権側の懸念をさらに緩和する効果を持つことにもなった[86]。

その後もドゴールは、同年七月末のランブイエでのアデナウアーとの首脳会談、九月五日のエリゼ宮殿での記者会見、さらには翌年二月のフランス外務省での第一回ＥＥＣ首脳会議の際に、同様またはより踏み込んだ内容の提案を繰り返した。そして、それまで大西洋同盟の枠組みを重視するとともに超国家的なヨーロッパ統合にも積極的な姿勢をとってきたアデナウアーが、おそらくはある程度不本意ながらもフランスとの関係を重視する立場から同調する構えを見せたこともあり、ドゴールの構想はしだいに現実味を増していった。そうした結果、マクミラン政権内では、ＥＥＣへの加盟により自国の国家主権が制約されることへの懸念が緩和されるとともに、仏独両国を中心とする西ヨーロッパ主要国間の政治協議から排除される不利益についての認識が高まることにもなった[87]。

こうして、一九六〇年前半に起きたさまざまな変化を受けて、マクミランを中心とする主要閣僚やリーに代表される一部の官僚は、ＥＥＣにより積極的に接近すべきであるという認識を確実に強めていった[88]。その背景には、パリ首脳会議の決裂やドゴールによるＥＥＣ諸国間の政府間協力提案とともに、ＥＥＣ自体が順調に発展し、経済面のみならず（例えばＥＥＣ委員会がさまざまな国際機関に直接代表を送るようになるなど）政治面でも存在感を高めていた状況が存在した。特にＥＥＣ諸国政府が、ハルシュタイン案を受けて、五月中旬にルクセンブルク（一〇日、一一日）とブリュッセル（一二日）で行われた閣僚理事会などで関税同盟の形成に向けた措置を当初の予定（一九六二年一月一日）から一年間前倒しして実施するとともに、一九六一年末をもって域内の輸入数量制限を撤廃すると決定したことは、マクミラン政権の態度にさらなる影響を及ぼした[89]。

五月一一〜一二日、ＥＥＣ閣僚理事会と同時期にジュネーブで開かれたＥＦＴＡ発足後初の理事会（常駐代表級）では、ＥＥＣ側の域内関税引き下げの前倒しへの対応が議題に上った。そこでは一方で、イギリス、スウェーデン、スイスの各代表が将来におけるEECとの「接近」(rapprochement)を促すためにEECの関税引き下げに歩調を合わせることが重要であると強調した。しかし、それに対して、ノルウェー政府代表は本国議会が休会に入るため明確な立場を示すことは困難であると述べ、ポルトガル政府代表は農産物の関税引き下げをともなうことなく工業製品の関税引き下げのみが加速されることへの難色を示した。[90] それに続き、五月一九〜二〇日には、リスボンでEFTAの第一回閣僚理事会が開かれた。リスボンでの閣僚理事会では、EEC、EFTA間の通商上の問題を解決するための交渉に着手するというEEC閣僚理事会の呼びかけに積極的に応じることが決定され、そのことが、第一回EFTA閣僚理事会で議長を務めたランゲからEEC閣僚理事会議長シャウス(Lambert Schaus)への返信で示された。[91] しかしながら、そうした公式の対応にもかかわらず、EEC諸国側の統合の進展にどのように対応するか(特に加速提案の動きに歩調を合わせて七カ国間でも関税引き下げの前倒しを実施するか否か)という課題は、発足したばかりのEFTAにとって非常に困難なものとして立ち現れることになった。

そうした状況で、五月一六日に開かれたイギリス政府のヨーロッパ経済連合委員会において、モードリングが(彼自身は西ヨーロッパ規模のFTAの設立を最善の解決と考えていると述べるなど、いぜんとしてEECへの加盟に慎重であったものの)国内産業界はヨーロッパとの貿易関係の問題の重要性をますます認識するようになっており、国内の新聞でも政府の積極的な行動を求める論調が強まっていることに触れた。実際、同年四〜六月には、『オブザーバー』『ガーディアン』などの有力紙や経済週刊誌『エコノミスト』がEECへの加盟に積極的な論調を示すようになっていた。[92]

五月二五日には、経済運営委員会ヨーロッパ部会が、いわゆる『リー報告書』(Lee Report)を提出し、関係閣僚に対して共同市場との「近似化」(near-identification)を目指すべきであると提言した。共同市場との「近似化」とは、同報告書によれば「七カ国が共同市場の主要な特徴のほとんどを、そこに公式に参加することなしに受け入れる方向に向けてできる限り進むという六カ国と七カ国の間の調整」のことを意味した。まず『リー報告書』では、ヨーロッパ統合は米ソと肩を並べる勢力になりうるものであり、もしそうなればイギリスの世界的な影響力は減退し、アメリカに対する影響力も失われるであろうという危機感が示された。そのうえで、同報告書では、イギリスの国際的地位が低下し、その国際問題に関する役割が周辺的なものになるとすれば、「私たちがヨーロッパ統合から距離を置くことで維持しようとしてきた独立の価値は疑わしくなるであろう」とするなど、EECへの接近によって従来は国家主権に属するとされてきた権限の一部が制約を受けることにも柔軟な立場が示された。そして、いぜんとしてEECに完全に加盟することには政治的な困難が存在するが、現状を放置して完全にEECの外側にとどまることにも政治的、経済的に大きな危険がともなうため、現時点でとりうる選択肢としては「近似化」が最も適切であるとされたのである。(93)

他方、五月二七日に行われたヨーロッパ経済連合委員会合では『リー報告書』が閣僚レベルで初めて議論の対象となったが、マクミランをはじめとする複数の閣僚からは「近似化」という考え方に対して反対意見が相次ぐことになった。まず、マクミランは、官僚の提言に対して、本当に「近似化」が現状を維持することに対する唯一の代替策であるのかという疑問を呈した。彼は、「近似化」は政治、経済両面において次のような大きな代償を孕むものであると指摘した。

①コモンウェルス諸国との特恵関係が阻害され、その結果イギリスの国際的な地位・影響力も損なわれる。
②既存の農業システム（国内農業を保護するとともに低い農産物価格を確保することを特徴とする）を維持することができなくなる。
③何らかの多数決制度を受け入れることになりかねない。

④コモンウェルス諸国とEFTA諸国の市場へのイギリス製品の特恵的なアクセスが失われる。
⑤安価な原材料の入手が阻害される。

そのうえで、マクミランは、「近似化」にも相当の代償がともなうのであれば、むしろEECに完全に加盟することによってEECへの加盟から得られる利益を十分に確保した方がよいのではないかという考え方を示したのである。さらにマクミランの見解を後押しするように、他の複数の閣僚からも、「近似化」はEECに加盟した場合とほぼ同じ程度の代償をともないかねないが、そこから得られる利益ははるかに限られたものになるであろうという意見が出された。ただし、こうして関係閣僚の間では「近似化」への反対意見が続出したものの、すぐさまEECへの完全な加盟を目標に設定することにも多大な政治的困難がともなうことが予想されたため、この時点では「近似化」が却下されるには至らなかった[94]。

そうした状況で、マクミラン政権は、六月二日にパリで行われたWEU総会において、外務担当国務相プロヒューモ（John Profumo）が六カ国との新たな関係の構築に向けた第一歩としてEURATOMとECSCへの加盟を考慮する用意があると述べ、慎重を期しつつ方向転換を行う構えを見せた。この声明を受けて、WEU総会では、イギリスのEURATOMへの加盟の可能性について予備的な検討を行うことも決議された。しかし、EURATOMとECSCという限定的な分野を対象とする部門別機構のみへの加盟の意図をほのめかす戦術は、マクミラン政権の躊躇を強く反映したものではあったが、（全般的な共同市場の形成を目標に掲げ、ヨーロッパ統合の中核をなすと考えられた）EECへの加盟の意図をともなわない態度表明は、ヨーロッパ大陸の連邦主義者やアメリカ政府（特に国務省）からは冷たい反応で受けとめられた[95]。

この時期に本格化したOEECの拡大・再編に向けた動きもまた、マクミラン政権にとって厳しい状況を突き付けるものとなった。六月九〜一〇日には、OEEC加盟一八カ国とアメリカ、カナダの代表で構成される「二〇カ国貿易委員会」会合がパリで開催されたが、その合間を縫って行われた英仏両国間の協議では、フランス政府代表がEEC、EFTA間の長期的な合意を行うことに――さらに双方が関税について部分的な調整を行うことにさえも――消極的な態度を示した。ディロンもまた、六月一四日にモードリングとワシントンで会談した際、パリでの「二〇カ国貿易委員会」会合を振り返り、アメリカ政府は共同市場およびEFTAの設立に向けた移行の過程を円滑なものにするため協力する用意があるとしつつも、フランス政府に「長期的な問題」に関する議論を行う用意があったならば、アメリカ政府にもそれが受け入れ可能であったであろうと述べるにとどまった。

確かに、アメリカ政府は、OEECを拡大・再編した新機構に発展途上国への資金援助の役割を担わせること、特に西ヨーロッパ諸国政府に援助の負担分担を求めることには熱心であった（ただし、アメリカ政府は発展途上国の輸出機会の拡大を新機構の役割に含めることには消極的な態度を示した）[96]。しかしながら、ディロンは、六月一四日のモードリングとの会談の際、OEECの拡大・再編に向けて、「貿易問題における議会の伝統的かつ憲法上の権限を国際機構に譲り渡す」ことを嫌うアメリカ議会の保護主義派がOEEC諸国間で定められていた自由化規約(Code of Liberalisation) に準ずるような厳格な貿易上のルールを導入することに同意する見込みはないと述べた[97]。こうして、アメリカ政府が、GATTを通した貿易自由化を重視する立場とともに、連邦議会への配慮もあり、OEECを拡大・再編して設立される新機構に対して貿易上の大きな権限を持たせるのに消極的な態度を示したことは、新機構にEEC、EFTA間の「橋渡し」役を期待していたイギリス政府にとっては好ましからざる事態であった。

この時期には、関係省庁の官僚の間でも、EECにより積極的に接近（さらに一部の意見では加盟も）すべきであるという見解が目立つようになった。例えば外務省ではイギリスがEECから排除されていることの政治的影響について議論が行われたが、そこでは、ＥＥＣに加盟するか、あるいはＥＥＣ内部で影響力を確保することができるような形で「緊密かつ効果的な連合」関係を構築すべきであるという議論が優勢となった。特に外務省内では、ヨーロッパ諸国間で孤立した立場に立たされ、相対的な国力が衰退することになれば、「世界政治のなかで独立した効果的な役割を維持しようとする私たちの意志すらもしだいに弱められかねない」ため、そうした事態は受け入れられないという危機感も表明された[98]。

六月二七日には、リーが商務省のパウエル（Sir Richard Powell）に宛てた書簡――他の関係省庁にも写しが送付された――のなかで、ＥＥＣへの加盟を試みる際にコモンウェルス諸国からの無関税の輸入を完全に維持することに固執すれば目標を達成することが困難になるのではないかとして、より柔軟に品目ごとに対応すべきであるという考え方を示した[99]。それに対して、外務省のジャックリング（R. W. Jackling）は、外務省の立場はＥＥＣへの加盟につながる交渉の見通しを高めるべきというものであり、コモンウェルス諸国からの無関税の輸入を修正する用意があるほど六カ国との交渉が容易になると予測されるとして、リーの意見を支持する立場を明確にした[100]。ただし、植民地省のゴレル・バーンズ（W. L. Gorell-Barnes）は、コモンウェルス諸国からイギリス市場への自由な輸入を引き続き認めるか、ヨーロッパ諸国全体とコモンウェルス諸国・六カ国の連合海外領土（Associated Overseas Territories：AOT）を包摂する何らかの新たな関係を構築するかのいずれかの方法をとるべきであるという考え方を示し、コモンウェルス諸国からの自由な輸入を選択的に維持するというリーの意見に反対する立場を見せた[101]。

さらにこの時期、経済運営委員会ヨーロッパ部会により提出された長文の答申（「六カ国と七カ国――長期的目標」と題された）もまた、マクミラン政権のヨーロッパ政策に大きな影響を与えることになった。この答申は、マクミラン自らが六月一日付の文書のなかで「近似化」について詳細な質問を列挙したのに対して[102]、関係省庁が分担して作成した文書を持ち寄り、経済運営委員会ヨーロッパ部会での詰めの議論・作業を経て、最終的な答申にまとめられたものであった（閣議には七月六日付の覚書として提出された）[103]。経済運営委員会ヨーロッパ部会の答申は、外務省に加えて、同部会の長であったリーが事務次官を務める大蔵省もＥＥＣへの接近・加盟に傾きつつあったこともあり、米ソに次ぐ第三の勢力になる可能性を持つと考えられたＥＥＣの外側にとどまることにより政治的、経済的に大きな不利益を被りかねないことを指摘し、現状を維持することの危険性を強調するものとなった。確かにこの答申では、コモンウェルス、ＥＦＴＡ、国家主権、国内農業などに関する代償をともなうことから、ＥＥＣへの加盟が前面に打ち出されることは控えられた（さらにリー自身が他の文書でも指摘したように、いぜんとしてフランス政府側に本格的な交渉に乗り出す用意がない以上、早期に行動を起こす環境も整っていないと考えられた）。しかし、それにもかかわらず、この答申のなかで、西ヨーロッパ諸国間の分裂の回避、国際的な影響力の確保、経済の近代化に不可欠な国際的分業・競争の刺激・規模の経済などのＥＥＣ加盟によりもたらされると期待されたさまざまな利益が列挙されたのは重要なことであった[104]。

同じく七月六日には、それまで約二年間にわたり外務省ヨーロッパ経済機構局（European Economic Organisations Department）局長を務めたホリデイが、役職を辞するにあたり、ヨーロッパ統合との関係について彼自身の考えをまとめた文書を残した。そのなかで、ホリデイは、ＥＥＣ、ＥＣＳＣ、ＥＵＲＡＴＯＭという三つの共同体への完全な加盟に至らない方策が解決策になるというのはもはや甘い希望的観測にすぎず、それらの共同体に加盟を申請する以外に効果的な代替策はないという見解を記すなど、抜本的な政策転換が必要になるという考えを明確に示した。彼によれば、結局のところ「もはやそれ［三つの共同体への完全加盟を目指すこと］に満たないものが、六カ国の政策を動かしている人々に対して、私たちには真剣に彼らと協力する意図があり私たち自身の経済的利益を追求しているだけではないと納得させる見込みはない」のであった[105]。

次いで、マクミランは、経済運営委員会ヨーロッパ部会の答申を受けて、七月一三日に議題をヨーロッパ統合との関係に絞った閣議を開催し、他の関係閣僚と集中的に議論を行った。閣議ではＥＥＣへの加盟の是非について議論が分かれたが、マクミランは、この問題に関する政策の進展に関して内閣が全体として緊密に協議を続けていくことが重要であると強調した。さらに彼は、七月二五日に予定されていた下院での審議に向けて政府の立場を次のように公表すべきであると述べ、そのことが閣議で了承された。

私たちがローマ条約の既存の条項の下で共同体のメンバーシップを受け入れることには、特に私たちのコモンウェルスへの責務との関係で乗り越えがたい困難がある。しかし、私たちは共同体の設立を完全に受け入れており、ＥＦＴＡのパートナーとともに、ＥＥＣ、ＥＦＴＡ間の相互に満足すべき協定に向けて模索を続けていくであろう。

こうして、下院での公式声明に向けてはいぜんとして慎重な態度が採用されたが、閣議では、マクミラン、ロイドなど主要閣僚の間で、特にコモンウェルスやＥＦＴＡに関して適切な留保が確保されればという条件付きではあったが、ＥＥＣに加盟することもありうるという前提に基づいた議論が行われた。一九六〇年七月一三日の閣議は、いぜんとして仮定としての議論ではあったが、特定の条件の下ではＥＥＣに加盟することも可能であるという立場が示された点で、翌年夏の第一回ＥＥＣ加盟申請に至る政策転換の過程で重要な会合であったといえる。(106)

第6章 「新コモンウェルス」と南アフリカ共和国の脱退 一九六〇～六一年

第1節 「新コモンウェルス」への移行とアパルトヘイト問題

第二次世界大戦後、コモンウェルスは、主にイギリスの植民地、保護領、信託統治領から独立した国々が次々と加わったことにより、一九三一年のウェストミンスター憲章当時の七カ国（イギリス、カナダ、オーストラリア、ニュージーランド、南アフリカ連邦、アイルランド自由国、ニューファンドランド）から五三カ国（二〇〇八年七月時点）へと、大幅な加盟国の拡大を経験した。(1) 現在、コモンウェルス加盟国は、国連加盟国（一九二カ国）(2) の約二八％を占め、近年の統計では、その総人口（約一八億人）は世界の三割弱を占めるに至っている。さらに、コモンウェルス加盟国はすべての大陸と大洋に広がり、東アジアのように加盟国が存在しない地域もあるものの、オセアニア、サハラ以南のアフリカ、南アジア、カリブ海などの地域では特にまとまった数の国々が加盟している。こうした地理的な広がりは、ほぼ同数の五五カ国が加盟するヨーロッパ安全保障協力機構（ＯＳＣＥ）や五七カ国（パレスティナを含む）が加盟するイスラム諸国会議機構（ＯＩＣ）などと比べて、コモンウェルスの大きな特徴のひとつになっている。

第二次世界大戦後、コモンウェルスは拡大と並んで大きな制度変化を経験した。その変化は、大きく分けて二つのレベルで考えることができる。第一に、イギリス本国と白人が支配的地位を占める自治領で構成されたコモンウェルスから多人種の連合としてのコモンウェルスへ、そして、すべての加盟国が「王冠への共通の忠誠」(common allegiance to the Crown)で結びついたコモンウェルスから共和国憲法を採用して独自の大統領を元首とする国々や世襲制に基づく独自の元首(スルタンなど)を持つ国々も含むコモンウェルスへというメンバーシップの質的変化があった。それらの変化が念頭に置かれ、前者は「旧コモンウェルス」(Old Commonwealth)、後者は「新コモンウェルス」(New Commonwealth)としばしば表現される。[3]

第二に、コモンウェルス諸国間関係の性質にもまた変化が見られた。そもそもコモンウェルスの中心的特徴は、自治領がイギリスから自立度を高め、ウェストミンスター憲章によりイギリスと同等の地位を獲得する過程で形成された。それは、簡潔に表現すれば、内政・対外政策に関して相互に自治を承認しつつ、イギリスに起源を持つ人々の間の伝統的関係を背景として、お互いを異質な「外国」(foreign)とみなさないというものであった。[4] しかしながら、上記のようなメンバーシップの質的変化を受けてコモンウェルスはより異質な国家間の関係を含むようになり、またメンバーシップの質的変化をひとつの重要な背景として、コモンウェルスの元来の存在意義であった自治の相互承認に対して人種間の平等という規範の圧力が強まる状況が生じた。

そして、そのような「旧コモンウェルス」から「新コモンウェルス」への変化のなかで、一九六一年五月三一日に、南アフリカ連邦が、南アフリカ共和国に移行すると同時にコモンウェルスから脱退したことは大きな転換点のひとつとなった。南アフリカは、「おそらくその〔イギリスの〕最も複雑で物議をかもす自治領であった」[5]とも評されるものであったが、そのコモンウェルスからの脱退の背景には、第二次世界大戦後にイギリスから独立したコモンウェルス内部のアジア・アフリカ諸国やカナダなどにおいて、南アフリカ政府の人種隔離政策(アパルトヘイト）に対する非難が大きく高まったことがあった。そして、そのことは、上述したような戦後におけるコモンウェルスの拡大と制度変化を端的に示すものであったのである。

第二次世界大戦後における「新コモンウェルス」への変化の端緒は、イギリスのアトリー労働党政権期にインド、パキスタン、セイロンが、コモンウェルス内の自治領として独立を果たしたことであった。ほぼ同じ時期に独立したビルマはコモンウェルスに加わることはなかったが、それらの南アジア三カ国の加入は、非白人が中心を占める国々が初めてコモンウェルスの加盟国になったことを意味した。一九四九年四月二一～二七日には、共和国に移行した後もコモンウェルスに残留するというインド政府の希望を受けて、コモンウェルス首相会議がロンドンで開催された。そこでは、コモンウェルスへの加盟の条件が、バルフォア定義（一九二六年）とウェストミンスター憲章で示された「王冠への共通の忠誠」から、「国土を独立した加盟国の自由な連合の象徴、そしてその意味でコモンウェルスの元首（Head of the Commonwealth）として受け入れること」にまで拡大され、インド以外の加盟国政府は前者を維持しつつ、インド政府は後者の条件を受け入れることで、同国が共和国としてコモンウェルスに残留することが全会一致で承認された。一九五〇年一月二六日、共和国憲法（いわゆるインド憲法）が発効し、インドは自治領から共和国に移行した。(6) そして、イギリス国王の代理人であり、形式的には国内の最高権威であった（ただし一九四八年以降はインド人が務めるようになっていた）総督――英領インド帝国時代のインド副王（Viceroy）にあたる――の地位は廃止され、憲法制定会議議長を務めていたプラサード（Rajendra Prasad）が、インド共和国の初代大統領（国家元首）に就任した。

インドの共和国としてのコモンウェルス残留（それはしばしば再加盟とも表現された）が承認されたことは、コモンウェルスの将来に二つの異なる影響を及ぼしたと考えられる。第一に、インドの地位をめぐる議論を通してコモンウェルスが大きな柔軟性を発揮したことは、その後のコモンウェルスの拡大と多様性の基礎となった。また、地域大国であるインド――その後はネルー（Jawaharlal Nehru）首相の下で第三世界や非同盟運動の中心的存在にもなっていく――をコモンウェルス加盟国としてとどめたことは、アジア太平洋地域、さらには第三世界全般におけるコモンウェルスの存在感を高めるとともに、イギリスの国際的影響力の減退をある程度くい止めることにもつながった。(7) 第二に、コモンウェルスが「王冠への共通の忠誠」で結ばれた国々と共和国憲法を採用した国々による二重構造に移行したことは、コモンウェルスの中心的な紐帯の拡散を意味し、加盟国間の遠心的傾向が強まる契機にもなった。

さらに、インドの地位をめぐる議論は、一九六〇年から六一年にかけての南アフリカの共和国移行後の残留問題にも影響を及ぼすことになる。まず、共和国への移行をコモンウェルス脱退と同義に捉えて反対していた（南アフリカの白人人口の約四割を占めた）イギリス系白人の論拠は失われ、その結果、大半がオランダ系白人であるアフリカーナー中心の国民党が共和国移行への動きを進めることが相対的に容易になった。(8) しかし他方で、こうしたインドの先例から共和国としてコモンウェルスに残留するためには（その後はしばしば形式的になっていくものの）加盟国政府の全会一致の承認を必要とすることが慣例となり、(9) そのことが、後の南アフリカ政府によるコモンウェルス残留申請にとっての障害にもなっていくのである。

南アフリカでは、一九四八年五月に行われた総選挙（選挙権は白人有権者のみに限定）の結果、国民党による初の単独政権であるマラン（Daniel F. Malan）政権が成立した。同国ではそれまでにも厳しい人種差別が存在したが、それ以降、白人文明の危機と人種隔離の必要を説く国民党単独政権の下で、人種間の隔離と差別がアパルトヘイトという形で徹底的に制度化されていく。(10) こうして、コモンウェルス全体としては「旧コモンウェルス」から「新コモンウェルス」への移行が始まりつつあったにもかかわらず――あるいはそうした人種間の平等に向けた内外の圧力が強まりつつあったからこそ――、南アフリカでは、それ以降コモンウェルス内部で強まることになる諸規範と逆行する色彩を強く帯びた国民党の単独政権が発足することになったのである。

また、一九四八年五月までの連合党政権で首相を務めたスマッツ（Jan Christiaan Smuts）が「コモンウェルスという アイデアの父」としてそれに積極的な立場をとったのに対して、国民党は伝統的にコモンウェルスをイギリスからの自立を確保する手段として捉える傾向が強く、他のコモンウェルス諸国との協力にも消極的であった。[11] その後、より穏健な連合党への政権交代を望むイギリス、インド、カナダなど各国政府の期待とアパルトヘイトに対する国際的批判にもかかわらず、国民党は一九五三年、五八年と総選挙での勝利を重ねていく。そして、一九五八年九月二日、ともに国民党のマラン政権（一九五三〜五四年）、ストレイダム（J. G. Strijdom）政権（一九五四〜五八年）で原住民問題担当相を務め、強硬なアパルトヘイト推進派として知られたフルヴールトが、南アフリカ連邦首相に就任した。[12] フルヴールトは、就任翌日に行った演説に見られたように、共和国への移行を主要な政治目標としていた。彼の共和国志向は、アフリカーナー・ナショナリズムに裏打ちされたものであったと同時に、共和国への移行により（両者を合わせると南アフリカの全人口の約二割に達する）アフリカーナーとイギリス系白人を結びつけ、南アフリカ政府が非白人への対応に集中できる環境を整えるという考えに基づくものでもあった。[13]

第2節　南アフリカの人種問題とコモンウェルス首相会議（一九六〇年）

一九六〇年一月五日〜二月一五日、マクミランは、イギリスの現役首相として前例のない長さの六週間におよぶアフリカ歴訪を行った。このときマクミランはアフリカ大陸のイギリス帝国・旧帝国地域を広く訪問したが、それらは訪問した順に、ガーナ（一九五七年に独立）、英領ナイジェリア、イギリスのコモンウェルス関係省が管轄する

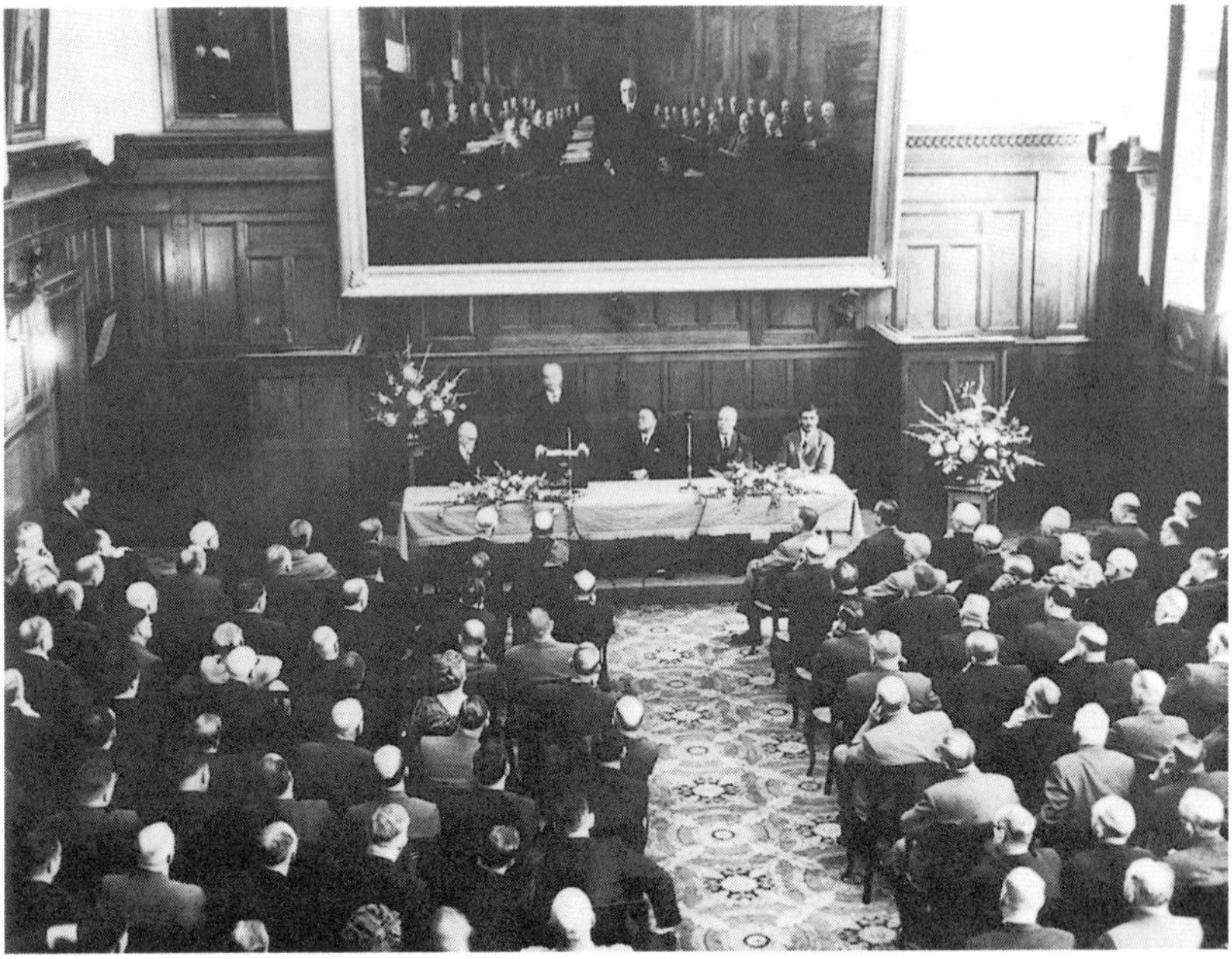

図10　マクミランの「変化の風」演説（ケープタウン）

マクミラン（写真奥，壁際の左から2人目）による南アフリカ連邦議会議員への演説。

出典）*Harold Macmillan : A Life in Pictures*, London : Macmillan, 1983.

中央アフリカ連邦を構成する南ローデシア自治植民地（現在のジンバブエ）、英保護領北ローデシア（現在のザンビア）、英保護領ニヤサランド（現在のマラウィ）、南アフリカ連邦駐在のイギリス高等弁務官が監督権限を持つ三つの高等弁務官領（High Commission Territories）である英保護領ベチュアナランド（現在のボツワナ）、英領バストランド（現在のレソト）、英領スワジランド、そして南アフリカ連邦であった。

フルヴールトは、一月二〇日、マクミラン訪問の機先を制するかのごとく南アフリカ連邦下院で、共和国移行の是非を問う国民投票を実施するという政府の決定を公表した。[14] 他方、ケープタウンを訪れたマクミランは、二月三日に南アフリカ連邦議会の食堂で、同国の両院議員を前にして、「変化の風」（wind of change）

演説として記憶されることになる演説を行った。マクミランは、「変化の風がこの大陸中に吹いている（The wind of change is blowing through this continent)。私たちがそれを好むと好まざるとにかかわらず、この民族的意識の高まりはひとつの政治的事実である。私たちはそれを事実として受け入れなければならず、私たちの政策はそれを考慮に入れなければならない」として、（国内政策に関して相互に主権を尊重するのがコモンウェルスの基本原則であると認めつつも）南アフリカ政府に対して人種政策の修正を促した。[15]

当時、イギリス政府内では、南アフリカ政府の人種政策がコモンウェルスの協調を損なっていることへのいらだちが強まっており、また（南アフリカはともかくとしても）少なくともイギリス政府は人種間の平等を重視しているという評価を国内外で確保する必要も認識されていたが、国連やコモンウェルスの場では、内政不干渉の原則を堅持するためにも南アフリカ寄りの姿勢を維持せざるをえないというジレンマがあった。そこで、それら以外の場でアパルトヘイトに厳しい姿勢を示しておくことが望ましいと考えられたが、そのことがマクミランの「変化の風」演説のひとつの背景となった。[16] マクミランによる「変化の風」演説は、イギリス国内外で高い評価と幅広い支持を得た。例えば、当時アフリカ周遊の船旅の最中であった著名な外交評論家・文筆家のニコルソン（Harold Nicolson）は、一月下旬に立ち寄った南アフリカでアパルトヘイトを直接目撃して強い憤りを覚えており、イタリア信託統治領ソマリランド（現在のソマリアの一部）沖の船上で「変化の風」演説に関するラジオのニュースを聞き、二月四日の日記に「それは勇気ある行為であり、私は嬉しく思う」と記した。[17]

他方、南アフリカ国内では、マクミランの「変化の風」演説に対して、国民党系の新聞を中心に強い反発が巻き起こった。[18] そして、当初は反論を控えていたフルヴールトも、三月九日の連邦下院での演説で、「今日私たちの文明で用いられるほぼすべてを創り出した」白人の役割の重要性を強調するとともに、多くの新興独立国が誕生しつつあるアフリカ大陸各地での社会不安や黒人政権の独裁化を指摘し、白人の優位を保とうとする自らの政府の立場を弁護した。そして彼は、次のように述べて、「変化の風」に断固として抵抗する構えを見せた。

イギリスなどの国々によりそれらのアフリカでの領土に関して受け入れられている現在の政策、つまり、多人種国家において白人住民が少数派として黒人大衆と平等な基盤で競争することに満足しなければならないというもの――それは長期的には黒人による政府のみを意味する――を〔南アフリカ〕連邦に適用することは受け入れられない。[19]

こうした強硬な反発を受けて、マクミランは、同年三月二六～三〇日にワシントンとキャンプ・デーヴィッドを訪問してアイゼンハワーと英米首脳会談を行った際、イギリス政府は、南アフリカを「喪失」する危険と南部アフリカの新興独立諸国を「喪失」する危険の間で窮地に立たされていると述べた。さらにマクミランは、彼自身の「変化の風」演説について、南アフリカ国内の変化を促すことを期待して演説を行ったと振り返りつつも、外部から圧力を掛けることは南アフリカ政府の態度を硬化させるだけではないかと懸念も口にするなど、自らの苦しい立場について語った。[20]

その数日前、一九六〇年三月二一日には、南アフリカ連邦トランスヴァール州ヨハネスブルク郊外のシャープヴィルで、非白人の移動の自由を制限していたパス法（pass laws）[21]への黒人の集団抗議に対して警官が発砲し、死者六九名と数百名の負傷者を出す事件が起こっていた（死者数を六七名とする研究もあり、さまざまな文献の間で数字は一致していない）。このいわゆる「シャープヴィル虐殺事件」（Sharpeville massacre）が起こった後、南アフリカ政府は非常事態を宣言し、黒人指導者の逮捕・拘留、アフリカ民族会議（ANC）、パン・アフリカニスト会議（PAC）など黒人政治組織の非合法化などの措置をとった。アフリカで一七カ国が独立を達成したいわゆる「アフリカの年」に、そうした時代の流れに逆行する白人支配が続く南アフリカで起こったシャープヴィル事件は、世界各地のマスメディアで大きくとりあげられ、南アフリカ政府のアパルトヘイトに対する非難を爆発的に高めた[22]。そして、ルイスが「シャープヴィルは三〇年間にわたる国際的な反アパルトヘイト運動の始まりとなった[23]」と指摘したように、この事件は、一九七六年六月のソウェト蜂起と並ぶアパルトヘイト史上に残る惨事として、さらには黒人の抵抗運動とそれに対する白人の弾圧の象徴として記憶されていくことになる。

実際、この事件を受けて、二八カ国のアジア・アフリカ諸国政府代表が、国連安全保障理事会議長を務めていたアメリカ国連大使ロッジ（Henry Cabct Lodge）に対して行った要請に基づき、南アフリカの人種問題が初めて安全保障理事会の議題として採用された（ただし、国連総会では、一九四六年の第一回総会から南アフリカのインド系住民の扱いが、一九五二年の第七回総会から全般的なアパルトヘイトの問題が毎年議題に上っていた。それに対して、南アフリカ政府代表は、国連には加盟国の国内問題を扱う権限がないと主張し——その点ではイギリス政府も同様の立場であった——しばしば国連総会や各委員会の会合を欠席するという強硬な態度をとっていた）。そして、安全保障理事会では、南アフリカ国内の状況は国際的摩擦を引き起こしており、「そのまま続けば国際の平和および安全を脅かしかねない」とするエクアドル提出の決議案が、イギリス、フランス両国代表の棄権、他の九カ国代表の賛成で可決された[24]。しかし、その後も南アフリカにおける混乱は続き、四月九日には、ヨハネスブルクのミルナー公園で行われた連邦博覧会（Union Show）の開会式典の際に、フルヴールトの暗殺未遂事件が起こった[25]。その後、フルヴールトは約六週間の入院を余儀なくされ、同年五月にロンドンで行われたコモンウェルス首相会議には、外相のルー（Eric Louw）が代理として出席することになった。

ただし、こうした状況においても、イギリス、カナダ、オーストラリアなどの政府は、南アフリカの国内問題に干渉することに対して否定的な構えを見せていた[26]。特にオーストラリア首相メンジーズは、コモンウェルス諸国間で南アフリカの人種政策が問題になることを許せば、いずれは自国の白豪主義にも影響が及びかねないという懸念もあり、一九六〇～六一年を通してほぼ一貫して南アフリカ政府の立場を擁護することになる。メンジーズの主張によれば、オーストラリア政府の移民政策は、「有色人種の移民を締め出すという方策により国内の人種問題を回避することを狙った」ものであった[27]。マクミランもまた、アフリカ歴訪から帰国した直後の閣議において、南アフリカ政府の人種政策を批判しつつも、「その問題に関する意見の相違を理由として南アフリカのコモンウェルスとのつながりが弱まるとすれば悲劇であろう」と述べていた[28]。しかし他方で、一九五七年八月にイギリスから独立を達成した後、コモンウェルス首相会議に初めて参加することになるマラヤ連邦首相ラーマン（Tunku Abdul Rahman Putra）は、シャープヴィル事件を厳しく非難しており、ロンドンでの首相会議において南アフリカの人種問題をとりあげようとしていた[29]。

五月三～一三日、ロンドン・ダウニング街一〇番地のイギリス首相官邸において、約三年ぶりのコモンウェルス首相会議が開かれた。第一回全体会合（五月三日）では、ラーマンが早速アパルトヘイトの問題を議題にとりあげることを求めたが、マクミランやメンジーズは、それは基本的に南アフリカの内政問題であるという観点から、公式の議題としてとりあげることに反対した。そこで、ひとつの妥協がなされ、ルーの同意の下、南アフリカの人種問題について、ルーと数人ずつの各国首脳が複数回の非公式協議を行うことになった。こうして、加盟国の国内管轄権内の事柄については当該国政府の同意がなければ議論の対象としないというコモンウェルスの内政不干渉の原則――ただし国連の場合（国連憲章第二条第七項）とは異なり明文化されてはいなかった――は手続き的には守られた。しかしながら、非公式とはいえ、コモンウェルス首相会議で初めてアパルトヘイトが議題に上ったことの意義は小さいものではなかった。そして、上記の非公式協議自体でも激しい議論が交わされたが、さらに深刻な事態として懸念されたのは、非公式協議の終了後、ルーが記者会見で協議の内容を漏らすとともにアパルトヘイトを弁護する発言を行い、それに対して、ラーマンがルーを非難し、彼とは二度と話し合うつもりはないと声明を行ったことであった。五月七〜八日の週末、マクミランは一部のコモンウェルス諸国首相を郊外の別邸チェッカーズに招き、この問題の解決策を探った。そこでは、ガーナ首相エンクルマ（Kwame Nkrumah）が南アフリカのコモンウェルスからの追放は望まないと述べ、マクミランを安心させたが、ネルーはコモンウェルス首相会議がアパルトヘイトに関する共同声明を行うことを求めるなど、新たな課題も出てくることになった[30]。

こうした状況で、ルーは、第八回全体会合（五月一〇日）において、共和国移行の是非を問う国民投票を実施する前に国民に公表しておく必要があるとして、他国の首脳に対して共和国移行後のコモンウェルス残留を事前に承認するよう求めた。しかし、マクミランは仮定に基づく承認を行うことに否定的な考えを示し、会議全体でも、彼の意見に沿った議論が大勢を占めた。そこでは、①国民投票の前に残留を承認すれば投票結果に影響を及ぼすことになり「内政干渉」となる、②インド、パキスタン、セイロン、そしてこの日の会合でガーナが共和国移行後のコモンウェルス残留を事前に承認されたが、それらの場合は議会の決定や国民投票を経て共和国移行が決定的となっていたのに対して、南アフリカの場合は国民投票の日程すら決まっておらず状況が異なるといった議論が展開された[31]。こうした各国首脳の議論の背景には、コモンウェルスが南アフリカの人種政策を容認しているという印象を同国と国際社会の双方に与えることを避けたいという考えがあったが、彼らはその際、南アフリカの要求がいまだに仮定に基づくものであったことを利用して、困難な判断を行うことを延期したのであった[32]。

コモンウェルス首相会議ではその後も議論が続けられ、メンジーズの説得もありルーがコミュニケの草案を受け入れた結果、最終日の第一三回全体会合（五月一三日）において、以下のような内容の最終コミュニケを発表することで全会一致の合意に達した[33]。

①君主政（Monarchy）と共和政（Republic）の間の選択は、それぞれの国家の権限に完全に属するものである。

②南アフリカ政府は、共和国への移行が決定した後にコモンウェルスへの残留を希望するならば、その後に開かれるコモンウェルス首相会議で（またはそれが実際的でなければ書簡により）他の諸国の政府の同意を求めるべきである。
③コモンウェルス諸国首脳は、コモンウェルス諸国の会議では加盟国の内政問題について議論しないという慣行を再確認したうえで、ルー外相のロンドン滞在という機会を利用し、南アフリカの人種をめぐる状況について非公式の協議を行った。
④各国首脳はコモンウェルスが多人種の連合であることを強調した。

第3節　南アフリカの共和国移行とコモンウェルス首相会議（一九六一年）

一九六〇年五月のコモンウェルス首相会議の後、マクミランは、フルヴールトに対して、南アフリカの共和国移行後の残留に関してコモンウェルス加盟国政府の全会一致の承認は得られそうにないという見通しを示し、アフリカ大陸の全般的な情勢が落ち着くまで国民投票を延期する方が賢明ではないかと説得を試みた。[34]しかしながら、フルヴールトがそれまでの方針を変更することはなく、八月三日には、ラジオでの演説を通して共和国への移行の是非を問う国民投票を一〇月五日に実施することを発表した。[35]こうした動きを受けて、南アフリカ駐在イギリス高等弁務官モード（Sir John Maud）は本国政府に対して、「私たちは慎重にしかし断固として状況を制御しなければ、南アフリカのコモンウェルス脱退という事態を招きかねない」と懸念を伝えた。[36]そうしたなかで、一〇月五日には、予定通りに南アフリカで白人有権者のみによる国民投票が行われ、投票率九〇・七三%、賛成八五万四五八票、反対七七万五八七八票で共和国への移行が決定された[37]。フルヴールトは、当初こそコモンウェルス残留の手続きを各国政府との書簡の交換で済ませることを求めたが、イギリス政府側の説得もあり、翌年三月にロンドンで開かれる予定であったコモンウェルス首相会議で各国政府の承認を求めることに同意した[38]。

当時、マクミラン政権内では、以下のような判断から、仮に短期的には困難がともなうとしても、南アフリカのコモンウェルスからの追放または実質的な追放は避けるべきであるという考え方が根強く持たれていた[39]。

① コモンウェルスは、長い目で見て、南アフリカ政府に影響を及ぼす手段となりうる。
② 南アフリカのイギリス系白人は、しばしば「故郷」(home) と表現するなど、イギリスへの愛着を保っている[40]。
③ イギリス国内の帝国・コモンウェルス支持派からの批判を避ける必要がある。
④ コモンウェルスの内政不干渉の原則を維持すべきである。

また南アフリカは、戦略的、経済的観点からもイギリスにとって重要な存在であり、マクミラン政権としては同国との関係悪化も可能な限り避ける必要があった。南アフリカの戦略的重要性としては、まず南部アフリカ周辺の海上ルート(ケープ・ルート)の防衛に関するイギリス、南アフリカ両国間の協力やケープタウン近郊のサイモンズタウン海軍基地のイギリス海軍による使用を定めたサイモンズタウン協定の存在があった。伝統的に、喜望峰は、ドーバー、ジブラルタル、スエズ、シンガポールと並び、世界に広がるイギリス帝国を支える五つの戦略拠点の一角に位置づけられていた。さらに当時は、一九五六年のスエズ戦争の際にエジプト政府がイギリス、フランス、イスラエル三カ国軍の軍事行動への対抗措置として破損船舶を沈没させてスエズ運河を航行不可能にした経験もあり、ケープ・ルートの重要性が強く再認識されるようになっていた[41]。他方、貿易面では、南アフリカ市場でイギリス製品が享受していた特恵マージン[42]は、その大きさと適用範囲の双方においてカナダ、オーストラリア、ニュージーランド市場の場合と比べて限定的であった。しかしながら、南アフリカの鉱工業はイギリスの投資家にとって大きな投資先であり、また同国産の金の大半がロンドン市場で売買されていたことは、シティとスターリング圏の地位を維持・強化するために極めて重要な要素であると考えられた。また、三つの高等弁務官領が、南アフリカとの関税同盟に見られたように、特に経済面で同国に大きく依存していたこともあった。[43]

そうしたなかで、カナダ首相ディーフェンベイカーが、一一月一六日のマクミランへの書簡のなかで、「〔南アフリカ〕連邦政府の人種政策に顕著な変化が起こらない限り、カナダは、南アフリカのコモンウェルス再加盟への支持を期待されるわけにはいかない」と伝えてきた。[44] ディーフェンベイカー自身の回顧録での説明によると、彼の態度が変化した背景には、南アフリカ政府の非妥協的な態度と彼自身の人種平等の信念に加えて、カナダ国内世論の圧力があった。実際、ディーフェンベイカー政権は同年八月一〇日にカナダ権利章典（Bill of Rights）を議会で成立させるなど、カナダ国内での人権擁護や人種平等に向けた動きを進めていた。[45] しかし、いかなる事情があったにせよ、カナダ首相の「独善的な」(holier than thou) 態度[46]は、イギリス政府にとって大きな不安材料となった。マクミランは、カナダ政府が南アフリカに批判的な姿勢をとればアジア・アフリカ諸国の指導者たちの批判を抑えるのはさらに困難になると考え、ディーフェンベイカーへの返信のなかで、南アフリカ政府に人種政策の修正を迫ることは必要であるが、同国をコモンウェルスにとどめることがさらに重要であり、次回の首相会議が開かれるまでは特定の立場に関与すべきでないという考えを伝えた。マクミランは、インドとその指導者の重要性を考慮に入れ、翌年一月六日にはネルーにも同様の書簡を送った。[47]

一九六一年三月七日、フルヴールトは、コモンウェルス首相会議に出席するためにイギリスに到着した後、マクミランと直接会談を行った。マクミランは、翌日から始まるコモンウェルス首相会議の進行について、まず南アフリカの地位に関する問題を技術的な問題として処理したうえで、他国の首脳たちが同国の人種政策について議論することを希望した場合は、アフリカに関するより一般的な議題のなかで扱うという「全体的な計画」を示し、フルヴールトもこれに同意した[48]。こうして、一九六一年のコモンウェルス首相会議での議論に向けても、まずはコモンウェルスの内政不干渉の原則を守る手続きがとられることになった。

そして、三月八〜一七日、コモンウェルス首相会議が（加盟国の増加により前年までの会場であったイギリス首相官邸が手狭になったため）ロンドン中心部に立地するランカスター・ハウスで開かれた。この年の会議には、地中海の島国キプロス（前年八月一六日独立）とアフリカ大陸で最大の人口を有するナイジェリア（前年一〇月一日独立）の首脳が初めて参加した[49]。そうしたなかで、三月一二日、独立（同年一二月九日）を間近に控えたイギリス信託統治領タンガニーカの主席大臣ニエレレ（Julius K. Nyerere）の投書が、イギリスの日曜紙『オブザーバー』に掲載された[50]。ニエレレはそのなかで、「南アフリカの残留を承認することは、私たちを追い出すことになる」として、自国の独立後のコモンウェルス加盟問題と絡めつつ、南アフリカの残留に明確に反対する姿勢を示した。そして、そのことがエンクルマをはじめとする（特にアフリカの）コモンウェルス諸国首脳の態度に影響を与えたことが指摘されている[51]。

南アフリカの共和国移行後のコモンウェルス残留問題に関する議論は、週が明けた三月一三日月曜日の午前に開かれた第六回全体会合から始まった（それまでの首相会議の前半では、マクミランのイニシアティブによって、南アフリカの残留問題を議題から外す狙いもあり軍縮問題が中心的に議論されていた[52]）。そこでは、南アフリカの問題をめぐり各国首脳の立場は大きく三つに分かれた。第一に、メンジーズがただ一人で、南アフリカのコモンウェルス残留を目指すフルヴールトの立場を積極的に擁護した。第二に、ディーフェンベイカー、ネルー、パキスタン大統領アユブ・カーン（Muhammad Ayub Khan）、セイロン首相バンダラナイケ（Sirimavo R. D. Bandaranaike）、エンクルマ、ラーマン、ナイジェリア首相タファワ・バレワ（Sir Abubakar Tafawa Balewa）の七人が（程度の差こそあれ）アパルトヘイトを厳しく非難し、南アフリカのコモンウェルス残留を自動的に認めることに否定的な立場をとった。第三に、マクミランとニュージーランド首相ホーリーオークは、アパルトヘイトには批判的な立場をとりつつも、南アフリカのコモンウェルス残留を確保すべく、他国の首脳たちの間で仲介を試みた。以下では、会議の議論に大きく影響を及ぼしたフルヴールト、メンジーズ、ディーフェンベイカー、ネルー、マクミランの五人と、アフリカ諸国の首脳として会議の最終段階で決定的な役割を果たすことになるエンクルマとタファワ・バレワの議論に着目して、コモンウェルス首相会議の展開を簡潔に振り返る。

まず、第六回全体会合では、マクミランの「全体的な計画」に反して、ネルーが、インド政府は南アフリカの共和国移行の決定に異議を唱える立場にはないが、共和国移行後のコモンウェルス残留の是非の問題には同国の人種問題が絡んでくると述べ、首相会議がアパルトヘイトについての立場を明確に宣言すべきであると主張した。次いで、ディーフェンベイカーが、もはやあらゆる人種問題が国際的な影響を持つようになったと述べ、南アフリカ政府の要求を受け入れることは同国の人種政策の承認または少なくとも黙認とみなされ、将来におけるコモンウェルスの価値を損ないかねないと主張した。彼はまた、コモンウェルス諸国間において人種間の権利平等の原則について宣言を行う必要があると説いた。しかし他方で、メンジーズは、南アフリカの残留を人種問題と関連付けるのは誤りであるとし、また基本原則や目的に関する宣言を行うことはコモンウェルスの伝統的性格を大きく損なうものであるとして反対した。(53)

同日午後に行われた第七回全体会合では、フルヴールトが、南アフリカ政府のコモンウェルスへの残留申請と人種政策は別の問題として扱われるべきであるとして、コモンウェルスの内政不干渉の原則を強調した。フルヴールトはまた、「アパルトヘイトは〔特定の人種の〕優越を意味せず、平等にしかし分離された形で生活を送るという考えを具体化させたものである」と述べるなど、自国政府の人種政策を正当化する議論を展開した。(54) この日、マクミランは、首相会議で南アフリカ政府がアジア・アフリカのコモンウェルス諸国の常駐使節を受け入れていないことへの批判が相次いだのを受けて、フルヴールトに対して、そうした政策を変更するよう個人的に説得を試みた。それは、南アフリカ政府への他国首脳からの風当たりを少しでも軽減しようとする試みであった。しかし、フルヴールトは、マクミランの説得はコモンウェルスへの加盟に条件を課すものであり、またガーナ、インド、マラヤなど南アフリカに批判的な国々に友好的な政策をとる用意はないとして説得には頑として応じなかった。[55]

三月一四日午前の第八回全体会合に向けて、マクミランは首相会議のコミュニケの草案を準備した。マクミランが用意した草案では、インド以降の先例に従う形で南アフリカのコモンウェルス残留を承認したうえで、同国の人種政策に対する各国首脳の懸念と、アパルトヘイトと多人種の連合であるコモンウェルスの基本的理念との乖離に言及する形式がとられた。この草案について、ディーフェンベイカーはコモンウェルスの原則の表明であるとして高く評価したものの、フルヴールトは最後の部分に反発し、メンジーズも南アフリカ政府に対して事実上コモンウェルスから脱退するよう通告するものであるとして強い懸念を表明した。こうした反応を受けて、マクミランは、各国首脳に対して性急な行動をとらないよう要請したうえで、次回の会合に向けて新たな草案を準備する意向を伝えた。[56]

同日午後に行われた第九回全体会合では、マクミランが、南アフリカのコモンウェルス残留問題と人種政策をそれぞれ別個に扱った二つの草案を提示した。そこでは、コモンウェルスの内政不干渉の原則を確認したうえで、南アフリカ政府の人種政策に関する各国首脳の批判的立場について前日の草案よりも詳細で踏み込んだ言及がなされた（さらに、特にディーフェンベイカーが繰り返し強調していたアパルトヘイトと国連憲章の不一致にも言及がなされた）。メンジーズも独自の草案を提示したが、それはコモンウェルスの基本的理念や人種間の機会平等への言及を除外していた点で、マクミランの草案と大きく異なっていた。フルヴールトは、メンジーズの草案が各国の意見に公平に目を配ったものであるのに対して、マクミランの草案はコモンウェルス諸国間のルールを設定しようとするものであるとして否定的な考えを示した。さらに短い休憩を挟んで、フルヴールトは、メンジーズの草案を基礎としつつ、コモンウェルス諸国間の「平等」を強調し、アパルトヘイトの正当化を試みるなど自らの見解を加えた草案を提示した。ディーフェンベイカーは即座にフルヴールトの草案を受け入れ不可能であると批判し、マクミランの草案を基礎にコミュニケの作成に向けた検討を進める用意があるという考えを示した。アジア・アフリカ諸国やニュージーランドの首脳も、マクミランの草案を大筋で受け入れ可能であるという立場を表明した。こうした議論に押される形で、それまで強硬な姿勢を貫いてきたメンジーズも、フルヴールトの見解を盛り込むなど大幅な修正を行いうるという条件で他の首脳の立場に同調した(57)。

三月一五日午前に行われた第一〇回全体会合では、一時的にではあったが、南アフリカのコモンウェルス残留に向けて道が開けたかに見えた。この日の早朝にマクミランが個人的に説得を試みた結果、フルヴールトは、コミュニケのなかで南アフリカ政府の人種政策を正当化する議論を要約する機会を与えられることを条件に、前日午後のマクミラン草案をコミュニケの基礎として考慮することに同意し、マクミランがそのことを全体会合で発表したのであった(58)。こうしてフルヴールトの同意をとりつけたマクミランは、後に「幻のコミュニケ」(phantom communiqué)とも呼ばれることになる草案をとりまとめ、同日午後の第一二回全体会合に提示した。三部構成をとった「幻のコミュニケ」の最後の部分では、フルヴールトがアパルトヘイトの「積極的側面」と内政不干渉の原則を強調する議論を展開していた。

第一二回全体会合では、ディーフェンベイカーとネルーが、「幻のコミュニケ」はフルヴールトの見解を過度に強調したものであるとして強く反発した。そして、タファワ・バレワが、コミュニケにフルヴールトの見解を盛り込むことは南アフリカ政府の人種政策の継続を黙認することを意味するとして反対し、さまざまな批判にもかかわらず南アフリカ政府の政策に変化の兆しが見えない以上、同国がコモンウェルスにとどまるならば、ナイジェリアのメンバーシップについて検討せざるをえなくなると述べた。ネルーは、南アフリカ政府の人種政策が変更されない限り、同国のメンバーシップについて「最も早い機会に」問題を提起するであろうと明言した。エンクルマも、ガーナ政府は南アフリカのコモンウェルスからの追放の問題に関して後の段階で公式にとりあげる権利を留保するか、または自国のコモンウェルス内での立場を再考せざるをえなくなるであろうと述べた。こうした議論に対して、フルヴールトは、南アフリカ政府は共通の関心事について他のすべてのコモンウェルス諸国と協力する用意はあるが、追放の脅しを繰り返し受ける状況ではコモンウェルスの加盟国にとどまることはできないとして強い反発を見せた。

首相会議の紛糾を前にして、マクミランは、各国首脳に対して立場の再考を促すとともに、ひとまず「ティーブレーク」をとることを提案した。マクミランは、コモンウェルスの発足時からの重要な加盟国である南アフリカと、ナイジェリア、ガーナ、そして独立を間近に控えた多くのアフリカ諸国を天秤に掛けざるをえない状況に直面しつつあった。さらに彼は、南アフリカの残留に関してもし加盟国間で投票が行われたならば、コモンウェルス諸国間に深刻な分裂が生じ、ひいてはその解体にもつながりかねないと深く危惧した結果、「ティーブレーク」の間に、共和国移行後の残留申請を取り下げるようフルヴールトを説得した。第一二回全体会合の再開後、フルヴールトは、「今や圧力団体になろうとしている」コモンウェルスからの国内問題への干渉に苦言を呈したうえで、「南アフリカが五月三一日に共和国となった後にコモンウェルスの加盟国にとどまるという私の要求を公式に撤回したい」と述べるに至った[59]。マクミランは、新たに以下のような簡潔なコミュニケを作成し、同日公表した。

今週の会議において、コモンウェルス諸国首相は南アフリカに関する問題を議論してきた。三月一三日、南アフリカ首相は会議に対して、一九六〇年一〇月の国民投票に続いて、現在、連邦〔南アフリカ連邦のこと。引用文中同様〕において共和政の形態の憲法を導入するための適切な憲法上の措置がとられていること、南アフリカが共和国としてコモンウェルスに残留することが連邦政府の希望であることを伝えた。この申請に関連して、会議は、南アフリカ首相の同意の下で連邦政府の人種政策についても議論を行った。今夜、南アフリカ首相は、他の首相に対して、他の加盟国政府を代表して表明された見解と連邦政府の人種政策に関する彼らの将来の意図についての指摘を考慮に入れ、南アフリカの共和国としてのコモンウェルスへの継続したメンバーシップのための申請を撤回することを決定したと伝えた。(60)

こうして、南アフリカ連邦政府はコモンウェルスからの脱退に追い込まれた。ただし、投票による加盟資格の停止や除名処分といった事態には至らず、フルヴールト自身がコモンウェルスへの残留申請を撤回したことにより、ここでも内政不干渉の原則は少なくとも手続き的には保たれた。

一九六一年五月三一日、南アフリカは共和国に移行するとともにコモンウェルスから脱退した。この結末は、同年三月のコモンウェルス首相会議の間、しばしば一晩に二〜三時間しか眠ることができないほど神経をすり減らし、奮闘したマクミランを大きく落胆させるものであった。また、イギリス政府の意向に反する形で南アフリカがコモンウェルスからの脱退に追い込まれたことは、イギリス政府・国民の間でコモンウェルスの価値についての認識を否応なしに低下させるものであった。(61) アパルトヘイトをめぐる加盟国間の紛糾と南アフリカの脱退は、スエズ危機の際の加盟国間の分裂に続き、イギリスにおいて「新コモンウェルス」への幻滅や無力感を生じさせ、その結果(一九六一年のコモンウェルス首相会議での南アフリカの脱退決定とイギリスの第一回EEC加盟申請の関係に限定して考えれば、それらは時期的に近接しすぎており、前者が後者の決定を大きく左右したとはいえないが)イギリス政府にとってヨーロッパ統合への接近以外の選択肢を狭め、またそうする際の国内的な抵抗を軽減する効果を持ったと考えられる。その後、一九六一年と六七年に行われたイギリス政府による二度のEEC加盟申請は、もし失敗していなければ、直接的にはコモンウェルス特恵制度の終焉、間接的には全般的なコモンウェルスの紐帯の弛緩を引き起こすものであり、コモンウェルス諸国間関係におけるさらなる遠心的傾向につながりうるものであった。

しかし他方で、南アフリカのコモンウェルスからの脱退後、同国とコモンウェルス諸国の関係がすぐに一変したわけではなかった。もちろん、基本的な変化として、両者の関係が一般的な外交関係に移行したことは指摘されるべきであろう。例えば、イギリス駐南アフリカ高等弁務官は大使に、高等弁務官事務所は大使館となり、イギリス政府内部では南アフリカとの関係はコモンウェルス関係省から外務省の管轄に移った（ただし、その後も、英駐南アフリカ大使は三つの高等弁務官領の高等弁務官を兼任することになる）。また、それ以降「外国人」（foreigner）とみなされることとなった南アフリカ市民は、一九四八年イギリス国籍法（British Nationality Act）によりコモンウェルス諸国市民（Commonwealth citizen）に与えられていたイギリス臣民（British subject）としての権利——イギリスに自由に入国し、滞在する権利を含む——を失うことになる。[62]

しかしながら、南アフリカ共和国はコモンウェルスからの脱退後も、コモンウェルス特恵制度とスターリング圏にとどまり、イギリスやカナダの市場での特恵待遇とロンドン資本市場への自由なアクセスを引き続き享受した。サイモンズタウン協定もまた維持された。[63] このようにいくつかの重要な側面で持続性が見られた背景には、コモンウェルスという国家間の連合とコモンウェルス諸国間の特恵制度、スターリング圏、そしてさまざまな二国間・多国間防衛協定などが制度的に直結しておらず、重層的構造を形成していたことに加えて、[64] 南アフリカとイギリスをはじめとするいくつかのコモンウェルス諸国政府が、既存の政治的、経済的関係をできるだけ維持するよう努めたことがあった。[65] そして、このことは、マクミラン政権による第一回EEC加盟申請が、コモンウェルス諸国との関係への配慮に強く規定された「条件付きの加盟申請」にとどまったことと、表裏一体の関係にあったのである。

第7章　ケネディ政権の成立と第一回EEC加盟申請 一九六〇～六一年

第1節　内閣改造からマクミランの『大構想』へ

マクミラン政権がEECへの加盟申請に傾いていく具体的な兆候は、一九六〇年七月二七日の内閣改造において現れた。まず、前年秋の総選挙の頃から一転してこの年の前半までには経済状況が悪化に転じていたこともあり、マクミランは蔵相をヒースコート・エイモリーからロイドに交代させた。ロイドの後任の外相には、一九五五年にイーデン政権が発足して以来コモンウェルス関係相を務めてきたヒュームが就任した。ヒュームは、経済問題などに関して必ずしも深い知識を備えた人物ではなかったとも評されるが、対米関係を強化し、イギリスの国際的な影響力と威信を維持するためにもEECへの接近が必要であるという考えをマクミランと共有していた。さらに、上院議員であったヒュームが外相に就任したことにより下院で外務省を代表する閣僚が求められたため、それまでマクミランに忠実な立場を示してきたヒースが労働相から玉璽尚書（外務省に籍を置き、主にヨーロッパ統合をめぐる問題を担当）に抜擢された。この内閣改造ではまた、一九五〇年に下院議員に初当選して以来ほぼ一貫してヨーロッパ統合への参加に積極的な立場をとってきたヒースに加えて、コモンウェルス関係相にサンズ、農漁業食糧相にソームズ（Christopher Soames）、民間航空相にソーニークロフトなど、比較的若手で親ヨーロッパ的な政治家が閣僚ポストを確保したことが注目される。特にサンズ、ソームズの両者は、従来からヨーロッパ統合に消極的な姿勢が目立っていたコモンウェルス関係省（さらにはコモンウェルス諸国政府）と農漁業食糧省を、その後の第一回EEC加盟申請に向けて引っ張っていくことになる。[1]

内閣改造の直後の八月一〇〜一一日、一六日には、マクミランとヒュームが西ドイツ、ヒースがイタリアをそれぞれ訪問し、将来に向けたイギリスとヨーロッパ統合との関係について議論を行った。ヒースの回顧録によれば、それまでアデナウアーはイギリス政府がヨーロッパ統合の過程に関与することについて曖昧な態度をとっていたため、彼がマクミランとヒュームをボンに招待したことは多くの人々を驚かせるものであった（マクミランとヒュームはイタリア政府からも招待を受けていたが、日程の都合をつけることができず、代わりにヒースがローマを訪問した）。[2] ヒースは、後年のインタビューのなかで、アデナウアーの動機について以下のように推測をしている。

アデナウアー博士による招待は、彼がヨーロッパ〔西ヨーロッパ諸国のこと〕は実際に二つの陣営に分裂しようとしていると感じており、さらにソビエト・ブロックに対する彼の態度に照らしあわせるならば、それは彼の見方では非常に望ましくないものであったという理由で行われたと思われる。彼は共同体の規模を拡大することは望まなかったかもしれないが、西ヨーロッパの半分がある方向に向かい、もう半分が他の方向に向かうことを望まなかったのは間違いないのである。[3]

実際の会談でも、アデナウアーやイタリア首相ファンファーニ（Amintore Fanfani）は、フルシチョフによる西側への圧力の強まりと東西間の対立激化を大きな背景として、EECとEFTAの分裂を解消することに積極的な立場を示し、またEEC内部でのフランスの優越――そしてしばしば見られるその傲慢さ――への懸念も示した。

そうしたことから、マクミラン政権内では、ＥＥＣに対する接近が六カ国側からも受け入れられるのではないかという見方が強まった（ただし、この時点ではＥＥＣへの正式な加盟よりもＥＥＣとの連合関係の構築が優先的に考えられていた）。特にアデナウアーとの首脳会談は、ＥＥＣとＥＦＴＡの接近を進めるための方策についてイギリス、西ドイツ両国間で非公式協議を続けることが合意されるなど、マクミラン政権が第一回ＥＥＣ加盟申請に向けて傾いていくひとつの転機となった。イタリア政府との間でも外交チャンネルを通して非公式に意見交換を行うことが合意された。(4) しかし他方で、フランス政府は、イギリスがＥＥＣに加わることで自国のＥＥＣ内部での優越した地位が切り崩されかねないことを懸念する立場にあり、また農業やコモンウェルス諸国との貿易に関するイギリス側の利害は何よりもフランス側の利害と対立するものであったため、フランス政府の態度がいぜんとして最大の問題として残されていた。(5)

この時期イギリスの経済状況が悪化したことも、マクミラン政権の判断に影響を及ぼすことになった。一九五八年夏以降に実施された強力な経済刺激策は、一時的には過熱気味の好景気をもたらし、総選挙での保守党勝利の一因にもなったが、一九六〇年に入った頃からは輸入急増に輸出不振が重なった結果、国際収支の急速な悪化とインフレを引き起こしていた。こうした経済状況の悪化は、イギリス経済が、景気拡大策にともなうインフレ率の上昇や国際収支の悪化とスターリングの信頼低下・外貨準備の流出、そしてそれらをくい止めるための景気抑制策による経済の失速や労働組合などの反発が比較的短い周期で交互に訪れる深刻な状況に陥っているという認識を高めた。そうした状況は、「ストップ・ゴー」サイクル（'stop-go' cycle）または「ストップ・アンド・ゴー」（stop-and-go）政策の悪循環と呼ばれた。また、イギリスの経済が抱える構造的な諸問題——賃金上昇と物価上昇の悪循環でインフレが増進する「コスト・プッシュ・インフレ」が代表的——を多かれ少なかれ覆い隠していた好景気の副産物が表面化してきたことにともない、イギリスが戦後の復興に続き目覚ましい高度経済成長を続けるヨーロッパ大陸諸国と比べて、経済成長率や生産性の上昇率など各種経済指標でおおむね劣った数字しか残すことができなくなったという認識も強まることになった。(6)

実際、一九五〇～六〇年の年平均の国内総生産（GDP）成長率は、イギリスの二・七％に対して西ドイツでは七・七五％、イタリアでは五・八五％、フランスでも四・六％を記録していたが、こうした経済指標の格差は、しだいに自動車や冷蔵庫などの所有率の差となり国民の生活にも目に見える形で現れていくことになる。(7) そのうえ、一九五〇年代半ば以降繰り返し起こっていた国際収支の悪化は頻繁な通貨危機を招き、ひいてはスターリングとシティの地位を切り崩すことにもつながりかねないことから深刻に受け止められていたものの、状況を改善する手だては限られてきており、金融面でも既存の政策は行き詰まりの兆しを見せつつあった。(8)

さらに、従来からイギリス経済が大きく依存してきたコモンウェルス諸国との特恵関係についての見方も着実に変化しつつあった。当時、コモンウェルス諸国の大半は欧米先進国の間に見られた高度経済成長の波から取り残されており、その市場規模の拡大は停滞する一方であった。またコモンウェルス諸国の多くが発展途上国であったことから、付加価値の高い製品の輸出市場としても十分ではなかった。実際、一九五四～六〇年の間にイギリスから西ヨーロッパ諸国への輸出が約二九％の増加を見せたのに対して、スターリング圏諸国への輸出はわずか一％ほどの伸びを示すにとどまっていた。(9) そうしたことから、イギリス側では、コモンウェルス諸国との特恵関係の不十分さについての認識が強まり、さらに、コモンウェルス諸国・スターリング圏市場（そこでは特恵制度とスターリング圏の為替管理のためにイギリス製造業が厳しい競争にさらされることが少なかった）に過度に依存していることが、自国の経済不振の大きな原因であるという見方も出てくることになったのである。(10)

そうした結果、持続的な高度経済成長とそれにともなう市場規模の拡大を見せており、将来イギリス製品の主要な輸出先となることが予想されたＥＥＣ諸国との経済的結びつきを確保するためにも、ＥＥＣに対して接近し、具体的な条件しだいでは加盟することが必要であるという認識が強まるようになった。つまり、コモンウェルス諸国との「垂直分業的」な貿易から、はるかに競争が激しく市場規模も大きい西ヨーロッパの先進国間での「水平分業的」な貿易に軸足を移すことが、非効率的な国内の産業構造を近代化し、生産性と競争力を高めるために必要であり、またそのための国内的な調整も避けて通るべきではないという見方がしだいに強まったのである（また、コモンウェルス諸国、特にカナダ、オーストラリア、ニュージーランド、南アフリカという旧自治領諸国での工業化と輸入代替政策の進展により、従来の「垂直分業的」な貿易関係を維持することが困難になってきたという面もあった）[11]。

一九六七年にウィルソン（Harold Wilson）労働党政権下で行われた第二回目のEEC加盟申請の時ほどは強調されなかったが、EECの枠組みを通してより大規模な研究開発を行うことで、技術革新と産業近代化が可能になることも期待された[12]。金融面に関しても、一九五〇年代後半になると、イギリス政府の政策決定者たちは、「スターリング圏の中にとじこもっているよりもさらに広い世界で好機を捉えた方が、シティや貿易外収益全般の利益になる」という計算をするようになっていた[13]。そのうえ、従来はイギリスに向けられていたアメリカからの直接投資や自国資本が、より広い市場を取り囲む関税同盟を形成することを予定していたEEC諸国に引きつけられる可能性がイギリス政府や産業界から懸念され、そのこともまたEECへの接近（ひいては加盟）を行う必要があるという認識を高める一因になったのである[14]。

このようにして、一九六〇年七月に内閣改造が実施に移され、八月に英独首脳会談が行われた頃までには、マクミラン政権内では、ヨーロッパ統合に接近することが必要であり、かつそれがヨーロッパ諸国側からも受け入れられる見込みが高まってきたという見方が強まり、実際にも接近に向けて具体的な動きがとられるようになっていた。しかし他方で、ヨーロッパ統合に対する接近がどのような形態で行われるべきかという点に関しては、いぜんとして政府内部での意見の一致が見られず、またどのような形態であればEEC諸国側（特にフランス政府）から受け入れられるのかということも明確にはなっていなかった。

この時期のヨーロッパ統合と英米関係の関連をめぐる議論からも、イギリス政府内での判断の相違とそれゆえの躊躇を見てとることができる。一方では、アメリカ政府が順調な発展を見せるEECに強い支持を与える反面、イギリス政府の立場には十分な理解を示さない状況が続いたことに対してさらに懸念が強まった。例えば、ブリュッセル駐在の外交官タンディ（A. H. Tandy）は、そうした状況について、もはや自嘲的な雰囲気さえ漂わせつつ本国への報告のなかで次のように記した。

最近では、私たちは、共同体の結束がますます強まる状況に直面したとき、私たちに何らの共感も示してくれないアメリカ人たちに苦情を言いに行くか、六カ国が私たちが排除されている彼ら自身の協議で何を議論したのかを知るために、WEUを通した協議のような手段を考案するしかないという状況に陥ってしまった。[15]

しかし他方で、マクミラン政権内では、アメリカ政府の態度が変化するかもしれないという期待もいぜんとして根強く存在した。例えば、九月一八日、ヒュームがハーター、ディロンと会談した際、イギリスとEECの間で連合関係を構築することができる見通しが開けてきたと述べたのに対して、アメリカ側からは、それを歓迎するとともに両者の接近を手助けできるであろうという立場が示された。[16] そうした結果、マクミラン政権内では、「過去数カ月間、アメリカ政府が全般的な問題をよりよく理解し、ヨーロッパの経済的分断の問題を解決する必要を以前よりも受け入れるようになってきた兆候がいくらか見られるようである[17]」という観測とともに、アメリカ政府の政策がEECとEFTAの「橋渡し」を目指すイギリス政府の立場に有利なものに変化するのではないかという期待が再度抱かれることになったのである。

そうしたなかで、マクミラン政権は、EEC諸国間の統合の加速に追いつくとともにEFTAの有効性を証明するためにも、EFTA諸国間での第二回目の工業製品の関税引き下げ（一九六二年一月一日に予定されていた一〇%の引き下げ）を一年間前倒しして実施すべきであると主張した。しかし、オーストリア、デンマーク、ノルウェー各国政府は、競争力の弱い製造業を抱える国内事情に加えて、農産物や魚類を横に置いた形で工業製品のみの自由化を加速させることへの反発もあり消極的な姿勢を貫いた。その結果、一〇月一一～一二日にベルンで開かれた第二回EFTA閣僚理事会では、第二回目の工業製品の関税引き下げの六カ月間前倒しについても合意に達することができず、決定は次回の閣僚理事会に持ち越された。このことは、EFTAの有効性に対する疑問を増幅するとともに、EFTAの大きな存在意義であったEECとの調整・合併の見通しを損なうものとなった。(18)

また、九月一日には、GATTのディロン・ラウンドが開始され、それまでEEC諸国政府が個別に譲許していた関税率の共通域外関税への移行やEEC諸国間でのCAPの導入が主な議題としてとりあげられた。しかし、アメリカ側では、アイゼンハワー政権の交渉権限が互恵通商協定延長法によって限定されていたうえに、当時GATT交渉を担当していた国務省がヨーロッパ統合の政治的意義を重視する立場からその保護主義的側面には概して寛容な態度をとったため、ディロン・ラウンドを通してEECの共通域外関税が大幅に引き下げられる見通しは低いものとなった。(19)

そうした結果、一九六〇年の後半には、イギリス政府はEEC、EFTA間の経済を中心とする調整やローマ条約第二三八条に基づく連合協定など「中間の道」とも総称することができる選択肢（同年前半に盛んに議論された「近似化」もその一形態と捉えられる）を却下し、EECに正式に加盟を申請するという方針に傾いていくことになる。確かに、一一月二～三日にボンで行われた西ドイツ政府との二国間の官僚級協議（非公式、予備的なもの）や同月下旬のマクミラン、ヒュームのローマ訪問の際、西ドイツ、イタリア両国政府がEEC、EFTA間の分裂の解消に前向きな態度を示したことは、マクミラン政権にとって希望の持てる兆候ではあった。特に西ドイツ政府は、コモンウェルス諸国からの無関税での輸入を（一定の制限を設けたうえで）維持すること、イギリス国内農業への優遇措置を認めることについても柔軟な姿勢を見せた（ただし、農業問題に関するイタリア政府の態度は、大規模な農産物輸出国である自国の利害への配慮が疎かにされることへの懸念から慎重なものにとどまった）。しかしながら、一一月二八～二九日にロンドンで行われたイギリス、西ドイツ両国間の第二回目の二国間協議では、両者はフランス政府を参加させずに議論をさらに進展させるのは難しいという結論に達した。それは結局、フランスの存在の大きさを再認識させるものに他ならなかった[20]。

そして結局、フランス政府は、「中間の道」に対して否定的な態度に終始することになった。確かに一〇月四～五日にヒースがパリを訪問し、クーブ・ド・ミュルヴィルやドブレと会談した際には、「フランスの立場はまったく否定的というわけではなかった[21]」。しかしながら、クーブ・ド・ミュルヴィルが、ヒースに対して、イギリス政府は（EECに加盟を希望するのであれば）EECの現状を変更することなく加盟すべきであるという見解を伝えたことは、結局のところ、「中間の道」の可能性を明確に否定する態度を示すものであった[22]。フランス外務省のウォルムセールも、アメリカ国務省のマーティン（Ed Martin）とパリで会談した際、イギリス、西ドイツ間の二国間事務レベル協議に関して、「いつもの通りに明らかに悲観的で、興味を示すことはなかった[23]」。さらに、マクミラン政権側でも、「中間の道」は、域外関税の平準化（それは実質的にはEEC諸国の共通域外関税を受け入れることを意味した）をはじめとする大幅な譲歩をともなわざるをえないにもかかわらず、EECの共通域外関税の設定や共同体諸国間の政治協議に影響を及ぼすまでには至らないことから、もはや達成困難であるだけでなく、望ましくもないという見方が強まっていった[24]。

マクミラン政権内では、EECに加盟を申請することが必要であるという認識がしだいに強まった結果、EECへの加盟と引き替えにコモンウェルス諸国やEFTA諸国との関係が相対的に弱まるのもやむをえないという見方も出てくることになった。確かに、コモンウェルス諸国の間では、イギリスがEECに加盟した場合にイギリス市場への工業製品輸出にEECの共通域外関税が課されることで最も影響を被ることになるカナダをはじめとして、インド、パキスタン、さらには植民地の香港などで反発が強まることが予想された（他方、コモンウェルス内の発展途上国の輸出品、特に熱帯産品については、従来からの無関税での参入を確保することができるのではないかと予測された）。さらに、そうした結果、報復的措置として、コモンウェルス諸国市場でイギリス製品が享受していた特恵待遇も急速に失われていくのではないかと懸念された。EFTA諸国の間では、中立諸国であるためにEECへの加盟が難しいと考えられたオーストリア、スイス、スウェーデンで反発が強まり、それらの諸国のための特別な調整が必要となると考えられた（他方、NATO加盟国であったノルウェー、デンマーク両国政府はEECに加盟することが可能であり、おそらくそうするであろうと予測された）。しかし、以上のような懸念にもかかわらず、この頃までには、マクミラン政権側では、EEC加盟は自国の総合的な国力を向上させ、長い目で見ればコモンウェルス全体の利益にもつながるという考え方がなされるようになっていた[25]。

もちろん、マクミラン政権内で懸念されたように、イギリスのEECへの接近または加盟により不利益を被ると予想された方面から批判が沸き起こることは避けられなかった。九月二〇～二二日にロンドンで開かれたコモンウェルス経済諮問理事会や一〇月一一～一二日にベルンで開かれたEFTA閣僚理事会では、政治的、経済的にイギリスへの依存度が大きく、現状以外の選択肢をほとんど持たない国々の代表から懸念や反発が相次ぎ表明された。コモンウェルス諸国のなかでは、特にイギリス市場への羊毛・食糧輸出に大きく依存していたニュージーランド政府から強い反発が示された。カナダ政府もまた、イギリスのEEC加盟によって経済的損失を被るだけでなく、自国の対米依存がさらに深まりかねないという懸念を緩めてはいなかった。植民地のなかでも、イギリス市場向けの工業製品輸出に関して大きな損失を被ることが予想された香港などから不満の声が聞かれた。しかし他方で、コモンウェルス諸国や植民地の代表たちは、すべての段階において十分な情報提供と協議が行われるべきであると念を押したものの、マクミラン政権が六カ国側との交渉の基盤を見出すべく予備的な議論を進めることについては受け入れる姿勢を示した。結局、ある程度の反発は見られたものの、コモンウェルス各国政府の代表は、イギリス政府内で懸念されていたほどには否定的な反応を示すことはなかったといえる[26]。

ＥＦＴＡ諸国では、特にスイス政府やスウェーデン政府が、ＥＦＴＡ諸国がＥＥＣとの交渉を進めることに懐疑的であり、当面はＥＦＴＡの強化に専念すべきであるという慎重な姿勢を崩そうとしなかった。マクミラン政権にとって、アウター七諸国とともにＥＦＴＡの設立を進めていた時にはデンマークなどがＥＥＣへの加盟に向かうのを防ぐことが大きな動機のひとつとなっていたが、自らがＥＥＣへの加盟申請を考慮しはじめると、逆にＥＦＴＡの存在が重荷となったといえる[27]。

さらに国内農業界からも、イギリス政府がＥＥＣのＣＡＰを採用すれば、農産物の消費者価格を低く保ちつつ生産者に直接補助を行うイギリス型の農業保護システム（一九四七年、五七年の農業法に基づくもの）が、域外からの農産物輸入に対する可変課徴金（variable levies）[28]を用いて消費者価格を一定水準以上に保つＥＥＣ諸国型のシステムに移行することへの不安の声が強まった。国内農業界の不安や反発の背景には、ＥＥＣへの加盟により、それまで例外的に（直接補助ではなく）輸入関税で保護されてきた国内の園芸農家（horticulturists）などが被害を受けることへの懸念もあった[29]。こうして、さまざまな方面からの反発に直面したマクミラン政権は、ＥＥＣ加盟申請に向けた動きを進めるという方向性自体を修正することはなかったものの、ＥＥＣに接近・加盟する際には、それらの方面への配慮が欠かせないという認識を新たにするようになったといえる[30]。

こうしたなかで、特にマクミランは一九六〇年の年末までには、ＥＥＣに加盟を申請するという決断に向けて大きく近づいていった。そのことは、マクミランが、「クリスマス休暇と議会の再開前の比較的穏やかな日々の間に」[31]

作成した三二ページにおよぶ長文の覚書からかなり明確に見てとることができる。この覚書は『大構想』（Grand Design）と名付けられたが、マクミランの公式伝記の著者A・ホーンによれば、マクミランは半分冗談めいてそうした大げさなタイトルを付けていた[32]。この『大構想』覚書のなかで、マクミランは、（EECへの加盟申請という方針を明確に打ち出すことこそなかったものの）共産主義の脅威に対抗するとともに、「文明世界における最も強力な経済グループ」たるEECから排除されることによる経済的不利益を回避するためにも、共同体への接近が必要であるという考えを強調した。彼はまた、ヨーロッパ統合への接近を実現するためにはフランス政府（特にドゴール）との間で政治的合意に達することが決定的に重要であるとしたうえで、イギリス政府が米英仏三カ国による自由主義諸国の主導体制や英仏間の核協力などの考え方を受け入れ、フランス政府に対して「一級の世界大国」の仲間入りを認めることでドゴールから譲歩を獲得できるのではないかという見通しを示した[33]。ただし、この時点では、まだ閣内の意見が一致するには至っておらず、EECへの加盟に慎重ないしは懐疑的な姿勢を見せていたモードリングやバトラー[34]なども含めて内閣全体がEEC加盟申請の方向でまとまるには、もうしばらくの時間を要することになる。

第2節　ケネディ政権の成立とEEC加盟申請への動き

一九六〇年一一月八日、アメリカで大統領選挙が行われ、民主党候補のケネディが、アイゼンハワー政権の副大統領で共和党候補のニクソン（Richard M. Nixon）に対して僅差の勝利を収めた。ケネディは、当時では異例の四三歳の若さで第三五代アメリカ大統領に当選したが、この若き新大統領の登場は、マクミラン政権に対して少なからず課題を突き付けることになった。特に前政権期の英米関係にはマクミランとアイゼンハワーの長年の親しい個人的関係に頼る面があったのに対して、マクミランとケネディは、当時六六歳と四三歳という親子ほどにも離れた年齢差に加えて、それまでお互いにほとんど面識もなかった。それゆえに、マクミラン政権側では、アメリカ新政権との間にも緊密な英米関係を維持することができるであろうかという不安が生じたのである。[35]

しかし他方で、ヨーロッパ統合をめぐっては、ケネディが大統領選挙に勝利したことで、マクミラン政権内では、アメリカ新政権が前政権に見られたようなEECに対する一方的な支持を弱め、イギリス政府とEFTA諸国の立場により理解を示すようになるのではないかという期待も生まれた。例えば、イギリス外務省のバークレイ(Sir Roderick Barclay)は、「私たちは、新政権が六カ国と七カ国の問題に関してどのような政策をとるのかを確かめることを大いに関心を持って待ちわびている」として、アメリカ政府のヨーロッパ統合に関する立場が変化すれば「全体の状況はよい方向に大いに変化するであろう」という見方を示した。ロイドもまた、「アメリカの次期政権がより広範なヨーロッパの連合に対してもっと好意的になり、六カ国への支持をより控えるのではないかという兆候がいくらか見られる」という希望的観測を述べた。[36]

それに対して、一九六〇年の後半に最終段階を迎えたOEECの拡大・再編に向けた動きは、それまでにも明らかになりつつあった通り、マクミラン政権の期待に反してEEC、EFTA間の「橋渡し」に役立つにはほど遠いものとなった。まず、同年七月二二〜二三日にパリのマジェスティック・ホテルを舞台に行われたOEEC諸国閣僚会議において、OECD協定草案に関する検討のために設置された作業部会(五月三一日〜七月九日)の報告書が大筋で承認された。[37]そして、閣僚会議で設置が決定された準備委員会(九月一四日〜一一月二三日)において専門家による詰めの作業(OECD協定草案の完成など)が行われた後、一二月一四日にはパリのフランス外務省時計の間(Salon de l'Horloge)において、西ヨーロッパ一八カ国とアメリカ、カナダの政府代表によりOECD協定が最終的に調印された。[38]ところが、OECDは、①高度の経済成長、②発展途上国の経済発展への貢献、③貿易の拡大を三大目的として設立されたものの、[39]実際の役割は加盟国間の経済政策や途上国援助の調整（政策協調）という重要ではあるが、相対的には控え目なものにとどまった。特にOECD内部に設置された貿易委員会には諮問的な役割しか与えられず、結局、OECDは、EEC、EFTAの間で「橋渡し」を行うという観点からは十分な権限を与えられた機構とはならなかった。

こうしてマクミラン政権内では、フランス政府の消極性に加えて、OECDの不十分さからEEC、EFTA間の調整が達成される見通しが立たないなかで、一九六〇年の末頃までにはEECへの加盟が避けられないという認識が強まることになっていた。[40]しかしまた、マクミラン政権内では、アメリカ政府の立場が政権交代によりEECとEFTAの「橋渡し」に好意的なものに変化するのではないかという期待もなされていた。それゆえに、しばらくの間はEECへの完全な加盟に至らない形で問題が解決される可能性も見据えつつ、ケネディ新政権の出方が注視されることになったのである。

そうしたなかで、一九六一年一月一日、EEC諸国間で、前年五月の閣僚理事会での決定に従い、関税同盟の形成に向けて以下のような措置が当初の予定よりも前倒しされる形で実施された。

①工業製品の域内関税の二度目の引き下げ（一〇％の引き下げで、一九五九年一月一日に行われた前回の引き下げと合わせて計二〇％）。

②それまで自由化されていなかった農産物の域内関税の引き下げ（五％の引き下げで、計二五％）。

③工業製品の共通域外関税の設定に向けた最初の措置（一九五七年一月一日時点での各国別の関税率と共通域外関税率の差を三〇％接近させる）。

これらの措置は、EEC諸国政府が、域内の貿易自由化をさらに進めることに加えて、共通域外関税をともなう関税同盟に向けた第一歩を踏み出したことを意味するものであった。それに対して、マクミラン政権側では、既に存在した貿易上の差別にもかかわらず一九六〇年には（主にEEC諸国側の高い経済成長率の結果）イギリスからEEC諸国市場への輸出（再輸出を含む）は前年比で九・五%の高い伸びを示していたため、EEC諸国の関税同盟に向けた「加速」の影響を過度に懸念する必要はないという見方も出てきていた。しかし、それにもかかわらず、六カ国と七カ国の間で調整が達成されない状況が続けば、EEC諸国間の統合が進むにつれて、いずれはイギリス産業への悪影響が広がりうることも十分に予想された。(41) それゆえに、マクミラン政権側では、EEC諸国間の統合の「加速」が順調に進むに従い、EECから排除されることによる経済的不利益に関する認識もより現実味を帯びたものとなっていった。

一九六一年一月二〇日、ケネディ政権が正式に発足したが、新政権にはヨーロッパ統合をめぐりさまざまな立場をとる人物が加わることになり、政権全体としての立場も当初は必ずしも明確な形で収斂したものとはならなかった。確かに、発足当初の新政権の中枢において、それまでのアイゼンハワーやダレスに見られたようなEECに対する熱心な支持が影をひそめるようになったのは事実であった。まず何よりも、ケネディ自身が、大統領就任当初はヨーロッパ統合にそれほど高い関心や熱心な支持を示していなかった。国務長官に就任したラスク（Dean Rusk）も、ダレスや（後述するように）ボールほどは、ヨーロッパ統合に対して強い思い入れを持った人物ではなかった。(42) ラスクは、一九六二年に国務省のスタッフに対して、「イギリス人は私たちが世界のなかで相談することができると確信〔原文はイタリック〕できる唯一の人々である」と述べるなど、「英米特殊関係」を重視する立場を示していた。(43) また彼は「私が自分自身を本当の専門家とみなしている数少ない対象のひとつは、私が過去三〇年間にわたり深く関わってきたコモンウェルスである」と記すなど、(44) コモンウェルスへの造詣も深い人物であったため、彼の国務長官への就任はマクミラン政権にとって好都合な点が多いように思われた。

さらに、ケネディ政権の財務長官には、前政権で国務次官を務めており、EECを強く支持する立場からしばしばイギリス政府と対立したディロンが就任したが[45]、そのこともマクミラン政権側にとって大きな困難にはならないように見えた。例えば、ディロンは二月一三日の記者会見において、EEC、EFTA間の合併がGATTのルールに合致する形で行われるならば反対しないと述べたが、マクミランはその報告に目を通した際に、「よく知られた共和党政権のディロンよりも、民主党政権のディロンの方がより賢明（more sensible）であると思われる」と欄外に走り書きを残している[46]。

他方、ケネディ政権の経済問題担当国務次官代理には、熱心なヨーロッパ統合・連邦支持者で、公私にわたりモネと緊密な関係にあったボールが任命された。彼は、後に回顧録のなかで次のように記すなど、ヨーロッパ統合の試みに対して、それがアメリカから自立していくことも見据えたうえで熱烈に支持していた。

私は、アメリカ人は、ヨーロッパの人々に対して彼ら自身のヨーロッパのアイデンティティと制度を発展させるよう奨励することで、大いに得るところがあると長く信じてきた。……もちろん、私たちは、統合されたヨーロッパが常に私たちに同意することを期待はできない。しかしながら、ヨーロッパがそれ自身の見解を表明するならば、その方がよりよいであろう。私たちは英知を独占しているわけではないのだから[47]。

特にボールは、西ヨーロッパ諸国が緊密に統合されることにより、アメリカと対等のパートナーとして自由世界を支える責務を担っていくことを重視する考え方をもっていた[48]。ところが、ボールは、EFTAについては、アメリカに対する経済的差別となるだけで、関係諸国を政治的に強化することにはまったく役立たないとして、「まさに私たちが望んでいなかったものであるように思われた」と述べるなど厳しい態度を示した[49]。そして、ラスクがヨーロッパに関する問題をボールに任せる傾向が強かったため、ボールは「ヨーロッパ問題担当国務長官」とも喩えられたように、ケネディ政権のヨーロッパ統合政策に大きな影響を及ぼしていくことになる。他にも、ケネディ新政権には、「統合されたヨーロッパという理念の確固たる支持者」を自認するシェツェル（Robert Schaetzel）国務次官補など熱心な統合支持者が加わることになった。

しかしながら、後にシェツェル自身が回顧したように、ケネディやラスクに加えて、マクナマラ（Robert S. McNamara）国防長官、バンディ（McGeorge Bundy）国家安全保障問題担当大統領補佐官などもヨーロッパ統合の「熱狂的な」支持者であるとはいえず[50]、いかにボールが重要な人物であったとしても、彼やシェツェルがアメリカ政府の立場を代表していたというにはほど遠い状況であった。そして、何よりもボール自身が、二月一六日にイギリス政府高官のカッシアやリーと会談した際、EEC、EFTA間の問題の解決について、①アメリカ製品への「追加的な差別」がない、②GATTと整合的である、③EECの統合を損なわないのであれば支持すると述べたが[51]、それらの条件は前政権期にディロンたちが示していたものとほぼ同じであった。ケネディ政権のヨーロッパ統合をめぐる政策は、政権発足当初に関する限り、マクミラン政権側で期待されたようにEFTAやより広範な西ヨーロッパ規模のFTAという考え方に好意的なものになったわけでも、逆にEECを強く支持するがゆえにイギリスのEEC加盟を強く志向するようになったわけでもなく、基本的には前政権期の政策を引き継ぐものとして立ち現れたといえる。

こうして、アメリカ政府のヨーロッパ統合に関する政策が政権交代により自らに有利なものに変化するという期待を（少なくとも短期的には）裏切られたマクミラン政権は、その後、第一回EEC加盟申請に向けた政策転換をさらに進めていくことになる。そうしたなかで、まず注目されるのが、マクミランが一月二八〜二九日にパリ郊外のランブイエを訪問して行ったドゴールとの首脳会談であった。この首脳会談は、東西間の冷戦対立の高まりやケネディ政権の成立など新たな国際政治状況に対応することを念頭に置き、前年末から両国間で計画が練られていたものであった。実際の首脳会談では、マクミランが、「いまや六カ国とイギリス、さらにはできるだけ多くのEFTA加盟国の間で実際的な調整を行うことが可能になるべきであると信じる」という考えを示し、西ヨーロッパ内部でEECとEFTAが併存している状況を打開する必要があると訴えた。しかし、マクミランが続いて、コモンウェルス諸国の利益とイギリスの国内農業を保護しつつ、イギリスと六カ国の間に連合関係を打ち立てる方策があるのではないかと見通しを述べたのに対して、ドゴールは、イギリスがコモンウェルス諸国との関係を損なわずにEECに接近することができるという意見について懐疑的な姿勢を見せた。ただし、この会談では、英仏両国政府間でヨーロッパ統合をめぐる問題に関して二国間の事務レベル協議に着手することについては合意が得られるなど、一定の成果も見られた[52]。マクミランは、ランブイエでの首脳会談から帰国した直後の閣議（一月三一日）の冒頭で、ドゴールとの会談について以下のように報告を行った[53]。

①ドゴールとの首脳会談では、ヨーロッパとの経済的、政治的問題の解決に向けて進展を行うことが可能ではないかと考えるいくつかの根拠を見出すことができた。

②ドゴールは直前に行われたアルジェリア独立に関する国民投票の結果に満足しており、それまでよりも落ち着き、自信を深めている。

③EECが成功裏に発足したことで、フランスの産業界はより広範なヨーロッパの貿易上の協定に反対する姿勢を緩和させるのではないか。

④イギリス政府とドゴールは、ヨーロッパにおいて緊密な政治的連邦が発達することに反対する点で立場が共通しており、それゆえに、ドゴールが政権の座にある間にヨーロッパ統合問題を解決に導くことが望ましいのでは

ないか。

ところが、その直後、二月八日に行われたヒースと駐英フランス大使ショーヴェル（Jean Chauvel）の会談では、フランス側の態度はより厳しいものとして立ち現れた。ショーヴェルは、ランブイエでの英仏首脳会談は「順調に行われた」と評価しつつも、首脳会談で合意された二国間事務レベル協議に関しては、「継続的な」協議を行うべきであるというドゴールの表現を引き合いに出して、あくまで長期的な観点から進めるべきであると慎重な考えを示した。彼はまた、クーブ・ド・ミュルヴィルは（さらにはドゴールも）、イギリスにとっての正しい関係のあり方は、コモンウェルスとの関係ゆえにＥＥＣへの加盟よりも緩やかな関係を築くことであると考えていると述べるなど、全般的な問題解決についても消極的な態度に終始した（ただし彼は、フランス政府はイギリスが六カ国に加わることに反対しているのではなく、単にそれが可能ではないと考えているにすぎないと弁明も見せた）[54]。

他方、この時期、マクミラン政権の第一回ＥＥＣ加盟申請に向けた政策転換をさらに促したのは、英仏首脳会談に加えて、ＥＥＣ諸国の第一回首脳会議（二月一〇～一一日）、英独首脳会談（二月二二～二三日）などを通して、フランス、西ドイツ両国政府から、ＥＥＣ諸国間の政治連合の構築について積極的な姿勢が示されたことであった。特にフランス外務省時計の間を舞台に行われた第一回ＥＥＣ首脳会議では、前年以来のドゴールの政治連合提案に基づき、フランス外交官のフーシェ（Christian Fouchet）を委員長とするヨーロッパ経済共同体政治統合委員会を設立することで合意がなされた。この「フーシェ委員会」（Fouchet Committee）の設立に象徴されるように、この時期、六カ国間では政治連合形成に向けた動きが大きく進展する様相を見せていた。そうした結果、マクミラン政権内では、共同体諸国間の政治協議から排除されることを回避するためにも、ＥＥＣに対して接近または加盟する道を探っていくことが不可欠であるという考えがいっそう強まったのである[55]。

そうしたなかで、二月二七日、ヒースがWEU閣僚理事会——彼によれば「当時、六カ国と意見を交換するのに最も有用なフォーラム」であった——において行った声明は、マクミラン政権の政策転換をそれまでになく明確に印象づけるものとなった。そこで、ヒースは、コモンウェルス諸国、EFTA諸国以外からの輸入に関して共通または平準化された域外関税を受け入れる用意があり、さらに共通または平準化された域外関税を管理するためには共通の制度が必要であると認識したうえで、「そのことを受け入れ、またそうした制度を恐れていない」と明言した。ヒースはまた、共同市場へのアプローチに関する「原則の根本的な変化」について考慮するとともに、全会一致で招待されれば六カ国側との政治協議にも参加する用意があると明らかにし、「イギリス政府は六カ国の共同体の紐帯を弱めたり、この偉大なヨーロッパ機関〔EECのこと〕のより大いなる形態の統一に向けた流れを薄めたり、邪魔したりするいかなる願望も持っていない」と述べるなど、EEC加盟に向けてそれまでで最も踏み込んだ発言を行ったのであった(56)。

二月二七〜二八日には、イギリス外務省で英仏間の事務レベル協議が行われ、両国間でイギリスのEEC加盟の可能性に関してより具体的に議論がなされた。しかし、バークレイとウォルムセールがそれぞれの代表団を率いて行われた会談でも、フランス政府側の態度は相変わらず厳しいものであった。まず、ウォルムセールは、イギリス政府はコモンウェルス諸国からの無関税の輸入を全般的に維持するとともに農産物を工業製品と別個に扱おうとしているが、そうした態度は不十分なものであると主張した（特にコモンウェルス諸国の工業製品について無関税の輸入を維持することには大きな困難がともなうと指摘された）。

さらに、ウォルムセールは、イギリス政府が（当時六カ国間で具体的な詰めの議論が行われていた）CAPを含めローマ条約の条項を完全に受け入れるのでなければ問題が生じると主張した。確かに、西ドイツ、イタリア両国政府との二国間の非公式事務レベル協議では、六カ国、七カ国間の分裂の回避を重視する立場から、イギリス政府に対してCAPを強要せず、イギリス国内農業の例外扱いを許容する姿勢が見られた。しかしながら、フランス政府は、イギリス政府に対して例外扱いを認めれば、EEC諸国間の結束と発展が脅かされ、自国の農業にとって大きな利益となるCAPを西ドイツ政府に受け入れさせることも困難になりかねないといった判断から、「中間の道」やイギリスの条件付きのEEC加盟という方針に非常に厳しい態度を示すことになった（他方、ウォルムセールは、イギリス政府がローマ条約に加入することができれば、すべての問題に関して解決を見出すことははるかに容易になるであろうという考え方を示し、その点についてはクーブ・ド・ミュルヴィルも柔軟な立場をとっていると述べた）。結局、フランス政府との二国間事務レベル協議では、「要約すれば、双方が有益であったと同意するような意見の交換はあったものの、共通の基盤を見出すことはあまりできなかった」のである。(57)

他方、英米両国間の議論では、ボールが、三月中旬にイギリス駐米大使館員と夕食をともにした際、「イギリスは五年以内にヨーロッパ共同体の正式な加盟国となるであろう。そして、もしイギリスが加盟国となれば、ヨーロッパの政治的、経済的発展のなかで支配的な影響力を持つことは容易であろう」として、イギリスのEEC加盟を期待する内容の発言を行った。(58)しかし、この発言は、多分に一般的で曖昧さの残る内容であったことに加えて、事前にケネディの指示を受けて行われたものでもなく、あくまでボールの個人的な見解を示したという性質が強いものであった。(59)また、イギリス政府側でも、この発言を受けて第一回EEC加盟申請に向けた政策転換が大きく促された形跡は見られない。それゆえに、ボールのEECに対する熱烈な支持とこの発言に見られたようなイギリスのEEC加盟を期待する態度は、それまでにもかなりの程度進んでいた第一回EEC加盟申請に向けた政策転換を補強したことはあったとしても、それを根本的に左右したとは考えられないのである。

三月三〇日には、OEEC内に設置されていた開発援助グループ（DAG）(60)の会合に出席するためにロンドンに滞在していたボールが、ヒース、リーなどと会談を行った。この会談において、イギリス政府側は、コモンウェルス、EFTA、国内農業に関する留保が得られることを条件にEECに対して加盟を申請する用意があることを伝え、アメリカ側の反応について尋ねた。これを受けて、ボールは、ケネディの指示に基づく発言ではないと断ったうえで、イギリスのEEC加盟は「アメリカにとって最も歓迎できるもの」であり、「イギリスの共同体への加盟は自由世界の結束に対する非常に重要な貢献を示すことになるであろう」として、アメリカ政府の支持に疑いはないと返答したのである。[61]

ここで重要となるのは、アメリカ政府側では、マクミラン政権がこの時点でEEC加盟申請を打ち出してくるとはまったく予想していなかったことである。[62] 実際、イギリス側の発言を受けて、ボールは「驚くと同時に意気高揚した」が、「この問題についてケネディ大統領と非常に一般的な形でしか議論していなかった」[63]ために慌てさせられる羽目となった。ボールは、彼自身が「ヒースとリーは、私が予想していたよりもはるかに踏み込んだ発言をしてきたが、それに続いて私も同じようにした」と回顧したように、ケネディから事前に何の指示も受けていなかったにもかかわらず、イギリスのEEC加盟申請を歓迎する立場を独断で打ち出したのであった。他方、ボールやシェツェルは、発足したばかりのEEC諸国間の政治的結束を脅かすとして、マクミラン政権がEECとの連合協定など完全な加盟に至らない「中間の道」を追求するという考え方には批判的な姿勢を示した。[64]

こうして、フランス、アメリカ両国政府が「中間の道」や六カ国、七カ国間の純粋な経済協定という考え方に批判的な姿勢を強めたことは、マクミラン政権にとってはEECへの正式な加盟以外の選択肢を大きく狭めるものであり、そのことが結果的に、マクミラン、ヒースをはじめとする加盟推進派への追い風として作用することにもなった。[65] ヒースが回顧録に記したところによれば、当時のマクミラン政権が直面していた状況とは以下のようなものであった。[66]

図11　英米首脳会談（1961年4月）

1961年4月8日，ワシントンでの英米首脳会談。左からラスク国務長官，マクミラン，ケネディ，ヒューム外相。

出典）*Harold Macmillan: A Life in Pictures*, London: Macmillan, 1983.

いずれにせよ、いかなる連合協定も、私たちが模索していた政治的影響力を与えてはくれなかったであろう。それゆえに、ローマ条約を（その結果としてもたらされる国内的、国際的問題も含めて）そのまま受け入れるか、あるいは現状を維持し、西ヨーロッパの第二級のグループにとどまることに甘んじるかという選択しかなくなってしまったのである。

四月五〜八日には、マクミランがワシントンを訪問し、ケネディと首脳会談を行った。そこで、マクミランは、ケネディ政権はドゴールの政治哲学や安全保障政策に警戒的であり、西ヨーロッパ諸国間の政治的分裂が進むことの危険についてもより敏感になっているという認識の下[67]、イギリスが六カ国の統合に加わり、そこで「安定勢力」（stabilising force）としての役割を果たすことが重要であるという考えを強調した。そのうえで、マクミランは、イギリスはアメリカ、コモンウェルス諸国との関係を損なわずにEECに加盟する必要があるとして、アメリカ政府の協力を求めた。それに対して、アメリカ政府側からは、ヨーロッパ諸国の政治的結束を極めて重視しており、イギリスを含めたヨーロッパ諸国の対米差別についてはその対価として許容する用意があるとして、イギリスのEECへの加盟を歓迎する意向が示された。マクミランはさらに、EEC、EFTA間の合併はアメリカの利益に反するものではないとも主張したが、ボールは、そうした合併はアメリカ側の経済的不利益となるだけでなく、六カ国間の政治的結束も脅かすとして明確に反対する立場を示した。それに対して、マクミランは、イギリスを含むEFTA内のNATO加盟国はEECに加盟し、EFTA内の中立諸国はEECとの間で何らかの特別協定を結ぶことができるのではないかという一般的な見解を示すにとどまった。(68)

第3節　「条件付きの加盟申請」としての第一回EEC加盟申請

マクミランは、ワシントンからの帰国後、二度の閣議（四月二〇日、二六日）において、ケネディとの首脳会談を踏まえ、ヨーロッパ統合をめぐる政策について自らの立場を明確に披露した。彼はまず、四月二〇日の閣議で、共産主義陣営の力が増し、東西間の冷戦対立が深まるなかで、西側諸国（特に西ヨーロッパ諸国）間の結束を強化する必要があるという認識を示したうえで、イギリスがEECの「政治的構造」に加わり、フランス（そして後にはドイツ）が過度に支配的な地位を占めるのを防ぐことで「大西洋共同体」の強化に貢献すべきであるという議論を展開した。また、マクミランは、イギリスのEEC加盟によりイギリス、コモンウェルスともに困難な経済的調整を求められるであろうとしつつも、長い目で見れば、双方ともに、広範なヨーロッパ市場へのアクセスを確保することでより大きな利益を得られるのではないかという展望を示した。(69)

さらに彼は、四月二六日の閣議で、東西の冷戦対立の文脈から、イギリスはEECに加わることで西側同盟の経済力と政治的結束を高めるための「ヨーロッパと北アメリカの架け橋」となり、「より大きな大西洋共同体のなかにヨーロッパを結びつける」役割を果たすべきであると述べた。こうして、マクミランは、「英米特殊関係」とE

EC加盟を建設的に結びつけるとともに、アメリカと西ヨーロッパの間での二者択一を回避しつつ、ヨーロッパ統合の一員となる構想を語った。この閣議では、最終的に「この段階で政府が従うべき正しい政策は、イギリスが、できればEFTAのパートナーのいくつかと一緒に、ヨーロッパにおけるより広範な政治的、経済的連合の形成に六カ国とともに加わるという解決に向けて努力することである」という結論に達した[70]。

ただし、こうしてマクミラン政権の方針がEEC加盟申請に向けて固まっていき、国内のマスメディアでも、一九六〇年後半に経済紙『フィナンシャル・タイムズ』、一九六一年前半に保守系紙『デイリー・テレグラフ』『デイリー・メール』などがEECへの加盟支持に大きく論調を変化させたとはいえ[71]、いぜんとしてコモンウェルス諸国やEFTA諸国との関係をどのように処理するのかという課題は残されていた。確かに、マラヤ政府のように、主要な輸出産品（特にゴムとスズ）に関して、それまでのイギリス市場に加えて拡大したEEC市場にも無関税での輸出が可能になると見込まれたことから、イギリス政府のEEC加盟申請に向けた動きに目立った反対を見せない例もあった[72]。マラヤ政府はまた、タイ、フィリピン両国政府とともに東南アジア連合（ASA）の設立に向けた議論を進めるなど、徐々にではあったが外交面、経済面で周辺の東南アジア諸国との地域的な結びつきを強めようともしていた[73]。マラヤ連邦首相ラーマンの回顧によれば、一九六一年八月に上記の三カ国間で設立されたASAは東南アジア諸国連合（ASEAN）の「先駆かつ前身」となったが、その当時から加盟国間の自由貿易も構想に含まれていたのであった（その後、ASAは一九六七年八月のASEAN設立とともに解散した）[74]。

しかし他方で、その他のコモンウェルス諸国の多く（特にニュージーランド）では、イギリスのEEC加盟申請がいよいよ現実のものとなりつつあるなかで、それまでにも増して不安や懸念の声が高まっていた。EFTA諸国でも、イギリス政府とともにEECへの加盟を申請することが予想されたデンマーク、ノルウェー両国政府と異なり、中立政策ゆえにEFTAに残らざるをえないと考えられたスウェーデン、スイス、オーストリア三カ国の政府からは、マクミラン政権のEEC加盟申請に向けた動きに対して繰り返し懸念が表明されていた。そのなかでは、オーストリア政府の態度は比較的柔軟であったが、スイス、スウェーデン両国政府はいぜんとしてEEC、EFTA間で純粋に経済的な連合関係を構築するという考え方に固執していた[75]。

イギリス側でも、コモンウェルスやスターリング圏の存在は、旧自治領諸国のみならず、アジア・アフリカ諸国などに対する世界的な影響力を保持することに貢献しているという考え方は根強かった[76]。またEECへの加盟交渉が失敗に終わった場合は引き続きEFTAに残留する可能性が高かったため、それらの国々との関係を悪化させることはできるだけ避けたいところであった。コモンウェルス諸国やEFTA諸国に対する道義的な義務も広く認識されていた[77]。マクミランは回顧録で、コモンウェルスは政治・経済のみならず、感情的な面からも非常に重要であったと記したが、特に保守党内部や保守党支持者の間ではコモンウェルス諸国との伝統的な結びつきを重視する者が目立った[78]。一般市民の間でも、コモンウェルスに多人種の連合として大きな期待を寄せる傾向が見られた[79]。マクミラン政権は、国内からの反発を軽減するためにもコモンウェルス諸国との関係に特別の注意を払う必要に迫られていたといえる（他方、EFTAに関しては、そうした国内的な配慮を行う必要ははるかに限定的であった）。

この時期、マクミラン政権の第一回EEC加盟申請に向けた態度表明を受けて、アメリカ政府内でも、いくつかの注目すべき議論が見られた。まず、ボールからケネディに宛てた覚書に記されたように、アメリカ政府としては、イギリスのEECへの加盟を直接的に促していくのではなく、それを歓迎する姿勢を示すにとどめるべきであるとされた。他方、イギリス政府が「アメリカの態度についての疑念やアメリカとの「特殊な」関係への期待から」、ヨーロッパ統合に反対または無関心な態度をとることになってはならないとしたうえで、EEC諸国間の「不可欠な紐帯」が損なわれない限り、六カ国側にもイギリスのEEC加盟を歓迎し、それに過度に厳しい条件を課さないよう説得に努めていくべきであるとされた[80]。

第一回EEC加盟申請が行われるまでの間、イギリスがEECに加盟する際の諸条件について英米両国間でも激しい議論が交わされた。特にEECに正式に加盟することが難しいと考えられたEFTA内の中立国の扱いについて、両国間では意見が大きく分かれた。まずマクミランは、四月二八日付のケネディへの書簡のなかで、EECに加盟する際にはコモンウェルス、EFTA、国内農業の利益に関する留保を得ることが必要になると強調し、ケネディのフランス訪問（五月三一日〜六月二日）の際に、ドゴールがそれらの留保を受け入れる見込みがあるかどうか探るように依頼した（ただし、それと同時にマクミランは、英米両国政府が共同でフランス側に圧力をかけているという印象を与えることは避けるべきであるとも記した）[81]。

それに対して、アメリカ側では、ボールが、マクミランはEEC加盟にともなう政治的義務を免れようとしているとして危機感を抱き、特にEECとEFTAが合併または通商協定を結ぶという考え方に批判的な立場を表明した。こうした反応を受けて、イギリス政府側も、ボールはEFTAを単なる通商上の機構として切り捨てており、イギリス政府のEFTA諸国への条約上の義務についての考慮も欠いているとして強い反発を見せた[82]。イギリス外務省のバークレイがヒースに訴えたように、イギリス政府内では、アメリカ政府がEFTA内の中立諸国に対してEECとの通商協定（連合協定）を結ぶことさえも認めないのであれば、イギリス自身のEEC加盟を含めたすべての計画が台無しになりかねないという危機感が高まっていたのである[83]。

他方、アメリカ政府側でも、ラスクやバンディは、イギリスとEFTA諸国（特にEFTA内の中立諸国）の立場やEEC、EFTA間の連携の必要についてより理解を示しており、ケネディも、すべてのEFTA諸国が同時にEECとの協定を結ぶのではなく段階的に交渉を行った方が賢明ではないかとするなど多分に折衷的ではあったものの、ボールと比べれば穏当な考え方を示した[84]。そうした結果、イギリス政府は、「ディーン・ラスクはボールと非常に異なる方針をとっており、あたかも国務省内に異なる派閥が存在しているように思われる[85]」といった認識の下、ボールに代表される国務省の一部の批判を斥けて、EFTA諸国（特にEECに加盟することができない立場から、最後までイギリス政府への訴えを続けたスウェーデン政府やスイス政府）に対する条約上、道義上の義務を優先する政策をとることになった。そして、六月二七〜二八日にロンドンで開かれたEFTA閣僚理事会では、次のような内容を含むロンドン協定が結ばれた。(86)

交渉を通して、すべてのEFTA加盟国の多くの正当な利益に合致し、彼らのすべてが統一されたヨーロッパ市場に対して同時に参加することを可能にするような満足すべき調整がなされるまでは、ヨーロッパ自由貿易連合とその加盟国間の協定により創出された義務、そして連合〔EFTAのこと〕内部での統合に向けた推進力が維持されるであろうと〔加盟国〕閣僚は決議した。彼らは、西ヨーロッパ内部に新たな経済的分断を作り出すような部分的な解決は、いかなる状況においても満足すべきものとみなすことができないと合意した。

六月下旬から七月中旬にかけては、五人の閣僚がコモンウェルス諸国および帝国各地を歴訪し、それらの諸国・地域の利益を満足させるための調整を行うことを条件にEECへの加盟申請に対する了承を確保する手続きも踏まれた。五人の閣僚によるコモンウェルス諸国・帝国歴訪のなかでも、特にコモンウェルス関係相サンズによるニュージーランド、オーストラリア、カナダ訪問は最も困難なものとなった。それらの国々は、温帯農産物の大規模な輸出国であったため、イギリスがEECに加盟してCAPの枠組みに加わった場合に深刻な損害を被ることが予想されたのである。さらに、それらの旧自治領諸国政府からは、イギリスのEEC加盟は彼らにとっての経済的問題だけでなく、コモンウェルスの全般的な弱体化という政治的問題も引き起こすという懸念が伝えられた。カナダ政府は、イギリスがEECに加盟すれば、自国のアメリカへの従属がいっそう深まりかねないという観点からも反発を見せた。

それに対して、ソーニークロフト（インド、パキスタン、セイロン、マラヤ、シンガポール）、ヒース（キプロス）、パース（Lord Perth）植民地担当国務相（西インド連邦）のコモンウェルス諸国・帝国歴訪ははるかに困難が少ないものとなった。マラヤ政府は、EEC加盟申請というイギリス政府の方針に支持さえ見せた。他方、ヘア（John Hare）労働相が訪問したアフリカ諸国（ガーナ、ナイジェリア、シエラレオネ、中央アフリカ連邦）では、ガーナ、ナイジェリア、シエラレオネの各国政府から、EEC諸国と海外領土との連合関係――特にフランスと旧フランス領諸国の関係――に関して、その「新植民地的性格」への批判が示された。その他の植民地からは多様な反応が寄せられたが、特に香港やガイアナからはイギリスのEEC加盟についてかなり否定的な見解も伝えられた。しかし、以上のような懸念や反発にもかかわらず、五人の閣僚がEEC諸国との加盟交渉の各段階においてコモンウェルス諸国・帝国側と緊密に協議を行うと言明したこともあり、旧自治領からアジア・アフリカ諸国に至るまで、コモンウェルス各国政府からは、EEC諸国との加盟交渉に入るか否かはイギリス政府の判断に委ねるという立場が示された。マクミラン政権は、多数国間のコモンウェルス首相会議――もしそれが開かれていたならば、EEC加盟申請の方針に対して集中的に批判が浴びせかけられていた恐れがあった――を避け、コモンウェルス各国政府と個別に協議を行う戦術をとったが、そのことが功を奏する形となり、イギリス政府側の最低限の目標は達成されることになったと考えられるのである。[87]

マクミラン政権は、国内の農業界に対しても、その利益を満足させるための調整を行うことを条件としてEEC加盟申請への承認を得るよう努めた。確かに、国内農業界からは、マクミラン政権のEEC加盟申請に向けた動きに対して引き続き懸念が表明されていた。特に国内農家の利益を代表する全国農業経営者同盟（National Farmers' Union：NFU）は、農家の利益は既存の農業保護システムの継続によってのみ維持されうると主張するなど、強硬な姿勢を示していた。しかしながら、当時イギリスでは、国内農家の生産増加と国際的な農産物価格の低下にともない、国内農家に国庫から「不足支払い」(deficiency payments) を行う直接補償制度に基づく既存の農業保護システムを維持することは財政的に困難になりつつあった。そうしたなかで、マクミラン政権内では、ヨーロッパ大陸諸国型の農業保護システムへの移行により農業保護のための財政的負担を軽減することができるという利益も認識されるようになっており、農業に関しても（適切な留保が得られるならば）EECへの加盟は自国の利益にかなうという考え方がしだいに広まっていた。

また当時は、EEC諸国政府はいぜんとして（ローマ条約では一般的な目標や方針が列挙されるにとどまっていた）CAPを具体化するための議論を進めている段階であったため、マクミラン政権側では、もしEECに加盟するならば、CAPの骨格が固まる前に加盟し、その制度形成に自国の利益を反映させる（そして自国にとっての不利益をできるだけ緩和する）べきであるという考え方もなされた。さらに、CAPは穀物や乳製品に関して域内での自給を指向する管理貿易体制になると予想されたことから、CAPを採用することは、国内農業の保護・強化に役立つだけでなく、大蔵省を中心として、ヨーロッパ域外からの安価な農産物の大量流入を防ぐことで国際収支の改善とスターリングの安定化に貢献するとも期待されるようになっていた[88]。

こうした考慮から、地方農村部の選挙区で保守党の重要な支持基盤を形成していた国内農家に対しても、農業界代表との会合を経て、一定の保障を与えることによってEEC加盟申請への了承を確保するという方針がとられることになった。ただし、この時期になりマクミラン政権がコモンウェルス諸国、EFTA諸国、そして国内農家の利益に関して一定のセーフガードを確保するという約束を行った――その結果、第一回EEC加盟申請は「条件付きの加盟申請」とならざるをえなくなった――ことは、それらが多くの点でEEC諸国（特にフランス）政府の利害と衝突するものであったために、その後のEEC加盟交渉を困難なものにすることにもつながっていくのである。

こうしてEECへの加盟申請を実現するためのさまざまな手続きが踏まれた後、七月後半の二度の閣議（七月二一日、二七日）を経て、マクミラン政権内でEECに加盟を申請することが最終的に決定された。七月三一日には、マクミラン自身が、午後三時三〇分から行われた下院での演説においてEECに加盟を申請するという政府の方針を発表した。マクミランはまず、ヨーロッパ統合の政治的重要性について言及し、とりわけイギリス政府によるEECへの加盟申請の政治的な意義の大きさを強調した。

これは経済的争点であるだけでなく、政治的争点でもある。ローマ条約は経済問題に関するものであるが、重要な政治的目的も有している。それはつまり、世界中での自由と進歩のための戦いのなかで不可欠な要素であるヨーロッパにおける統一と安定を促進することである。……私は、ヨーロッパのなかで可能な限り最も緊密な統一（closest possible unity within Europe）を確保することにより、その力に貢献することが私たちの責務であり、また利益であると信じる。

しかし他方で、彼はその直後に以下のように述べて、コモンウェルス諸国との伝統的関係の重要性について指摘することも忘れなかった。

それと同時に、もしイギリスとヨーロッパ経済共同体諸国との間のより緊密な関係が、イギリスと他のコモンウェルス諸国との間の長期にわたる歴史的な紐帯を台無しにするならば、利益よりも損失の方が大きくなるであろう。コモンウェルスは、西ヨーロッパ、そして世界全体にとっての安定と力の大きな源泉であり、その価値はヨーロッパ経済共同体の加盟国政府から十分に理解されると確信している。

そのうえで、マクミランは、過去九カ月間（つまり、前年一一月の西ドイツ政府との非公式協議以来）、EEC諸国政府と有益で率直な議論を行ってきたが、もはや正式な交渉に入ることなしにさらなる進展はできない段階に達したとして、慎重に言葉を選びつつ、EECへの正式な加盟を申請するという彼の政府の意図について明らかにした。

イギリス政府は、イギリス〔の農業〕、コモンウェルス、ヨーロッパ自由貿易連合の特別な必要に合致するような満足のいく調整が可能であれば共同体に加盟することを目的として〔加盟〕交渉を行うための〔ローマ〕条約第二三七条に基づく正式な加盟申請を行うことがイギリスにとって正しいであろうという結論に達した。[89]

これは、マクミラン自身の表現によれば、「事実に関する短く、注意深く抑制された声明[90]」であり、まさに「条件付きの加盟申請」の表明であった。結局、マクミラン政権は、ヨーロッパ統合の持つ大きな政治的、経済的意義を認めつつも、保守党内外の反対派、懐疑派への配慮もあり、EEC加盟申請の発表に際しても多くの留保をともなう慎重な姿勢を崩すことはなかった。その後、下院での投票による承認（労働党が棄権に回ったため、賛成三一三票、反対五票と大差がついた）を経た後[91]、八月一〇日、イギリス政府は、アイルランド（七月三一日）、デンマーク（八月九日）両国政府とほぼ時を同じくして、EEC諸国側に対して正式に加盟を申請したのである。[92]

おわりに

以上の第Ⅲ部の第5章で検討した七カ国間のＥＦＴＡ結成に至る過程とＥＥＣ、ＥＦＴＡの並立をめぐるイギリス政府の政策の展開は、当時のマクミラン政権が、ＥＦＴＡの設立を通してＥＥＣとの「橋渡し」を目指したものの十分な成果をあげることができず、その後、慎重を期しつつもしだいに第一回ＥＥＣ加盟申請に向けて政策を転換していったことを示すものであった。

確かに、一九五九年初めの時点では、マクミラン政権は、前年末までにヨーロッパＦＴＡ交渉が合意に至らず終結したとはいえ、いぜんとしてＥＥＣへの加盟を現実的な政策として考慮してはいなかった。この時期、マクミラン政権は、西ヨーロッパ一七カ国間のＦＴＡの形成を長期的な、そして最も望ましい目標として維持しつつ、まずはアウター七諸国間でより小規模なＦＴＡを設立し、ＥＥＣ諸国と同じ日程で貿易自由化を進めることで両者の調整・合併を容易にするとともに、それら七カ国間での結束を保つことでＥＥＣ諸国との交渉上の立場を強化することを狙っていた。マクミラン政権内ではまた、アウター七諸国との貿易を拡大することでＥＥＣの外側にとどまる経済的不利益を緩和すること、アウター七の枠組みを固めることでデンマークをはじめとする国々がＥＥＣに引き寄せられていく（そしてイギリスが西ヨーロッパ内部で政治的、経済的に孤立していく）のを防ぐことも考慮されていた。

ところが、こうしたマクミラン政権の試みに対する大きな障害となったのは、アメリカ政府の消極的な反応であった。確かに、アメリカで一九五九年四月にダレスが辞任し、ハーターが後任の国務長官に就任したことで、イギリス政府内ではダレスに見られたようなヨーロッパ統合への「先入観」に基づく熱烈な支持が弱まるのではないかという期待も生まれた。しかし、国務次官に昇格したディロンがヨーロッパ政策に関してより前面に出たこともあり、その後もアメリカ政府のヨーロッパ統合への強い支持とEFTAを通して西ヨーロッパ規模のFTAの設立を目指すイギリス政府のイニシアティブへの冷淡さが大きく変化することはなかった。

そうしたなかで、一九五九年一〇月の総選挙での圧勝を経て発足した第二次マクミラン政権下では、それまでよりも積極的に対ヨーロッパ政策の見直しが進められていくことになる。しかしながら、同年一一月のロイド外相の訪仏などの際にも、フランス政府はEEC、EFTA間の調整を行うことについて消極的な姿勢に終始した。そうした結果、七カ国間のEFTA協定が一一月二〇日には仮調印、翌年一月四日には正式に調印されたものの、その頃までには、EFTA、EEC間の調整・合併を通して西ヨーロッパ規模のFTAが形成される見通しはかなり暗いものとなろうとしていた（アメリカ政府からも、一九五九年一二月のディロン訪英の際にEFTAに対して極めて厳しい評価が下された）。また、この時期、OEECからOECDへの拡大・再編についても盛んに議論が行われたが、主にアメリカ、フランス両国政府の消極的姿勢から、OECDがEEC、EFTA間の「橋渡し」の役割を果たすというイギリス政府の期待も容易には実を結びそうになかった。

そうした結果、マクミラン政権内では、EEC、EFTA間の調整・合併が進まない状況が続けば、以下のような問題が生じるということが強く懸念されるようになった。①六カ国間のヨーロッパ統合を重視するアメリカ政府が、しだいに英米関係よりもEEC諸国との関係を重視するようになりかねない、②イギリスの輸出産業が、（イギリスを除く）EFTA諸国を市場規模で大きくしのぐEEC諸国への平等な参入を確保することができなくなる、③冷戦下の厳しい国際環境にもかかわらず、西ヨーロッパ諸国が経済的に（ひいては政治的にも）分裂する状態が生まれる。なかでも、マクミラン政権が重視していた「英米特殊関係」が切り崩されかねないという懸念は、一九六〇年三月の英米首脳会談の際にアイゼンハワーからマクミランに直接警告がなされたこともあり、特に深刻なものとして受けとめられた。

一九六〇年前半には、ブルー・ストリーク型ミサイルの軍事向けの開発断念、U2機撃墜事件とパリ首脳会議の決裂などを通して、それまでのイギリス対外政策の行き詰まりが露呈し、ドゴールによるEEC諸国間の政府間主義的協力の提案によってイギリス政府が西ヨーロッパ内部の政治協議から排除されることへの懸念も高まった（他方、ドゴールの提案がEECの超国家性に関する懸念を和らげる効果を持ったことも重要であった）。経済面でも、EEC諸国政府が関税同盟の完成に向けた日程の前倒しを決定したことにより、マクミラン政権内ではEECの外側にとどまることにともなう不利益に関する認識が高まった。こうした事態を受けて、マクミランを中心とする主要閣僚や官僚は、EECに対してより積極的に接近し、条件しだいでは直接加盟すべきであるという判断を強めることになったのである。ただし、一九六〇年前半の時点では、マクミラン政権内部で、EECへの完全な加盟に至らない「近似化」にとどめるべきという考え方とEECに完全に加盟すべきという考え方が併存しており、マクミランを中心とする関係閣僚はしだいに後者に傾きつつあったとはいえ、政府全体として明確な立場が定まるには至らなかった。

第6章で検討したアパルトヘイトをめぐるコモンウェルス諸国間の紛糾と南アフリカの脱退は、第二次世界大戦後におけるコモンウェルスの拡大と制度変化という大きな流れのなかで、以下の三点にまとめられるような重要性を持つものであった。第一に、コモンウェルス内部で、特に人種問題に関して国内問題が国際化する傾向が強まり、かつそうした傾向が基本的に不可逆のものであることが明確に示された。そこで見られたのは、コモンウェルスの内政不干渉の原則は少なくとも手続き的に維持されながらも、人種間の平等という規範の圧力が強まる状況であった。もちろん、南アフリカ政府側から見れば、コモンウェルス諸国間の議論の実態は不当な内政干渉に他ならなかった。フルヴールトがコモンウェルス残留申請の撤回を最終的に決意した背景には、コモンウェルス内部で強まりつつあった人種間の平等という規範とそれに基づく干渉を受け入れるか、あるいは脱退するかという選択を迫られたことがあったといえるであろう。

第二に、伝統的にコモンウェルスを支えてきた加盟国間の親密さという要素が急速に失われつつあったことが示された。例えば、コモンウェルス首相会議では、伝統的に最終日にコミュニケが発表されるだけという非公開が原則の親密な雰囲気――それは「家族の再会」とも形容された――のなかで、コモンウェルス内外の諸問題について議論を交わすことが想定されていたが、一九六〇～六一年のアパルトヘイトをめぐる紛糾はそうした想定に大きな修正を迫るものとなった。コモンウェルス諸国間関係の実態は、「新コモンウェルス」への変化の過程で、より異質な国家間の関係（つまり通常の外交関係）に近づくことになった。[1] メンジーズの表現を借りるならば、旧来のコモンウェルス諸国間の関係が「有機的かつ国内的」なものであったのに対して、「新コモンウェルス」への移行にともない、コモンウェルス諸国間の関係は「ある意味で機能的で疑いなく対外的」なものに変化していった。[2] おおむね非公式で緩やかな関係を保ちながらも、親密な協議を通して相互の協調を確保するという従来のコモンウェルスの特質・長所は、同質性が強いイギリスと旧自治領諸国の間でこそ成り立つものであったという面が大きかったのであろう。

第三に、アパルトヘイトをめぐる紛糾と南アフリカの脱退は、コモンウェルスの伝統的な主要国においてコモンウェルスへの懐疑的な見方を強めさせ、そこから距離を置く動きをとらせる重要な契機となった。例えば、マクミランは、一九六二年二月のメンジーズへの書簡で、コモンウェルスが「小さな心地よいハウス・パーティー」から、多数の集団を含む「国連のミニチュアの類」（a sort of miniature United Nations）になろうとしていると嘆き、その会議への出席を尻込みするようになったと告白している。[3] 当時アメリカ政府の経済問題担当国務次官代理を務めていたボールは、後年出版された著書のなかで、コモンウェルスの拡大・制度変化とそれらをめぐるマクミランたちの苦悩について次のように端的に記している。

イギリスはなお名目的には世界的な連邦の指導者であった。だが、新興諸国の参加によって膨張したこの連邦は、戦前の旧連邦のクラブ的性格、アングロサクソン的性格の大部分を失っていた。……一つの新興国が連邦構成員として加わるごとに、連邦の全体としての政治的意義は母国と旧植民地の間の二国間協定の集大成とほとんど変わらぬものに凋落していった。[4]

こうしたコモンウェルス諸国間関係における遠心的傾向は、イギリス政府がコモンウェルスから徐々に距離を置き、ヨーロッパ統合への接近を図っていくという形でも現れた。さらに、イギリス政府のヨーロッパ統合への接近の試みは他のコモンウェルス諸国側での危機感を高め、その結果、コモンウェルス諸国間の遠心的傾向をいっそう助長することにもなっていくのである。

第7章で検討した一九六〇年七月の内閣改造から翌年八月の第一回EEC加盟申請に至る過程は、六カ国間のヨーロッパ統合が経済、政治の両面で目覚ましい進展を見せるなかで、自国の既存の対外政策の拠り所が大きく揺らぎを見せる状況を受けて、マクミラン政権が、いぜんとして多くの留保を残しながらも第一回EEC加盟申請により「三つのサークル・ドクトリン」の再編に踏み出したことを示すものであった。

一九六〇年七月の内閣改造では、ヒースの玉璽尚書への抜擢やサンズ、ソームズのコモンウェルス関係相、農漁業食糧相への就任に見られたように、比較的若手の親ヨーロッパ派がEECとの関係上重要なポストを任せられることになった。その直後には、マクミラン、ヒュームの西ドイツ訪問、ヒースのイタリア訪問を通して、イギリスのEECへの接近が六カ国側からも受け入れられる見通しが高まったという判断がなされるに至った（ただし、ドゴールが率いるフランス政府の態度がいぜんとして最大の難関として残っていた）。そして、イギリスの経済状況が急速に悪化（インフレや国際収支悪化）したこと、EFTA諸国間の貿易自由化を前倒しする試みが停滞を余儀なくされたこと、さらに「中間の道」が達成困難であるばかりでなく望ましくもないという判断が強まったことなどから、一九六〇年半ば以降、マクミラン政権はEECに正式に加盟を申請するという方針に大きく傾いていくことになる。そうした結果、マクミランが一九六〇年の末から翌年初めにかけて作成した長文の覚書『大構想』では、EECへの加盟申請を明確に打ち出すことこそ控えられたものの、共産主義の脅威に対抗するとともにEECからの排除にともなう経済的不利益を回避するためにも、EECにできるだけ接近することが必要であるという考え方が示されたのである。

そうしたなかで、一九六〇年一一月に行われたアメリカ大統領選挙で民主党候補のケネディが勝利を収めた。これを受けて、マクミラン政権内では、アメリカ政府のヨーロッパ統合をめぐる政策が自国とEFTA――さらにはEEC、EFTA間の「橋渡し」――に好意的なものに転じるのではないかという期待が生まれた。しかしながら、アメリカ政府のヨーロッパ統合に関する政策は六カ国間の超国家的な統合の試みに強い支持を与えるという点で、アイゼンハワー政権、ケネディ政権を問わずほぼ一貫したものとなった。もちろん、アイゼンハワーやダレスに見られた「ヨーロッパ合衆国」という理想への強い思い入れは、ケネディやラスクの場合はるかに希薄であり、両政権の間に理念的なレベルで相当の温度差が存在したのは確かである（ケネディ政権にもボールに代表されたような熱心な連邦主義者が存在したが、彼らが政権全体の立場を代表していたわけではなかった）。しかしながら、両政権を通して見られたのは、六カ国間のヨーロッパ統合を西ヨーロッパ諸国間関係の安定と西側同盟の強化に貢献するものと捉えて現実主義的な立場から支持する姿勢であり、そうした点でアメリカ政府のヨーロッパ統合に関する政策には強い連続性が見られたのであった。

他方、アメリカ政府は、ヨーロッパFTA案、EEA、そしてEEC、EFTA間の「橋渡し」構想などEEC諸国を包摂する西ヨーロッパ規模のFTA（または特恵協定）を目指す動き――それらはイギリス政府が主導していたものであった――に対しては、当初こそある程度理解を示したものの、自国の経済状況の悪化もありしだいに冷淡な態度をとるようになった。アメリカ政府は、EFTA自体についてもEECに対して見せたような熱心な支持を与えることはなかった。もちろん、アメリカ政府にとっても、純粋に経済的な観点からは、自国への差別となる点でEEC、EFTAの間に基本的な違いがあるわけではなかった。しかしながら、アイゼンハワー政権、ケネディ政権を通してほぼ一貫して見られたのは、EECに体現されたヨーロッパ統合の試みに関しては、経済面での保護主義的な側面を補ってあまりある政治的な利点があるとして高い評価を与えつつ、EFTAに関しては、経済面での問題点を補うような政治的な価値を持たないとして相対的に軽視する態度であったのである。

結局、アイゼンハワー政権からケネディ政権への政権交代を通しても、アメリカ政府のヨーロッパ統合に関する政策が自国とEFTAに有利なものに変化するのではないかというイギリス政府の期待が実を結ぶことはなかった。そうした結果、一九六〇年末までには固まりつつあったEEC加盟申請に向けた政策転換がさらに補強される形となり、マクミラン政権は、一九六一年三月のボール訪英と四月の英米首脳会談の際、アメリカ政府に対して、コモンウェルス、EFTA、国内農業に関する留保が得られることを条件にEECに加盟を申請する意向を伝えることになった。つまり、ケネディ政権の政策が前政権から変化したことではなく、むしろ変化しなかったことが、マクミラン政権の第一回EEC加盟申請に向けた政策の変化を後押しすることになったと考えられるのである（他方、マクミラン政権は、第一回EEC加盟申請を行う際の条件――特にEFTA内の中立諸国の扱い――についてはケネディ政権内部の分裂を見てとり、おおむね自らの立場を貫いた)。

これらを政治的影響力の側面から考えると、マクミラン政権による第一回EEC加盟申請は、アメリカ政府が六カ国間のEECを重視し、EFTAやEEC、EFTA間の「橋渡し」を軽視する立場を修正する見通しが立たないなかで、自らがEECに加盟することにより「英米特殊関係」を維持・強化する意図をもって行われたと評価することができる。それは、アメリカ政府・議会が重視するEECに直接加盟し、そのなかで「安定勢力」としての役割を果たすことにより、将来にわたる「英米特殊関係」の基盤を確保しようとする試みとして捉えることができるものであった。他方、経済力の側面から考えると、第一回EEC加盟申請は、アメリカ市場の大幅な開放、EECの共通域外関税の引き下げ、EEC、EFTA間の「橋渡し」などが進展する見通しが立たないなかで、英米関係とアメリカ政府が主導したGATT、アメリカ政府が正式加盟によって関与を深めたOECDなどを代替、補完する手段を確保する意図をもって行われたと評価することができる。それは、当時、目覚ましい経済発展と市場規模の拡大を見せていたEECに直接加盟することにより、自国の経済を活性化するとともに、EECの枠組みを通してGATTなど世界的な交渉の場での自国の交渉上の立場を強化しようとする試みとして捉えることができるものであった。

以上で検討したように、マクミラン政権による第一回EEC加盟申請は、政治的影響力、経済力の両面において、イギリスが、アメリカとEECの狭間に埋没し、しだいに国力の基盤を失っていく危険を封じるという主に防御的な——換言すれば、ヨーロッパ統合の理念への共感やヨーロッパの一員としてのアイデンティティに根ざしたとは言いがたい——意図をもって行われたと評価することができる。その意味で、イギリス政府による第一回EEC加盟申請は優れて道具的な性質を帯びたものであったが、特に西ヨーロッパと北アメリカの「架け橋」の役割を果たすことを通して「英米特殊関係」を維持・強化するという政治的影響力に関する意図は、ヨーロッパ統合を通してアメリカから相対的に自立した国際的地位を確保するという別の意味で優れて道具的なドゴールの意図とは容易に相容れないものであった。マクミラン政権はまた、第一回EEC加盟申請を行う際、国内農業、コモンウェルス、EFTAの経済的利益に関する留保を求めたが、特に国内農業とコモンウェルス諸国からの農産物輸入に関する留保の要求は、EEC諸国間のCAPを通して自国の農業利益の増進を図るフランス政府の利害と一致しない側面を持っていた。そして、こうしたイギリス、フランス両国政府間のヨーロッパ統合をめぐる利害と思惑の相違は、その後の困難なEEC加盟交渉、ひいてはフランス政府によるイギリスのEEC加盟の拒否（一九六三年一月）にまでつながっていくのである。

結論　第一回ＥＥＣ加盟申請とイギリス対外政策の特質

最後にここまでの具体的な検討に基づき、一九五〇年代中頃から一九六〇年代初頭にかけて起こったさまざまな変化とそれらが第一回ＥＥＣ加盟申請に至るイギリス政府の対外政策の転換に及ぼした影響について、政治、経済の両面に着目しつつ整理・分析を行う。確かに、これまでしばしば、第一回ＥＥＣ加盟申請に影響を及ぼしたのは政治的な要因が中心であり、経済的な要因の重要性は低いと指摘されてきた。(1) しかし、例えばヒースが後年のインタビューで、政治的な考慮が第一義的であったとしつつも、「そのことは決して私が経済的機会を過小評価していたことを意味するものではない。私は、それらは非常に重要であると考えていた」と述べたように、(2) 経済的な考慮もまた重要な影響を及ぼしたことを見逃すことはできない。(3) それゆえに、経済的な要因（イギリス政府内で経済的観点からＥＥＣ加盟の是非についてどのような考慮が行われていたのかということ）についても、多くの先行研究での周辺的な扱いを越えて、より積極的に分析を行うことが必要となる。さらに、そもそも国家の政治的影響力と経済力は無関係ではなく、当時のイギリス政府も、自らの経済力が低下すれば政治的影響力を行使する能力も損なわれ、ひいては自国の大国としての地位と役割にも悪影響が及びかねないという問題を抱えていた。経済的な要因はそうした観点からも再検討される必要があるといえるであろう。(4)

以下ではさらに、そうした第一回ＥＥＣ加盟申請を促した諸要因に関する包括的な整理・分析に基づき、マクミラン政権期の全般的なイギリス対外政策の再編の試みのなかでの第一回ＥＥＣ加盟申請の意義について明らかにする。また、マクミラン政権の第一回ＥＥＣ加盟申請が結局はドゴールの拒否により失敗に終わった原因として、それが「条件付きの加盟申請」にすぎなかったことに着目し、そうした第一回ＥＥＣ加盟申請の限界についても指摘する。最後に、第一回ＥＥＣ加盟申請の意義と限界の両面についての考察に基づき、第一回ＥＥＣ加盟申請とそれに至る政策転換を通して見てとることができるイギリス対外政策の特質についても考察を行う。

まず、一九五〇年代中頃から一九六〇年代初頭にかけて、スエズ危機や植民地の相次ぐ独立に見られたような公式・非公式帝国からの撤退、アパルトヘイトをめぐる紛糾と南アフリカ共和国の脱退につながったコモンウェルス諸国間の遠心的傾向、「東西間の架け橋」構想の挫折、独自の核抑止力を確保する試みの行き詰まりなどを通して、マクミランをはじめとする政治指導者が自国の国力の低落を痛感するに至ったことがあった。スエズ危機や核ミサイル供給問題などをめぐり「英米特殊関係」がしばしば動揺を見せたことによっても、イギリス政府内では自国の国際的地位の脆弱さに関する認識が強まった。この時期、それまでイギリスの政治的影響力の拠り所とみなされてきたものが大きな揺らぎを見せたことが、もはや大きな政策転換は避けられないという認識が広まったことの基底的な要因になったと考えられるのである。

一九五〇年代後半以降、それまで数年間にわたり基本的に堅調であったイギリス経済が乱高下を繰り返し、しだいに手が付けられない状態にあるとみなされるようになったことも重要であった。特に一九五九年一〇月の総選挙前後の好景気に陰りが見えはじめるにつれて、それまでの総需要調整を中心とした経済政策だけではもはや十分でなく、より根本的な経済再建策が必要であるという認識が強まることになった。この時期にはまた、コモンウェルス諸国との全般的な貿易の伸び悩みに加えて、オーストラリア、ニュージーランドとのオタワ協定再交渉、カナダとの二国間ＦＴＡ協議を通して、コモンウェルス諸国との伝統的な通商関係についても、もはやイギリス経済を支えるための方策として十分ではないという見方が広まった。政治的影響力と同様に、経済力に関しても既存の拠り所の不十分さが明らかとなり、そのこともまたもはや大きな政策転換が避けられないという認識を高める一因になったと考えられるのである。

この時期、EECとEURATOMが正式に発足し、六カ国間で本格的なヨーロッパ統合が始動したことに起因する影響も大きかった。なかでも、アメリカ政府がほぼ一貫して六カ国間の超国家的なヨーロッパ統合の試みを支持する反面、イギリス政府が主導するヨーロッパFTA案、EFTAなどのより緩やかなFTA構想を相対的に軽視する姿勢を示したことは、イギリス政府の政策転換に大きな影響を与えた。イギリス政府内では、ヨーロッパ統合の外側にとどまるという従来の政策を貫いた場合、アメリカとの関係が悪化しかねないこと、そして、アメリカ政府がイギリスに代えてEEC諸国を最も重要なパートナーとみなすようになりかねないことが強く懸念されるようになったのである。そのうえ、こうしたアメリカ政府の姿勢に象徴されるように、政治的影響力に関してEEC諸国がイギリスに対して優位に立つような兆しが見られるようになったため、西ヨーロッパ内部のみならず世界的な問題に関しても、イギリスの国際的な地位と役割が切り崩され、いわば周辺化されかねないことも、EECの外側にとどまることによって生じかねない不利益として認識されるようになったのである。

それゆえに、これらのEECの外側にとどまることにともなう不利益を回避すること、つまり対米関係を再強化してアメリカの最も重要な同盟国の地位を維持すること（この時期、核抑止力の確保に関して対米依存が強まったことは、イギリス政府にとって対米関係の重要性をいっそう高め、結果的にこうした考慮をより大きなものとした）、西ヨーロッパ内部の主要な政治決定に参加する機会とそこでの主導的な地位を回復すること、(5) そして自国の世界的な地位と役割を確保することなどがEEC加盟の利益として認識されるようになったのである。この時期、イギリスと帝国・コモンウェルスとの既存の紐帯が加速度的にほころびを露呈していったのに対して、米ソ両国が超大国としての地位を固めるとともに、目覚ましい戦後復興と発展を遂げたフランス、西ドイツを中心とするEEC諸国も国際的な存在感を高めつつあった。そうした状況を受けて、イギリス政府内では、自国の世界的な大国としての地位と役割を確保するためには、もはや自らがEECに加盟することが不可欠であるという考えが強まることになったといえる。(6)

さらに、東西間の冷戦対立が深まるという国際状況にもかかわらず、西ヨーロッパ諸国がEECとEFTAの間で分裂しており、しかもEEC内部ではフランス政府の主導で独自の政治的、外交的な動きが進められようとしていたことも、イギリス政府の政策転換に影響を与えることになった。そうした状況を受けて、イギリス政府は、西ヨーロッパ諸国間の結束を強化することに加えて、アメリカ政府・軍のヨーロッパへの関与を弱めることにもつながりかねないEEC諸国の「内向き」(inward-looking)の姿勢を改めるためにも、自らがEECに加盟する必要があるという考えを強めるようになったのである。また、伝統的にアメリカ、カナダとの緊密な関係を築いてきたイギリスがEECに加わり、西ヨーロッパと北アメリカの「架け橋」としての役割を果たすことは、アメリカ政府に対して自国の存在意義を再認識させるとともに、帝国・コモンウェルスの指導国や首脳外交を通した東西間の調停役（構想）に代わるイギリスの世界的な役割を確保し、かつそれを国内に向けて提示することにもつながると期待された。(7)

経済面でも、既にECSCを形成していたヨーロッパ大陸六カ国政府が新たにEECを発足させ、当面の目標として関税同盟に向けた動きを進めた——さらに当初の予定よりも関税同盟の完成に向けた日程を加速させた——ことの影響が大きかった。そうした動きを受けて、イギリス政府は、EECから排除される経済的不利益を緩和するためにもヨーロッパFTA、EFTAといった工業製品のFTA構想を打ち出したが、ヨーロッパFTAは交渉の時点で失敗に終わり、EFTAもまた早々とその不十分さを露呈することとなった。そこで、イギリス政府内では、自らがEECの加盟国とならない限り、EEC諸国の共通域外関税により自国製品の競争力が阻害されること、そしてそれ以上に国際的な分業、規模の経済、競争の刺激といったEECの経済的なダイナミズムに浴するのが困難になりかねないことが深刻な事態として受けとめられた。そうした結果、イギリス政府（さらには国内の産業界、マスメディアなど）の間では、EECの外側にとどまることによって生じる不利益を回避することを含めて、EECへの加盟の経済的な利益が強く認識されるようになったのである(8)。

しかし他方で、それらのEECへの加盟によって得られると期待された利益とともに、EECへの加盟によって支払わなければならないと懸念された代償もまた存在した。特に一九五〇年代中頃から後半までは、コモンウェルス諸国との伝統的な紐帯と「英米特殊関係」という自国の政治的影響力と経済力を支えると考えられた二つの柱が損なわれ、また自国の国家主権が大きな制約を受けかねないことが、ヨーロッパ統合に直接参加することの受け入れがたい代償であると考えられていた。しかし、一九六〇年代初頭までには、それらの代償はかなりの程度まで緩和されたと考えられるようになり、そのこともまた、第一回EEC加盟申請に至るイギリス政府の政策転換に対して重要な影響を及ぼすことになった。

まず、アメリカ政府が、ヨーロッパ大陸六カ国間の共同市場形成に向けた動きを、その保護主義的な側面にもかかわらず強く支持する方針が明らかになったことにより、EECへの加盟にともない「英米特殊関係」が切り崩されるという懸念はほどなく解消された。さらに、その後、EEC自体の発展もあいまって、EECに加盟することは「英米特殊関係」を再強化するためにも必要であると考えられるまでになった。また、スエズ危機の際の加盟国間の分裂やアパルトヘイトをめぐる紛糾に示されたように、コモンウェルスがイギリスの政治的影響力を確保するための拠り所として十分でないことがしだいに明らかになった結果、EECへの加盟と引き替えに、コモンウェルス諸国との関係がある程度弱まるのもやむをえないという見方も広まった。国家主権に関する代償についても、ドゴールの政権復帰以降、フランス政府を中心としてヨーロッパ統合の超国家性を抑制し、政府間主義的協力を推進する方針がとられるようになったことにより、イギリス政府側の懸念は大きく緩和されるようになっていた(9)。一九六〇年代初頭には、EECへの加盟によりEFTAに残らざるをえない国々との関係が悪化しかねないという代償が新たに生じていたが、(デンマーク、ノルウェー両国政府がEECへの加盟申請に向かうと予想されたこともあり)EFTAに関する代償はそれほど大きなものとは考えられておらず、マクミラン政権に対してEECへの加盟申請を再考させるほどの影響を及ぼすことはなかった。

経済面でも、一九五〇年代中頃の時点では、コモンウェルス諸国との特恵関係が大きく損なわれるという代償が、イギリス政府にEECへの加盟を踏みとどまらせる一因となっていた。しかし、コモンウェルスとの既存の経済関係がもはや十分ではないという見方が広まった結果、一九六〇年代初頭までにはそうした認識はかなりの程度まで緩和されるようになっていた。さらに、EEC加盟によりイギリスの経済が強化されれば、コモンウェルス全体の利益にもなるという見方もなされるようになり、またそうした見方がコモンウェルス諸国政府に対してEEC加盟の必要について説得を行う材料としても用いられた。

一九六〇年代初頭には、EFTA諸国との経済関係が阻害されかねないこともEECへの加盟にともなう代償のひとつとなっていたが、ここでもデンマーク、ノルウェー両国政府がEECへの加盟申請に向かうと予想されたこともあり、EFTAに関する代償はそれほど大きなものとはならなかった。つまり、一九六〇年代初頭までには、EECに加盟して、その共通域外関税や共通通商政策を採用することにともなう代償についての認識は全体としてかなり緩和されるようになっていたのである。農業に関しても、EECへの加盟とそれにともなうCAPの採用は自国の利益にかなうという判断が広まるようになっていた。

一九五五年の時点では、ヨーロッパ統合への参加にともなうさまざまな代償が、当時のイーデン政権をしてスパーク委員会からの離脱に踏み切らせ、結果的にＥＥＣ、ＥＵＲＡＴＯＭの原加盟国となることを放棄させる重要な要因となった。しかし、そうしたＥＥＣへの加盟にともなう代償についての認識は、一九六〇年代初頭までには政治、経済の両面で大きく緩和されることになっていたのである。

ここまで政治、経済の両面に着目して、一九五〇年代中頃から一九六〇年代初頭にかけて起こった変化とそれらが第一回ＥＥＣ加盟申請に至るイギリス政府の対外政策の転換に与えた影響について整理・分析を進めてきたが、それらは大きく分けると次のようにまとめることができると考えられる。

①まず、この時期、帝国・コモンウェルス、「英米特殊関係」、「東西間の架け橋」構想など、それまでイギリス政府が対外政策の拠り所としてきたものが大きな揺らぎを見せ、政治、経済の両面でイギリスの長期的な低落傾向がいっそう深刻に立ち現れた。こうした状況に関する危機意識は、イギリス政府内外で大幅な政策転換の必要に関する認識を強め、第一回ＥＥＣ加盟申請に向けた基盤を形成することになった。

②ローマ条約の調印・発効により本格的に始動したヨーロッパ統合が政治、経済の両面で有効に機能しはじめたことに加えて、経済面の関税同盟、政治面の政治連合というともに緊密で排他性の強い動きが進められようとしていたことが背景となり、ＥＥＣの外側にとどまりつづけることによる深刻な不利益が生じた。そこで、それらの不利益を回避することを含めて、ＥＥＣへの加盟にともなう大きな利益が認識されるようになった。さらに、加盟にともなう代償が大きく緩和されたという見方もなされるようになった結果、イギリス政府は、政治、経済の両面に関してＥＥＣへの加盟にともなう利益と代償についての判断を大きく転換させた。

③ＯＥＥＣを通した経済協力、ヨーロッパＦＴＡとＥＦＴＡという二つの工業製品のＦＴＡ、そして「中間の道」など制度化の度合いが抑制されているためにＥＥＣに加盟するよりも代償が小さく、少なくとも当初はより望ましいと考えられた選択肢が、次々に失敗または不十分とみなされるようになったことの影響もあった。結局、

ヨーロッパ統合という強力な――ただし、それゆえに激しく賛否両論が戦わされる――理念と制度に対して十分な対案を提示できなかったことが、イギリス政府に第一回EEC加盟申請に至る政策転換を余儀なくさせたもうひとつの要因となったのである。

一九五〇年代中頃以降に起こったこれらの変化を受けて、マクミラン政権（なかでもマクミラン自身）は、一九六〇年の末頃までには、EECに完全な加盟国として加わることが自国の政治的影響力と経済力を回復・強化するために残されたおそらく唯一の選択肢であろうという判断を強めることになった。このことが、一九六一年八月に行われた第一回EEC加盟申請につながる、彼らのヨーロッパ政策に関する大局観の転換に大きく寄与することになったと考えられる。そうした大局観の転換に基づき、マクミラン政権は、さまざまな国際的、国内的状況からEECに加盟を申請することを半ば迫られつつも、最終的には（例えばアメリカ政府内でもまったく予期されていなかったほど早い段階で）自らの主体的な判断により第一回EEC加盟申請という大きな政策転換を決断するに至ったと評価することができる。

ここにおいて、マクミラン政権はまた、自国の政治的影響力と経済力の基盤を確保するためには、ヨーロッパ統合に参加し、その枠組みのなかで自国の政策や従来からの制度・慣行に対する一定の制約を受け入れることがもはや避けがたいものになったと判断するに至ったといえる。しかし他方で、マクミラン政権は、より望ましいと考えられた他の選択肢をことごとく失った結果、主に受動的、防御的な動きとして、ある意味で不承不承ながらEECに加盟を申請する道を選択したのでもあった(10)。そして、このことは、イギリス対外政策に伝統的に見られる経験主義的な特質をうかがわせるものであったと同時に、その後の歴代イギリス政府が、二度にわたるEEC加盟申請の挫折(11)を経て一九七三年にEC加盟を実現した後も、ヨーロッパ統合のなかでしばしば「厄介なパートナー」として位置づけられていくことを強く示唆するものでもあったのである。

当時、イギリスにとって、帝国・コモンウェルス、大西洋同盟、西ヨーロッパという、いわゆる「三つのサークル」の結節点に位置することは、その国力の大きな源泉であると考えられていた。しかし他方で、イギリス政府は、そうした多様なつながりを持つがゆえに、常にそれらの間のバランスや相互作用を気に懸けねばならない立場に置かれていた。また、さまざまな方面から変化や要求が相次いだ場合には、往々にしてそれらすべてに対して適切に対処を行うことは困難となり、その結果、イギリス政府の対外政策はしばしば中途半端で折衷的なものになることを余儀なくされた。さらに、さまざまな方面との関係を中途半端なままにしておくことは、最悪の場合、国際的に孤立した立場に陥ることにもつながりかねないものであった。実際、スエズ危機の際や第一回ＥＥＣ加盟交渉の失敗後のイギリス政府の立場は、そうした国際的な孤立状態にかなり近いものになったといえる。

第二次世界大戦後、特にチャーチル、イーデン両政権期には、帝国・コモンウェルスを最優先し、その後に大西洋同盟、西ヨーロッパが続くという点で、「三つのサークル」の間の優先順位は比較的安定したものであった。しかし、それに対して、スエズ危機という大きな困難の後に成立したマクミラン政権は、そうした既存の優先順位を問い直し、それらの間の相互関係を再調整する必要に迫られることになった。ところが、マクミラン政権にとってそうした課題に取り組むことは容易ではなく、特に国内外の情勢が大きく変化するなかで、「三つのサークル・ドクトリン」を再編し、その新たなあり方を打ち出すという課題は十分に果たされずに終わったといわざるをえない。

確かに、この時期のイギリス政府にとって、衰退傾向にあった既存の拠り所から距離を置き、ヨーロッパ統合に接近するという方向をより徹底して追求した方が、政治的影響力、経済力の両面に関してより大きな利益が得られることになっていたのかもしれない。そして、そのように考える際、コモンウェルス諸国との政治的な紐帯と経済面でのコモンウェルス特恵制度が、すでに衰退傾向にあった既存の拠り所の典型例であったことについては異論が少ないと思われる。しかしまた、「三つのサークル・ドクトリン」を再編する必要に迫られていることは認識しつつも、既存の制度や対外関係をできるだけ維持しようとする「条件付きの加盟申請」までしか踏み切ることができなかったところにこそ、当時のイギリス政府が置かれていた国際的、国内的な立場とそれゆえの苦悩が如実に現れていたとも考えられる。そして、そうした制約のなかで、政治、経済の両面に関して、結果的には不十分なものに終わったとはいえさまざまな試行錯誤を繰り返し、最終的に辛うじて主体的な決定を下していったところに、マクミラン政権期のイギリス政府の対外政策の再編の意義と限界、さらにはイギリス対外政策の特質が示されていたと考えられるのである。

その後、ウィルソン政権下でのスターリングの切り下げ（一九六七年一一月）とスエズ以東からの英軍撤退の発表（一九六八年一月）を経て、帝国・コモンウェルスに大きく依存してきた戦後イギリス対外政策はさらに根本的な見直しを余儀なくされた。一九七三年一月にヒース政権下でEC加盟が実現した後、一九七七年までには、四年間の移行期間を経てコモンウェルス特恵制度もついに終焉を迎えた。第一回EEC加盟申請に至る過程で、マクミラン政権は、「三つのサークル」の間のバランスを保つことに留意し、それらをめぐる対外政策の再編も極めて慎重に進める構えを見せた。しかし、一九六〇年代後半から七〇年代にかけて、コモンウェルス諸国との関係は急速に弱まっていき、さらにマクミラン政権が多大な労力を傾けて維持・強化に努めた「英米特殊関係」も、ウィルソン政権のベトナム戦争への派兵拒否などをめぐり深刻な動揺を経験した。

ところが、二一世紀初頭の現在、すでにEC加盟から数十年が経過し、一九九七年七月の香港の中国返還に象徴されたように世界に広がるイギリス帝国もほぼ失われて久しいにもかかわらず、イギリスとEUとの関係はいぜんとして難しいものでありつづけている。イギリスの政治指導者にとってEUからの脱退が現実的な選択肢になりえないのはほぼ疑問の余地のないことであるとしても、共通通貨ユーロの採用が実現していないことや二〇〇三年のイラク戦争の際のブレア政権の対米協力に顕著に見られるように、いぜんとしてイギリスはEUの内部でしばしば「厄介なパートナー」にとどまっている。

そうしたイギリスとヨーロッパ統合との関係のあり方を考える際には、今でもやはり英米関係、帝国・コモンウェルスという「ヨーロッパ外」の要素に目を向けることが不可欠となる。英米関係は、サッチャー政権以降再び強化され、湾岸戦争、イラク戦争など特に戦時において際立った緊密さを見せてきた。コモンウェルスもまた、アパルトヘイト（一九九一年六月に法制全廃）のくびきから脱した後、現在では加盟国を五三カ国にまで拡大し、原則として二年に一度の首脳会議を行うなど再活性化の様相を見せている。過去のイギリス帝国の経験に根ざした帝国意識、大国意識にもいぜんとして無視できないものがある。現在では、「三つのサークル」という概念はもはや過去のものとなった。しかしながら、イギリスの政治指導者がそうした多様なつながりを持つことに自国の国力の源泉を見出し、また時にそれらの間のバランスをはかることに苦慮する姿は、第一回EEC加盟申請の頃から本質的には変わっていないといえるのではないであろうか。

あとがき

本書は、二〇〇六年三月に京都大学大学院法学研究科に提出した博士論文（同年一一月博士号取得）を基礎とし、その後の研究の成果を加えて、加筆・修正を行ったものである。本書はイギリスを中心とする各国・機関の一次文書を用いた国際関係史研究であり、世界各地の文書館での研究調査に大きく依拠している。研究の過程で使用した文書館および具体的な文書の種類は巻末の「参考文献」に列挙した通りであるが、ロンドンをはじめ、ワシントン、キャンベラ、クアラルンプール、香港、フィレンツェ、ジュネーブなどでの調査は本書のまさに骨格を形成している。

また、以下のような国内外の図書館での調査も不可欠であった。京都大学法学部図書室・経済学部図書室・文学研究科図書館・附属図書館・人文科学研究所図書室、国立国会図書館、英国図書館、ロンドン大学経済政治学院（LSE）図書館、ロンドン大学図書館（Senate House Library）、ロンドン大学コモンウェルス研究所図書館、愛知県立大学学術情報センター図書館、同志社大学図書館および同EU情報センター、大阪大学附属図書館箕面分館（旧・大阪外国語大学附属図書館）、名古屋大学中央図書館、愛知大学図書館、アジア経済研究所図書館、ヨーロッパ大学研究所（EUI）図書館（フィレンツェ）、オーストラリア国立大学メンジーズ図書館およびチフリー図書館（キャンベラ）、シドニー大学フィッシャー図書館、トゥンク・アブドゥル・ラーマン・プトラ記念館図書室（クアラルンプール）。

これらの研究調査は、京都大学大学院法学研究科在学中に支給を受けた奨学金（日本育英会奨学金、旭硝子奨学会奨学金）、ロンドン大学LSE留学中のブリティッシュ・カウンシル奨学金（British Council Fellowship Grant）、二〇〇六〜〇八年度文部科学省科学研究費補助金若手研究（B）「創設期のEFTAとイギリス対外政策の再編、一九五八〜六三年」によって大きく支えられた。二〇〇三〜〇四年度には、京都大学大学院法学研究科助手として、極めて恵まれた自由な研究環境の下、特に夏季休暇中にイギリス、アメリカでの長期の研究調査を実施することができた。

また、二〇〇五〜〇七年度日本学術振興会科学研究費補助金基盤研究（C）「政権交代期の対外政策転換プロセスへの政治的リーダーシップの影響の比較分析」（研究代表者 益田実三重大学教授）により、イギリス国立公文書館所蔵のマクミラン政権期の内閣文書、首相府文書のオンラインでの閲覧が可能となったことも非常に有益であった。他にも、マレーシア国立公文書館での調査許可取得の件でご助力いただいた東京外国語大学の左右田直規先生、マレーシア理科大学（USM）のクー（Khoo Boo Teik）先生、EFTA文書の調査についてサポートして下さったEFTA事務局のフィリップス（Rachel Phillips）氏、本書に掲載した写真の使用許可についてお世話になった欧州委員会オーディオビジュアル・サービスのカルーゾ（Domenica Caruso）氏、オーストラリア国立公文書館のスウィフト（David Swift）氏にも感謝を申し上げたい。

本書は、修士論文以来、約一〇年間にわたって取り組んできたテーマをまとめたものである。著者の当初の関心は、ヨーロッパ統合の加盟国の拡大にあった。主権国家と国際制度の関係、より具体的には、国際的な制度が発達するなかで主権国家というまたある種の制度がどのように維持・強化され、またどのように相対化されるのかという点に強く興味を抱くなかで、加盟国の拡大を繰り返しながら進展するヨーロッパ統合に着目するようになった。当時は一九九〇年代後半、ヨーロッパにおいて長年続いた東西冷戦が終結した後、まずは中立諸国、そして旧共産圏の中東欧諸国のEU加盟への動きが急速に進みつつある状況であった。そうしたなかで著者が特に目を向けたのが、一九六一年のイギリスの第一回EEC加盟申請という、ヨーロッパ統合の加盟国拡大の「原点」ともいえるテーマであった。

イギリス政府・国民のヨーロッパ統合への消極的態度は、「厄介なパートナー」「気が進まないヨーロッパ人」など、さまざまに表現されてきた。しかし、これまでおそらく最もヨーロッパ統合への消極性を指摘されてきたイギリス人までもが、ヨーロッパ統合に加わる道を選んだのはどのような理由によるのか。その理由を解き明かすことは、イギリスとヨーロッパ統合との関係、ひいては主権国家と国際制度との関係を理解する重要な手掛かりとなるのではないか。そうした荒削りな問題関心から始まった研究であった。

その後、日本とイギリスの大学院で教育・研究指導を受け、さまざまな学術書や論文を読み、イギリスをはじめとする各国・機関の文書館で長い時間を過ごすなかで、当初の関心はいくつもの点で変化してきた。ヨーロッパ統合に強く傾いた当初の関心は、よりイギリス政府の政策に寄り添ったものとなり、帝国・コモンウェルスや英米関係にも広がっていった。しかし、国際的相互依存（あるいはグローバリゼーション）が進むなかで、それぞれの主権国家はいかにして自立を追い求め、またいかにして国際制度の網の目に組み込まれていくのか。そうした関心自体は大きく変わっていない。

一九九八年に修士論文を提出してからちょうど一〇年が経ち、こうして初めての著書を刊行することができた。自分の著書を刊行することは大きな目標であったが、実際の作業は困難の連続であった。そしてやっと出来上がった本書であるが、ささやかな達成感とともに残ったのは、まだまだ力不足であるという反省の念である。イギリス以外に関する（ときにはイギリスに関してさえも）文書・文献を十分網羅的に使用することはできず、調べるべきことは尽きない。本書全体、または個々の箇所の論理の展開にも不明瞭な点、強引な点が残っているのではないかと不安もまた尽きない。

こうした拙い著書ではあるが、それでも完成までに多くの方々のお世話になった。まず、京都大学法学部では、故・高坂正堯先生に演習を通して指導をしていただいた。私は学部生の頃、あまり勉強をせず、読んだ本よりも観た映画の方が多いような学生であったが、高坂先生の授業や演習には興味を持って休まず出席した。大人数の演習であったため、先生と直接お話ができる機会は限られていたが、高坂先生には国際政治学の面白さ、柔軟な思考とバランス感覚の大切さを教えていただいたように思う。

そして、高坂先生の下で勉強を続けるべく京都大学大学院法学研究科修士課程に入学したが、その直後の一九九六年五月、すでに冬から体調を崩し入院されていた高坂先生がお亡くなりになるというご不幸があった。その後、実際には四月から大学院の国際政治学の演習を担当されていた中西寛先生に修士課程、博士課程を通して指導をしていただいた。中西先生は、私の研究の大きな方向性についてはきちんと目配りをなさりつつ、基本的には自由に研究をさせて下さった。中西先生には専門的な研究の面白さとともに厳しさ、そして深く思考することの大切さを教えていただいたように思う。博士論文の審査では、中西先生とともに、鈴木基史先生、唐渡晃弘先生に貴重なお時間を割いていただいたことに感謝を申し上げたい。

一九九九年から二〇〇一年にかけて京都大学大学院を休学して留学したロンドン大学ＬＳＥ大学院では、国際関係史学部のラドロウ（N. Piers Ludlow）先生にご指導をいただいた。ＬＳＥでは、イギリスのカナダ、オーストラリア、ニュージーランドとの通商協議、およびそれらがイギリス政府のヨーロッパ統合政策に与えた影響について研究に取り組んだ。そうしたなかで、ラドロウ先生には国際関係史の研究手法とともに、論理的思考とそれを的確に表現することの大切さを教えていただいたように思う。著者自身がこれらの教えを十分に活かすことができているかどうか甚だ心もとないが、それでも曲がりなりにも本書を出版することができたのは、これらの諸先生方のお蔭である。

現在の勤務先である愛知県立大学では、所属する外国語学部、なかでも英米学科の先生方、他学科の政治・経済・歴史系の先生方にお世話になっている。特に同じ英米学科で近接分野のイギリス史を担当されている大野誠先生には感謝を申し上げたい。愛知県立大学では、イギリス外交史・帝国史研究の大先輩である佐々木雄太先生が学長を務めておられ、多くのことをご教示いただいている。また、京都大学大学院時代の先輩であり、外国語学部中国学科に勤務されている三宅康之先生からも多くを学ばせていただいている。

勤務先の外に目を向けると、まず、上記の日本学術振興会科学研究費補助金やサントリー文化財団研究助成「歴史の中のイギリスとヨーロッパ――「総合外交政策史」的アプローチの構築」の研究代表者である益田実先生から多大なご指導をいただいている。ロンドン大学ＬＳＥのラドロウ先生の下に留学した「同門」の山本健先生にも、本書の草稿全体に目を通して有益なコメントや助言をいただくなど大変お世話になった。その他、浅野豊美、足立研幾、安部文司、五百旗頭真、池田佳隆、梅津實、遠藤乾、太田正登、大前信也、北川勝彦、木畑洋一、君塚直隆、葛谷彩、小谷賢、後藤春美、近藤康史、齋藤嘉臣、坂元一哉、櫻田大造、佐古丞、芝崎祐典、鈴木一人、関静雄、竹内俊隆、田所昌幸、等松春夫、土倉莞爾、中嶋啓雄、中西輝政、橋口豊、半澤朝彦、福嶋輝彦、細谷雄一、松本佐保、水本義彦、宮岡勲、森建資、山田慎人、力久昌幸の諸先生方から多くの教えをいただいた。紙幅の関係もありさらにお名前をあげることはできないが、多くの方々にご教示をいただいたことに改めて感謝を申し上げるしだいである。

本書をまとめる過程では、名古屋大学出版会の三木信吾氏に編集を担当していただいた。初めての著書の刊行で不慣れな著者に対して、三木氏は的確な助言とともに丁寧な校正をして下さった。心より感謝を申し上げたい。また、本書の出版は、第一八回名古屋大学出版会学術図書刊行助成を受けている。金井雄一理事長、橘宗吾編集部長をはじめとする名古屋大学出版会の関係者の方々、そして審査を担当して下さった先生方に厚く御礼を申し上げたい。

最後に、私事にわたり恐縮であるが、これまで私は何よりも身近な家族によって支えられてきた。両親と弟、そして妻には改めて感謝の気持ちを伝えたい。

二〇〇八年七月

小川 浩之

《著者略歴》

小《お》川《がわ》浩《ひろ》之《ゆき》

1972年生まれ

1998年　京都大学大学院法学研究科修士課程修了

2000年　ロンドン大学経済政治学院（LSE）大学院国際関係史学部修士課程修了（MA）

2003年　京都大学大学院法学研究科博士後期課程研究指導認定退学

京都大学大学院法学研究科助手，愛知県立大学外国語学部講師を経て，

現　在　愛知県立大学外国語学部准教授，博士（法学）

イギリス帝国からヨーロッパ統合へ

2008年9月15日　初版第1刷発行

定価はカバーに表示しています

著　者　小　川　浩　之

発行者　金　井　雄　一

発行所　財団法人　名古屋大学出版会

〒464-0814　名古屋市千種区不老町1名古屋大学構内

電話(052)781-5027/FAX(052)781-0697

印刷 ㈱クイックス　ISBN978-4-8158-0595-1

乱丁・落丁はお取替えいたします。

事項索引

ア　行

カ　行

サ　行

タ　行

ナ　行

ハ　行

マ　行

ヤ　行

ラ　行

人名索引

ア　行

アイゼンハワー，D. D.（Dwight D. Eisenhower）　12-15, 26, 45-46, 48, 91, 99, 110, 122, 128, 137, 145, 201, 207, 217, 219, 221-222, 238, 259, 263-264, 266, 286, 289-290
アデナウアー，K.（Konrad Adenauer）　111-112, 114-117, 128, 136-137, 139-140, 146-148, 182, 191, 200, 205, 216-217, 223, 254-255
アトリー，C. R.（Clement R. Attlee）　6, 36, 233
アユブ・カーン，M.（Muhammad Ayub Khan）　245
イーデン，Sir A.（Sir Anthony Eden）　4, 30, 34-36, 46-48, 51, 57, 61, 64, 69, 90-91, 106, 110, 112-113, 156, 181, 253, 298, 301
ウィルソン，H.（Harold Wilson）　257, 302
ウェイヴェリ（Lord Waverley）　113
ウォルムセール，O.（Olivier Wormser）　196, 260, 271-272
エアハルト，L.（Ludwig Erhard）　111, 128, 143, 146, 191, 200, 216-217
エクルス，Sir D.（Sir David Eccles）　70, 72, 79-81, 85, 88, 108, 113, 148-149, 157-158, 163, 165, 167-168, 170, 173, 176, 181
エバンス，J.（John Evans）　202
エリス・リース，Sir H.（Sir Hugh Ellis-Rees）　43
エンクルマ，K.（Kwame Nkrumah）　241, 245-246, 249
オクラン，R.（Roger Ockrent）　140

カ　行

ガーナー，Sir S.（Sir Saville Garner）　157, 159, 164, 166
ガイヤール，F.（Félix Gaillard）　127
カッシア，Sir H.（Sir Harold Caccia）　202-203, 268
カルリ，G.（Guido Carli）　126
岸信介　172
キッピング，Sir N.（Sir Norman Kipping）　194
キャリントン（Lord Carrington）　69
クーブ・ド・ミュルヴィル，M.（Maurice Couve de Murville）　141, 260, 270, 272
クラーク，R. W. B.（R. W. B. Clarke）　102
クラーク，Sir A.（Sir Ashley Clarke）　44
クラッグ，J. O.（Jens Otto Krag）　195
クラピエ，B.（Bernard Clappier）　40-41
グリーン，H.（Howard Green）　177
グリーンウォルド，J.（Joseph Greenwald）　202
クロフォード，J. G.（J. G. Crawford）　55, 65-67
ケネディ，J. F.（John F. Kennedy）　11-15, 22-23, 26, 190, 263-269, 272-275, 277-278, 289-291
ゴア・ブース，Sir P.（Sir Paul Gore-Booth）　196, 200, 207
ゴレル・バーンズ，W. L.（W. L. Gorell-Barnes）　228
コロンボ，E.（Emilio Colombo）　148

サ　行

サッチャー，M.（Margaret Thatcher）　1, 303
サンズ，D.（Duncan Sandys）　108, 113, 181, 253-254, 279, 288
サンローラン，L.（Louis St. Laurent）　151-152
シェツェル，R.（Robert Schaetzel）　268, 273
ジェブ，Sir G.（Sir Gladwyn Jebb）　141
ジェンキンズ，R.（Roy Jenkins）　105
ジャックリング，R. W.（R. W. Jackling）

228
シャフナー，H.（Hans Schaffner） 193-194
シューマン，R.（Robert Schuman） 37
ショーヴェル，J.（Jean Chauvel） 270
ジョーンズ，A.（Aubrey Jones） 167
スーステル，J.（Jacques Soustelle） 142-145, 182
スキナー，C. F.（C. F. Skinner） 79, 81
スターリン，J.（Josif Stalin） 1, 34, 136
ストレイダム，J. G.（J. G. Strijdom） 235
ストロー，J.（Jack Straw） 2
スノワ（Baron Snoy） 149
スパーク，P.-H.（Paul-Henri Spaak） 35, 39, 42, 44, 46, 49, 101, 111, 115, 222
スマッツ，J. C.（Jan Christiaan Smuts） 235
スミス，S.（Sidney Smith） 168
セーニ，A.（Antonio Segni） 115
ソーニークロフト，P.（Peter Thorneycroft） 30, 43, 54-55, 57, 61-62, 64, 103, 108-109, 111, 113-114, 116-117, 158-159, 163, 165, 168, 171, 173, 181, 254, 280
ソームズ，C.（Christopher Soames） 254, 288
ソールズベリ（Lord Salisbury） 104, 114, 156, 169, 181

タ 行

タファワ・バレワ，Sir A.（Sir Abubakar Tafawa Balewa） 245-246, 248
ダフ・クーパー，A.（Alfred Duff Cooper） 6
ダレス，J. F.（John Foster Dulles） 45-46, 117, 152, 162, 201-202, 266, 285, 289
タンディ，A. H.（A. H. Tandy） 258
チャーチル，G.（Gordon Churchill） 168-169, 172-173, 177
チャーチル，W. S.（Winston S. Churchill） 1, 4, 34, 36, 112-113, 301
チャンドス（Lord Chandos） 113
ディーフェンベイカー，J. G.（John G. Diefenbaker） 151, 153-158, 162, 164, 166, 168, 171, 173-174, 176, 183-185, 244-248
ディロン，C. D.（C. Douglas Dillon） 45, 122, 135, 145, 149, 201, 207, 211-213, 218, 219, 227, 258, 267-268, 285
デ・ズルエータ，P.（Philip de Zulueta） 210, 215
ドゥフェール，G.（Gaston Defferre） 50
ドゴール，C.（Charles de Gaulle） 7, 25, 95, 129-133, 136-139, 141-143, 145-148, 172, 182, 191, 197, 200, 211, 222-223, 263, 268-270, 274, 278, 286, 289, 292, 294, 297-298
ドブレ，M.（Michel Debré） 138, 260
トレンド，B.（Burke Trend） 167

ナ 行

ナセル，G. A.（Gamal Abdul Nasser） 3, 60, 106
ナッシュ，W.（Walter Nash） 18, 73-75, 82-88, 93
ニエレレ，J. K.（Julius K. Nyerere） 245
ニクソン，R. M.（Richard M. Nixon） 263
ニコルソン，H.（Harold Nicolson） 237
ネルー，J.（Jawaharlal Nehru） 234, 241, 244-246, 248-249
ノードメイヤー，A. H.（A. H. Nordmeyer） 85

ハ 行

バークレイ，Sir R.（Sir Roderick Barclay） 264, 271, 278
バージェス，W. R.（W. Randolph Burgess） 143
パーシバル，A. E.（A. E. Percival） 55
パース（Lord Perth） 280
ハーゼ（Karl Günther von Hase） 140
ハーター，C.（Christian Herter） 201, 207, 218, 258, 285
バーチ，N.（Nigel Birch） 176
バーンズ，E. L. M.（E. L. M. Burns） 152
パウエル，Sir R.（Sir Richard Powell） 228
バトラー，R. A.（Richard Austen Butler） 30, 39, 42-43, 46, 108, 113, 118-119, 263
ハマーショルド，D.（Dag Hammarskjöld） 152
ハルシュタイン，W.（Walter Hallstein） 13, 33, 111, 115, 134, 217
ハンセン，H. C.（Hans Christian Hansen） 200
バンダラナイケ，S. R. D.（Sirimavo R. D.

Bandaranaike)　245
バンディ，M.（McGeorge Bundy）　268, 278
ハンフリー，G. M.（George M. Humphrey）　110
ピアソン，L. B.（Lester B. Pearson）　152, 177
ヒース，E.（Edward Heath）　5, 7, 23, 27, 37, 216, 253–254, 260, 270–273, 278, 280, 288–289, 293, 302
ヒースコート・エイモリー，D.（Derek Heathcoat-Amory）　30, 61–62, 85, 108, 113, 148, 164–168, 173, 176, 193, 208, 211–212, 253
ビーバー，Sir H.（Sir Hugh Beaver）　194
ビーバーブルック（Lord Beaverbrook）　169, 178
ピネー，A.（Antoine Pinay）　33, 37, 130
ピノー，C.（Christian Pineau）　48–50, 115
ヒューム（Lord Home）　30, 63, 79, 108, 114, 168–169, 253–254, 258–259, 289
ファンファーニ，A.（Amintore Fanfani）　254
フィガース，Sir F. E.（Sir Frank E. Figgures）　13
フーシェ，C.（Christian Fouchet）　270
フォール，E. J.（Edgar J. Faure）　36–37, 48
フォール，M.（Maurice Faure）　123, 127
藤山愛一郎　171
ブライス，R. B.（R. B. Bryce）　159
ブラウン，G.（Gordon Brown）　2
プラサード，R.（Rajendra Prasad）　233
フランス，A. W.（A. W. France）　160, 162, 167, 172
ブラント，W.（Willy Brandt）　147
フリムラン，P.（Pierre Phlimlin）　127, 130
フルヴールト，H. F.（Hendrik Frensch Verwoerd）　27, 235–237, 239, 242–250, 287
ブルギバ，H.（Habib Bourguiba）　123
フルシチョフ，N.（Nikita Khrushchev）　147, 221–222, 254
ブルック，Sir N.（Sir Norman Brook）　164
ブレア，T.（Tony Blair）　1, 303
ブレサートン，R.（Russell Bretherton）　13, 39–40, 90–91
フレミング，D.（Donald Fleming）　159, 162, 166, 168, 170–171, 173, 176–177
プロヒューモ，J.（John Profumo）　226
ヘア，J.（John Hare）　280
ベイエン，J. W.（Johan Willem Beyen）　35, 44
ヘイルシャム（Lord Hailsham）　123, 129
ベヴィン，E.（Ernest Bevin）　6
ベッシュ，J.（Joseph Bech）　35, 115
ベネット，R. B.（Richard B. Bennett）　152–153
ヘンダーソン，Sir N.（Sir Nicholas Henderson）　41
ボイル，Sir E.（Sir Edward Boyle）　219
ホーリーオーク，K.（Keith Holyoake）　71–72, 246
ボーリュ，L.（Leroy Beaulieu）　172
ボール，G. W.（George W. Ball）　13, 266–268, 272–273, 275, 277–279, 288–290
ボーン・モーガン，J.（John Vaughan-Morgan）　171
ホランド，S.（Sidney Holland）　54
ホリデイ，L. G.（L. G. Holliday）　202, 229
ホロウェイ，P. N.（P. N. Holloway）　85

マ　行

マーチャント，L. T.（Livingston T. Merchant）　150, 162, 201
マーティン，E.（Ed Martin）　260
マーティン，P.（Paul Martin）　176
マカリオス（Archbishop Makarios）　156
マキューエン，J.（John McEwen）　55–56, 58–59, 69
マクナマラ，R. S.（Robert S. McNamara）　268
マクラウド，I.（Iain Macleod）　108
マッカーシー，J.（John McCarthy）　149, 201
マックスウェル・ファイフ，D.（David Maxwell-Fyfe）　113
マッケンジー・キング，W. L.（William Lyon Mackenzie King）　153
マラビー，Sir G.（Sir George Mallaby）　84, 86, 88
マラン，D. F.（Daniel F. Malan）　234–235
マルティーノ，G.（Gaetano Martino）　33,

44, 115
マルルーニ，B.（Brian Mulroney） 185
マンデス・フランス，P.（Pierre Mendès-France） 34, 36-37
ミュラー・アルマック，A.（Alfred Müller-Armack） 200
メイキンズ，Sir R.（Sir Roger Makins） 47, 106, 144, 149, 162
メイン，R.（Richard Mayne） 13
メンジーズ，R. G.（Robert G. Menzies） 51, 53, 56, 60, 70-71, 93, 153, 200, 239-241, 245-248, 287
モード，Sir J.（Sir John Maud） 242
モードリング，R.（Reginald Maudling） 117-121, 124, 127-128, 137, 141, 144-146, 148, 196, 208, 212, 216, 224, 227, 263
モネ，J.（Jean Monnet） 35-36, 213, 222, 267
モレ，G.（Guy Mollet） 48-49, 111-112, 114, 130

ヤ・ラ行

ユリ，P.（Pierre Uri） 49, 114
ラーマン（Tunku Abdul Rahman Putra） 240, 245, 276
ラスク，D.（Dean Rusk） 266-268, 278, 289
ランゲ，G.（Gunnar Lange） 195-196, 224
ランドール，C. C.（Clarence C. Randall） 213
ランボールド，H. A. F.（H. A. F. Rumbold） 170
リー，Sir F.（Sir Frank Lee） 13, 55, 65, 164-168, 217-218, 223, 228-229, 268, 272-273
リケット，Sir D.（Sir Denis Rickett） 159-160
リントット，H. J. B.（H. J. B. Lintott） 158
ルー，E.（Eric Louw） 239-242
ルーズベルト，F. D.（Franklin D. Roosevelt） 1
ルンス，J.（Joseph Luns） 115, 216
レイキング，G.（George Laking） 86
レノックス・ボイド，A.（Alan Lennox-Boyd） 108, 110, 113
ロイド，S.（Selwyn Lloyd） 46-48, 113, 122, 131-132, 141, 171, 204-205, 208, 210-211, 230, 253, 264, 285
ロイド・ジョージ，D.（David Lloyd-George） 119
ロッジ，H. C.（Henry Cabot Lodge） 239

参考文献

未公刊文書

Public Record Office, Kew (PRO), now National Archives

Cabinet files

CAB21 : Cabinet Office and Predecessors : Registered Files (1916 to 1965) 1916-1973

CAB128 : Cabinet : Minutes (CM and CC Series) 1945-1974

CAB129 : Cabinet : Memoranda (CP and C Series) 1945-1973

CAB130 : Cabinet : Miscellaneous Committees : Minutes and Papers (GEN, MISC and REF Series) 1945-1974

CAB133 : Cabinet Office : Commonwealth and International Conferences and Ministerial Visits to and from the UK : Minutes and Papers (ABC and Other Series) 1944-1974

CAB134 : Cabinet : Miscellaneous Committees : Minutes and Papers (General Series) 1945-1978

Prime Minister's Office files

PREM11 : Prime Minister's Office : Correspondence and Papers, 1951-1964

Foreign Office files

FO371 : Foreign Office : Political Departments : General Correspondence from 1906 (1906-1966)

Commonwealth Relations Office files

DO35 : Dominions Office and Commonwealth Relations Office : Original Correspondence 1915-1971

DO118 : Colonial Office and Successors : Agreements, Treaties and Miscellaneous Documents 1856-1969

DO119 : High Commissioner for South Africa, and High Commissioner for Basutoland, the Bechuanaland Protectorate and Swaziland, and UK High Commissioner for the Union of South Africa : Correspondence 1843-1965

DO165 : Economic Policy : Registered Files (EC and EP Series)

Treasury files

T233 : Home Finance Division : Files

T234 : Treasury : Home and Overseas Planning Staff Division

T236 : Overseas Finance Division : Files

T277 : Committee Section Papers 1948-1962

Board of Trade files

BT11 : Board of Trade and Successors : Commercial Relations and Exports Department

and Predecessors : Registered Files and Other Records 1866–1981
BT205 : Board of Trade : Tariff Division : Files 1936–1972
BT213 : Board of Trade : Commodity and General Division and Successors : Registered Files (CG and GD Annual Series) 1949–1971
BT241 : Board of Trade and Successors : Commercial Relations and Export Division : Registered Files (CRE (P, G & R Suffix) Series) 1934–1982
Ministry of Agriculture, Fisheries and Food files
MAF40 : Ministry of Agriculture, Fisheries and Food and Predecessors : Trade Relations and International Affairs : Correspondence and Papers 1919–1973

National Archives and Records Administration, College Park (NARA)
Record Group 59 (RG59)
Department of State, Central files
Department of State, Conference files

National Archives of Canada, Ottawa (NAC), now Library and Archives Canada
Cabinet files
Cabinet Conclusions (http://www.archives.ca/02/020150_e.html)

National Library of Australia, Canberra (NLA)
Papers of Sir Robert Menzies (MS4936)

Arkib Negara Malaysia (National Archives of Malaysia), Kuala Lumpur (ANM)
Ministry of Foreign Affairs files
P/KHL2 : Reports
P/KHL (ASA) : Reports
High Commissioner's Office files
P/PESU2 : Despatches, Savingrams, Telegrams

Public Records Office of Hong Kong, Hong Kong (PROHK)
HKRS70 : Press Library Files
HKRS163 : General Correspondence Files (Confidential)

外務省外交史料館
外務省外交文書 A'1. 5. 3. 7.
外務省外交文書 B'5. 2. 0. J/CA1

Historical Archives of the European Union, Firenze (HAEU)
Council of Ministers of the EEC and EURATOM fonds (CM2)
CM2/1960 : Conseil des ministres CEE et Euratom–1960
Organisation for Economic Co-operation and Development fonds (OECD)
OEEC (OEEC/OECD) : Organisation for European Economic Co-operation
Michael Tracy fonds (MT)
MT. B–01 — Post-War Recovery and Government Intervention 1945–1975 (files MT28 to

MT33)

Archives of the European Free Trade Association, Genève (EFTA Archives)

EFTA/C (Final) : Summary Record of the Council (1st meeting in 1960–15th meeting in 1961)

EFTA/C. SR : Summary Record of the Council (16th meeting in 1961–)

DC : Decisions of the Council

EFTA : EFTA Documents

PC : Preparatory Committee Documents

SGN : Secretary General's Notes (1–15 of 1960)

EFTA/SGN : Secretary General's Notes (16 of 1960–)

政府・議会・国際機関など公刊文書

大蔵省財政史室編（1998）『昭和財政史・昭和27～48年度第18巻――資料（6）国際金融・対外関係事項』東洋経済新報社。

通商産業省通商産業政策史編纂委員会編（1990）『通商産業政策史 第6巻 第II期自立基盤確立期（2）』通商産業調査会。

日本貿易研究会編，通商産業省通商局監修（1967）『戦後日本の貿易20年史――日本貿易の発展と変貌』通商産業調査会。

A European Free Trade Area : United Kingdom Memorandum to the Organisation for European Economic Co-operation, Cmnd. 72 (London : HMSO, 1957).

Agreement between the Government of the United Kingdom of Great Britain and Northern Ireland and the Government of New Zealand, London, May 28, 1957, Cmnd. 194 (London : HMSO, 1957).

Convention Establishing the European Free Trade Association, Stockholm, January 4, 1960, Cmnd. 1026 (London : HMSO, 1960).

European Free Trade Association. (2000), *EFTA 1960–2000 : Commemorative Publication* (Brussels : EFTA).

Exchanges of Letters on Defence Matters between the Governments of the United Kingdom and the Union of South Africa, July 1955, Cmd. 9520 (London : HMSO, 1955).

Final Communiqué from the Bermuda Conference [with Annexes], Bermuda, March 25, 1957, Cmnd. 126 (London : HMSO, 1957).

House of Commons Debates (Canada), Official Report, various volumes.

Negotiations for a European Free Trade Area : Documents Relating to the Negotiations from July, 1956, to December, 1958, Cmnd. 641 (London : HMSO, 1959).

Parliamentary Debates (Hansard), House of Commons, Official Report (London : HMSO, various volumes).

Public Papers of the Presidents of the United States : Dwight D. Eisenhower, 1960–61 (Washington : USGPO, 1961).

Stockholm Draft Plan for a European Free Trade Association, July 1959, Cmnd. 823

(London : HMSO, 1959).
The Statistical Office of the United Nations, Department of Economic and Social Affairs. (1959), *Yearbook of International Trade Statistics, 1958, Volume I* (New York : United Nations).
Trade Agreement between the Government of the United Kingdom of Great Britain and Northern Ireland and the Government of the Commonwealth of Australia, Canberra, February 26, 1957, Cmnd. 91 (London : HMSO, 1957).

公刊文書集・資料集

浦野起央編著（1979）『資料体系アジア・アフリカ国際関係政治社会史 第4巻 アフリカI』パピルス出版。
香西茂，安藤仁介編集代表（1986）『国際機構条約・資料集』東信堂。
日本カナダ学会編（1997）『史料が語るカナダ——ジャック・カルチエから冷戦後の外交まで』有斐閣。
Andre, Pamela, ed. (1998), *Australia and the Postwar World : The Commonwealth, Asia and the Pacific, Documents 1948-49* (Canberra : Department of Foreign Affairs and Trade).
Baylis, John, ed. (1997), *Anglo-American Relations since 1939 : The Enduring Alliance* (Manchester : Manchester University Press).
Blanchette, Arthur E., ed. (1977), *Canadian Foreign Policy 1955-1965 : Selected Speeches and Documents* (Toronto : McClelland and Stewart).
Booth, Alan, ed. (1995), *British Economic Development since 1945* (Manchester : Manchester University Press).
Bullen, Roger, and M. E. Pelly, eds. (1986), *Documents on British Policy Overseas, Series II, Volume I : The Schuman Plan, the Council of Europe and Western European Integration May 1950-December 1952* (London : HMSO).
Charlton, Michael. (1983), *The Price of Victory* (London : British Broadcasting Corporation).
Crawford, J. G. (1968), *Australian Trade Policy 1942-1966 : A Documentary History* (Canberra : Australian National University Press).
Dale, Iain, ed. (2000), *Conservative Party General Election Manifestos, 1900-1997* (London : Routledge).
Donaghy, Greg, ed. (2001), *Documents on Canadian External Relations, Volume 22, 1956-1957, Part I* (Ottawa : Department of Foreign Affairs and International Trade).
Glennon, John P., ed. (1987), *Foreign Relations of the United States, 1955-1957, Volume IX : Foreign Economic Policy ; Foreign Information Program* (Washington : USGPO).
Glennon, John P., ed. (1990), *Foreign Relations of the United States, 1955-1957, Volume XIX : National Security Policy* (Washington : USGPO).
Glennon, John P., ed. (1992), *Foreign Relations of the United States, 1955-1957, Volume XXVII : Western Europe and Canada* (Washington : USGPO).

Goldsworthy, David, ed. (1994), *British Documents on the End of Empire, Series A, Volume 3 : The Conservative Government and the End of Empire 1951–1957, Part I, International Relations* (London : HMSO).

Gott, Richard, John Major and Geoffrey Warner, eds. (1964), *Documents on International Affairs, 1960* (London : Oxford University Press).

Greenwood, Sean, ed. (1996), *Britain and European Integration since the Second World War* (Manchester : Manchester University Press).

Harryvan, A. G., and J. van der Harst, eds. (1997), *Documents on European Union* (Basingstoke : Macmillan).

Hyam, Ronald, and Wm. Roger Louis, eds. (2000a), *British Documents on the End of Empire, Series A, Volume 4 : The Conservative Government and the End of Empire 1957–1964, Part I, High Policy, Political and Constitutional Change* (London : The Stationery Office).

Hyam, Ronald, and Wm. Roger Louis, eds. (2000b), *British Documents on the End of Empire, Series A, Volume 4 : The Conservative Government and the End of Empire 1957–1964, Part II, Economics, International Relations, and the Commonwealth* (London : The Stationery Office).

Landa, Ronald D., James E. Miller, David S. Patterson, and Charles S. Sampson, eds. (1993a), *Foreign Relations of the United States, 1958–1960, Volume VII, Part 1 : Western European Integration and Security ; Canada* (Washington : USGPO).

Landa, Ronald D., James E. Miller, David S. Patterson, and Charles S. Sampson, eds. (1993b), *Foreign Relations of the United States, 1958–1960, Volume VII, Part 2 : Western Europe* (Washington : USGPO).

Lynn, Martin, ed. (2001), *British Documents on the End of Empire, Series B, Volume 7 : Nigeria, Part II, Moving to Independence 1953–1960* (London : The Stationery Office).

Mansergh, Nicholas, ed. (1963), *Documents and Speeches on Commonwealth Affairs 1952–1962* (London : Oxford University Press).

Morais, J. Victor, ed. (1969), *Strategy for Action : The Selected Speeches of Tun Haji Abdul Razak bin Dato' Hussein Al-Haj* (Kuala Lumpur : Malaysian Centre for Development Studies, Prime Minister's Department).

Pelzer, A. N., ed. (1966), *Verwoerd Speaks : Speeches 1948–1966* (Johannesburg : APB Publishers).

Poplai, S. L., ed. (1959), *Select Documents on Asian Affairs : India 1947–50, Volume One, Internal Affairs* (London : Oxford University Press).

Sampson, Charles S., and James E. Miller, eds. (1994), *Foreign Relations of the United States, 1961–1963, Volume XIII : West Europe and Canada* (Washington : USGPO).

Slany, William Z., ed. (1986), *Foreign Relations of the United States, 1955–1957, Volume IV : Western European Security and Integration* (Washington : USGPO).

Slany, William Z., ed. (1988), *Foreign Relations of the United States, 1955–1957, Volume*

V: Austrian State Treaty; Summit and Foreign Ministers Meetings, 1955 (Washington: USGPO).

Stevenson, Michael D., ed. (2003), *Documents on Canadian External Relations, Volume 24, 1957-1958, Part I* (Ottawa: Department of Foreign Affairs and International Trade).

Van der Poel, Jean, ed. (1973), *Selections from the Smuts Papers, Volume VII: August 1945-October 1950* (Cambridge: Cambridge University Press).

Zinner, Paul E., ed. (1956), *Documents on American Foreign Relations 1955* (New York: Harper & Brothers).

Zinner, Paul E., ed. (1958), *Documents on American Foreign Relations 1957* (New York: Harper & Brothers).

Zinner, Paul E., ed. (1959), *Documents on American Foreign Relations 1958* (New York: Harper & Brothers).

新　聞

China Mail (Hong Kong)

Daily Mail (United Kingdom)

Evening Standard (United Kingdom)

Financial Times (United Kingdom)

South China Morning Post (Hong Kong)

The Guardian (United Kingdom)

The Straits Times (Singapore)

The Sunday Times (United Kingdom)

The Sydney Morning Herald (Australia)

The Times (United Kingdom)

定期刊行物

『europe（ヨーロッパ）』

L'Annèe Politique

Bulletin of the European Economic Community

The Economist

EFTA Bulletin

ウェブサイト

イギリス外務コモンウェルス省（Foreign & Commonwealth Office）：http://www.fco.gov.uk/

イギリス国立公文書館（The National Archives）：http://www.nationalarchives.gov.uk/

イギリス首相官邸（10 Downing Street）：http://www.number-10.gov.uk/output/page1.asp

イタリア外務省（Ministero degli Affari Esteri）：http://www.esteri.it/

国立国会図書館：http://www.ndl.go.jp/

コモンウェルス事務局（Commonwealth Secretariat）：http://www.thecommonwealth.org/
世界貿易機構（World Trade Organization）：http://www.wto.org/

回顧録，日記，書簡集，演説録など

牛場信彦（1984）『外交の瞬間――私の履歴書』日本経済新聞社。

A. M. シュレジンガー著，中屋健一訳（1966）『ケネディ――栄光と苦悩の一千日』（上）（下），河出書房。

シオドア・C. ソレンセン著，大前正臣訳（1966）『ケネディの道』弘文堂。

シャルル・ドゴール著，朝日新聞外報部訳（1971）『希望の回想 第一部「再生」』朝日新聞社。

シャルル・ド・ゴール著，村上光彦，山崎庸一郎共訳（1999）『ド・ゴール大戦回顧録 VI 救済 II 1944-1946（新装版）』みすず書房。

仲晃，佐々木謙一，渡辺靖共訳（2000）『アイゼンハワー回顧録 2 平和への戦い 1956-1961（新装版）』みすず書房。

日本経済新聞社編（1980）『私の履歴書――経済人 2』日本経済新聞社。

藤山愛一郎（1976）『政治わが道――藤山愛一郎回想録』朝日新聞社。

ジョージ・W. ボール著，佐藤剛訳（1968）『大国の自制――今の世界の構造を分析すれば』時事通信社。

湯浅義正，町野武共訳（2000）『イーデン回顧録 II 運命のめぐりあい 1955～1957（新装版）』みすず書房。

トゥンク・アブドゥル・ラーマン・プトラ著，小野沢純監訳，鍋島公子訳（1987）『ラーマン回想録』井村文化事業社。

Ball, George W. (1982), *The Past Has Another Pattern : Memoirs* (New York : W. W. Norton).

Butler, Lord. (1971), *The Art of the Possible : The Memoirs of Lord Butler* (London : Hamish Hamilton).

Catterall, Peter, ed. (2003), *The Macmillan Diaries : The Cabinet Years, 1950-1957* (Basingstoke : Macmillan).

De Gaulle, Charles. (1970a), *Discours et messages, Tome II : Dans l'attente, février 1946-avril 1958* (Paris : Plon).

De Gaulle, Charles. (1970b), *Discours et messages, Tome III : Avec le renouveau, mai 1958 - juillet 1962* (Paris : Plon).

Diefenbaker, John G. (1976), *One Canada : Memoirs of the Right Honourable John G. Diefenbaker, Volume 2, The Years of Achievement 1957-1962* (Toronto : Macmillan).

Evans, Harold. (1981), *Downing Street Diary : The Macmillan Years 1957-1963* (London : Hodder and Stoughton).

Fleming, Donald M. (1985), *So Very Near : The Political Memoirs of the Honourable Donald M. Fleming, Volume One, The Rising Years* (Toronto : McClelland and Stewart).

Heath, Edward. (1998), *The Course of My Life : My Autobiography* (London : Hodder

& Stoughton).

Jenkins, Roy. (1989), *European Diary 1977–1981* (London: Collins).

Macmillan, Harold. (1969), *Tides of Fortune 1945–1955* (London: Macmillan).

Macmillan, Harold. (1971), *Riding the Storm 1956–1959* (London: Macmillan).

Macmillan, Harold. (1972), *Pointing the Way 1959–1961* (London: Macmillan).

Macmillan, Harold. (1973), *At the End of the Day 1961–1963* (London: Macmillan).

Mallaby, George. (1965), *From My Level: Unwritten Minutes* (London: Hutchinson).

Mandela, Nelson. (1995), *Long Walk to Freedom: The Autobiography of Nelson Mandela* (London: Abacus).

Maudling, Reginald. (1978), *Memoirs* (London: Sidgwick & Jackson).

Menzies, Sir Robert Gordon. (1967), *Afternoon Light: Some Memories of Men and Events* (London: Cassell).

Menzies, Sir Robert Gordon. (1970), *The Measure of the Years* (London: Cassell).

Nicolson, Nigel, ed. (1968), *Harold Nicolson Diaries and Letters 1945–1962* (London: Collins).

Norwich, John Julius, ed. (2005), *The Duff Cooper Diaries 1915–1951* (London: Weidenfeld & Nicolson).

Nyerere, Julius K. (1967), *Freedom and Unity: A Selection from Writings and Speeches 1952–65* (London: Oxford University Press).

Rahman, Tunku Abdul. (1978), *Viewpoints* (Kuala Lumpur: Heinemann Educational Books (Asia)).

評伝など

ジャン・ラクーチュール著，持田坦訳（1972）『ドゴール』河出書房新社。

Best, Geoffrey. (2001), *Churchill: A Study in Greatness* (London: Penguin Books).

Campbell, John. (1993), *Edward Heath: A Biography* (London: Jonathan Cape).

Edwards, Ruth Dudley. (1983), *Harold Macmillan: A Life in Pictures* (London: Macmillan).

Golding, Peter. (1996), *Black Jack McEwen: Political Gladiator* (Melbourne: Melbourne University Press).

Horne, Alistair. (1989), *Macmillan 1957–1986: Volume II of the Official Biography* (London: Macmillan).

Martin, A. W. (1999), *Robert Menzies: A Life, Volume 2, 1944–1978* (Melbourne: Melbourne University Press).

Sampson, Anthony. (1967), *Macmillan: A Study in Ambiguity* (Harmondsworth: Penguin Books).

Schwarz, Hans-Peter. (1995), *Konrad Adenauer: A German Politician and Statesman in a Period of War, Revolution and Reconstruction, Volume I, From the German Empire to the Federal Republic, 1876–1952*, translated by Louise Willmot (Providence: Berghahn Books).

Sinclair, Keith. (1976), *Walter Nash* (Auckland: Auckland University Press).

Smuts, J. C. (1952), *Jan Christian Smuts* (London : Cassell).
Taylor, A. J. P. (1974), *Beaverbrook* (Harmondsworth : Penguin Books).
Thorpe, D. R. (1996), *Alec Douglas-Home* (London : Sinclair-Stevenson).

研究書

赤根谷達雄（1992）『日本のガット加入問題――《レジーム理論》の分析視角による事例研究』東京大学出版会。

石渡利康（1986）『北欧共同体の研究――北欧統合の機能的法構造』高文堂出版社。

岩間陽子（1993）『ドイツ再軍備』中央公論社。

岩本祐二郎（1993）『オーストラリアの内政と外交・防衛政策』日本評論社。

大嶽秀夫（1986）『アデナウアーと吉田茂』中央公論社。

川嶋周一（2007）『独仏関係と戦後ヨーロッパ国際秩序――ドゴール外交とヨーロッパの構築 1958-1969』創文社。

君塚直隆（1998）『イギリス二大政党制への道――後継首相の決定と「長老政治家」』有斐閣。

君塚直隆（2007）『女王陛下の影法師』筑摩書房。
A. ギャンブル著，小笠原欣幸訳（1990）『自由経済と強い国家――サッチャリズムの政治学』みすず書房。
ミルトン・ギルバート著，緒方四十郎，溝江義郎訳（1982）『国際通貨体制の軌跡』東洋経済新報社。

ピーター・クラーク著，西沢保，市橋秀夫，椿建也，長谷川淳一他訳（2004）『イギリス現代史 1900-2000』名古屋大学出版会。
A. J. クリストファー著，川北稔訳（1995）『景観の大英帝国――絶頂期の帝国システム』三嶺書房。
P. J. ケイン，A. G. ホプキンズ著，木畑洋一，旦祐介訳（1997）『ジェントルマン資本主義の帝国 II 危機と解体 1914-1990』名古屋大学出版会。
坂井秀夫（2000）『現代イギリス政治外交論――そのイメージ論的分析』日本図書センター。

櫻田大造（1999）『カナダ外交政策論の研究――トルドー期を中心に』彩流社。

佐々木隆雄（1997）『アメリカの通商政策』岩波書店。

佐々木雄太（1997）『イギリス帝国とスエズ戦争――植民地主義・ナショナリズム・冷戦』名古屋大学出版会。

キース・シンクレア著，青木公，百々佑利子訳（1982）『ニュージーランド史――南海の英国から太平洋国家へ』評論社。
R. W. スチーブンスン著，滝田賢治訳（1989）『デタントの成立と変容――現代米ソ関係の政治力学』中央大学出版部。
田所昌幸（2001）『「アメリカ」を越えたドル――金融グローバリゼーションと通貨外交』中央公論新社。

田中俊郎（1998）『EU の政治』岩波書店。

中本悟（1999）『現代アメリカの通商政策――戦後における通商法の変遷と多国籍企業』有斐閣。

ジョン・ベイリス著，佐藤行雄，重家俊範，宮川眞喜雄訳（1988）『同盟の力学——英国と米国の防衛協力関係』東洋経済新報社。

細谷雄一（2001）『戦後国際秩序とイギリス外交——戦後ヨーロッパの形成 1945 年～1951 年』創文社。

細谷雄一（2005a）『外交による平和——アンソニー・イーデンと二十世紀の国際政治』有斐閣。

細谷雄一（2005b）『大英帝国の外交官』筑摩書房。

松田幹夫（1995）『国際法上のコモンウェルス——ドミニオンの中立権を中心として』北樹出版。

村田良平（2000）『OECD（経済協力開発機構）——世界最大のシンクタンク』中央公論新社。

最上敏樹（2006）『国際機構論［第二版］』東京大学出版会。

力久昌幸（1996）『イギリスの選択——欧州統合と政党政治』木鐸社。

Ashton, Nigel J. (2002), *Kennedy, Macmillan and the Cold War: The Irony of Interdependence* (Basingstoke: Palgrave Macmillan).

Bange, Oliver. (2000), *The EEC Crisis of 1963: Kennedy, Macmillan, De Gaulle and Adenauer in Conflict* (Basingstoke: Palgrave).

Barker, Elisabeth. (1971), *Britain in a Divided Europe 1945–1970* (London: Weidenfeld and Nicolson).

Briscoe, Neil. (2003), *Britain and UN Peacekeeping 1948–67* (Basingstoke: Palgrave Macmillan).

Brittan, Samuel. (1964), *The Treasury under the Tories 1951–1964* (Harmondsworth: Penguin Books).

Camps, Miriam. (1964), *Britain and the European Community 1955–1963* (Princeton: Princeton University Press).

Christie, M. J. (1970), *The Simonstown Agreements: Britain's Defence and the Sale of Arms to South Africa* (London: The Africa Bureau).

Curtis, Thomas B., and John Robert Vastine, Jr. (1971), *The Kennedy Round and the Future of American Trade* (New York: Praeger).

Darwin, John. (1988), *Britain and Decolonisation: The Retreat from Empire in the Post-War World* (Basingstoke: Macmillan).

Darwin, John. (1991), *The End of the British Empire: The Historical Debate* (Oxford: Basil Blackwell).

Der Derian, James. (1987), *On Diplomacy: A Genealogy of Western Estrangement* (Oxford: Basil Blackwell).

Dobson, Alan P. (1988), *The Politics of the Anglo-American Economic Special Relationship 1940–1987* (Brighton: Wheatsheaf Books).

Dyster, Barrie, and David Meredith. (1990), *Australia in the International Economy in the Twentieth Century* (Cambridge: Cambridge University Press).

Eckes Jr., Alfred E. (1995), *Opening America's Market: U. S. Foreign Trade Policy since 1776* (Chapel Hill: The University of North Carolina Press).

The Economist Intelligence Unit. (1960), *The Commonwealth and Europe* (London : The Economist Intelligence Unit).

Ellison, James. (2000), *Threatening Europe : Britain and the Creation of the European Community, 1955-58* (Basingstoke : Macmillan).

Garner, Joe. (1978), *The Commonwealth Office 1925-68* (London : Heinemann).

Gearson, John P. S. (1998), *Harold Macmillan and the Berlin Wall Crisis, 1958-62 : The Limits of Interests and Force* (Basingstoke : Macmillan).

George, Stephen. (1991), *Britain and European Integration since 1945* (Oxford : Basil Blackwell).

George, Stephen. (1998), *An Awkward Partner : Britain in the European Community*, 3rd ed. (Oxford : Oxford University Press).

Giauque, Jeffrey Glen. (2002), *Grand Designs and Visions of Unity : The Atlantic Powers and the Reorganization of Western Europe, 1955-1963* (Chapel Hill : The University of North Carolina Press).

Gould, John. (1982), *The Rake's Progress ? : The New Zealand Economy since 1945* (Auckland : Hodder and Stoughton).

Granatstein, J. L. (1986), *Canada 1957-1967 : The Years of Uncertainty and Innovation* (Toronto : McClelland and Stewart).

Granatstein, J. L. (1989), *How Britain's Weakness Forced Canada into the Arms of the United States, The 1988 Joanne Goodman Lectures* (Toronto : University of Toronto Press).

Greenwood, Sean. (1992), *Britain and European Cooperation since 1945* (Oxford : Blackwell).

Griffiths, Richard T., ed. (1997), *Explorations in OEEC History* (Paris : Organisation for Economic Co-operation and Development).

Hyam, Ronald, and Peter Henshaw. (2003), *The Lion and the Springbok : Britain and South Africa since the Boer War* (Cambridge : Cambridge University Press).

Jenkins, Roy. (1993), *Portraits and Miniatures : Selected Writings* (London : Macmillan).

Jupp, James. (2002), *From White Australia to Woomera : The Story of Australian Immigration* (Cambridge : Cambridge University Press).

Kaiser, Wolfram. (1996), *Using Europe, Abusing the Europeans : Britain and European Integration 1945-63* (Basingstoke : Macmillan).

Kaiser, Wolfram, and Jürgen Elvert, eds. (2004), *European Union Enlargement : A Comparative History* (London : Routledge).

Kent, John. (1992), *The Internationalization of Colonialism : Britain, France, and Black Africa, 1939-1956* (Oxford : Clarendon Press).

Keohane, Robert O., and Joseph S. Nye. (2001), *Power and Interdependence*, 3rd ed. (New York : Longman).

Kitzinger, U. W. (1963), *The Politics and Economics of European Integration : Britain, Europe, and the United States* (New York : Frederick A. Praeger).

Lamb, Richard. (1995), *The Macmillan Years 1957–1963 : The Emerging Truth* (London : John Murray).

Lee, David. (1995), *Search for Security : The Political Economy of Australia's Postwar Foreign and Defence Policy* (St. Leonards, NSW : Allen & Unwin).

Lieber, Robert J. (1970), *British Politics and European Unity : Parties, Elites, and Pressure Groups* (Berkeley : University of California Press).

Lloyd, Trevor. (1968), *Canada in World Affairs, Volume X : 1957–1959* (Toronto : Oxford University Press).

Lucas, W. Scott. (1991), *Divided We Stand : Britain, the US and the Suez Crisis* (London : Hodder and Stoughton).

Ludlow, N. Piers. (1997), *Dealing with Britain : The Six and the First UK Application to the EEC* (Cambridge : Cambridge University Press).

Ludlow, N. Piers. (2006), *The European Community and the Crises of the 1960s : Negotiating the Gaullist Challenge* (London : Routledge).

Lundestad, Geir. (1998), *"Empire" by Integration : The United States and European Integration, 1945–1997* (Oxford : Oxford University Press).

Maitland, Patrick. (1957), *Task for Giants : An Expanding Commonwealth* (London : Longmans, Green).

May, Alex. (1999), *Britain and Europe since 1945* (London : Longman).

McKinnon, Malcolm. (1993), *Independence and Foreign Policy : New Zealand in the World since 1935* (Auckland : Auckland University Press).

Middlemas, Keith. (1990), *Power, Competition and the State, Vol. 2 : Threats to the Postwar Settlement, Britain, 1961–74* (Basingstoke : Macmillan).

Miller, J. D. B. (1966), *Britain and the Old Dominions* (London : Chatto & Windus).

Miller, J. D. B. (1974), *Survey of Commonwealth Affairs : Problems of Expansion and Attrition 1953–1969* (London : Oxford University Press).

Milward, Alan S., and George Brennan. (1996), *Britain's Place in the World : A Historical Enquiry into Import Controls 1945–60* (London : Routledge).

Milward, Alan S. (2000), *The European Rescue of the Nation-State*, 2nd ed. (London : Routledge).

Milward, Alan S. (2002), *The UK and the European Community, Vol. I : The Rise and Fall of a National Strategy 1945–1963* (London : Frank Cass).

Moravcsik, Andrew. (1998), *The Choice for Europe : Social Purpose and State Power from Messina to Maastricht* (Ithaca : Cornell University Press).

Morgan, D. J. (1980), *The Official History of Colonial Development, Volume 3 : A Reassessment of British Aid Policy, 1951–1965* (London : Macmillan).

Muirhead, B. W. (1992), *The Development of Postwar Canadian Trade Policy : The Failure of the Anglo-European Option* (Montreal : McGill-Queen's University Press).

Pedersen, Thomas. (1994), *European Union and the EFTA Countries : Enlargement and Integration* (London : Pinter).

Perkins, J. O. N. (1962), *Britain and Australia : Economic Relationships in the 1950s*

(Melbourne: Melbourne University Press).

Reynolds, David. (2000), *Britannia Overruled: British Policy and World Power in the Twentieth Century*, 2nd ed. (Harlow: Longman).

Rix, Alan. (1986), *Coming to Terms: The Politics of Australia's Trade with Japan 1945-57* (Sydney: Allen & Unwin).

Robinson, H. Basil. (1989), *Diefenbaker's World: A Populist in Foreign Affairs* (Toronto: University of Toronto Press).

Sanders, David. (1990), *Losing an Empire, Finding a Role: British Foreign Policy since 1945* (Basingstoke: Macmillan).

Schimmelfennig, Frank, and Ulrich Sedelmeier, eds. (2005), *The Politics of European Union Enlargement: Theoretical Approaches* (New York: Routledge).

Singleton, John, and Paul L. Robertson. (2002), *Economic Relations between Britain and Australasia 1945-1970* (Basingstoke: Palgrave).

Smith, Denis. (1995), *Rogue Tory: The Life and Legend of John G. Diefenbaker* (Toronto: Macfarlane Walter & Ross).

Sutch, W. B. (1966), *The Quest for Security in New Zealand 1840 to 1966* (Wellington: Oxford University Press).

Trachtenberg, Marc. (1999), *A Constructed Peace: The Making of the European Settlement, 1945-1963* (Princeton: Princeton University Press).

Urwin, Derek W. (1995), *The Community of Europe: A History of European Integration since 1945*, 2nd ed. (London: Longman).

Vaïsse, Maurice. (1998), *La grandeur: Politique étrangère du général de Gaulle 1958-1969* (Paris: Fayard).

Vatcher, Jr., William Henry. (1965), *White Laager: The Rise of Afrikaner Nationalism* (London: Pall Mall Press).

Ward, Stuart. (2001), *Australia and the British Embrace: The Demise of the Imperial Ideal* (Melbourne: Melbourne University Press).

Weiss, Thomas G., David P. Forsythe, and Roger A. Coate. (2004), *The United Nations and Changing World Politics*, 4th ed. (Boulder: Westview Press).

Westad, Odd Arne. (2005), *The Global Cold War: Third World Interventions and the Making of Our Times* (Cambridge: Cambridge University Press).

Winand, Pascaline. (1993), *Eisenhower, Kennedy, and the United States of Europe* (New York: St. Martin's Press).

Young, Hugo. (1998), *This Blessed Plot: Britain and Europe from Churchill to Blair* (London: Macmillan).

Young, John W. (2000), *Britain and European Unity 1945-1999*, 2nd ed. (Basingstoke: Macmillan).

Zielonka, Jan. (2006), *Europe as Empire: The Nature of the Enlarged European Union* (Oxford: Oxford University Press).

論　文

赤根谷達雄（1993）「1950 年代における日本の対外経済政策の展開——日米余剰農産物協定から日豪通商協定へ」近代日本研究会編『年報近代日本研究 15 戦後日本の社会・経済政策』山川出版社，69-100 頁。

井上義朗（1997）「カルドア累積的因果系列論の考察——EC 加盟問題での言説を中心に」『千葉大学経済研究』第 11 巻第 4 号，469-505 頁。

井上義朗（1999）「EC 加盟論争——ニコラス・カルドアをめぐって」服部正治，西沢保編著『イギリス 100 年の政治経済学——衰退への挑戦』ミネルヴァ書房，168-204 頁。

岩間陽子（1997）「ベルリン危機とアイゼンハワー外交——「大量報復戦略」の限界」(1)(2)・完『法学論叢』第 141 巻第 1 号，72-89 頁，第 142 巻第 3 号，86-107 頁。

岩間陽子（2002）「多極化する世界の中のヨーロッパ」渡邊啓貴編『ヨーロッパ国際関係史——繁栄と凋落，そして再生』有斐閣，163-208 頁。

大熊忠之（1985）「戦後カナダ外交における普遍主義と対日関係——日加関係 1946～68 年」『国際政治』第 79 号，89-102 頁。

岡村堯（1975/78）「ヨーロッパ共同体の成立」(1)(2)『西南学院大学法学論集』第 7 巻第 4 号，51-67 頁，第 10 巻第 2・3・4 合併号，155-185 頁。

岡本宜高（2007）「第一次 EEC 加盟申請とイギリス外交——ヨーロッパ統合と冷戦のはざまで」『政治経済史学』第 485 号，36-57 頁。

小川浩之（2004）「ブレア政権の対応外交」櫻田大造，伊藤剛編著『比較外交政策——イラク戦争への対応外交』明石書店，153-192 頁。

小川浩之（2007）「イギリス・コモンウェルス関係と PKO の成立と変容——パレスティナ・カシミールからコソボ・東ティモールまで」軍事史学会編『PKO の史的検証』錦正社，57-77 頁。

小田英郎（1986）「アパルトヘイトとその歴史的背景」『国際問題』第 319 号，15-26 頁。

金井雄一（2001）「ポンドの衰退とイギリス国民経済の選択——スターリング地域成立（1939）から EEC 加盟（1973）まで」秋元英一編『グローバリゼーションと国民経済の選択』東京大学出版会，71-99 頁。

川嶋周一（2006）「フランス外交の「三つのサークル」？　ユーラフリック，ヨーロッパ，世界政策——1958 年 9 月 18 日覚書の分析から」『日仏政治研究』第 2 号，57-70 頁。

菅野亮子（1987）「コモンウェルス（英連邦）の変遷と人種問題（アパルトヘイト）」『東洋研究』第 83 号，49-76 頁。

木畑洋一（1997）「帝国の残像——コモンウェルスにかけた夢」山内昌之，増田一夫，村田雄二郎編『帝国とは何か』岩波書店，203-223 頁。

工藤芽衣（2003）「1950 年代における英国の対欧州政策——「自由貿易地域」構想（プラン G）立案過程をめぐって」『国際関係学研究』第 29 号，55-75 頁。

工藤芽衣（2004）「1950 年代における英仏対立と欧州統合の進展——自由貿易地域（FTA）交渉から欧州主要通貨交換性回復を中心に」『国際関係学研究』第 30 号，71-81 頁。

J. L. グラナツティン（1994）「1960 年代以降の防衛・外交政策」J. L. グラナツティン，ジョン・セイウェル，吉田健正編，吉田健正訳『カナダの外交——その理念と政策』

御茶の水書房，99-122 頁。

黒田友哉（2007）「モレ政権の対フランス連合政策――ユーラフリック共同体構想を中心に」『法学政治学論究』第 72 号，277-310 頁。

小窪千早（2003）「フランス外交とデタント構想――ドゴールの「東方外交」とその欧州観」(1)(2)・完『法学論叢』第 153 巻第 3 号，47-68 頁，第 153 巻第 4 号，69-91 頁。

小久保康之（1984）「欧州統合過程における P＝H・スパークの役割」『慶應義塾大学大学院法学研究科論文集』第 21 号，99-116 頁。

小久保康之（1985）「欧州統合に対するド・ゴールの態度とその欧州政策」『慶應義塾大学大学院法学研究科論文集』第 23 号，17-33 頁。

小島かおる（1997）「ジョージ・W・ボールと「大西洋パートナーシップ」構想――イギリスの EEC 加盟問題を中心に」『アメリカ研究』第 31 号，117-138 頁。

小島健（1988）「設立期における EEC の低開発国政策――植民地支配から連合関係への転換を中心にして」『経済科学』第 36 巻第 1 号，71-97 頁。

小林正英（1995）「欧州統合過程におけるベネルックス三国の外交――フーシェ・プラン交渉を中心にして」『法学政治学論究』第 27 号，555-590 頁。

櫻田大造，伊藤剛（2004）「結論」櫻田大造，伊藤剛編著『比較外交政策――イラク戦争への対応外交』明石書店，295-318 頁。

佐々木雄太（1998）「「コンセンサスの政治」からサッチャー主義へ」川北稔編『新版世界各国史⑪ イギリス史』山川出版社，375-413 頁。

佐瀬昌盛（1970）「第 2 次大戦後西ドイツの対仏関係」村瀬興雄編『現代独仏関係の展開』日本国際問題研究所，45-92 頁。

ジョン・セイウェル著，井上勇一訳（1985）「日加関係の回顧と展望――カナダの政治力学を視点として」『国際政治』第 79 号，121-136 頁。

富川尚（1996）「独仏枢軸が動きだす――ドゴールとアデナウアーの握手」金丸輝男編『ヨーロッパ統合の政治史――人物を通して見たあゆみ』有斐閣，64-78 頁。

内藤雅雄（2000）「インド系南アフリカ人の苦難――その抵抗と妥協」古賀正則，内藤雅雄，浜口恒夫編『移民から市民へ――世界のインド系コミュニティ』東京大学出版会，114-130 頁。

中西寛（1994）「戦後アジア・太平洋の安全保障枠組みの模索と日本――1949〜51 年」近代日本研究会編『年報近代日本研究 16 戦後外交の形成』山川出版社，69-104 頁。

中西寛（1997）「総合安全保障戦略の再構成――変化の時代と日本の安全保障政策」国分良成編著『日本・アメリカ・中国――協調へのシナリオ』TBS ブリタニカ，85-133 頁。

橋口豊（2001）「冷戦の中の英米関係――スカイボルト危機とナッソー協定をめぐって」『国際政治』第 126 号，52-64 頁。

橋口豊（2005）「苦悩するイギリス外交 1957〜79 年」佐々木雄太，木畑洋一編『イギリス外交史』有斐閣，177-206 頁。

林晃史（1982）「南アフリカ連邦の英連邦脱退」『アジア経済』第 23 巻第 7 号，67-79 頁。

半澤朝彦（1999）「イギリス帝国の終焉と国際連合――1960 年の南アフリカ連邦・シャー

プヴィル事件の衝撃」『現代史研究』第45号，15-32頁。

廣田愛理（2002）「フランスのローマ条約受諾——対独競争の視点から」『歴史と経済（旧土地制度史学）』第177号，1-17頁。

廣田愛理（2004）「EEC成立期における自由貿易圏構想へのフランスの対応」『社会経済史学』第70巻第1号，71-91頁。

福嶋輝彦（2007）「オーストラリアの模索——英帝国とアジア太平洋地域の狭間で」木畑洋一編著『イギリス帝国と20世紀 第5巻 現代世界とイギリス帝国』ミネルヴァ書房，277-314頁。

藤田憲（2005）「ヨーロッパ経済共同体設立交渉とピエール・ユーリ——海外領土包摂問題をめぐる仲介」木畑洋一編『ヨーロッパ統合と国際関係』日本経済評論社，53-82頁。

藤村瞬一（1970）「「ボン＝パリ枢軸」の成立——西ドイツ対外政策における「政治の論理」と「経済の論理」」村瀬興雄編『現代独仏関係の展開』日本国際問題研究所，115-148頁。

細谷雄一（2002）「ヨーロッパの復興と自立」渡邊啓貴編『ヨーロッパ国際関係史——繁栄と凋落，そして再生』有斐閣，125-162頁。

細谷雄一（2005）「歴史としてのイギリス外交——国際体制の視座から」佐々木雄太，木畑洋一編『イギリス外交史』有斐閣，1-22頁。

アンドリュー・ポーター著，中村武司，林剛志訳（2004）「イギリス帝国史研究の現在」『パブリック・ヒストリー』第1号，30-48頁。

槇満信（1998/99）「EEC加入問題とカルドアの収益逓増・成長論」（上）（下）『一橋論叢』第120巻第6号，870-884頁，第121巻第6号，940-956頁。

増田正（1994）「第四共和制下の連合政権」『法学政治学論究』第23号，443-465頁。

益田実（1995/96）「第二次チャーチル政権と西ヨーロッパの統合，1951年～1954年——チャーチル，イーデン，マクミランと「大国」イギリスの将来」（1）～（3）・（完）『法経論叢』第12巻第2号，1-45頁，第13巻第1号，127-175頁，第13巻第2号，205-236頁。

益田実（1997/98/99）「アトリー労働党政権と西ヨーロッパの経済協力問題，1945年～1949年」（1）～（4）・（完）『法経論叢』第15巻第1号，41-90頁，第15巻第2号，103-147頁，第16巻第1号，51-84頁，第16巻第2号，89-134頁。

益田実（2000/01）「メッシナ提案とイギリス——ヨーロッパ共同市場構想への初期対応決定過程，1955年」（1）～（4・完）『法経論叢』第17巻第2号，71-123頁，第18巻第1号，99-126頁，第18巻第2号，93-141頁，第19巻第1号，35-98頁。

益田実（2004/05/06/07）「自由貿易地帯構想とイギリス——ヨーロッパ共同市場構想への「対抗提案」決定過程，1956年」（1）～（5・完）『法経論叢』第21巻第2号，131-175頁，第22巻第2号，1-40頁，第23巻第2号，51-103頁，第24巻第1号，73-110頁，第24巻第2号，89-152頁。

松岡完（1994）「1950年代アメリカの同盟再編戦略——統合の模索」『国際政治』第105号，80-93頁。

森建資（2006）「イギリス帝国の農業問題」佐々木雄太編著『イギリス帝国と20世紀 第3巻 世界戦争の時代とイギリス帝国』ミネルヴァ書房，257-293頁。

矢内原忠雄（1963）「最近の英帝国会議に就て」『矢内原忠雄全集 第4巻 植民政策研究 IV』岩波書店，443-456頁。

ウィリアム・ロジャー・ルイス著，池田朋子，半澤朝彦訳（2007）「スエズ危機——国連の転回点」緒方貞子，半澤朝彦編著『グローバル・ガヴァナンスの歴史的変容——国連と国際政治史』ミネルヴァ書房，133-179頁。

若松邦弘（2000）「脱植民地化のなかの入国管理政策——旧帝国地域からの入国に関するイギリスの政策」『社会科学紀要』第50号，161-181頁。

Aldous, Richard, and Sabine Lee. (1996), "'Staying in the Game': Harold Macmillan and Britain's World Role", in Richard Aldous and Sabine Lee, eds., *Harold Macmillan and Britain's World Role* (Basingstoke: Macmillan), pp. 149-158.

Ashton, Nigel J. (2002), "'A Rear Guard Action': Harold Macmillan and the Making of British Foreign Policy, 1957-63", in T. G. Otte, ed., *The Makers of British Foreign Policy: From Pitt to Thatcher* (Basingstoke: Palgrave), pp. 238-260.

Bossuat, Gérard. (1995), "Le choix de la petite Europe par la France (1957-1963): Une ambition pour la France et pour l'Europe", *Relations Internationales*, N°82, pp. 213-235.

Bromund, Ted R. (2001), "Whitehall, the National Farmers' Union, and Plan G, 1956-57", *Contemporary British History*, Vol. 15, No. 2, pp. 76-97.

Brown, Bruce. (1993), "'Foreign Policy is Trade': Trade is Foreign Policy: Some Principal New Zealand Trade Policy Problems since the Second World War", in Ann Trotter, ed., *Fifty Years of New Zealand Foreign Policy Making* (Dunedin: University of Otago Press), pp. 55-110.

Bull, Hedley. (1959), "What is the Commonwealth?", *World Politics*, Vol. 11, No. 4, pp. 577-587.

Bulpitt, Jim. (1996), "The European Question: Rules, National Modernisation and the Ambiguities of *Primat der Innenpolitik*", in David Marquand and Anthony Seldon, eds., *The Ideas that Shaped Post-War Britain* (London: Fontana Press), pp. 214-256.

Burgess, Simon, and Geoffrey Edwards. (1988), "The Six Plus One: British Policy-Making and the Question of European Economic Integration, 1955", *International Affairs*, Vol. 64, No. 3, pp. 393-413.

Camps, Miriam. (1993), "Missing the Boat at Messina and Other Times?", in Brian Brivati and Harriet Jones, eds., *From Reconstruction to Integration: Britain and Europe since 1945* (Leicester: Leicester University Press), pp. 134-143.

Carney, W. R. (1956), "The Ottawa Agreement Now", *The Economic Record*, Vol. 32, No. 62, pp. 99-105.

Deighton, Anne. (1995), "Britain and the Three Interlocking Circles", in Antonio Varsori, ed., *Europe 1945-1990s: The End of an Era?* (Basingstoke: Macmillan), pp. 155-169.

Deighton, Anne, and Piers Ludlow. (1995), "'A Conditional Application': British Management of the First Attempt to Seek Membership of the EEC, 1961-3", in Anne

Deighton, ed., *Building Postwar Europe : National Decision-Makers and European Institutions, 1948–63* (Basingstoke : Macmillan), pp. 107–126.

Der Derian, James. (1996), "Hedley Bull and the Idea of Diplomatic Culture", in Rick Fawn and Jeremy Larkins, eds., *International Society after the Cold War : Anarchy and Order Reconsidered* (Basingstoke : Macmillan), pp. 84–100.

Dockrill, Michael. (1995), "Restoring the 'Special Relationship' : The Bermuda and Washington Conferences, 1957", in Dick Richardson and Glyn Stone, eds., *Decisions and Diplomacy : Essays in Twentieth-Century International History* (London : Routledge), pp. 205–223.

Dutton, David. (1993), "Anticipating Maastricht : The Conservative Party and Britain's First Application to Join the European Community", *Contemporary Record*, Vol. 7, No. 3, pp. 522–540.

Endres, A. M. (1986), "The Political Economy of W. B. Sutch : Toward a Critical Appreciation", *New Zealand Economic Papers*, Vol. 20, pp. 17–39.

Fry, Michael G. (1989), "Canada, the North Atlantic Triangle, and the United Nations", in Wm. Roger Louis and Roger Owen, eds., *Suez 1956 : The Crisis and its Consequences* (Oxford : Clarendon Press), pp. 285–316.

Gardner, Richard N. (1986), "Sterling-Dollar Diplomacy in Current Perspective", in Wm. Roger Louis and Hedley Bull, eds., *The 'Special Relationship' : Anglo-American Relations since 1945* (Oxford : Oxford University Press), pp. 185–200.

Griffiths, Richard T. (1997), "A Slow One Hundred and Eighty Degree Turn : British Policy towards the Common Market, 1955–60", in George Wilkes, ed., *Britain's Failure to Enter the European Community 1961–63 : The Enlargement Negotiations and Crises in European, Atlantic and Commonwealth Relations* (London : Frank Cass), pp. 35–50.

Harnetty, Peter. (1963–1964), "Canada, South Africa, and the Commonwealth 1960–61", *Journal of Commonwealth Political Studies*, Vol. 2, pp. 33–44.

Hayes, Frank. (1980), "South Africa's Departure from the Commonwealth, 1960–1961", *The International History Review*, Vol. 11, No. 3, pp. 453–484.

Henshaw, Peter J. (1996), "Britain, South Africa and the Sterling Area : Gold Production, Capital Investment and Agricultural Markets, 1931–1961", *The Historical Journal*, Vol. 39, No. 1, pp. 197–223.

Holland, R. F. (1984), "The Imperial Factor in British Strategies from Attlee to Macmillan, 1945–63", *The Journal of Imperial and Commonwealth History*, Vol. 12, No. 2, pp. 165–186.

Holmes, F. W. (1967), "Australia and New Zealand in the World Economy", *The Economic Record*, Vol. 43, No. 101, pp. 1–19.

Hyam, Ronald. (1998), "The Parting of the Ways : Britain and South Africa's Departure from the Commonwealth, 1951–61", *The Journal of Imperial and Commonwealth History*, Vol. 26, No. 2, pp. 157–175.

James, Robert Rhodes. (1996), "Harold Macmillan : An Introduction", in Richard Aldous

and Sabine Lee, eds., *Harold Macmillan and Britain's World Role* (London: Macmillan), pp. 1–7.

Kaiser, Wolfram. (1993), "To Join, or Not to Join: The 'Appeasement' Policy of Britain's First EEC Application", in Brian Brivati and Harriet Jones, eds., *From Reconstruction to Integration: Britain and Europe since 1945* (Leicester: Leicester University Press), pp. 144–156.

Kaiser, Wolfram. (1997), "Challenge to the Community: The Creation, Crisis and Consolidation of the European Free Trade Association, 1958–72", *Journal of European Integration History*, Vol. 3, No. 1, pp. 7–33.

Kane, Liz. (1997), "European or Atlantic Community?: The Foreign Office and 'Europe' 1955–1957", *Journal of European Integration History*, Vol. 3, No. 2, pp. 83–98.

Louis, Wm. Roger, and Ronald Robinson. (1994), "The Imperialism of Decolonization", *The Journal of Imperial and Commonwealth History*, Vol. 22, No. 3, pp. 462–511.

Louis, Wm. Roger. (1999), "Introduction", in Judith M. Brown and Wm. Roger Louis, eds., *The Oxford History of the British Empire, Vol. IV: The Twentieth Century* (Oxford: Oxford University Press), pp. 1–46.

Ludlow, N. Piers. (1997), "British Agriculture and the Brussels Negotiations: A Problem of Trust", in George Wilkes, ed., *Britain's Failure to Enter the European Community 1961–63: The Enlargement Negotiations and Crises in European, Atlantic and Commonwealth Relations* (London: Frank Cass), pp. 108–119.

Lynch, Frances M. B. (2000), "De Gaulle's First Veto: France, the Rueff Plan and the Free Trade Area", *Contemporary European History*, Vol. 9, Part 1, pp. 111–135.

Masujima, Ken. (1999), "Europe, America, and Developing Countries: The Transformation of the O. E. E. C. to the O. E. C. D. (1959–1961)"『獨協法学』第 49 号，73–101 頁。

Maurhofer, Roland. (2001), "Revisiting the Creation of EFTA: The British and the Swiss Case", *Journal of European Integration History*, Vol. 7, No. 2, pp. 65–82.

McKinnon, Malcolm. (1991), "Trading in Difficulties?: New Zealand in the World Economy", in Malcolm McKinnon, ed., *New Zealand in World Affairs, Volume II, 1957–1972* (Wellington: New Zealand Institute of International Affairs), pp. 145–170.

Michel, Marc. (2000), "The Decolonization of French Africa and the United States and Great Britain, 1945–58", in Roy Bridges, ed., *Imperialism, Decolonization and Africa: Studies Presented to John Hargreaves with an Academic Memoir and Bibliography* (Basingstoke: Macmillan), pp. 153–177.

Miller, J. D. B. (1961), "South Africa's Departure", *Journal of Commonwealth Political Studies*, Vol. 1, No. 1, pp. 56–74.

Miller, J. D. B. (1989), "Australia and the Crisis", in Wm. Roger Louis and Roger Owen, eds., *Suez 1956: The Crisis and its Consequences* (Oxford: Clarendon Press), pp. 275–283.

Northedge, F. S. (1983), "Britain and the EEC: Past and Present", in Roy Jenkins, ed.,

Britain and the EEC (London: Macmillan), pp. 15–37.

O'Brien, John B. (2001), "The Australian Department of Trade and the EEC, 1956–61", in Alex May, ed., *Britain, the Commonwealth and Europe: The Commonwealth and Britain's Applications to Join the European Communities* (Basingstoke: Palgrave), pp. 39–52.

Pedersen, Thomas. (1991), "EC–EFTA Relations: An Historical Outline", in Helen Wallace, ed., *The Wider Western Europe: Reshaping the EC/EFTA Relationship* (London: Pinter Publishers), pp. 13–27.

Pfeiffer, Rolf. (1993), "New Zealand and the Suez Crisis of 1956", *The Journal of Imperial and Commonwealth History*, Vol. 21, No. 1 (1993), pp. 126–152.

Poidevin, Raymond. (1992), "De Gaulle et l'Europe en 1958", dans Institut Charles de Gaulle, *De Gaulle en son siècle, Tome 5: l'Europe* (Paris: Plon), pp. 79–87.

Reynolds, David. (1985), "A 'Special Relationship'?: America, Britain and the International Order since the Second World War", *International Affairs*, Vol. 62, No. 1, pp 1–20.

Ricketts, Rita. (1991), "Old Friends, New Friends: Cooperation or Competition?", in Malcolm McKinnon, ed., *New Zealand in World Affairs, Volume II, 1957–1972* (Wellington: New Zealand Institute of International Affairs), pp. 171–194.

Robertson, Paul L., and John Singleton. (1999), "Britain, the Dominions and the EEC, 1961–1963", in Anne Deighton and Alan S. Milward, eds., *Widening, Deepening and Acceleration: The European Economic Community 1957–1963* (Baden-Baden: Nomos Verlag), pp. 107–122.

Robertson, Paul L., and John Singleton. (2001), "The Commonwealth as an Economic Network", *Australian Economic History Review*, Vol. 41, No. 3, pp. 241–266.

Ruane, Kevin, and James Ellison. (2004), "Managing the Americans: Anthony Eden, Harold Macmillan and the Pursuit of 'Power-by-Proxy' in the 1950s", *Contemporary British History*, Vol. 18, No. 3, pp. 147–167.

Schaad, Martin. (1998), "Plan G—A 'Counterblast'?: British Policy towards the Messina Countries, 1956", *Contemporary European History*, Vol. 7, Part 1, pp. 39–60.

Schenk, Catherine R. (1996), "Decolonization and European Economic Integration: The Free Trade Area Negotiations, 1956–58", *The Journal of Imperial and Commonwealth History*, Vol. 24, No. 3, pp. 444–463.

Singleton, John. (1997), "New Zealand, Britain and the Survival of the Ottawa Agreement, 1945–77", *Australian Journal of Politics and History*, Vol. 43, No. 2, pp. 168–182.

Steininger, Rolf. (1997), "1961: Europe 'at Sixes and Sevens'. The European Free Trade Association, the Neutrals, and Great Britain's Decision to Join the E. E. C.", *The Journal of European Economic History*, Vol. 26, No. 3, pp. 535–568.

Tierney, James F. (1958), "Britain and the Commonwealth: Attitudes in Parliament and Press in the United Kingdom since 1951", *Political Studies*, Vol. 6, No. 3, pp. 220–233.

Ward, Stuart. (1996), "United House or Abandoned Ship?: EFTA and the EEC Membership Crisis 1961–1963", in Richard T. Griffiths and Stuart Ward, eds., *Courting*

the Common Market : The First Attempt to Enlarge the European Community 1961-1963 (London : Lothian Foundation Press), pp. 195-209.

Ward, Stuart. (1997), "Anglo-Commonwealth Relations and EEC Membership : The Problem of the Old Dominions", in George Wilkes, ed., *Britain's Failure to Enter the European Community 1961-63 : The Enlargement Negotiations and Crises in European, Atlantic and Commonwealth Relations* (London : Frank Cass), pp. 93-107.

Ward, Stuart. (1999), "Kennedy, Britain, and the European Community", in Douglas Brinkley and Richard T. Griffiths, eds., *John F. Kennedy and Europe* (Baton Rouge : Louisiana State University Press), pp. 317-332.

Ward, Stuart. (2001), "A Matter of Preference : The EEC and the Erosion of the Old Commonwealth Relationship", in Alex May, ed., *Britain, the Commonwealth and Europe : The Commonwealth and Britain's Applications to Join the European Communities* (Basingstoke : Palgrave), pp. 156-180.

Wilkes, George. (1997), "The First Failure to Steer Britain into the European Communities : An Introduction", in George Wilkes, ed., *Britain's Failure to Enter the European Community 1961-63 : The Enlargement Negotiations and Crises in European, Atlantic and Commonwealth Relations* (London : Frank Cass), pp. 1-32.

Williams, Nia Mai. (1997), "Harold Macmillan's Private Papers in the Bodleian Library, Oxford", *Contemporary British History*, Vol. 11, No. 4, pp. 112-118.

Wood, J. R. T. (1987), "The Roles of Diefenbaker, Macmillan and Verwoerd in the Withdrawal of South Africa from the Commonwealth", *Journal of Contemporary African Studies*, Vol. 6, No. 1/2, pp. 153-179.

Young, John W. (1995), "British Officials and European Integration, 1944-60", in Anne Deighton, ed., *Building Postwar Europe : National Decision-Makers and European Institutions, 1948-63* (Basingstoke : Macmillan), pp. 87-106.

Zappalà, Gianni. (1994), "The Decline of Economic Complementarity : Australia and the Sterling Area", *Australian Economic History Review*, Vol. 34, No. 1, pp. 5-21.

博士論文（未公刊）

Kane, Elizabeth J. (1996), "Tilting to Europe? : British Responses to Developments in European Integration 1955-1958", D. Phil. thesis, University of Oxford.

その他（評論，解説，書評など）

奥田和彦（1997）「北米防空協定（1957年）」日本カナダ学会編『史料が語るカナダ——ジャック・カルチエから冷戦後の外交まで』有斐閣，150-151頁。

Bogdanor, Vernon. (2003), "Europe Needs a Rallying Cry", *The Guardian*, 28 May 2003.

Gallup Poll. (1966), "British Attitudes to the EEC 1960-63", *Journal of Common Market Studies*, Vol. 5, No. 1, pp. 49-61.

Griffiths, Richard T. (1991), "EFTA History I : The Changing Concept of Europe", *EFTA Bulletin*, Vol. 32, No. 1, pp. 2-5.

McKie, David. (2000), "Men of Feud Words", *The Guardian*, 16 November 2000.

Thompson, Andrew S. (2004), "Book Review: Ronald Hyam and Peter Henshaw. *The Lion and the Springbok: Britain and South Africa since the Boer War*. New York: Cambridge University Press, 2003", *The American Historical Review*, Vol. 109, No. 3, p. 869.

Warner, Geoffrey. (1993), "Review Article: Eisenhower, Dulles and the Unity of Western Europe, 1955–1957", *International Affairs*, Vol. 69, No. 2, pp. 319–329.

注

序 論　戦後イギリス対外政策と第 1 回 EEC 加盟申請

（1）本書では，「対外政策」（external policy）という用語により，コモンウェルス諸国――イギリスにとって「外国」ではなく，それゆえに「外交政策」（foreign policy）の対象でもないとされた――との関係を含むイギリスの政治・経済両面での国外との関係を総体的に表現する。

（2）A. ギャンブル著，小笠原欣幸訳『自由経済と強い国家――サッチャリズムの政治学』みすず書房，1990 年。

（3）邦語文献では，発足当初の名称（British Commonwealth of Nations）の名残からか，あるいは安易にカタカナで表記することへの躊躇からか，1948 年以降用いられるようになった名称（Commonwealth of Nations）についても「英連邦」という訳語が広く用いられてきたが，本書では「コモンウェルス」で統一する。他にも歴史的にさまざまな訳語が考案されてきたことは，松田幹夫『国際法上のコモンウェルス――ドミニオンの中立権を中心として』北樹出版，1995 年，25 頁。

（4）例えば，"PM's Mansion House Speech", 13 November 2000, http://www.number-10.gov.uk/output/Page1535.asp/（2004 年 3 月 14 日）。

（5）"Speech by Foreign Secretary Jack Straw at the Foreign Policy Centre, London, Monday 25 March 2002", http://www.fco.gov.uk/Files/kfile/Annexes.pdf/（2006 年 3 月 5 日）.

（6）ブレア政権の対外政策の「ミドル・パワー」的性質については，小川浩之「ブレア政権の対応外交」櫻田大造，伊藤剛編著『比較外交政策――イラク戦争への対応外交』明石書店，2004 年，153-192 頁；櫻田，伊藤「結論」同書，295-318 頁。

（7）例えば，"You Can Only be Sure with the Conservatives"（Conservative Party General Election Manifesto 1997），in Iain Dale, ed., *Conservative Party General Election Manifestos, 1900-1997*（London : Routledge, 2000），pp. 421-461.

（8）他方，帝国史学者である A. ポーターによる以下の指摘も重要である。「1990 年代のイギリスの政治状況では，右翼とされる人々の見解がひどくナショナリスト的になっており，過去のイギリスの偉大な成果をいっそう強調する一方で，ヨーロッパや現代のコモンウェルス諸国との密接なつながりのどちらも，ますます軽んじる傾向にあった」。アンドリュー・ポーター著，中村武司，林剛志訳「イギリス帝国史研究の現在」『パブリック・ヒストリー』第 1 号（2004 年）34 頁。

（9）P. J. ケイン，A. G. ホプキンズ著，木畑洋一，旦祐介訳『ジェントルマン資本主義の帝国 II　危機と解体 1914-1990』名古屋大学出版会，1997 年，199 頁。

（10）スエズ危機に関する詳細な研究は，W. Scott Lucas, *Divided We Stand : Britain, the US and the Suez Crisis*（London : Hodder & Stoughton, 1991）；佐々木雄太『イギリ

ス帝国とスエズ戦争——植民地主義・ナショナリズム・冷戦』名古屋大学出版会，1997 年；Keith Kyle, *Suez : Britain's End of Empire in the Middle East* (London : I. B. Tauris, 2003).

(11) J. バルピットによれば，マクミランの首相就任直後の目標は，①次期総選挙での勝利，②対米関係の修復，そしてより長期的には，③世界におけるイギリスの役割の再評価であった。Jim Bulpitt, "The European Question : Rules, National Modernisation and the Ambiguities of *Primat der Innenpolitik*", in David Marquand and Anthony Seldon, eds., *The Ideas that Shaped Post-War Britain* (London : Fontana Press, 1996), p. 234.

(12) オタワ協定とは，1932 年 7〜8 月にカナダの首都オタワで開かれた帝国経済会議（オタワ会議）で合意された帝国・コモンウェルス特恵制度を定めた複数の 2 国間協定の総称である。

(13) GATT の「特恵拡大禁止ルール」(no new-preference rule) を改正するためにはすべての締約国政府の承認が必要であったが，その見込みは皆無に等しかった。その点では，GATT は，両大戦間期の経済ブロックを引き継ぐ帝国・コモンウェルス特恵制度の拡充に大きく歯止めをかけていた。

(14) 益田実「第二次チャーチル政権と西ヨーロッパの統合，1951 年〜1954 年——チャーチル，イーデン，マクミランと「大国」イギリスの将来」(3)・(完)『法経論叢』第 13 巻第 2 号（1996 年）228-232 頁。以下も参照，Public Record Office, Kew (now National Archives) [以下，PRO], CAB129/48, C(51)32, 29 November 1951 ; Anne Deighton, "Britain and the Three Interlocking Circles", in Antonio Varsori, ed., *Europe 1945-1990s : The End of an Era ?* (Basingstoke : Macmillan, 1995), pp. 155-169；佐々木『イギリス帝国とスエズ戦争』20-21 頁；Geoffrey Best, *Churchill : A Study in Greatness* (London : Penguin Books, 2001), pp. 286-287；工藤芽衣「1950 年代における英国の対欧州政策——「自由貿易地域」構想（プラン G）立案過程をめぐって」『国際関係学研究』第 29 号（2003 年）57-58 頁；細谷雄一「歴史としてのイギリス外交——国際体制の視座から」佐々木雄太，木畑洋一編『イギリス外交史』有斐閣，2005 年，15-20 頁；細谷雄一『大英帝国の外交官』筑摩書房，2005 年，284-285 頁。

(15) Hugo Young, *This Blessed Plot : Britain and Europe from Churchill to Blair* (London : Macmillan, 1998), p. 111.

(16) マクミランは，「相互依存」の断固たる支持者を自認しており，当時のアメリカ政府文書でも，「相互依存」の概念の発達に大きく寄与した人物として評価されている。PRO, PREM11/3325, Memorandum by the Prime Minister, 29 December 1960 to 3 January 1961 ; National Archives and Records Administration, College Park [以下，NARA], RG59, Department of State, Conference Files, Box 244, CF1832, MVK, D-V/A-5a, March 28, 1961.

(17) 例えば，以下の視点を参照。Alan S. Milward, *The European Rescue of the Nation-State*, 2nd ed. (London : Routledge, 2000), chs. 1-2.

(18) ローマ条約第 237 条の条文は以下の通りであった。「欧州のすべての国は，共同体の構成国となることを申請することができる。申請は，理事会にあてて行われるものとし，理事会は，委員会の意見を徴した後，全会一致により決定を行う。加入の条件及

び加入に伴う本条約の修正は，構成国と申請国との間の協定の対象とする。この協定は，すべての締約国により，それぞれの憲法上の規定に従って批准される」。香西茂，安藤仁介編集代表『国際機構条約・資料集』東信堂，1986 年，252 頁。

(19) Edward Heath, *The Course of My Life : My Autobiography* (London : Hodder & Stoughton, 1998), p. 203. 研究者の間でも，第 1 回 EEC 加盟申請の歴史的重要性を強調する例には事欠かない。例えば，David Dutton, "Anticipating Maastricht : The Conservative Party and Britain's First Application to Join the European Community", *Contemporary Record*, Vol. 7, No. 3 (1993), p. 522；田中俊郎『EU の政治』岩波書店，1998 年，21 頁。

(20) *Parliamentary Debates (Hansard), Fifth Series — Volume 446, House of Commons, Official Report*, 22 January 1948, cols. 395-397 ; Alfred Duff Cooper Diaries, 30 June 1947, in John Julius Norwich, ed., *The Duff Cooper Diaries 1915-1951* (London : Weidenfeld & Nicolson, 2005), pp. 440-441；益田実「アトリー労働党政権と西ヨーロッパの経済協力問題，1945 年～1949 年」(1)～(4)・(完)『法経論叢』第 15 巻第 1 号（1997 年）41-90 頁，第 15 巻第 2 号（1998 年）103-147 頁，第 16 巻第 1 号（1998 年）51-84 頁，第 16 巻第 2 号（1999 年）89-134 頁；細谷雄一『戦後国際秩序とイギリス外交――戦後ヨーロッパの形成 1945 年～1951 年』創文社，2001 年，第 3 章～第 6 章。「ウェスタン・ブロック」構想は，米ソと並ぶ「第三勢力」を目指す点で，1960 年代にフランス大統領ドゴール（Charles de Gaulle）が推進する構想と相通じる面があった。ドゴールの構想については，小窪千早「フランス外交とデタント構想――ドゴールの「東方外交」とその欧州観」(1) (2)・完『法学論叢』第 153 巻第 3 号（2003 年）47-68 頁，第 153 巻第 4 号（2003 年）69-91 頁。

(21) 益田「アトリー労働党政権と西ヨーロッパの経済協力問題」(1) 60-62 頁。

(22) ヨーロッパ統合に直接参加せず，協力関係を結ぶというイギリス政府の立場は，例えば，"Declaration of the Foreign Ministers of France, the United Kingdom and the United States", 14 September 1951, in Roger Bullen and M. E. Pelly, eds., *Documents on British Policy Overseas, Series II, Volume I : The Schuman Plan, the Council of Europe and Western European Integration May 1950-December 1952* (London : HMSO, 1986), pp. 723-724.

(23) Anne Deighton and Piers Ludlow, "'A Conditional Application' : British Management of the First Attempt to Seek Membership of the EEC, 1961-3", in Anne Deighton, ed., *Building Postwar Europe : National Decision-Makers and European Institutions, 1948-63* (Basingstoke : Macmillan, 1995), pp. 107-126.

(24) Heath, *The Course of My Life*, p. 204.

(25) Miriam Camps, "Missing the Boat at Messina and Other Times ?", in Brian Brivati and Harriet Jones, eds., *From Reconstruction to Integration : Britain and Europe since 1945* (Leicester : Leicester University Press, 1993), p. 142.

(26) Stephen George, *An Awkward Partner : Britain in the European Community*, 3rd ed. (Oxford : Oxford University Press, 1998).

(27) 岩間陽子「多極化する世界の中のヨーロッパ」渡邊啓貴編『ヨーロッパ国際関係史――繁栄と凋落，そして再生』有斐閣，2002 年，177-178 頁。

(28) Thomas Pedersen, *European Union and the EFTA Countries : Enlargement and Integration* (London : Pinter, 1994), p. 1. ただし，その後のEU加盟国の急速な拡大にともない，近年，このテーマに関する研究には顕著な進展が見られる。例えば，Wolfram Kaiser and Jürgen Elvert, eds., *European Union Enlargement : A Comparative History* (London : Routledge, 2004) ; Frank Schimmelfennig and Ulrich Sedelmeier, eds., *The Politics of European Union Enlargement : Theoretical Approaches* (New York : Routledge, 2005) ; Jan Zielonka, *Europe as Empire : The Nature of the Enlarged European Union* (Oxford : Oxford University Press, 2006).

(29) 2007年1月1日のルーマニア，ブルガリアのEU加盟により，1997年12月のヨーロッパ理事会（ルクセンブルク）で始まった中東欧諸国へのEU拡大プロセスはひとまず完結することとなった。『europe（ヨーロッパ）』第242号（2005年）23頁。しかし今後も，クロアチア，そして賛否両論が激しく戦わされているトルコの加盟に向けた交渉が待ち受けている。

(30) Vernon Bogdanor, "Europe Needs a Rallying Cry", *The Guardian*, 28 May 2003.

(31) "Europe's Magnetic Attraction : A Survey of European Enlargement", *The Economist*, 19 May 2001, supplement, pp. 3-16.

(32) Pascaline Winand, *Eisenhower, Kennedy, and the United States of Europe* (New York : St. Martin's Press, 1993).

(33) 小島かおる「ジョージ・W・ボールと「大西洋パートナーシップ」構想――イギリスのEEC加盟問題を中心に」『アメリカ研究』第31号（1997年）117-138頁；Geir Lundestad, *"Empire" by Integration : The United States and European Integration, 1945-1997* (Oxford : Oxford University Press, 1998), pp. 48-68.

(34) Miriam Camps, *Britain and the European Community 1955-1963* (Princeton : Princeton University Press, 1964) ; Wolfram Kaiser, *Using Europe, Abusing the Europeans : Britain and European Integration 1945-63* (Basingstoke : Macmillan, 1996).

(35) Camps, "Missing the Boat at Messina and Other Times ?", p. 134.

(36) Camps, *Britain and the European Community*, pp. vi-viii. 当時，キャンプスは，ロンドンとブリュッセルを頻繁に行き来し，EEC委員会の高官とも接触を持つ人物として，イギリス政府内でも一目置かれる存在であった。例えば，PRO, FO371/150169, M612/69, Minutes by J. A. Robinson (Foreign Office [以下，FO]), 22 September 1960.

(37) Camps, "Missing the Boat at Messina and Other Times ?", p. 134.

(38) Camps, *Britain and the European Community*, pp. 336-337.

(39) D. レイノルズは，英米関係の特殊性の判断基準として，他の2国間関係と比較した場合の質（緊密さ），英米両国と国際秩序全体にとっての重要さという2点を提示した。David Reynolds, "A 'Special Relationship' ? : America, Britain and the International Order since the Second World War", *International Affairs*, Vol. 62, No. 1 (1985), p. 4. 本書では，特にマクミラン政権が，英米関係の質（緊密さ）とともに，アメリカ政府が引き続きイギリスを第1のパートナーとみなすかどうか――つまりアメリカ政府にとって英米関係が第1に重要なものでありつづけるかどうか――を重視した点に着目する。

(40) 例えば，力久昌幸『イギリスの選択――欧州統合と政党政治』木鐸社，1996年，72頁；George, *An Awkward Partner*, 3rd ed., pp. 30-31. その点では，岡本宜高の最新の研究にも同様の傾向が見られる。岡本宜高「第一次EEC加盟申請とイギリス外交――ヨーロッパ統合と冷戦のはざまで」『政治経済史学』第485号（2007年）47-48頁。

(41) 現在ポーツマス大学教授を務める著者が，母国ドイツのハンブルク大学に提出した博士論文（1994年博士号取得）に加筆・修正を施して出版したもの。

(42) Kaiser, *Using Europe,* esp. p. xviii, pp. 167-168. ケネディ政権内で，イギリス独自の核抑止力の保持を懸念し，英米間の核協力に否定的な考えを見せた代表的人物としては，ボールが挙げられる。ジョージ・W. ボール著，佐藤剛訳『大国の自制――今の世界の構造を分析すれば』時事通信社，1968年，156-169頁；Oliver Bange, *The EEC Crisis of 1963 : Kennedy, Macmillan, De Gaulle and Adenauer in Conflict* (Basingstoke : Palgrave, 2000), p. 37.

(43) Stuart Ward, "Kennedy, Britain, and the European Community", in Douglas Brinkley and Richard T. Griffiths, eds., *John F. Kennedy and Europe* (Baton Rouge : Louisiana State University Press, 1999), p. 320.「7カ国」とは，1960年に発足したヨーロッパ自由貿易連合（EFTA）を形成した国々（イギリスも含む）を指す（詳しくは第5章を参照）。

(44) Bange, *The EEC Crisis of 1963*, p. 11.

(45) Jeffrey Glen Giauque, *Grand Designs and Visions of Unity : The Atlantic Powers and the Reorganization of Western Europe, 1955-1963* (Chapel Hill : The University of North Carolina Press, 2002), esp. p. 5.

(46) 例えば，Stuart Ward, "Anglo-Commonwealth Relations and EEC Membership : The Problem of the Old Dominions", in George Wilkes, ed., *Britain's Failure to Enter the European Community 1961-63 : The Enlargement Negotiations and Crises in European, Atlantic and Commonwealth Relations* (London : Frank Cass, 1997), pp. 93-107 ; Paul L. Robertson and John Singleton, "Britain, the Dominions and the EEC, 1961-1963", in Anne Deighton and Alan S. Milward, eds., *Widening, Deepening and Acceleration : The European Economic Community 1957-1963* (Baden-Baden : Nomos Verlag, 1999), pp. 107-122 ; Stuart Ward, "A Matter of Preference : The EEC and the Erosion of the Old Commonwealth Relationship", in Alex May, ed., *Britain, the Commonwealth and Europe : The Commonwealth and Britain's Applications to Join the European Communities* (Basingstoke : Palgrave, 2001), pp. 156-180.

(47) 例えば，Alan S. Milward and George Brennan, *Britain's Place in the World : A Historical Enquiry into Import Controls 1945-60* (London : Routledge, 1996), pp. 124-125 ; George Wilkes, "The First Failure to Steer Britain into the European Communities : An Introduction", in Wilkes, ed., *Britain's Failure to Enter the European Community*, p. 23.

(48) Harold Macmillan, *Riding the Storm 1956-1959* (London : Macmillan, 1971), ch. 3, ch. 14.

(49) *Ibid*., pp. 77-78, p. 377, pp. 398-399.

(50) 例えば，David Lee, *Search for Security : The Political Economy of Australia's Postwar Foreign and Defence Policy* (St. Leonards, NSW : Allen & Unwin, 1995), pp. 154-158 ; Kaiser, *Using Europe*, p. 64 ; Elizabeth J. Kane, "Tilting to Europe ? : British Responses to Developments in European Integration 1955-1958", D. Phil. thesis, University of Oxford, 1996, p. 65.
(51) James Ellison, *Threatening Europe : Britain and the Creation of the European Community, 1955-58* (Basingstoke : Macmillan, 2000), pp. 45-46, pp. 70-71, p. 83.
(52) Keith Sinclair, *Walter Nash* (Auckland : Auckland University Press, 1976), pp. 313-318, p. 408. シンクレアの代表的著書の邦訳は，キース・シンクレア著，青木公，百々佑利子訳『ニュージーランド史——南海の英国から太平洋国家へ』評論社，1982 年。
(53) John Singleton and Paul L. Robertson, *Economic Relations between Britain and Australasia 1945-1970* (Basingstoke : Palgrave, 2002), pp. 111-122.
(54) 当時，イギリスでは，カナダを含むコモンウェルス諸国からの輸入は原則的に無関税で行われていたが，金・ドル準備を守るために（1931 年にイギリスが金本位制から離脱した後に形成されたスターリング・ブロックに加わらず，1957 年当時もコモンウェルス諸国で唯一スターリング圏に属していなかった）カナダを含むドル圏諸国からの輸入には厳しい数量制限が課されていた。他方，カナダでは，国内製造業を保護するためにイギリス製品に幅広く関税が課されていたが，数量制限は課されていなかった。つまり，英加 FTA 案の実質的な内容は，イギリス側がカナダからの輸入に対する数量制限を，カナダ側がイギリスからの輸入に対する関税をそれぞれ撤廃することであった。当時，スターリング圏諸国やヨーロッパ決済同盟（EPU）諸国で，ドル不足に対処するために，アメリカ政府の容認の下でドル圏に対する差別措置が維持されていたことは，田所昌幸『「アメリカ」を越えたドル——金融グローバリゼーションと通貨外交』中央公論新社，2001 年，71-73 頁。
(55) Camps, *Britain and the European Community*, pp. 127-129 ; Trevor Lloyd, *Canada in World Affairs, Volume X : 1957-1959* (Toronto : Oxford University Press, 1968), pp. 64-72 ; Kaiser, *Using Europe*, p. 90 ; Kane, "Tilting to Europe ?", pp. 108-109 ; N. Piers Ludlow, *Dealing with Britain : The Six and the First UK Application to the EEC* (Cambridge : Cambridge University Press, 1997), p. 29 ; Ellison, *Threatening Europe*, pp. 130-132, pp. 154-156, p. 234.
(56) 例えば，Frank Hayes, "South Africa's Departure from the Commonwealth, 1960-1961", *The International History Review*, Vol. 11, No. 3 (1980), pp. 453-484；林晃史「南アフリカ連邦の英連邦脱退」『アジア経済』第 23 巻第 7 号（1982 年）67-79 頁；J. R. T. Wood, "The Roles of Diefenbaker, Macmillan and Verwoerd in the Withdrawal of South Africa from the Commonwealth", *Journal of Contemporary African Studies*, Vol. 6, No. 1/2 (1987), pp. 153-179.
(57) Ronald Hyam, "The Parting of the Ways : Britain and South Africa's Departure from the Commonwealth, 1951-61", *The Journal of Imperial and Commonwealth History*, Vol. 26, No. 2 (1998), pp. 157-175 ; Ronald Hyam and Peter Henshaw, *The Lion and the Springbok : Britain and South Africa since the Boer War* (Cambridge : Cambridge University Press, 2003), pp. xi-xiii, ch. 11.

(58) F. S. Northedge, "Britain and the EEC: Past and Present", in Roy Jenkins, ed., *Britain and the EEC* (London: Macmillan, 1983), pp. 27–28.
(59) George, *An Awkward Partner*, 3rd ed., p. 32.
(60) Milward, *The European Rescue of the Nation-State*, 2nd ed., p. 391.
(61) Samuel Brittan, *The Treasury under the Tories 1951–1964* (Harmondsworth: Penguin Books, 1964), p. 213.
(62) ただし，保守党の支持率低下と労働党の支持率上昇を受けて，マクミラン政権が労働党内部を深刻に分裂させると予想されたEEC加盟問題を打ち出すことで政局を有利に運ぼうとしたことの影響は，必ずしも中心的要因として強調されてきたわけではない。Kaiser, *Using Europe*, pp. 146–151, p. 168. 保守党，労働党の支持率の推移と労働党のヨーロッパ統合への態度は，Robert J. Lieber, *British Politics and European Unity: Parties, Elites, and Pressure Groups* (Berkeley: University of California Press, 1970), pp. 179–182；力久『イギリスの選択』65–69頁，78–92頁。
(63) Anthony Sampson, *Macmillan: A Study in Ambiguity* (Harmondsworth: Penguin Books, 1967), p. 207; Lieber, *British Politics and European Unity*, p. 165; John Campbell, *Edward Heath: A Biography* (London: Jonathan Cape, 1993), p. 117; Kaiser, *Using Europe*, p. 137; Sean Greenwood, ed., *Britain and European Integration since the Second World War* (Manchester: Manchester University Press, 1996)［以下，*BEI*］, p. 123.
(64) PROは，2003年4月，民間の非公文書の情報センター機能を果たしてきた歴史文書委員会（Historical Manuscripts Commission: HMC）と合併され，国立公文書館（National Archives）と改称されたが，本書で使用する文書の多くはそれ以前に閲覧したものであるためPROの呼称を用いる。http://www.nationalarchives.gov.uk/about/who.htm/（2006年1月28日）; http://www.ndl.go.jp/jp/library/cae/2003/E-15.html/（2006年6月15日）.
(65) これまでEFTAの創設期に関して十分に研究が行われてこなかったことは，Roland Maurhofer, "Revisiting the Creation of EFTA: The British and the Swiss Case", *Journal of European Integration History*, Vol. 7, No. 2 (2001), p. 65.
(66) 最も重要なものは，ヨーロッパ統合と英米関係の関連に関する外務省文書（1959年1月〜12月）を含む8つのファイル（PRO, FO371/142601–142608）である。それらのファイルは，PROの目録では「さまざまな国々のEFTAへの態度」(Attitude of various countries towards EFTA）と分類されているため，実際にはアメリカ政府のEEC，EFTAへの政策に関する文書を多く含むにもかかわらず，これまで見過ごされてきたのではないかと推測される。他にも，本書では，第1回EEC加盟申請と英米関係の関連についてもコモンウェルス諸国との関係が大きな重要性を持ったという観点から，カイザーの研究ではまったく用いられていないコモンウェルス関係省文書も使用する。
(67) イギリス政府が議会に提出した報告書の総称で，当時のものは "Cmd." または "Cmnd." と略記されている。本書で用いる代表的なものは，*Negotiations for a European Free Trade Area: Documents Relating to the Negotiations from July, 1956, to December, 1958*, Cmnd. 641 (London: HMSO, 1959)［以下，Cmnd. 641］.

(68) 本書に該当するものは，Harold Macmillan, *Tides of Fortune 1945–1955* (London : Macmillan, 1969) ; Macmillan, *Riding the Storm* ; Harold Macmillan, *Pointing the Way 1959–1961* (London : Macmillan, 1972) ; Harold Macmillan, *At the End of the Day 1961–1963* (London : Macmillan, 1973). マクミランは，1967年から73年にかけて自身の個人文書を広範に用いてそれらの回顧録の執筆に取り組んだ。Ruth Dudley Edwards, *Harold Macmillan : A Life in Pictures* (London : Macmillan, 1983), pp. 164–165, pp. 170–171 ; Nia Mai Williams, "Harold Macmillan's Private Papers in the Bodleian Library, Oxford", *Contemporary British History*, Vol. 11, No. 4 (1997), p. 117.

(69) イギリス側では，マクミラン，ヒースの他にも，例えば次のような関係閣僚の回顧録が残されている。Lord Butler, *The Art of the Possible : The Memoirs of Lord Butler* (London : Hamish Hamilton, 1971) ; Reginald Maudling, *Memoirs* (London : Sidgwick & Jackson, 1978). アメリカ側では，アイゼンハワーやボールの回顧録の他に，ケネディ暗殺事件（1963年11月）後に彼の側近を務めていた若き「ベスト・アンド・ブライテスト」たちが相次ぎ出版したケネディの伝記的著作が重要である。仲晃，佐々木謙一，渡辺靖共訳『アイゼンハワー回顧録2　平和への戦い 1956–1961（新装版）』みすず書房，2000年；George W. Ball, *The Past Has Another Pattern : Memoirs* (New York : W. W. Norton, 1982)；A. M. シュレジンガー著，中屋健一訳『ケネディ――栄光と苦悩の一千日』上，下，河出書房，1966年；シオドア・C. ソレンセン著，大前正臣訳『ケネディの道』弘文堂，1966年。

(70) Richard Aldous and Sabine Lee, "'Staying in the Game' : Harold Macmillan and Britain's World Role", in Richard Aldous and Sabine Lee, eds., *Harold Macmillan and Britain's World Role* (Basingstoke : Macmillan, 1996), p. 151.

(71) Michael Charlton, *The Price of Victory* (London : British Broadcasting Corporation, 1983). 同書は，BBC ラジオ3で放送された9回連続（各60分間）の番組に基づくものである。*Ibid*., pp. 7–10.

(72) ただし，同時期のイギリスとヨーロッパ統合の関係については経済面を重視した研究も出てきている。Ludlow, *Dealing with Britain* ; Andrew Moravcsik, *The Choice for Europe : Social Purpose and State Power from Messina to Maastricht* (Ithaca : Cornell University Press, 1998) ; Alan S. Milward, *The UK and the European Community, Vol. I : The Rise and Fall of a National Strategy 1945–1963* (London : Frank Cass, 2002).

(73) 例外として，EFTA原加盟国のポルトガルとスイスは当時GATT締約国ではなかった（GATTへの加入はそれぞれ1962年，1966年）。各国のGATTへの加入時期は，http://www.wto.org/English/thewto_e/gattmem_e.htm/（2007年8月26日）。

(74) OEEC，OECDについては，イギリス，アメリカ両国政府の文書に加えて，両機構の文書の保管が委託されているヨーロッパ連合歴史文書館（Historical Archives of the European Union, Firenze）の文書も用いる。OEEC関連文書の公開と同文書館への寄託の経緯は，Richard T. Griffiths, "Preface", in Richard T. Griffiths, ed., *Explorations in OEEC History* (Paris : Organisation for Economic Co-operation and Development, 1997), p. 9.

第I部　はじめに

（1）ただし，ロイド（Selwyn Lloyd）外相は欠席しており，レディング（Lord Reading）外務担当国務相が代理を務めた。

（2）PRO, CAB130/118, GEN535/1st meeting, 22 June 1956.

（3）PRO, CAB130/118, GEN535/1st meeting, 22 June 1956. 以下も参照。PRO, DO35/5677, "Initiative in Europe", Memorandum by the President of the Board of Trade, 22 May 1956 ; PRO, CAB134/1229, EP (56) 15th meeting, 1 August 1956 ; 工藤「1950年代における英国の対欧州政策」64頁，66頁。

（4）PRO, CAB130/118, GEN535/1st meeting, 22 June 1956.

第1章　メッシーナ・イニシアティブとイギリス政府の対応 1955～56年

（1）メッシーナはマルティーノ自身の出身地でもあった。http://www.esteri.it/eng/2_14_150.asp/（2005年8月22日）.

（2）決議の全文は，PRO, CAB129/78, CP(55)55, 29 June 1955, Annex A.

（3）岡村堯「ヨーロッパ共同体の成立」(1)『西南学院大学法学論集』第7巻第4号（1975年）59-62頁；岩間陽子『ドイツ再軍備』中央公論社，1993年，229-248頁。

（4）岩間『ドイツ再軍備』246-265頁；益田「第二次チャーチル政権」(3)・(完) 210-216頁。

（5）Macmillan, *Riding the Storm*, pp. 68-69 ; Bretherton's interview, in Charlton, *The Price of Victory*, pp. 178-179 ; Elisabeth Barker, *Britain in a Divided Europe 1945-1970* (London : Weidenfeld and Nicolson, 1971), p. 150 ; Stephen George, *Britain and European Integration since 1945* (Oxford : Basil Blackwell, 1991), p. 41 ; John W. Young, *Britain and European Unity 1945-1999*, 2nd ed. (Basingstoke : Macmillan, 2000), p. 50.

（6）ただしモネは，1955年2月，EDC条約の失敗の責任をとる形でECSC最高機関議長を辞任する意向を表明し，メッシーナ会議の際にフランスのマイエル（René Mayer）が後任に選出された。Derek W. Urwin, *The Community of Europe : A History of European Integration since 1945*, 2nd ed. (London : Longman, 1995), p. 74.

（7）Camps, "Missing the Boat at Messina and Other Times ?", p. 136. しかしその後，ECSCとの協力関係審議会（Council of Association）は「主要な問題に関してまったく満足を与えてくれるものではない」という認識が持たれるようになっていく。PRO, FO371/150364, M6136/62, A. H. Tandy (United Kingdom Delegation to the European Communities) to F. G. K. Gallagher (FO), 2 September 1960.

（8）そうした状況を，カイザーは「イギリスのヨーロッパ」(a British Europe) と表現した。Kaiser, *Using Europe*, ch. 1.

（9）例えば，Urwin, *The Community of Europe*, 2nd ed., p. 77.

（10）益田実「メッシナ提案とイギリス――ヨーロッパ共同市場構想への初期対応決定過程，1955年」(1)『法経論叢』第17巻第2号（2000年）108頁。

（11）Charlton, *The Price of Victory*, p. 183. 以下も参照。R. F. Holland, "The Imperial Factor in British Strategies from Attlee to Macmillan, 1945-63", *The Journal of Imperial and Commonwealth History*, Vol. 12, No. 2 (1984), p. 172.

(12) Heath, *The Course of My Life*, p. 201 ; Macmillan, *Riding the Storm*, p. 69.

(13) Simon Burgess and Geoffrey Edwards, "The Six Plus One : British Policy-Making and the Question of European Economic Integration, 1955", *International Affairs*, Vol. 64, No. 3 (1988), p. 411 ; Wolfram Kaiser, "To Join, or Not to Join : The 'Appeasement' Policy of Britain's First EEC Application", in Brivati and Jones, *From Reconstruction to Integration*, p. 144 ; Kaiser, *Using Europe*, pp. 34-35 ; Richard T. Griffiths, "A Slow One Hundred and Eighty Degree Turn : British Policy towards the Common Market, 1955-60", in Wilkes, ed., *Britain's Failure to Enter the European Community*, p. 35 ; John W. Young, "British Officials and European Integration, 1944-60", in Deighton, ed., *Building Postwar Europe*, p. 95.

(14) PRO, CAB134/1226, EP (55) 11th meeting, 11 November 1955 ; Lieber, *British Politics and European Unity*, pp. 17-18, p. 25, p. 138 ; Burgess and Edwards, "The Six Plus One", pp. 396-399 ; Thomas Pedersen, "EC-EFTA Relations : An Historical Outline", in Helen Wallace, ed., *The Wider Western Europe : Reshaping the EC/EFTA Relationship* (London : Pinter, 1991), pp. 14-15 ; Sean Greenwood, *Britain and European Cooperation since 1945* (Oxford : Blackwell, 1992), p. 63 ; Young, "British Officials and European Integration", pp. 95-96 ; Kaiser, *Using Europe*, pp. 2-9. 当時，フランスの農耕作地の面積は 6 カ国全体の約半分を占めていた。フランス政府にとっての農業の重要性は，フランスの労働人口の約 27%が農業に従事し，国民総生産（GNP）の約 16%を農業生産が占めていたことからもうかがえる。藤村瞬一「「ボン＝パリ枢軸」の成立——西ドイツ対外政策における「政治の論理」と「経済の論理」」村瀬興雄編『現代独仏関係の展開』日本国際問題研究所，1970 年，129 頁。

(15) ブレサートンは，1947 年にマーシャル・プランを具体化するための会議に出席し，その後は商務省代表としてパリの OEEC 本部に派遣された経験を持っていた。Bretherton's interview, in Charlton, *The Price of Victory*, p. 177. その後，ブレサートンに加えて，大蔵省のニコルズ（Peter Nicholls）もスパーク委員会に派遣された。Young, "British Officials and European Integration", p. 95.

(16) 当時の外相マクミランは，6 月 30 日の閣議で，他国と同じ条件で参加した方がより大きな影響力を行使することができるのではないかと述べたが，少数意見に終わった。その結果，彼は，外相として，6 カ国政府に対して，OEEC の役割との不要な重複は避けるべきである，他の関係諸国の見解も考慮に入れるべきであるなどの立場を示したうえで，事前に何らコミットメントを行わない条件で代理人を派遣するという内容の返答を行う役目を担うことになった。PRO, CAB129/78, CP (55) 55, 29 June 1955 ; PRO, CAB128/29, CM(55) 19, 30 June 1955 ; Macmillan, *Riding the Storm*, pp. 68-69；益田実「メッシナ提案とイギリス」(2)『法経論叢』第 18 巻第 1 号（2000 年）99-126 頁。

(17) Bretherton's interview, in Charlton, *The Price of Victory*, p. 181.

(18) PRO, T232/431, Bretherton to Treasury, 4 August 1955, in *BEI*, pp. 76-77 ; Bretherton's interview, in Charlton, *The Price of Victory*, pp. 183-185.

(19) Liz Kane, "European or Atlantic Community ? : The Foreign Office and 'Europe' 1955-1957", *Journal of European Integration History*, Vol. 3, No. 2 (1997), p. 87.

(20) Harold Macmillan Diaries［以下，HMD］, 1 September 1955, in Peter Catterall, ed., *The Macmillan Diaries : The Cabinet Years, 1950–1957* (Basingstoke : Macmillan, 2003), pp. 466–467；益田実「メッシナ提案とイギリス」(3)『法経論叢』第18巻第2号（2001年）110頁，125頁。
(21) Sir Nicholas Henderson, speaking on *The Last Europeans*, Channel Four TV, 26 November 1996, quoted in Young, *This Blessed Plot*, p. 114.
(22) Camps, "Missing the Boat at Messina and Other Times ?", p. 138.
(23) Urwin, *The Community of Europe*, 2nd ed., p. 75.
(24) 益田「メッシナ提案とイギリス」(3) 138頁。
(25) PRO, CAB134/1226, EP (55) 11th meeting, 11 November 1955. 11月11日の経済政策委員会会合に至るイギリス政府内での政策形成の詳細は，益田実「メッシナ提案とイギリス」(4・完)『法経論叢』第19巻第1号（2001年）35–69頁。
(26) PRO, CAB134/1030, MAC (55) 233, 12 December 1955 ; Burgess and Edwards, "The Six Plus One", p. 411；益田「メッシナ提案とイギリス」(4・完) 77–78頁。
(27) Thorneycroft's interview, in Charlton, *The Price of Victory*, p. 168 ; Butler's interview, in *ibid*., p. 195.
(28) George, *Britain and European Integration since 1945*, p. 42.
(29) 例えば，Historical Archives of the European Union, Firenze［以下，HAEU］, OEEC77, C/M (58) 1 (Prov.), 10 January 1958.
(30) PRO, CAB134/1226, EP (55) 11th meeting, 11 November 1955 ; PRO, FO371/16054, Sir Ivone Kirkpatrick (FO) to Sir Gladwyn Jebb (United Kingdom Ambassador in France), 25 November 1955, in *BEI*, pp. 77–78 ; *Foreign Relations of the United States*［以下，*FRUS*］, *1955–1957, Vol. 27* (Washington : USGPO, 1992), pp. 619–621 ; Burgess and Edwards, "The Six Plus One", pp. 408–411；益田「メッシナ提案とイギリス」(4・完) 73–82頁；益田実「自由貿易地帯構想とイギリス——ヨーロッパ共同市場構想への「対抗提案」決定過程，1956年」(1)『法経論叢』第21巻第2号（2004年）133–136頁。他方，歴代イギリス政府には，全会一致制をとるOEECを利用することでヨーロッパ統合をめぐる新たなイニシアティブを阻む傾向があったことは，Richard T. Griffiths, "EFTA History I : The Changing Concept of Europe", *EFTA Bulletin*, Vol. 32, No. 1 (1991), p. 4.
(31) PRO, FO371/116057, M6016/398, Clarke to Denis Wright (FO), 13 December 1955.
(32) PRO, FO371/116057, M6016/384, United Kingdom Permanent Delegation to OEEC (Paris) to FO, telegram No. 267, 15 December 1955 ; HMD, 14 December 1955, in Catterall, ed., *The Macmillan Diaries : The Cabinet Years*, p. 517 ; Macmillan, *Riding the Storm*, p. 72.
(33) Alex May, *Britain and Europe since 1945* (London : Longman, 1999), p. 29 ; Kaiser, *Using Europe*, p. 92.
(34) *FRUS, 1955–1957, Vol. 4* (Washington : USGPO, 1986), pp. 291–292, pp. 292–293 ; *FRUS, 1955–1957, Vol. 27*, pp. 52–77 ; Winand, *Eisenhower, Kennedy, and the United States of Europe*, ch. 5；岩間『ドイツ再軍備』131–134頁；松岡完「1950年代アメリカの同盟再編戦略——統合の模索」『国際政治』第105号（1994年）83–88頁；Lun-

destad, *"Empire" by Integration*, pp. 49-56；益田「メッシナ提案とイギリス」(3) 105-106頁；Milward, *The Rise and Fall of a National Strategy*, pp. 302-303. その後，アメリカ政府は，ヨーロッパ統合に対して，その保護主義的側面にもかかわらず，より明確に支持を与える姿勢を強めていく。そうした結果，イギリス政府側でも，1959年10月には，「アメリカは，感情的には統合されたヨーロッパ（a united Europe）という理念に惹かれており，合理的には強いヨーロッパを望んでいる」と分析され，ヨーロッパ統合から排除されることへの強い懸念が示された。そして，1960年7月の経済運営委員会ヨーロッパ部会の答申（詳しくは第5章を参照）では，1955～56年時点の判断は誤っていたという認識が明確に示された。PRO, PREM11/2985, SC (59) 40, 27 October 1959 ; PRO, CAB134/1853, ES (E) (60) 17, 6 July 1960.

(35) 仲，佐々木，渡辺共訳『アイゼンハワー回顧録2』112頁；*FRUS, 1955-1957, Vol. 19* (Washington : USGPO, 1990), pp. 150-153.

(36) Geoffrey Warner, "Review Article : Eisenhower, Dulles and the Unity of Western Europe, 1955-1957", *International Affairs*, Vol. 69, No. 2 (1993), pp. 325-326.

(37) PRO, FO371/116057, M6016/385, Macmillan to Sir Roger Makins (United Kingdom Ambassador in the United States), 19 December 1955. ジュネーブ外相会議（1955年10～11月）を経て，ドイツ再統一の見通しが立たないことがいっそう明確になったことは，*Documents on American Foreign Relations*［以下，*DAFR*］*1955* (New York : Harper & Brothers, 1956), pp. 95-97 ; *FRUS, 1955-1957, Vol. 5* (Washington : USGPO, 1988), pp. 803-806.

(38) *FRUS, 1955-1957, Vol. 4*, pp. 369-371.

(39) マクミランは，それまでにもイーデンから蔵相への異動を繰り返し持ちかけられていたが，長年憧れてきた外相の座を手放すことになかなか同意しなかった。マクミランは日記に，イーデンの意図は（より扱いやすい）ロイドを外相に置くことで，首相自身が「彼の古くからの部下たちを通して」外交政策を取り仕切ることであったと記している。HMD, 23 September 1955, in Catterall, ed., *The Macmillan Diaries : The Cabinet Years*, pp. 481-482 ; HMD, 8 October 1955, in *ibid*., p. 491. 以下も参照。Robert Rhodes James, "Harold Macmillan : An Introduction", in Aldous and Lee, eds., *Harold Macmillan and Britain's World Role*, p. 1 ; Kaiser, *Using Europe*, p. 63 ; Young, *This Blessed Plot*, pp. 112-113；ピーター・クラーク著，西沢保，市橋秀夫，椿建也，長谷川淳一他訳『イギリス現代史 1900-2000』名古屋大学出版会，2004年，248-249頁；ウィリアム・ロジャー・ルイス著，池田朋子，半澤朝彦訳「スエズ危機――国連の転回点」緒方貞子，半澤朝彦編著『グローバル・ガヴァナンスの歴史的変容――国連と国際政治史』ミネルヴァ書房，2007年，152-153頁。

(40) NARA, RG59, Department of State, Conference Files, Box 98, CF648A, Memorandum of Conversation, "Prime Minister Eden's Visit to Washington", January 10, 1956.

(41) NARA, RG59, Department of State, Conference Files, Box 98, CF648, ETW MC-1, January 30, 1956 ; Charlton, *The Price of Victory*, p. 212. イーデンは回顧録で，ヨーロッパ統合をめぐる議論について「われわれの態度は，それほど完全に一致してはいなかった。これらの計画に対して，アメリカ政府は不運だったEDC（ヨーロッパ防衛共同体）に対して示したと同じ熱意を抱いていた」と記している。湯浅義正，町野武

共訳『イーデン回顧録II　運命のめぐりあい 1955〜1957（新装版）』みすず書房，2000年，35頁。以下も参照。PRO, CAB128/30, CM(56)10, 9 February 1956.

(42) Macmillan, *Riding the Storm*, pp. 74-75; HMD, 28 January 1956, in Catterall, ed., *The Macmillan Diaries: The Cabinet Years*, pp. 530-531；益田「自由貿易地帯構想とイギリス」(1) 160-163頁。

(43) 増田正「第四共和制下の連合政権」『法学政治学論究』第23号（1994年）446-447頁；Kaiser, *Using Europe*, p. 93.

(44) Kane, "Tilting to Europe?", pp. 43-44. モレ政権発足の影響についての解釈が分かれることは，益田「自由貿易地帯構想とイギリス」(1) 151-152頁も参照。

(45) Charlton, *The Price of Victory*, p. 187；小久保康之「欧州統合過程におけるP＝H・スパークの役割」『慶應義塾大学大学院法学研究科論文集』第21号（1984年度）107頁，115頁；Winand, *Eisenhower, Kennedy, and the United States of Europe*, p. 110.

(46) Baron Snoy's interview, in Charlton, *The Price of Victory*, pp. 203-204；小島健「設立期におけるEECの低開発国政策——植民地支配から連合関係への転換を中心にして」『経済科学』第36巻第1号（1988年）71-75頁，80-82頁；John Kent, *The Internationalization of Colonialism: Britain, France, and Black Africa, 1939-1956* (Oxford: Clarendon Press, 1992), pp. 309-313; Martin Schaad, "Plan G—A 'Counterblast'?: British Policy towards the Messina Countries, 1956", *Contemporary European History*, Vol. 7, Part 1 (1998), pp. 56-57；廣田愛理「フランスのローマ条約受諾——対独競争の視点から」『歴史と経済（旧土地制度史学）』第177号（2002年）7頁；藤田憲「ヨーロッパ経済共同体設立交渉とピエール・ユーリ——海外領土包摂問題をめぐる仲介」木畑洋一編『ヨーロッパ統合と国際関係』日本経済評論社，2005年，54-57頁，79頁；黒田友哉「モレ政権の対フランス連合政策——ユーラフリック共同体構想を中心に」『法学政治学論究』第72号（2007年）287-290頁，293-297頁，305頁。

第2章　コモンウェルス特恵制度の揺らぎ 1956〜59年

(1) PRO, PREM11/1659, Menzies to Eden, 21 May 1956.

(2) PRO, DO35/5677, United Kingdom High Commissioner in Australia [以下，UKHCA] to Commonwealth Relations Office [以下，CRO], telegram No. 672, 24 May 1956; *Financial Times*, 24 May 1956. 他方，南アフリカのストレイダム（J. G. Strijdom）首相とともにコモンウェルス首相会議に出席することになるルー（Eric Louw）蔵相兼外相やパキスタン商務省スポークスマンはメンジーズ声明についてコメントすることを拒むなど，他のコモンウェルス諸国政府は当面様子をうかがう構えを見せた。*Financial Times*, 28 May 1956.

(3) PRO, DO35/5677, Extract of Australian Fortnightly Summary, 14 May 1956; PRO, BT241/350, Note of Meeting, by F. W. Glaves-Smith (Board of Trade [以下，BOT]), 14 May 1956; W. R. Carney, "The Ottawa Agreement Now", *The Economic Record*, Vol. 32, No. 62 (1956), p. 99; F. W. Holmes, "Australia and New Zealand in the World Economy", *The Economic Record*, Vol. 43, No. 101 (1967), p. 6. 駐豪アメリカ大使館から国務省への報告も参照。NARA, RG59, Department of State, Central Files, Box

1870, 441. 4341/4-3056, American Embassy, Canberra to Department of State, DESP. No. 413, April 30, 1956; NARA, RG59, Department of State, Central Files, Box 1870, 441. 4341/5-2856, American Embassy, Canberra to Department of State, DESP. No. 482, May 28, 1956.

(4) この場合，イギリス政府が最恵国待遇を与えた非コモンウェルス諸国からの輸入に課す関税率とオーストラリアからの輸入に課す特恵関税率の差。

(5) PRO, BT11/5504, LG4, 16 June 1956; J. O. N. Perkins, *Britain and Australia: Economic Relationships in the 1950s* (Melbourne: Melbourne University Press, 1962), p. 71, pp. 118-120; Carney, "The Ottawa Agreement Now", pp. 99-105; Barrie Dyster and David Meredith, *Australia in the International Economy in the Twentieth Century* (Cambridge: Cambridge University Press, 1990), p. 202.

(6) Perkins, *Britain and Australia*, p. 114; Carney, "The Ottawa Agreement Now", pp. 99-101, p. 105; J. G. Crawford, *Australian Trade Policy 1942-1966: A Documentary History* (Canberra: Australian National University Press, 1968), pp. 320-321; J. D. B. Miller, *Survey of Commonwealth Affairs: Problems of Expansion and Attrition 1953-1969* (London: Oxford University Press, 1974), p. 281.

(7) PRO, BT241/350, Mr. McEwen and the Ottawa Agreement, 9 April 1956; PRO, BT205/238, Note by M. E. Welch (BOT), 26 May 1956; PRO, BT11/5504, LG1, undated (but in June 1956); Carney, "The Ottawa Agreement Now", p. 102; Perkins, *Britain and Australia*, p. 119; Crawford, *Australian Trade Policy*, pp. 320-322; Lee, *Search for Security*, p. 155; Singleton and Robertson, *Economic Relations between Britain and Australasia*, pp. 108-110；森建資「イギリス帝国の農業問題」佐々木雄太編著『イギリス帝国と20世紀 第3巻 世界戦争の時代とイギリス帝国』ミネルヴァ書房，2006年，280-282頁。アメリカ政府が，公法480号（PL480）の下で，過剰生産状態にあった小麦を援助という目的と建前でインドや日本に国際的水準より低価格かつ現地通貨の支払いで売却していたことにより，オーストラリアの小麦輸出はイギリス市場以外でも打撃を被っていた。"Speech by the Treasurer (Sir Arthur Fadden) to Governors of the International Monetary Fund on 27 September 1954", in Crawford, *Australian Trade Policy*, pp. 241-242; Alan Rix, *Coming to Terms: The Politics of Australia's Trade with Japan 1945-57* (Sydney: Allen & Unwin, 1986), p. 207; Dyster and Meredith, *Australia in the International Economy*, pp. 206-207；赤根谷達雄『日本のガット加入問題――《レジーム理論》の分析視角による事例研究』東京大学出版会，1992年，228頁，270-271頁。

(8) PRO, DO35/5677, UKHCA to CRO, telegram No. 672, 24 May 1956; PRO, T236/4261, WM (56) 19 Revise, 17 September 1956; *The Sydney Morning Herald*, 12 January 1956; Dyster and Meredith, *Australia in the International Economy*, pp. 199-200; Lee, *Search for Security*, p. 155; A. W. Martin, *Robert Menzies: A Life, Volume 2, 1944-1978* (Melbourne: Melbourne University Press, 1999), pp. 317-320, p. 350.

(9) PRO, PREM11/1659, Thorneycroft to Eden, 6 June 1956.

(10) PRO, T234/206, Thorneycroft to Macmillan, 9 June 1956; PRO, PREM11/1659, Thorneycroft to Eden, 15 June 1956; PRO, CAB130/118, GEN535/1st meeting, 22 June

1956.

(11) PRO, BT205/238, Note by Welch, 26 May 1956 ; PRO, PREM11/1659, Thorneycroft to Eden, 6 June 1956.

(12) PRO, BT205/238, ES (QT) (56) 8, 13 March 1956.

(13) PRO, DO35/5677, Lord Salisbury (Lord President of the Council) to Heathcoat-Amory, 31 May 1956 ; PRO, BT11/5503, MG (1st), 12 June 1956 ; PRO, PREM11/1659, Thorneycroft to Eden, 15 June 1956.

(14) PRO, BT241/361, Percival to Sir Edger Cohen (BOT), 19 November 1956.

(15) PRO, BT241/352, A. R. W. Low (Minister of State, BOT) to Thorneycroft, 20 June 1956.

(16) Peter Golding, *Black Jack McEwen : Political Gladiator* (Melbourne : Melbourne University Press, 1996), p. 177 ; Crawford, *Australian Trade Policy*, p. 319. 国内農家の利益を代弁する性格の強い地方党（現在のオーストラリアの国民党の前身）の副党首マキューエン（彼自身も農業界出身）とアジア太平洋諸国との通商関係を強化する必要を早い時期から訴えていたクロフォードもまた，イギリス側にとって手強い交渉相手となる。例えば，福嶋輝彦「オーストラリアの模索――英帝国とアジア太平洋地域の狭間で」木畑洋一編著『イギリス帝国と20世紀 第5巻 現代世界とイギリス帝国』ミネルヴァ書房，2007年，287-289頁。

(17) PRO, PREM11/1659, United Kingdom/Australia Trade Discussions [以下，UKATD], 1st meeting, 28 June 1956.

(18) PRO, BT205/240, UKATD, 2nd meeting, 3 July 1956 ; PRO, BT205/240, Proposed Principles for a New Trade Agreement between the United Kingdom and Australia, 3 July 1956.

(19) PRO, BT205/240, Unnamed Minute (but by R. R. D. McIntosh of the BOT), 4 July 1956 ; PRO, PREM11/1659, Thorneycroft to Eden, 6 July 1956 ; PRO, DO35/5678, H. A. F. Rumbold (CRO) to Home, 6 July 1956 ; PRO, BT11/5505, MG7, 9 July 1956.

(20) PRO, BT205/240, The Present Trading Arrangements, 5 July 1956. イギリス政府内では，1955年にオーストラリアの輸入数量制限により約5000万ポンドのイギリスの輸出が阻害されたと試算していた（同年のイギリスからオーストラリアへの輸出総額は約2億8640万ポンド）。PRO, BT11/5504, LG3, 14 June 1956 ; PRO, BT11/5504, LG4, 16 June 1956. 1956年6月にオーストラリア政府が輸入数量制限をさらに強化したことに対して，マクミランが日記に，「彼らは羊毛価格が高い時には無謀な浪費家であるが，それらが低下するやいなや猛烈に輸入を削減する」と記したように，イギリス政府は反発し，そのことが同国政府の対外政策の再考を促す一因ともなっていく。HMD, 28 June 1956, in Catterall, ed., *The Macmillan Diaries : The Cabinet Years*, pp. 569-570. 以下も参照。HMD 12 & 13 July 1956, in *ibid*., p. 573 ; Milward and Brennan, *Britain's Place in the World*, p. 115, p. 124 ; Milward, *The European Rescue of the Nation-State*, 2nd ed., p. 377.

(21) PRO, BT11/5505, MG8, 10 July 1956 ; PRO, BT11/5503, MG (4th), 11 July 1956 ; PRO, BT241/354, UKATD, 7th meeting, 11 July 1956.

(22) PRO, CAB128/30, CM (56) 49, 12 July 1956.

(23) PRO, BT205/240, United Kingdom Desiderata in Any Settlement Now, 11 July 1956 ; PRO, BT205/240, Minute by Cohen, 16 July 1956 ; PRO, CAB129/82, CP (56) 182, 19 July 1956.

(24) PRO, BT11/5502, UKATD, 9th meeting, 16 July 1956 ; Golding, *Black Jack McEwen*, p. 176 ; Singleton and Robertson, *Economic Relations between Britain and Australasia*, p. 112.

(25) PRO, BT11/5502, UKATD, 9th meeting, 16 July 1956 ; PRO, BT205/240, UKATD, 10th meeting, 17 July 1956 ; PRO, CAB129/82, CP (56) 182, 19 July 1956 ; Lee, *Search for Security*, p. 155 ; Golding, *Black Jack McEwen*, p. 176 ; Ted R. Bromund, "Whitehall, the National Farmers' Union, and Plan G, 1956-57", *Contemporary British History*, Vol. 15, No. 2 (2001), p. 77. オーストラリア政府への小麦増産の要請については，PRO, DO35/5679, Message from Ministry of Food, dated 14th March, 1952, for Communication to Mr. Crawford ; PRO, DO35/5679, Sir Saville Garner (CRO) to Home, 17 July 1956 , PRO, BT241/355, Garner to Lee, 23 July 1956.

(26) PRO, BT205/240, UKATD, 12th meeting, 19 July 1956 ; PRO, PREM11/1659, UKATD, 13th meeting, 20 July 1956 ; PRO, PREM11/1569, Joint Statement to be issued in August 1956.

(27) スエズ危機をめぐるオーストラリア，ニュージーランド両国政府の対応・政策は，例えば，シンクレア『ニュージーランド史』201 頁；J. D. B. Miller, "Australia and the Crisis", in Wm. Roger Louis and Roger Owen, eds., *Suez 1956 : The Crisis and its Consequences* (Oxford : Clarendon Press, 1989), pp. 275-283；岩本祐二郎『オーストラリアの内政と外交・防衛政策』日本評論社，1993 年，134-136 頁；Rolf Pfeiffer, "New Zealand and the Suez Crisis of 1956", *The Journal of Imperial and Commonwealth History*, Vol. 21, No. 1 (1993), pp. 126-152.

(28) PRO, CAB129/82, CP (56) 191, 27 July 1956 ; PRO, CAB129/82, CP (56) 192, 28 July 1956 ; PRO, CAB128/30, CM (56) 57, 2 August 1956.

(29) Macmillan, *Riding the Storm*, p. 78. 以下も参照。Bromund, "Whitehall", esp. pp. 80-83, p. 91.

(30) PRO, CAB128/30, CM (56) 51, 20 July 1956 ; PRO, BT205/240, UKATD, 12th meeting, 19 July 1956.

(31) PRO, BT11/5503, MG (7th), 30 July 1956.

(32) PRO, BT241/355, Washington to BOT, telegram No. 135, 7 August 1956 ; PRO, BT241/356, Paris to BOT, telegram No. 5, 10 August 1956 ; PRO, BT11/5503, MG14, 15 August 1956 ; PRO, CAB130/120, GEN549/1, 27 August 1956 ; PRO, BT11/5503, MG (9th), 29 August 1956.

(33) PRO, BT11/5505, MG22, 19 September 1956.

(34) PRO, BT241/356, Minute by McIntosh, 24 August 1956 ; Schaad, "Plan G", p. 54.

(35) PRO, CAB130/120, GEN549/1st meeting, 3 September 1956 ; PRO, CAB134/1229, EP (56) 16th meeting, 5 September 1956 ; PRO, CAB128/30, CM (56) 65, 14 September 1956. また，コモンウェルス関係省が作成した文書では，オーストラリア政府のさまざまな要求に対してある程度負担がともなっても譲歩をしていかない限り，同国のイ

ギリス離れと対米接近が進みかねないという懸念も記されていた。PRO, CAB130/120, GEN549/2, 28 August 1956.

(36) PRO, CAB130/120, GEN549/1st meeting, 3 September 1956; PRO, CAB134/1229, EP (56) 16th meeting, 5 September 1956; PRO, CAB128/30, CM (56) 66, 18 September 1956.

(37) PRO, CAB129/83, CP (56) 225, 2 October 1956; PRO, CAB128/30, CM (56) 68, 3 October 1956.

(38) PRO, BT11/5502, UKATD, 14th meeting, 4 October 1956; PRO, BT11/5502, UKATD, 16th meeting, 7 October 1956; PRO, BT11/5505, MG21, 8 October 1956.

(39) PRO, BT11/5526, OG (3rd), 9 October 1956; PRO, DO35/5680, H. A. F. Rumbold to Sir Gilbert Laithwaite (CRO), 9 October 1956. 駐英アメリカ大使館も国務省に対して，オーストラリア市場での特恵が大幅に縮小されれば，イギリス政府は国内政治的に大きな不利益を被ることになるという見方を伝えていた。NARA, RG59, Department of State, Central Files, Box 1870, 441. 4341/8-356, American Embassy, London to Department of State, DESP. No. 346, August 3, 1956. 他方，イギリス政府内では，オーストラリアからの小麦輸入に関して合意に達することができなければ，オーストラリア政府がオタワ協定の破棄に動くこともありうるという懸念も見られた。例えば，PRO, DO35/5681, Minute by D. W. S. Hunt (CRO), 19 October 1956.

(40) PRO, BT11/5502, UKATD, 20th meeting, 23 October 1956; PRO, BT11/5502, UKATD, 21st meeting, 24 October 1956; PRO, BT11/5502, UKATD, 22nd meeting, 25 October 1956.

(41) PRO, BT11/5527, OG7, 28 September 1956; PRO, BT11/5503, MG (11th), 22 October 1956.

(42) Crawford, *Australian Trade Policy*, p. 323. ただし，実際には，その後の2年間は，オーストラリアでの干ばつによる不作のため，イギリス市場への小麦輸出は年間75万トンに満たない結果となった。Perkins, *Britain and Australia*, p. 120.

(43) PRO, BT241/359, Sir Edmund Harwood (Ministry of Agriculture, Fisheries and Food) to Lee, 25 October 1956; PRO, BT11/5502, UKATD, 23rd meeting, 30 October 1956; PRO, BT11/5502, UKATD, 30th meeting, 9 November 1956. 急速な引き締め政策の結果，1956年秋頃までにオーストラリア国内の経済状況（インフレ等）がある程度沈静化していたことも，オーストラリア側の態度軟化につながったと考えられる。1956年秋以降のオーストラリア経済の好転については，Martin, *Robert Menzies: A Life, Volume 2*, p. 350.

(44) PRO, BT11/5502, UKATD, 29th meeting, 8 November 1956.

(45) PRO, T236/4261, WM (56) 19 Revise, 17 September 1956; PRO, BT11/5505, MG19, 3 October 1956; PRO, BT241/359, The Australia/New Zealand Trade "Understanding", 30 October 1956; Sir Robert Gordon Menzies, *The Measure of the Years* (London: Cassell, 1970), p. 70.

(46) PRO, DO35/5682, United Kingdom-Australia Trade Discussions, 1956: Draft Trade Agreement and Related Documents, December 1956; PRO, PREM11/1659, Heads of a New United Kingdom-Australia Trade Agreement, 9 November 1956.

(47) NARA, RG59, Department of State, Central Files, Box 1870, 441. 4341/11-2156, Memorandum of Conversation, "New United Kingdom-Australian Trade Agreement", November 21, 1956.

(48) *Trade Agreement between the Government of the United Kingdom of Great Britain and Northern Ireland and the Government of the Commonwealth of Australia*, Canberra, February 26, 1957, Cmnd. 91 (London : HMSO, 1957). 新通商協定の本文は以下にも収録されている。"Trade Agreement between the Government of the United Kingdom of Great Britain and Northern Ireland and the Government of the Commonwealth of Australia", in Crawford, *Australian Trade Policy*, pp. 325-330.

(49) PRO, CAB128/31, CC (57) 39, 10 May 1957.

(50) PRO, PREM11/2434, Draft Brief for the Prime Minister Meeting with Mr. Holyoake on 21st May 1957, undated.

(51) George Mallaby, *From My Level : Unwritten Minutes* (London : Hutchinson, 1965), p. 75.

(52) *Agreement between the Government of the United Kingdom of Great Britain and Northern Ireland and the Government of New Zealand*, London, May 28, 1957, Cmnd. 194 (London : HMSO, 1957). 1952年には，ニュージーランド政府は，1967年までの15年間，牛肉と羊肉について数量制限を受けずにイギリス市場に輸出することができるという保証を確保していた。PRO, DO118/169, Joint Declaration by the United Kingdom and New Zealand Governments, 14 February 1952.

(53) PRO, MAF40/489, Eccles to Holyoake, 28 May 1957.

(54) PRO, MAF40/489, Holyoake to Eccles, 28 May 1957.

(55) *Financial Times*, 7 June 1957 ; PRO, BT11/5418, D. A. Bryan (United Kingdom Senior Trade Commissioner in New Zealand) to M. P. Lam (BOT), 12 July 1957.

(56) PRO, DO35/8736, Sir Clifton Webb (New Zealand High Commissioner in the United Kingdom) to Eccles, 12 September 1957.

(57) PRO, DO35/8736, Extract from Speech by Rt. Hon. K. J. Holyoake at Christchurch, 4 November 1957 ; PRO, DO35/8736, Extract from *The New Zealand Herald* of Saturday, November 9, 1957.

(58) Mallaby, *From My Level*, p. 79 ; Sinclair, *Walter Nash*, p. 314 ; Malcolm McKinnon, "Trading in Difficulties? : New Zealand in the World Economy", in Malcolm McKinnon, ed., *New Zealand in World Affairs, Volume II, 1957-1972* (Wellington : New Zealand Institute of International Affairs, 1991), p. 159.

(59) ナッシュは，彼自身が深い愛着を抱くイギリスへの配慮から，実際にはオタワ協定の「再交渉」(re-negotiation) であったものを，強い印象を与えないように「見直し」(revision) と表現した。Rita Ricketts, "Old Friends, New Friends : Cooperation or Competition ?", in McKinnon, ed., *New Zealand in World Affairs, Volume II*, p. 172 ; Bruce Brown, "'Foreign Policy is Trade' : Trade is Foreign Policy : Some Principal New Zealand Trade Policy Problems since the Second World War", in Ann Trotter, ed., *Fifty Years of New Zealand Foreign Policy Making* (Dunedin : University of Otago Press, 1993), p. 62. しかし，本書では，実質的な内容は「再交渉」であった（端的な

理由として，交渉の結果，両国間でオタワ協定に代わる新通商協定が結ばれた）ことから，ニュージーランドの事例でも「再交渉」という表現を用いる。

(60) PRO, PREM11/2434, Discussion between the Prime Ministers of the United Kingdom and New Zealand in Wellington on Friday, 24th January, 1958 ; PRO, DO35/8736, OG/NZ/58/1, 26 February 1958 ; Sinclair, *Walter Nash*, p. 313 ; John Singleton, "New Zealand, Britain and the Survival of the Ottawa Agreement, 1945-77", *Australian Journal of Politics and History*, Vol. 43, No. 2 (1997), pp. 170-173.

(61) PRO, DO118/169, Joint Declaration by the United Kingdom and New Zealand Governments, 14 February 1952 ; PRO, DO35/8736, GEN622/1/49, 23 December 1957 ; W. B. Sutch, *The Quest for Security in New Zealand 1840 to 1966* (Wellington : Oxford University Press, 1966), pp. 423-424 ; John Gould, *The Rake's Progress ? : The New Zealand Economy since 1945* (Auckland : Hodder and Stoughton, 1982), p. 83, pp. 86-87；シンクレア『ニュージーランド史』194-195頁；Singleton, "New Zealand", pp. 169-172 ; Robertson and Singleton, "Britain, the Dominions and the EEC", p. 113 ; Singleton and Robertson, *Economic Relations between Britain and Australasia*, pp. 108-110.

(62) Ricketts, "Old Friends, New Friends", pp. 171-172, p. 176.

(63) Gould, *The Rake's Progress ?*, p. 82 ; Brown, "'Foreign Policy is Trade'", p. 84.

(64) A. M. Endres, "The Political Economy of W. B. Sutch : Toward a Critical Appreciation", *New Zealand Economic Papers*, Vol. 20 (1986), p. 25 ; Brown, "'Foreign Policy is Trade'", p. 95 ; Robertson and Singleton, "Britain, the Dominions and the EEC", pp. 107-109, p. 113.

(65) Holmes, "Australia and New Zealand in the World Economy", p. 9 ; John B. O'Brien, "The Australian Department of Trade and the EEC, 1956-61", in May, ed., *Britain, the Commonwealth and Europe*, pp. 41-42. 当時のイギリス政府内での指摘によれば，「実際のところ，ニュージーランド以外のすべての国からのバターの供給は，おそらく補助金を受けていた」。PRO, CAB134/1681, EA (59) 17th meeting, 29 July 1959. 例えばフランスにおいて，農産物，工業製品を問わずに巨額の輸出補助金が用いられていたことは，PRO, FO371/128349, M611/655, R. S. Isaacson (British Embassy, Paris) to P. A. R. Brown (BOT), 26 June 1957.

(66) PRO, DO35/8736, GEN622/1/49, 23 December 1957.

(67) *The Times*, 29 January 1958.

(68) PRO, DO35/8736, OG/NZ/58/1, 26 February 1958.

(69) PRO, BT11/5654, Bryan to E. A. Midgley (BOT), 28 February 1958.

(70) PRO, BT11/5654, OG/NZ (58) 5 (Revise), 25 March 1958 ; PRO, BT11/5654, H. A. F. Rumbold to L. V. Castle (New Zealand House), 10 April 1958.

(71) PRO, CAB129/92, C (58) 93, 3 May 1958.

(72) McKinnon, "Trading in Difficulties ?", p. 148 ; Malcolm McKinnon, *Independence and Foreign Policy : New Zealand in the World since 1935* (Auckland : Auckland University Press, 1993), p. 103.

(73) PRO, BT11/5671, United Kingdom/New Zealand Trade Talks, 1st meeting between

Delegations, 22 April 1958. 他方，当時，オーストラリアは，イギリスに対して毎年貿易赤字を記録していた。The Statistical Office of the United Nations, Department of Economic and Social Affairs, *Yearbook of International Trade Statistics, 1958, Volume I* (New York : United Nations, 1959), p. 66. イギリス，オーストラリア間の貿易額の推移は以下も参照。PRO, BT11/5504, LG3, 14 June 1956.

(74) PRO, DO35/8736, OG/NZ (58) 19, 5 May 1958 ; PRO, DO35/8736, OG/NZ (58) 24, 8 May 1958.

(75) PRO, DO35/8736, Lee to Percival, 16 May 1958.

(76) PRO, CAB128/32, CC (58) 39, 8 May 1958.

(77) PRO, CAB128/32, CC (58) 41, 13 May 1958 ; PRO, DO35/8738, G. E. Crombie (CRO) to H. A. F. Rumbold, 15 August 1958 ; McKinnon, "Trading in Difficulties ?", p. 148.

(78) Sinclair, *Walter Nash*, p. 316.

(79) PRO, DO35/8736, Percival to Lee, 15 May 1958.

(80) PRO, CAB130/148, GEN650/4, 21 May 1958.

(81) PRO, CAB130/148, GEN650/1st meeting, 22 May 1958.

(82) PRO, BT11/5671, United Kingdom/New Zealand Trade Talks, 8th meeting between Delegations, 28 May 1958 ; PRO, BT11/5654, Lee to Skinner, 28 May 1958, Attached Note.

(83) PRO, DO35/8737, Skinner to Eccles, 2 June 1958 and Attached Notes ; PRO, BT11/5671, OG/NZ (58) 28, June 1958.

(84) PRO, DO35/8737, New Zealand Proposals, undated.

(85) PRO, CAB134/1680, EA (58) 47, 16 June 1958.

(86) PRO, DO35/8737, Minute by H. E. Davies (CRO), 17 June 1958 ; PRO, BT11/5671, OG/NZ (58) 28, June 1958 ; Sinclair, *Walter Nash*, pp. 315-316 ; Brown, "'Foreign Policy is Trade'", p. 62.

(87) PRO, DO35/8737, United Kingdom High Commissioner in New Zealand (UKHC-NZ) to CRO, telegram No. 326, 13 June 1958 ; Sinclair, *Walter Nash*, p. 316. ニュージーランド政府がオタワ協定破棄の通告を考慮しはじめた背景には，同様の手法を用いてイギリス政府から譲歩を引き出すことに成功したという情報をオーストラリア政府から得ていたこともあった。Singleton, "New Zealand", p. 173 ; Singleton and Robertson, *Economic Relations between Britain and Australasia*, p. 117.

(88) PRO, PREM11/2525, CRO to UKHCNZ, telegram No. 649, 23 June 1958 ; PRO, BT11/5655, Reply by New Zealand Government to Message of 23. 6. 1958 from Sir David Eccles to the Hon. C. F. Skinner, undated (but handed over on 4 July 1958).

(89) PRO, CAB134/1678, EA (58) 14th meeting, 18 June 1958 ; PRO, PREM11/2525, CRO to Wellington, telegram No. 703, 14 July 1958.

(90) PRO, PREM11/2525, Personal Message from Mr. Nash to Mr. Macmillan, 25 July 1958.

(91) PRO, PREM11/2525, CRO to Wellington, telegram No. 753, 1 August 1958.

(92) PRO, PREM11/2525, Personal Message to Mr. Macmillan from Mr. Nash, 8 August

1958.
(93) PRO, DO35/8738, OG/NZ (58) 7th meeting, 13 August 1958.
(94) PRO, PREM11/2525, CRO to Wellington, telegram No. 775, 12 August 1958 ; PRO, PREM11/2525, Wellington to CRO, telegram No. 427, 13 August 1958.
(95) PRO, PREM11/2525, Wellington to CRO, telegram No. 428, 14 August 1958.
(96) PRO, PREM11/2525, Philip de Zulueta (Private Secretary to the Prime Minister) to F. A. Bishop (Principal Private Secretary to the Prime Minister), 16 August 1958 ; PRO, CAB130/153, GEN661/1st meeting, 18 August 1958.
(97) PRO, PREM11/2525, New Zealand Government to CRO, telegram No. 12, 18 August 1958.
(98) PRO, PREM11/2525, CRO to Wellington, telegram No. 801, 18 August 1958.
(99) PRO, CAB130/153, GEN661/2nd meeting, 28 August 1958.
(100) Sinclair, *Walter Nash*, p. 408.
(101) PRO, PREM11/2525, Wellington to CRO, telegram No. 465, 3 September 1958.
(102) PRO, PREM11/2525, CRO to Wellington, telegram No. 858, 4 September 1958.
(103) PRO, PREM11/2525, CRO to Wellington, telegram No. 822, 28 August 1958 ; PRO, CAB130/153, GEN664/1st meeting, 5 September 1958 ; PRO, PREM11/2525, Wellington to CRO, telegram No. 474, 8 September 1958 ; PRO, CAB130/153, GEN661/3rd meeting, 8 September 1958.
(104) PRO, BT11/5656, Lam to Midgley, 11 September 1958.
(105) PRO, DO35/8738, Wellington to London, Deputy No. 1088, 12 September 1958.
(106) PRO, DO118/169, United Kingdom/New Zealand Trade Agreement, 1959 and Related Documents ; PRO, BT11/5656, W. Hughes (BOT) to Laking, 24 November 1958.
(107) Sinclair, *Walter Nash*, p. 317 ; Mallaby, *From My Level*, p. 70.
(108) エクルスの不満については，Singleton, “New Zealand”, p. 174 ; Singleton and Robertson, *Economic Relations between Britain and Australasia*, p. 120.
(109) PRO, BT11/5656, Lam to M. E. Browne (United Kingdom Trade Commissioner in Wellington), 3 September 1958 ; Endres, “The Political Economy of W. B. Sutch”, p. 25.
(110) マラビーは同時に，「私がロンドンからもっと柔軟な指示を得ることができていたならば，彼を制止できたであろうと信じている」とも記しており，ロンドンの本国政府に対する不満も滲ませている。Mallaby, *From My Level*, p. 70.

第I部　おわりに

(1) Joe Garner, *The Commonwealth Office 1925–68* (London : Heinemann, 1978), p. 400 ; Gianni Zappalà, “The Decline of Economic Complementarity : Australia and the Sterling Area”, *Australian Economic History Review*, Vol. 34, No. 1 (1994), pp. 5–21.
(2) Menzies, *The Measure of the Years*, pp. 60–65 ; Rix, *Coming to Terms*, pp. 204–210 ; Singleton, “New Zealand”, pp. 172–173；赤根谷『日本のガット加入問題』290頁，315頁；中西寛「総合安全保障戦略の再構成――変化の時代と日本の安全保障政

策」国分良成編著『日本・アメリカ・中国——協調へのシナリオ』TBSブリタニカ，1997年，91頁。日本政府は1955年9月10日にGATTに正式加入したが，その後もオーストラリア，ニュージーランド両国政府は（イギリス，フランス，ベネルクス諸国など12カ国政府とともに）GATT第35条を援用して日本への最恵国待遇の供与を拒んでいた。

（3）PRO, DO35/8730, OMP (57) 13 (3rd revise), 20 August 1957.

（4）ただし，主に以下の2つの理由から，保証された特恵マージンが縮小されたことの意義については一定の留保が必要である。①イギリスの輸出産業のオーストラリア，ニュージーランド市場での有利な立場は，特恵関税だけでなく，伝統的な通商・技術上の関係，スターリング圏の為替管理，ドル圏への厳しい輸入制限などによっても支えられていた，②ニュージーランド政府はイギリスからの輸入に対する特恵マージンを縮小するという新たに確保した権利をほとんど行使せず，オーストラリア政府もすべての品目に関して非コモンウェルス諸国からの輸入に対する関税を引き下げたわけではなかった。②の背景には，両国政府にとって，GATTを通した多角的関税引き下げ，第3国との2国間の相互主義的な関税引き下げがともに思うように進まなかったことがあった。また，（特にニュージーランドにとっては）いぜんとしてイギリス市場への依存度は大きく，その後イギリス政府が第1回EEC加盟申請に向けた動きを進めたこともあり，それ以上イギリス政府の反発を招くことは避けるべきと判断されたこともあった。PRO, DO35/8385, J. R. A. Bottomley (CRO) to C. G. Cruickshank (Office of the High Commissioner for the United Kingdom, Wellington), 28 June 1960 ; PRO, DO35/8385, Bottomley to Cruickshank, 10 August 1960 ; Holmes, "Australia and New Zealand in the World Economy", pp. 5–7, pp. 10–11 ; McKinnon, "Trading in Difficulties ?", p. 157 ; Singleton, "New Zealand", pp. 175–176 ; O'Brien, "The Australian Department of Trade", pp. 39–44.

（5）*Yearbook of International Trade Statistics, 1958, Volume I*, p. 66, p. 388.

（6）*Yearbook of International Trade Statistics, 1958, Volume I*, p. 541.

（7）例えば，Milward and Brennan, *Britain's Place in the World*, pp. 261–262 ; Milward, *The European Rescue of the Nation-State*, 2nd ed., p. 376.

第II部

第3章　ヨーロッパFTA案と政府間交渉の挫折 1956～58年

（1）Lieber, *British Politics and European Unity*, pp. 31–32 ; Barker, *Britain in a Divided Europe*, p. 153.

（2）例えば，PRO, CAB129/82, CP (56) 172, 9 July 1956 ; PRO, CAB128/30, CM (56) 49, 12 July 1956. 産業界の懸念や政府と産業界の協議については，Kaiser, *Using Europe*, pp. 78–82.

（3）Kaiser, *Using Europe*, pp. 64–65.

（4）クラーク委員会は，マクミラン（当時蔵相）の指示に基づき共同市場への対応を検討してきた省庁間作業部会であり，大蔵省，商務省，外務省，コモンウェルス関係省の官僚で構成されていた。

（5）PRO, FO371/122075, Report of a Working Group of Officials from the Foreign

Office, Treasury, Board of Trade and Commonwealth Relations Office, 20 April 1956, in *BEI*, pp. 82–83.

(6) PRO, CAB129/82, CP (56) 191, 27 July 1956; PRO, CAB129/82, CP (56) 192, 28 July 1956；益田実「自由貿易地帯構想とイギリス」(3)『法経論叢』第23巻第2号 (2006年) 90–92頁。それらの覚書について議論された閣議記録は，PRO, CAB128/30, CM (56) 57, 2 August 1956.

(7) Macmillan, *Riding the Storm*, p. 79.

(8) PRO, CAB128/30, CM (56) 83, 13 November 1956.

(9) Kane, "Tilting to Europe?", p. 97.

(10) その後，ジェンキンズは，1960～70年代の労働党政権で内相・蔵相を歴任し，イギリス人として初の――そして現在までで唯一の――EC委員長（1977年1月～81年1月）に選出されることになる。Roy Jenkins, *European Diary 1977–1981* (London: Collins, 1989).

(11) Barker, *Britain in a Divided Europe*, p. 155; Greenwood, *Britain and European Cooperation since 1945*, p. 69；力久『イギリスの選択』63–64頁，68頁；Griffiths, "A Slow One Hundred and Eighty Degree Turn", pp. 38–39；益田実「自由貿易地帯構想とイギリス」(5・完)『法経論叢』第24巻第2号（2007年）115–116頁。

(12) PRO, CAB129/83, CP (56) 208, 11 September 1956, Annex I.

(13) 例えば，Macmillan, *Riding the Storm*, p. 82.

(14) エジプトは，イギリス軍の軍事占領（1882年）以降，保護国期（1914～21年）を除けばイギリス政府の公式の統治下にはなかったが，政治的，経済的，軍事的にイギリスの強い影響力の下に置かれてきた。

(15) PRO, CAB134/1217, EC (56) 67, 8 November 1956, in David Goldsworthy, ed., *British Documents on the End of Empire, Series A, Volume 3: The Conservative Government and the End of Empire 1951–1957, Part I, International Relations* (London: HMSO, 1994), pp. 171–173；力久『イギリスの選択』68–69頁。

(16) George, *Britain and European Integration since 1945*, p. 44; Kaiser, *Using Europe*, p. 83. 英米特殊関係の変質と限界については，PRO, PREM11/2189, Sir Harold Caccia (United Kingdom Ambassador in the United States) to Lloyd, 28 December 1956, in John Baylis, ed., *Anglo-American Relations since 1939: The Enduring Alliance* (Manchester: Manchester University Press, 1997), pp. 86–89.

(17) Alistair Horne, *Macmillan 1957–1986: Volume II of the Official Biography* (London: Macmillan, 1989), p. 34; George, *Britain and European Integration since 1945*, pp. 43–44；佐々木『イギリス帝国とスエズ戦争』12–13頁，228–229頁，249–250頁，259頁。

(18) Kaiser, *Using Europe*, p. 100.

(19) PRO, CAB128/30, CM (56) 66, 18 September 1956.

(20) PRO, CAB134/1229, EP (56) 16th meeting, 5 September 1956; PRO, CAB128/30, CM (56) 65, 14 September 1956; HMD, 5 September 1956, in Catterall, ed., *The Macmillan Diaries: The Cabinet Years*, pp. 593–594; Macmillan, *Riding the Storm*, p. 82, p. 85.

(21) PRO, CAB128/30, CM (56) 66, 18 September 1956.

(22) PRO, CAB133/192, FM (W) (56) 2nd meeting, 29 September 1956. マクミランは，10月3日の閣議で，コモンウェルス諸国の代表から「驚くほど好意的な」反応があったと報告している。PRO, CAB128/30, CM (56) 68, 3 October 1956.

(23) PRO, DO35/8387, CRO to United Kingdom High Commissioners, telegram W. No. 412, 19 October 1956; PRO, CAB129/84, CP (56) 261, 12 November 1956.

(24) Public Records Office of Hong Kong, Hong Kong [以下，PROHK], HKRS163-1-1999, Sir Alexander Grantham (Governor of Hong Kong) to Lennox-Boyd, telegram No. 731, 2 October 1956; PROHK, HKRS163-1-1999, Grantham to Lennox-Boyd, telegram No. 7, 4 January 1957.

(25) PRO, CAB129/84, CP (56) 256, 6 November 1956；益田「自由貿易地帯構想とイギリス」(5・完) 94-96頁，119-120頁，125頁。

(26) PRO, CAB128/30, CM (56) 83, 13 November 1956; PRO, CAB128/30, CM (56) 85, 20 November 1956.

(27) *Parliamentary Debates (Hansard), Fifth Series — Volume 561, House of Commons, Official Report*, 26 November 1956, cols. 34-164.

(28) Macmillan, *Riding the Storm*, pp. 85-86; Kaiser, *Using Europe*, pp. 92-93.

(29) Urwin, *The Community of Europe*, 2nd ed., pp. 68-69；廣田「フランスのローマ条約受諾」7-13頁；益田「自由貿易地帯構想とイギリス」(3) 98頁。

(30) 内務相，大蔵相などを歴任したアンダーソン (John Anderson) が受爵 (1952年)。

(31) 商務相，植民地相などを歴任したリトルトン (Oliver Lyttelton) が受爵 (1954年)。

(32) PRO, CAB128/30, CM (57) 4, 9 January 1957; PRO, CAB128/31, CC (57) 1, 15 January 1957; Harold Nicolson Diaries, 10 January 1957, in Nigel Nicolson, ed., *Harold Nicolson Diaries and Letters 1945-1962* (London: Collins, 1968), p. 328; Butler, *The Art of the Possible*, pp. 195-196; Lucas, *Divided We Stand*, pp. 309-323；佐々木『イギリス帝国とスエズ戦争』219-229頁；君塚直隆『イギリス二大政党制への道――後継首相の決定と「長老政治家」』有斐閣，1998年，201-205頁；細谷雄一『外交による平和――アンソニー・イーデンと二十世紀の国際政治』有斐閣，2005年，284-290頁；君塚直隆『女王陛下の影法師』筑摩書房，2007年，231-233頁。

(33) Macmillan, *Riding the Storm*, p. 65, p. 433.

(34) Aldous and Lee, "'Staying in the Game'", p. 150, p. 155; Young, *This Blessed Plot*, p. 113.

(35) Horne, *Macmillan 1957-1986*, p. 31.

(36) *A European Free Trade Area: United Kingdom Memorandum to the Organisation for European Economic Co-operation*, Cmnd. 72 (London: HMSO, 1957).

(37) Camps, *Britain and the European Community*, pp. 115-117；廣田愛理「EEC成立期における自由貿易圏構想へのフランスの対応」『社会経済史学』第70巻第1号 (2004年) 77-78頁。他方，イギリス植民地・保護領には，本国の植民地省から上記のCmnd. 72の冊子に続き，ヨーロッパFTA案の対象から除外される品目の詳細なリストが通達された。そのことからも，FTAを「部分的な」ものにとどめることにより，

FTA の枠外に置かれる植民地や保護領（さらにはコモンウェルス諸国）の利益を保護しようとするイギリス政府の立場をうかがうことができる。Arkib Negara Malaysia, Kuala Lumpur［以下，ANM］, P/PESU2/796, Lennox-Boyd to Sir Donald MacGillivray (United Kingdom High Commissioner in the Federation of Malaya), No. 450, 19 February 1957; ANM, P/PESU2/796, Lennox-Boyd to MacGillivray, No. 491, 22 February 1957. 以下の香港公文書館のファイルにも，Cmnd. 72 の冊子とともに同様の通達文書が残されている。PROHK, HKRS163-1-1999.

(38) 廣田「フランスのローマ条約受諾」7頁；藤田「ヨーロッパ経済共同体設立交渉とピエール・ユーリ」54-55頁，57-66頁，69頁，71頁，76-77頁；黒田「モレ政権の対フランス連合政策」298-300頁。他方，同年1月〜2月初めの時点では海外領土との関係などがいぜんとして未解決であったことは，PRO, FO371/128332, M611/23, "The Common Market and Euratom", by A. A. Duff (British Embassy, Paris), 7 January 1957; PRO, FO371/128332, M611/29, Bonn to FO, telegram No. 30, 14 January 1957; PRO, DO35/8387, Cohen to H. J. B. Lintott (CRO), 7 February 1957.

(39) Macmillan, *Riding the Storm*, pp. 434-435.

(40) PRO, CAB129/87, C (57) 106, 30 April 1957; PRO, CAB128/31, CC (57) 37, 2 May 1957; PRO, DO35/8386, D. J. C. Crawley (CRO) to R. H. Belcher (Office of the High Commissioner for the United Kingdom, Cape Town), 28 May 1957; PRO, CAB128/31, CC (57) 43, 29 May 1957.

(41) フランス国民議会でのローマ条約の批准については，例えば，PRO, FO371/128349, M611/669, "Visit of Sir Gladwyn Jebb", by Figgures, 12 July 1957.

(42) 藤田「ヨーロッパ経済共同体設立交渉とピエール・ユーリ」71-78頁。

(43) PRO, FO371/128349, M611/669, Macmillan to Thorneycroft, 15 July 1957.

(44) PRO, CAB128/31, CC (57) 61, 2 August 1957.

(45) Richard Lamb, *The Macmillan Years 1957-1963: The Emerging Truth* (London: John Murray, 1995), p. 110.

(46) Maurhofer, "Revisiting the Creation of EFTA", p. 68.

(47) Lieber, *British Politics and European Unity*, p. 140.

(48) Horne, *Macmillan 1957-1986*, p. 34. ヨーロッパ FTA 交渉は，西ヨーロッパ17カ国の各代表団，（OEEC 準加盟国であった）アメリカ，カナダ両国政府から派遣されたオブザーバー，OEEC 事務局の専門家を合わせて約200名が参加する大規模なものとなった。Camps, *Britain and the European Community*, p. 148.

(49) PRO, CAB129/88, C (57) 188, 24 August 1957, Annex B.

(50) Macmillan, *Riding the Storm*, p. 438; Camps, *Britain and the European Community*, p. 126.

(51) 例えば，PRO, FO371/128349, M611/663, Minute by Sir Paul Gore-Booth (FO), 20 June 1957.

(52) Kaiser, *Using Europe*, p. 88; Catherine R. Schenk, "Decolonization and European Economic Integration: The Free Trade Area Negotiations, 1956-58", *The Journal of Imperial and Commonwealth History*, Vol. 24, No. 3 (1996), p. 451.

(53) PRO, CAB128/31, CC (57) 69, 19 September 1957; D. J. Morgan, *The Official*

History of Colonial Development, Volume 3 : A Reassessment of British Aid Policy, 1951-1965 (London : Macmillan, 1980), pp. 12-13 ; Alan P. Dobson, *The Politics of the Anglo-American Economic Special Relationship 1940-1987* (Brighton : Wheatsheaf Books, 1988), p. 177 ; Bulpitt, "The European Question", p. 235；クラーク『イギリス現代史』258 頁。その後，イギリス政府は，厳しい金・ドル準備状況が続いたことから，アメリカ，カナダからの借款の元利返済（1957 年分）の延期を決定せざるをえない状況に陥った（アメリカ，カナダからの借款の返済延期は同年に結ばれた合意で認められていた）。PRO, CAB128/31, CC (57) 84, 12 December 1957.

(54) PRO, CAB129/89, C (57) 218, 4 October 1957, Annex B.

(55) PRO, CAB129/89, C (57) 222, 4 October 1957.

(56) PRO, CAB129/89, C (57) 219, 4 October 1957 ; PRO, CAB129/89, C (57) 222, 4 October 1957.

(57) PRO, CAB129/89, C (57) 222, 4 October 1957.

(58) PRO, CAB129/89, C (57) 218, 4 October 1957, Annex B.

(59) PRO, CAB128/31, CC (57) 72, 8 October 1957.

(60) OEEC, C (57) 221, 17 October 1957, Scale 1, in Cmnd. 641, pp. 48-49.

(61) PRO, CAB134/2103, IOC (FE) (57) 41, 24 December 1957.

(62) Camps, *Britain and the European Community*, p. 135.

(63) *DAFR 1957* (New York : Harper & Brothers, 1958), pp. 126-128 ; *Final Communiqué from the Bermuda Conference* [with Annexes], Bermuda, March 25, 1957, Cmnd. 126 (London : HMSO, 1957) ; Macmillan, *Riding the Storm*, p. 259.

(64) NARA, RG59, Department of State, Conference Files, Box 136, CF927, Memorandum of Conversation, "British Attitude toward Common Market and Free Trade Area", October 24, 1957.

(65) NARA, RG59, Department of State, Conference Files, Box 136, CF926, MTW MC-13, October 25, 1957. なお，PRO 文書にはこうした対立は明確に記されていない。PRO, PREM11/2329, PM (W) (57) 3rd meeting, 25 October 1957. ジュネーブで開かれる GATT 第 12 回総会（10 月 17 日〜11 月 30 日）に向けたイギリス政府の方針は，PRO, CAB129/89, C (57) 221, 4 October 1957 ; PRO, CAB128/31, CC (57) 72, 8 October 1957. GATT 総会の閣僚会合（10 月 28〜30 日）では，イギリスのエクルス商務相が，EEC と海外領土の連合関係は GATT に抵触するとして強硬に批判し，第 1 次産品輸出国の代表らも反発を見せたが，EEC 諸国側は海外領土との特恵拡大は極めて限定的であり GATT 規定違反ではないとして譲らなかった。結局，ローマ条約のすべての関連する条項について検討する委員会を GATT 内に設置する決議が採択され，解決は持ち越された。PRO, DO35/8389, Brief for the Secretary of State, undated (but in early November 1957) ; PRO, CAB134/2103, IOC (FE) (57) 41, 24 December 1957；大蔵省財政史室編『昭和財政史・昭和 27〜48 年度第 18 巻——資料（六）国際金融・対外関係事項』東洋経済新報社，1998 年，106-107 頁。

(66) Dillon's interview, in Charlton, *The Price of Victory*, pp. 214-215.

(67) Camps, *Britain and the European Community*, pp. 136-138；廣田「EEC 成立期における自由貿易圏構想へのフランスの対応」82-84 頁。以下も参照。*The Times*, 15

November 1958.

(68) PRO, PREM11/2689, Hailsham to Lloyd, 5 May 1958 ; NARA, RG59, Department of State, Central Files, Box 2605, 641. 51/11-2657, Paris to Secretary of State, telegram No. 2707, November 26, 1957 ; Macmillan, *Riding the Storm*, p. 442 ; Horne, *Macmillan 1957–1986*, p. 35 ; Marc Michel, "The Decolonization of French Africa and the United States and Great Britain, 1945–58", in Roy Bridges, ed., *Imperialism, Decolonization and Africa : Studies Presented to John Hargreaves with an Academic Memoir and Bibliography* (Basingstoke : Macmillan, 2000), p. 169.

(69) PRO, CAB129/91, C (58) 27, 30 January 1958. ただし，EEC側でも，実際の域内関税の引き下げは発足してから1年後（1959年1月1日）に開始するように定められており，この時点で何らかの通商上の変化が見られたわけではなかった。

(70) PRO, CAB129/91, C (58) 27, 30 January 1958.

(71) PRO, CAB128/32, CC (58) 7, 20 January 1958.

(72) PRO, CAB129/91, C (58) 27, 30 January 1958 ; PRO, CAB128/32, CC (58) 14, 4 February 1958 ; PRO, CAB129/92, C (58) 65, 21 March 1958.

(73) Macmillan, *Riding the Storm*, p. 440.

(74) その後もマクミランは，1960年1〜2月にはアフリカ大陸の帝国・コモンウェルス歴訪を行い，1961年9月にも（ベルリン情勢の緊迫化を主な理由として実現しなかったが）マラヤ，シンガポール，香港（さらに日本も）の歴訪を行う予定であったなど，長期間の帝国・コモンウェルス訪問に強い意欲を示した。1960年のアフリカ歴訪については第6章を参照。1961年の東南アジア・極東歴訪計画については，PROHK, HKRS70-1-206, "Prime Minister's Visit Cancelled", 1 July 1961 ; *China Mail*, 29 June 1961 ; *South China Morning Post*, 24 January 1962. 結局，彼は首相退任後の1968年にアメリカ，オーストラリア歴訪の帰途，香港と日本への訪問を果たした。*China Mail*, 28 February 1968 ; *South China Morning Post*, 29 February 1968.

(75) Camps, *Britain and the European Community*, pp. 138–140.

(76) それゆえに，カルリ案は「疑似関税同盟」(quasi-customs union) を目指すものとも評された。Lamb, *The Macmillan Years*, p. 118.

(77) PRO, CAB129/92, C (58) 65, 21 March 1958 ; PRO, CAB129/93, C (58) 110, 16 May 1958 ; PRO, CAB129/93, C (58) 114, 20 May 1958 ; Camps, *Britain and the European Community*, pp. 142–146 ; Frances M. B. Lynch, "De Gaulle's First Veto : France, the Rueff Plan and the Free Trade Area", *Contemporary European History*, Vol. 9, Part 1 (2000), pp. 117–118；廣田「EEC成立期における自由貿易圏構想へのフランスの対応」84頁。

(78) PRO, CAB129/92, C (58) 65, 21 March 1958 ; PRO, CAB129/92, C (58) 67, 26 March 1958 ; PRO, CAB128/32, CC (58) 27, 27 March 1958 ; Kaiser, *Using Europe*, pp. 90–91 ; 工藤芽衣「1950年代における英仏対立と欧州統合の進展——自由貿易地域（FTA）交渉から欧州主要通貨交換性回復を中心に」『国際関係学研究』第30号（2004年）77–78頁。

(79) PRO, CAB128/32, CC (58) 45, 22 May 1958.

(80) PRO, CAB128/32, CC (58) 28, 1 April 1958.

(81) Camps, *Britain and the European Community*, pp. 151-152.
(82) PRO, PREM11/2689, Hailsham to Lloyd, 5 May 1958.
(83)「ド・ゴール将軍から憲法制定国民議会議長にあてた手紙（1946年1月20日，パリ）」シャルル・ド・ゴール著，村上光彦，山崎庸一郎共訳『ド・ゴール大戦回顧録 VI 救済II 1944-1946（新装版）』みすず書房，1999年，315-316頁。
(84) 1960年代にはしばしばドゴールとの深刻な摩擦を経験することになるアメリカ政府も，彼の政権復帰当初は，それをおおむね歓迎する姿勢を見せていた。Lundestad, *"Empire" by Integration*, pp. 59-60.
(85) 佐瀬昌盛「第二次大戦後西ドイツの対仏関係」村瀬編『現代独仏関係の展開』76-77頁；Raymond Poidevin, "De Gaulle et l'Europe en 1958", dans Institut Charles de Gaulle, *De Gaulle en son siècle, Tome 5 : l'Europe* (Paris : Plon, 1992), pp. 80-81.
(86) シャルル・ドゴール著，朝日新聞外報部訳『希望の回想——第1部「再生」』朝日新聞社，1971年，254頁。
(87) 佐瀬「第二次大戦後西ドイツの対仏関係」77-78頁；ジャン・ラクーチュール著，持田坦訳『ドゴール』河出書房新社，1972年，240頁；小久保康之「欧州統合に対するド・ゴールの態度とその欧州政策」『慶應義塾大学大学院法学研究科論文集』第23号（1985年度）17頁，24-25頁；Poidevin, "De Gaulle et l'Europe en 1958", pp. 81-82 ; Winand, *Eisenhower, Kennedy, and the United States of Europe*, p. 127；富川尚「独仏枢軸が動きだす——ドゴールとアデナウアーの握手」金丸輝男編『ヨーロッパ統合の政治史——人物を通して見たあゆみ』有斐閣，1996年，70-71頁；Bange, *The EEC Crisis of 1963*, p. 22, pp. 24-25 ; N. Piers Ludlow, *The European Community and the Crises of the 1960s : Negotiating the Gaullist Challenge* (London : Routledge, 2006), p. 5, p. 12.
(88) PRO, PREM11/2315, Macmillan to Lloyd, 24 June 1958.
(89) Macmillan, *Riding the Storm*, p. 448.
(90) Camps, *Britain and the European Community*, pp. 152-153.
(91) Charles de Gaulle, *Discours et messages, Tome III : Avec le renouveau, mai 1958-juillet 1962* (Paris : Plon, 1970), pp. 21-22.
(92) ドゴール『希望の回想』257頁。
(93) Maurice Vaïsse, *La grandeur : Politique étrangère du général de Gaulle 1958-1969* (Paris : Fayard, 1998), p. 166.
(94) PRO, CAB128/32, CC (58) 51, 1 July 1958. 以下も参照。PRO, CAB128/32, CC (58) 63, 22 July 1958.
(95) PRO, FO371/134505, Minute by Sir Arthur Rumbold (FO), 7 November 1958, in *BEI*, pp. 101-102 ; Macmillan, *Riding the Storm*, pp. 449-450.
(96) Macmillan, *Riding the Storm*, p. 450. 以下も参照。Vaïsse, *La grandeur*, pp. 166-167.
(97) Camps, *Britain and the European Community*, pp. 150-151. 以下も参照。PRO, DO35/8381, Bonn to FO, telegram No. 268 Saving, 14 November 1958.
(98) Camps, *Britain and the European Community*, p. 153 ; Lynch, "De Gaulle's First Veto", p. 121.

(99) PRO, CAB129/98, C (59) 122, 15 July 1959, Annex ; Dobson, *The Politics of the Anglo-American Economic Special Relationship*, p. 180；田所『「アメリカ」を超えたドル』75-78 頁。

(100) *DAFR 1958* (New York : Harper & Brothers, 1959), pp. 32-35 ; Alfred E. Eckes Jr., *Opening America's Market : U. S. Foreign Trade Policy since 1776* (Chapel Hill : The University of North Carolina Press, 1995), pp. 181-182, pp. 283-284, p. 328；佐々木隆雄『アメリカの通商政策』岩波書店，1997 年，83-90 頁。

(101) PRO, CAB128/30, CM (56) 4, 17 January 1956 ; PRO, CAB128/30, CM (56) 35, 10 May 1956 ; PRO, DO35/8386, P. E. Thornton (BOT) to G. L. Simmons (CRO), 27 May 1957 ; PRO, PREM11/2329, PM (W) (57) 5th meeting, 26 October 1957 ; Richard N. Gardner, "Sterling-Dollar Diplomacy in Current Perspective", in Wm. Roger Louis and Hedley Bull, eds., *The 'Special Relationship' : Anglo-American Relations since 1945* (Oxford : Oxford University Press, 1986), pp. 187-188 ; Odd Arne Westad, *The Global Cold War : Third World Interventions and the Making of Our Times* (Cambridge : Cambridge University Press, 2005), p. 30.

(102) ドゴール『希望の回想』248-249 頁；佐瀬「第二次大戦後西ドイツの対仏関係」77-82 頁；富川「独仏枢軸が動きだす」71-72 頁；Lynch, "De Gaulle's First Veto", pp. 121-123 ; Nigel J. Ashton, *Kennedy, Macmillan and the Cold War : The Irony of Interdependence* (Basingstoke : Palgrave Macmillan, 2002), p. 129. 例えば，政権復帰以前のドゴールの EDC への批判は，Charles de Gaulle, *Discours et messages, Tome II : Dans l'attente, février 1946-avril 1958* (Paris : Plon, 1970), pp. 604-618, pp. 620-621；ラクーチュール『ドゴール』239 頁。

(103) ドゴール『希望の回想』247-248 頁。

(104) Poidevin, "De Gaulle et l'Europe en 1958", p. 85 ; Lynch, "De Gaulle's First Veto", p. 123.

(105) 小久保「欧州統合に対するド・ゴールの態度とその欧州政策」24-26 頁。

(106) *FRUS, 1958-1960, Vol. 7, Part 2* (Washington : USGPO, 1993), pp. 81-83 ; Macmillan, *Riding the Storm*, pp. 452-453.

(107) Wm. Roger Louis and Ronald Robinson, "The Imperialism of Decolonization", *The Journal of Imperial and Commonwealth History*, Vol. 22, No. 3 (1994), p. 481.

(108) PRO, PREM11/2689, Caccia to Lloyd, 3 June 1958 ; *FRUS, 1958-1960, Vol. 7, Part 2*, pp. 95-97 ; Barker, *Britain in a Divided Europe*, pp. 157-158 ; Ellison, *Threatening Europe*, p. 235；細谷雄一「ヨーロッパの復興と自立」渡邊編『ヨーロッパ国際関係史』153-154 頁；川嶋周一「フランス外交の「三つのサークル」？　ユーラフリック，ヨーロッパ，世界政策――1958 年 9 月 18 日覚書の分析から」『日仏政治研究』第 2 号 (2006 年) 57-69 頁。マクミランは，ドゴールが，フランス政府がヨーロッパ FTA 交渉で妥協を行うことと交換条件に，「三カ国主導体制」構想を何らかの形で実現させることを求めてくるのではないかと懸念を抱いていた。*FRUS, 1958-1960, Vol. 7, Part 1* (Washington : USGPO, 1993), pp. 67-68. 他方，「三カ国主導体制」提案により，仏独関係も「ドイツのいらだちという短い間奏曲」を経験したが，その後も両国間の良好な関係は基本的に継続していくことになる。Kaiser, *Using Europe*, p. 97.

(109) Camps, *Britain and the European Community*, p. 156.
(110) Macmillan, *Riding the Storm*, pp. 454-455 ; Horne, *Macmillan 1957-1986*, p. 110.
(111) PRO, PREM11/2328, Record of Meeting in the Palais Schaumberg, October 8, 1958.
(112) Kaiser, "To Join, or Not to Join", p. 150 ; Wolfram Kaiser, "Challenge to the Community : The Creation, Crisis and Consolidation of the European Free Trade Association, 1958-72", *Journal of European Integration History*, Vol. 3, No. 1 (1997), pp. 10-11.
(113) Hans-Peter Schwarz, *Konrad Adenauer : A German Politician and Statesman in a Period of War, Revolution and Reconstruction, Volume I, From the German Empire to the Federal Republic, 1876-1952*, translated by Louise Willmot (Providence : Berghahn Books, 1995), pp. 320-328. 大嶽秀夫『アデナウアーと吉田茂』中央公論社，1986 年，74-77 頁も参照。
(114) Von Hase's interview, in Charlton, *The Price of Victory*, p. 209.
(115) OEEC, CIG (58) 60, 20 October 1958, in Cmnd. 641, pp. 96-104 ; Camps, *Britain and the European Community*, pp. 156-163；廣田「EEC 成立期における自由貿易圏構想へのフランスの対応」83-84 頁，88 頁。
(116) Macmillan, *Riding the Storm*, p. 455.
(117) PRO, CAB128/32, CC (58) 79, 30 October 1958. 他方，マクミランは，11 月 4 日の閣議覚書に「私たちは，現時点では自由貿易地域交渉が建設的な土台の上に継続するようできることはすべて行うべきである」と記すなど，FTA 交渉を成功に導くことを諦めてはいなかった。PRO, CAB129/95, C (58) 229, 4 November 1958.
(118) PRO, FO371/13451, Record of a Meeting held at 10 Downing Street on Thursday, November 6, 1958, in *BEI*, pp. 100-101.
(119) Gérard Bossuat, "Le choix de la petite Europe par la France (1957-1963) : Une ambition pour la France et pour l'Europe", *Relations Internationales*, N°82 (1995), p. 222 ; Vaïsse, *La grandeur*, p. 168.
(120) Lynch, "De Gaulle's First Veto", p. 130.
(121) Macmillan, *Riding the Storm*, pp. 455-457.
(122) *L'Année Politique, 1958* (Paris : Editions du Grand Siècle, 1959), p. 482. ただし，同日夜には，フランス外務省スポークスマンが，スーステル声明の共通域外関税の有無に関する部分は誤解に基づくものであったと訂正の説明を行った。彼によれば，フランス政府が共同市場諸国と他の OEEC 諸国の連合は共通域外関税に基づくであろうと信じていると想定することは「ばかげている」のであった。*The Times*, 15 November 1958.
(123) Poidevin, "De Gaulle et l'Europe en 1958", pp. 84-87 ; Bossuat, "Le choix de la petite Europe par la France", pp. 214-225, p. 235 ; Kane, "Tilting to Europe ?", pp. 108-109 ; Vaïsse, *La grandeur*, pp. 165-169 ; Lynch, "De Gaulle's First Veto", pp. 115-134；廣田「フランスのローマ条約受諾」6-17 頁。廣田愛理によれば，スーステル声明にもかかわらず，社会的負担の調和に関する保証が得られなかったことは最終的な FTA 案拒否の理由ではなく，イギリス政府が域外関税の平準化を拒み，かつアメリカ政府との協力に基づき「外部世界に無制限に開かれた自由市場」を目指していること

が明らかになったことが決定的なのであった。廣田「EEC 成立期における自由貿易圏構想へのフランスの対応」89 頁。

(124) *FRUS, 1958–1960, Vol. 7, Part 1*, p. 77.

(125) Ludlow, *Dealing with Britain*, p. 29 ; Milward, *The Rise and Fall of a National Strategy*, p. 305.

(126) ドゴール『希望の回想』257–258 頁。ドゴールのヨーロッパ統合観（さらにはヨーロッパ FTA への消極的な態度）については，ドゴール『希望の回想』235–238 頁，249–269 頁；小久保「欧州統合に対するド・ゴールの態度とその欧州政策」17–33 頁；Pedersen, "EC-EFTA Relations", pp. 15–16 も参照。

(127) 例えば，Pedersen, *European Union and the EFTA Countries*, p. 25.

(128) *FRUS, 1958–1960, Vol. 7, Part 1*, pp. 158–162.

(129) *FRUS, 1958–1960, Vol. 7, Part 1*, p. 77 ; Camps, *Britain and the European Community*, p. 165.

(130) Macmillan, *Riding the Storm*, pp. 458–459.

(131) Griffiths, "A Slow One Hundred and Eighty Degree Turn", p. 42.

(132) PRO, CAB128/32, CC (58) 81, 18 November 1958.

(133) Barker, *Britain in a Divided Europe*, pp. 159–160 ; Horne, *Macmillan, 1957–1986*, p. 112 ; Kaiser, *Using Europe*, p. 97 ; Vaïsse, *La grandeur*, p. 168 ; Lynch, "De Gaulle's First Veto", p. 132 ; Milward, *The Rise and Fall of a National Strategy*, p. 313.

(134) Quoted in John P. S. Gearson, *Harold Macmillan and the Berlin Wall Crisis, 1958–62 : The Limits of Interests and Force* (Basingstoke : Macmillan, 1998), p. 34.

(135) *DAFR 1958*, pp. 220–231.

(136) Gearson, *Harold Macmillan and the Berlin Wall Crisis*, p. 44；川嶋「フランス外交の「三つのサークル」？」65–66 頁。

(137) 岩間陽子「ベルリン危機とアイゼンハワー外交——「大量報復戦略」の限界」(1)『法学論叢』第 141 巻第 1 号（1997 年）82–86 頁。

(138) PRO, CAB128/32, CC (58) 86, 18 December 1958 ; PRO, FO371/142601, M6115/1, Record of Conversation, undated ; PRO, FO371/142602, M6115/40, Cohen to Gore-Booth, 4 March 1959 ; Snoy's interview, in Charlton, *The Price of Victory*, p. 224. 以下も参照。Jebb's interview, in Charlton, *The Price of Victory*, pp. 225–226.

(139) PRO, FO371/142601, M6115/26, C. G. Harris (British Embassy, Vienna) to L. G. Holliday (FO), 13 February 1959.

(140) PRO, FO371/142604, M6115/88, Gore-Booth to Caccia, 4 May 1959 ; *FRUS, 1958–1960, Vol. 7, Part 1*, pp. 80–81, pp. 89–91 ; PRO, DO35/8381, CRO to Ottawa, Canberra, Wellington, Pretoria, Delhi, Karachi, Colombo, Accra, Kuala Lumpur, Salisbury, and Dublin, 17 November 1958. 全体で 79 ページにも及ぶ 12 月 15 日の OEEC 閣僚理事会の議事録に，マッカーシーの発言は文字通り一言も残されていない。HAEU, OEEC84, C/M (58) 31 (1st Revision), 4 May 1959.

(141) *FRUS, 1958–1960, Vol. 7, Part 1*, pp. 158–162.

(142) Winand, *Eisenhower, Kennedy, and the United States of Europe*, pp. 117–118.

(143) PRO, FO371/142601, M6115/5, Note by Guy Thorold (British Embassy, Washing-

ton), 9 January 1959 ; *FRUS, 1958-1960, Vol. 7, Part 1*, pp. 89-91.
(144) PRO, CAB128/32, CC (58) 88, 23 December 1958.
(145) PRO, FO371/142601, M6115/5, Gore-Booth to Caccia, 21 January 1959.

第 4 章　イギリス，カナダ間の FTA 協議とその挫折 1957 年

（1）サンローラン政権の貿易通商相ハウ（C. D. Howe）自身も，アメリカ人たちは，しばしばカナダを経済面で「ほとんどアメリカの一部として扱う」と表現していた。"Statement by Mr. C. D. Howe, Minister of Trade and Commerce, to The Canadian Club of Chicago, October 15, 1956 (Extracts)", in Arthur E. Blanchette, ed., *Canadian Foreign Policy 1955-1965 : Selected Speeches and Documents* (Toronto : McClelland and Stewart, 1977), pp. 219-224.

（2）*Yearbook of International Trade Statistics, 1958, Volume I*, p. 136 ; *The Times*, 1 June 1957 ; *FRUS, 1955-1957, Vol. 9* (Washington : USGPO, 1987), pp. 252-253 ; *FRUS, 1955-1957, Vol. 27*, pp. 894-897, pp. 898-901 ; "Statement by Prime Minister John G. Diefenbaker, at Dartmouth College, Hanover, New Hampshire, September 7, 1957 (Extracts)", in Blanchette, ed., *Canadian Foreign Policy 1955-1965*, pp. 224-227 ; The Economist Intelligence Unit, *The Commonwealth and Europe* (London : The Economist Intelligence Unit, 1960), pp. 270-271. 日本政府は，アメリカ 1957 会計年度（1956 年 7 月～1957 年 6 月）の第三次余剰農産物の受け入れは中止したが，それ以降については態度を保留しており，日米間で再び余剰農産物協定が結ばれる懸念は残っていた。赤根谷達雄「1950 年代における日本の対外経済政策の展開――日米余剰農産物協定から日豪通商協定へ」近代日本研究会編『年報近代日本研究 15――戦後日本の社会・経済政策』山川出版社，1993 年，76-86 頁。

（3）A/RES/377 (V), "Uniting for Peace", Adopted at the 302nd Plenary Meeting, 3 November 1950.

（4）National Archives of Canada, Ottawa (now Library and Archives Canada)［以下，NAC］, PCO, Series A-5-a, Vol. 5775, Cabinet Conclusions, November 3, 1956. 以下も含めて，カナダの閣議記録（Cabinet Conclusions）は，http://www.archives.ca/02/020150_e.html（2003 年 12 月 5 日）から使用。NAC, PCO/1-60-2 (a), St. Laurent to Eden, November 5, 1956, in Greg Donaghy, ed., *Documents on Canadian External Relations, Volume 22, 1956-1957, Part I* (Ottawa : Department of Foreign Affairs and International Trade, 2001)［以下，*DCER, Vol. 22*］, p. 221 ; Michael G. Fry, "Canada, the North Atlantic Triangle, and the United Nations", in Louis and Owen, eds., *Suez 1956*, pp. 306-316；櫻田大造『カナダ外交政策論の研究――トルドー期を中心に』彩流社，1999 年，59-62 頁；Thomas G. Weiss, David P. Forsythe, and Roger A. Coate, *The United Nations and Changing World Politics*, 4th ed. (Boulder : Westview Press, 2004), pp. 32-33, pp. 35-36；最上敏樹『国際機構論［第二版］』東京大学出版会，2006 年，81-82 頁；小川浩之「イギリス・コモンウェルス関係と PKO の成立と変容――パレスティナ・カシミールからコソボ・東ティモールまで」軍事史学会編『PKO の史的検証』錦正社，2007 年，60-64 頁。

（5）カナダでは，アメリカのスムート・ホーレー法は「経済戦争」にも等しいと捉えら

れた。Paul L. Robertson and John Singleton, "The Commonwealth as an Economic Network", *Australian Economic History Review*, Vol. 41, No. 3 (2001), p. 253.

(6) 矢内原忠雄「最近の英帝国会議に就て」『矢内原忠雄全集 第4巻 植民政策研究IV』岩波書店，1963年，452頁。

(7) 船橋洋一『同盟を考える——国々の生き方』岩波書店，1998年，136頁。

(8) "Questions by Mr. J. G. Diefenbaker and Others, Answered by the Secretary of State for External Affairs, Hon. L. B. Pearson, in the House of Commons, 28 July 1956", in Nicholas Mansergh, ed., *Documents and Speeches on Commonwealth Affairs 1952-1962* (London : Oxford University Press, 1963), pp. 476-478 ; "Extracts from Speeches of the Secretary of State for External Affairs, Hon. L. B. Pearson, in the House of Commons, 27 and 29 November 1956", in *ibid*., pp. 511-517 ; J. L. Granatstein, *Canada 1957-1967 : The Years of Uncertainty and Innovation* (Toronto : McClelland and Stewart, 1986), p. 43 ; H. Basil Robinson, *Diefenbaker's World : A Populist in Foreign Affairs* (Toronto : University of Toronto Press, 1989), p. 4.

(9) 他方，ディーフェンベイカーは，1957年にアメリカ，カナダ両国の防空指令機構を統合する「北米防空機構」(NORAD) の設立に合意したように，防衛面での対米協力には積極的な態度を示すことになる。奥田和彦「北米防空協定（1957年）」日本カナダ学会編『史料が語るカナダ——ジャック・カルチエから冷戦後の外交まで』有斐閣，1997年，150-151頁。

(10) PRO, T236/4260, Macmillan to Home, 30 June 1957.

(11) Denis Smith, *Rogue Tory : The Life and Legend of John G. Diefenbaker* (Toronto : Macfarlane Walter & Ross, 1995), p. 252. それに対して，自由党側では，有力議員のマーティン（Paul Martin）が，下院でオタワ会議への否定的見解を披露した。*House of Commons Debates* (*Canada*), *Official Report, Vol. 101, No. 25*, 15 November 1957, p. 1196.

(12) *FRUS, 1955-1957, Vol. 27*, pp. 894-897.

(13) Macmillan, *Riding the Storm*, p. 377.

(14) John G. Diefenbaker, *One Canada : Memoirs of the Right Honourable John G. Diefenbaker, Volume 2, The Years of Achievement 1957-1962* (Toronto : Macmillan, 1976), p. 197.

(15) PRO, T234/217, United Kingdom High Commissioner in Canada (UKHCC) to CRO, 8 July 1957.

(16) Granatstein, *Canada 1957-1967*, p. 44 ; J. L. Granatstein, *How Britain's Weakness Forced Canada into the Arms of the United States, The 1988 Joanne Goodman Lectures* (Toronto : University of Toronto Press, 1989), p. 57.

(17) Diefenbaker, *One Canada, Vol. 2*, p. 197.

(18) Granatstein, *Canada 1957-1967*, p. 44 ; *FRUS, 1955-1957, Vol. 27*, pp. 910-913.

(19) 否定的な評価の例は，Granatstein, *Canada 1957-1967*, pp. 43-45 ; Granatstein, *How Britain's Weakness Forced Canada into the Arms of the United States*, pp. 56-57 ; Robinson, *Diefenbaker's World*, p. 14.

(20)「拮抗勢力」の概念は，櫻田『カナダ外交政策論の研究』52頁。カナダ政府内で，

アメリカに対する「拮抗勢力」を確保するために，イギリスとの通商関係を強化することが非常に重要であるという考え方が見られたことは，例えば，NAC, DTC/7-1536, Memorandum for Gordon Churchill (Minister of Trade and Commerce) by Peter Stursberg, June 16, 1958, in Michael D. Stevenson, ed., *Documents on Canadian External Relations, Volume 24, 1957–1958, Part I* (Ottawa : Department of Foreign Affairs and International Trade, 2003) [以下，*DCER, Vol. 24*], pp. 1020–1022. 非対称的な相互依存関係においては，依存度が低い国が強い影響力を持ち，依存度が高い国は不利な立場に立たされる傾向にあることは，Robert O. Keohane and Joseph S. Nye, *Power and Interdependence*, 3rd ed. (New York : Longman, 2001), p. 9.

(21) 後に駐カナダ大使（1961年9月〜1964年6月）を務めた牛場信彦は，カナダについて次のような興味深い記述を残している。「カナダは米国と切っても切れないつながりがある一方で，常に米国に対する一種のひがみがあり，こうした複雑な関係も勉強した。……カナダで初めて覚えたのは，アイデンティティという言葉である。隣に同文同種の超大国アメリカを控え，ともすれば吸収，圧倒される危険に常時さらされている国として，その政治的，文化的自主性を主張するために使われる言葉であるが，その気持ちは外国人である僕らにも痛いほどよくわかる気がした」「カナダというのは面白い国で，間違ってもやり直しがきくという気がみんなにある。トルドー首相の「経済のカナダ化」など，できるはずのないことをやる。もう少しうまくやればいいのにと思うのだが，どこか，のん気なところがあり，時には周囲にとってやっかいなことにもなる」。牛場信彦『外交の瞬間——私の履歴書』日本経済新聞社，1984年，102-105頁。トルドー（Pierre Elliot Trudeau）政権（1968〜79年，1980〜84年）の「経済ナショナリズム」については，ジョン・セイウェル著，井上勇一訳「日加関係の回顧と展望——カナダの政治力学を視点として」『国際政治』第79号（1985年）135頁も参照。

(22) PRO, CAB128/31, CC (57) 25, 28 March 1957 ; PRO, CAB128/31, CC (57) 28, 2 April 1957 ; John Darwin, *Britain and Decolonisation : The Retreat from Empire in the Post-War World* (Basingstoke : Macmillan, 1988), pp. 214–217 ; Horne, *Macmillan 1957–1986*, pp. 36–39.

(23) PRO, CAB130/120, GEN549/2, 28 August 1956.

(24) PRO, DO35/8730, Ottawa to BOT, 9 July 1957.

(25) PRO, PREM11/2133, UKHCC to CRO, telegram No. 628, 12 July 1957.

(26) PRO, PREM11/2533, Eccles to Macmillan, 15 July 1957.

(27) PRO, DO35/8730, Thorneycroft to Macmillan, 16 July 1957 ; PRO, DO35/8730, C. O. I. Ramsden (Private Secretary to the Prime Minister) to A. D. Neale (BOT), 16 July 1957.

(28) PRO, CAB129/88, C (57) 164, 17 July 1957.

(29) この場合，カナダ政府がGATTの下で最恵国待遇を保証した国々——アメリカを含む——からの輸入に課した関税率とイギリスからの輸入に課した特恵関税率の差。

(30) PRO, T236/4264, Lintott to Sir Denis Rickett (Treasury), 12 July 1957.

(31) PRO, CAB128/31, CC (57) 56, 23 July 1957.

(32) PRO, DO35/8730, Minutes of the First Meeting of the Rickett Committee on 18 July

1957 ; PRO, DO35/8730, D. Caplan (BOT) to A. W. France (Treasury), 26 July 1957.
(33) PRO, DO35/8730, UKHCC to Arthur Shelling (CRO), 26 July 1957 ; PRO, DO35/8730, C. G. Cruickshank (United Kingdom Economic Commissioner in Canada) to S. H. Levine (BOT), 31 July 1957.
(34) PRO, T236/4262, S. D. Pierce (Canada House) to Thorneycroft, 15 July 1957 ; PRO, T236/4262, Thorneycroft to Fleming, 22 July 1957 ; PRO, T236/4262, Pierce to Thorneycroft, 1 August 1957.
(35) PRO, T236/4264, Note by Garner, 8 August 1957 ; PRO, DO35/8730, UKHCC to CRO, telegram No. 714, 14 August 1957.
(36) PRO, T236/4264, Covering Brief on Trade Talks (Draft Skeleton), by A. W. France, 6 August 1957.
(37) PRO, T236/4264, Rickett to A. W. France, 7 August 1957.
(38) PRO, DO35/8730, OMP (57) 13 (3rd revise), 20 August 1957.
(39) PRO, CAB129/88, C (57) 187, 23 August 1957, Annex A.
(40) *FRUS, 1955-1957, Vol. 27*, pp. 907-908 ; PRO, T236/4264, James Thomson (Office of the UKHCC) to H. A. F. Rumbold, 31 July 1957 ; PRO, DO35/8730, Cruickshank to Levine, 31 July 1957 ; Robinson, *Diefenbaker's World*, pp. 15-16. 同年10月7〜8日には，ワシントンで貿易・経済問題に関する米加間の協議が開催された。*FRUS, 1955-1957, Vol. 9*, pp. 267-271 ; *House of Commons Debates (Canada), Official Report, Vol. 101, No. 8*, 23 October 1957, pp. 309-311, pp. 313-314.
(41) PRO, T236/4262, Minute by Sir Roger Makins (Treasury), 21 August 1957.
(42) PRO, CAB129/88, C (57) 187, 23 August 1957.
(43) PRO, CAB130/131, GEN610/1st meeting, 22 August 1957. 英加FTA案は「保守党の帝国主義者たちを懐柔するための純粋に戦術的な対応」であったというカイザーの指摘は，重要ではあるが一面的である。Kaiser, *Using Europe*, p. 90. キャンプスは，英加FTA案について，ディーフェンベイカーのイニシアティブが実を結ばないことの責任をカナダ側に負わせるとともに，(同案が失敗することで) コモンウェルス諸国とのFTAはヨーロッパFTAの代替手段となりえないことを明らかにするという戦術的意図を強調するが，イギリス政府文書からそれらの意図を見てとることはできない。Camps, *Britain and the European Community*, p. 128.
(44) PRO, CAB128/31, CC (57) 62, 27 August 1957.
(45) PRO, PREM11/2533, Brook to Macmillan, 26 August 1957 ; PRO, PREM11/2533, UKHCC to CRO, telegram No. 779, 30 August 1957.
(46) PRO, CAB129/88, C (57) 194, 1 September 1957.
(47) PRO, PREM11/2533, Macmillan to Thorneycroft, 2 September 1957.
(48) PRO, PREM11/2533, UKHCC to CRO, telegram No. 801, 4 September 1957.
(49) PRO, T236/4265, OMP (57) 32, 2 September 1957.
(50) PRO, PREM11/2533, OMP (57) 27 (3rd revise), 5 September 1957. 実際，カナダ政府内にも，対米依存を軽減するためにヨーロッパFTAに加入する可能性を真剣に検討すべきという意見が，少数ではあったが存在した。B. W. Muirhead, *The Development of Postwar Canadian Trade Policy : The Failure of the Anglo-European Option*

(Montreal : McGill-Queen's University Press, 1992), p. 169.

(51) PRO, PREM11/2533, Thorneycroft to Macmillan, 6 September 1957.

(52) NAC, DEA/50330-A-40, George A. Drew (Canadian High Commissioner in the United Kingdom) to Diefenbaker, telegram No. 2235, August 28, 1957, in *DCER, Vol. 24*, pp. 770-772 ; NAC, D. M. F. Vol. 131, A. F. W. Plumptre (Assistant Deputy Minister of Finance) to Fleming, September 9, 1957, in *DCER, Vol. 24*, pp. 775-776.

(53) PRO, T236/4264, "Canadian Trade Proposals", Note by Garner, 13 August 1957 ; PRO, PREM11/2533, UKHCC to CRO, telegram No. 835, 9 September 1957 ; PRO, PREM11/2533, Heathcoat-Amory to Macmillan, 11 September 1957.

(54) PRO, PREM11/2533, Heathcoat-Amory to Macmillan, 11 September 1957.

(55) PRO, T236/4266, UKHCC to CRO, telegram No. 840, 10 September 1957 ; PRO, T236/4266, UKHCC to CRO, telegram No. 841, 10 September 1957.

(56) PRO, DO35/8730, OMP (57) 38, 13 September 1957.

(57) PRO, CAB130/131, GEN610/2nd meeting, 16 September 1957 ; PRO, CAB129/89, C (57) 213, 17 September 1957, Annex B.

(58) PRO, DO35/8730, UKHCC to CRO, telegram No. 899, 19 September 1957.

(59) PRO, DO35/8731, H. A. F. Rumbold to Lintott, 12 September 1957 ; PRO, T236/4266, A. W. France to Sir Leslie Rowan (Treasury), 12 September 1957 ; PRO, T236/4266, A. W. France to Rowan, 13 September 1957.

(60) PRO, PREM11/2533, Trend to Macmillan, 18 September 1957.

(61) PRO, DO35/8731, OMP (57) 39, 17 September 1957.

(62) PRO, PREM11/2533, Record of Conversation between Home and G. Churchill, 19 September 1957 ; PRO, DO35/8731, Eccles to Thorneycroft, 19 September 1957. 他方，フレミングは，9月20日のカナダ閣議でヒースコート・エイモリーの訪問と英加FTA提案について報告した際も，いぜんとして同案に消極的な姿勢を示していた。NAC, PCO, Series A-5-a, Vol. 1893, Cabinet Conclusions, 20 September 1957.

(63) PRO, CAB128/31, CC (57) 69, 19 September 1957.

(64) PRO, DO35/8731, Macmillan to Charles Hill (Chancellor of the Duchy of Lancaster), 25 September 1957.

(65) A. J. P. Taylor, *Beaverbrook* (Harmondsworth : Penguin Books, 1974), pp. 826-827, p. 835, p. 847 ; Camps, *Britain and the European Community*, p. 100. 保守党，労働党双方の議員の間でも，コモンウェルスとの関係強化を訴える声は根強かった。James F. Tierney, "Britain and the Commonwealth : Attitudes in Parliament and Press in the United Kingdom since 1951", *Political Studies*, Vol. 6, No. 3 (1958), pp. 224-225 ; Kane, "Tilting to Europe ?", pp. 107-108.

(66) Roy Jenkins, *Portraits and Miniatures : Selected Writings* (London : Macmillan, 1993), p. 249. ただし，著者のジェンキンズは1960～70年代には労働党政権で閣僚を歴任し，イギリスを代表する親ヨーロッパ派として知られた人物であり，この批判はそれらを念頭に置いて読まれるべきではあろう。以下も参照。David McKie, "Men of Feud Words", *The Guardian*, 16 November 2000.

(67) D. R. Thorpe, *Alec Douglas-Home* (London : Sinclair-Stevenson, 1996), p. 172.

(68) *FRUS, 1955-1957, Vol. 27*, pp. 910-913.

(69) *Financial Times*, 27 September 1957. 結局，アメリカ政府は，英加FTA案について，『フィナンシャル・タイムズ』紙上でリークされ，ソーニークロフトが9月29日の記者会見で言及するまで，その存在を十分把握することができなかったようである。NARA, RG59, Department of State, Central Files, Box 1870, 441. 4241/9-3057, Ottawa to Secretary of State, telegram No. 257, September 30, 1957.

(70) PRO, DO35/8731, H. A. F. Rumbold to Laithwaite and C. J. M. Alport (Parliamentary Under-Secretary of State for Commonwealth Relations), 1 October 1957; PRO, DO35/5269, UKHCC to Home, Canada Fortnightly Summary, Part 1, 9 October 1957.

(71) NAC, D. M. F. Vol. 131, Plumptre to Fleming, September 10, 1957, in *DCER, Vol. 24*, pp. 784-785.

(72) Donald M. Fleming, *So Very Near: The Political Memoirs of the Honourable Donald M. Fleming, Volume One, The Rising Years* (Toronto: McClelland and Stewart, 1985), p. 384.

(73) PRO, DO35/8731, UKHCC to CRO, telegram No. 952, 29 September 1957.

(74) 藤山は，国連総会に出席したニューヨークからの帰国の途上，イギリスを訪問した。

(75) 1957年10月2日付岸信介大臣臨時代理宛西春彦大使電信（藤山大臣と「ボ」国務大臣との会談に関する件）外務省外交文書 A'1. 5. 3. 7.「藤山外務大臣英国訪問関係一件（1957. 9）第1巻」外務省外交史料館所蔵。藤山の訪英については，藤山愛一郎『政治わが道——藤山愛一郎回想録』朝日新聞社，1976年，14-15頁も参照。

(76) この際，ロイドは，カナダがFTA案を受諾するには多くの困難があろうと述べている。1957年10月2日付岸大臣臨時代理宛西大使電信（マクミラン・藤山大臣会談の件）外務省外交文書 A'1. 5. 3. 7.「藤山外務大臣英国訪問関係一件（1957. 9）第1巻」外務省外交史料館所蔵。以下も参照。PRO, DO35/8731, Record of Conversation between Lloyd and Fujiyama on September 30, 1957.

(77) 日本経済新聞社編『私の履歴書——経済人2』日本経済新聞社，1980年，285-290頁。

(78) 藤山『政治わが道』12頁。

(79) "Agreement on Commerce between Canada and Japan, signed at Ottawa, March 31, 1954" 外務省外交文書 B'5. 2. 0. J/CA1「日本・カナダ通商協定関係一件 第4巻」外務省外交史料館所蔵；通商産業省通商産業政策史編纂委員会編『通商産業政策史 第6巻 第II期 自立基盤確立期（二）』通商産業調査会，1990年，234-246頁；大熊忠之「戦後カナダ外交における普遍主義と対日関係——日加関係1946～68年」『国際政治』第79号（1985年）96-97頁。

(80) PRO, DO35/8731, Minute by A. W. France, 11 October 1957.

(81) PRO, DO35/8731, Note for the Record by A. W. France, 9 October 1957.

(82) 例えば，*FRUS, 1961-1963, Vol. 13* (Washington: USGPO, 1994), pp. 23-25；ドゴール『希望の回想』256-258頁。

(83) PRO, DO35/8731, United Kingdom-Canada Free Trade Area, 2 October 1957. ディーフェンベイカーを党首とする進歩保守党は，総選挙（6月10日）の際に国内製造業の

保護を公約しており，政権獲得後も次期総選挙に向けて製造業の支持をつなぎ止める必要を認識していた。工業地帯を擁するオンタリオ州，ケベック州への選挙向けの配慮は，PRO, DO35/5269, UKHCC to Home, Canada Fortnightly Summary, Part 2, 19 June 1957. しかも，進歩保守党政権の発足後，カナダでは経済の失速と失業率の増加が見られていた。Smith, *Rogue Tory*, pp. 270–271.

(84) PRO, DO35/8730, Note of Meeting between United Kingdom and Canadian Ministers and Officials at the Canadian Ministry of External Affairs, 2 October 1957.

(85) NAC, PCO, Series A–5–a, Vol. 1893, Cabinet Conclusions, 3 October 1957.

(86) PRO, T236/5235, Discussion between United Kingdom and Canadian Ministers, 3 October 1957 ; PRO, DO35/8731, UKHCC to CRO, telegram No. 993, 4 October 1957 ; PRO, DO35/5269, UKHCC to Home, Canada Fortnightly Summary, Part 1, 9 October 1957.

(87) PRO, T236/5235, UKHCC to CRO, telegram No. 995, 4 October 1957 最終コミュニケは以下にも収録されている。"Statement issued October 4, 1957, at the Conclusion of Trade Talks held in Ottawa by United Kingdom and Canadian Cabinet Ministers following the Meeting of Commonwealth Finance Ministers", in Blanchette, ed., *Canadian Foreign Policy 1955–1965*, pp. 279–282.

(88) PRO, DO35/8732, UK/CCC (58) 12, 2 June 1958 ; PRO, T236/5235, "U. K./Canada Free Trade Area" by R. S. Symons (Treasury), 5 December 1958.

(89) *House of Commons Debates* (*Canada*), *Official Report, Vol. 101, No. 8*, 23 October 1957, pp. 311–312 ; PRO, PREM11/2533, Thomson (Acting UKHCC) to Lintott, 28 October 1957.

(90) *Parliamentary Debates* (*Hansard*), *Fifth Series — Volume 580, House of Commons, Official Report*, Written Answers to Questions, 19 December 1957, col. 82.

(91) *House of Commons Debates* (*Canada*), *Official Report, Vol. 101, No. 25*, 15 November 1957, pp. 1195–1200 ; *House of Commons Debates* (*Canada*), *Official Report, Vol. 101, No. 57*, 7 January 1958, pp. 2966–2971.

(92) *House of Commons Debates* (*Canada*), *Official Report, Vol. 101, No. 24*, 14 November 1957, p. 1164.

(93) *House of Commons Debates* (*Canada*), *Official Report, Vol. 101, No. 52*, 20 December 1957, p. 2647 ; PRO, PREM11/2533, Neale to Bishop, 22 October 1957 ; PRO, DO35/5269, UKHCC to Home, Canada Fortnightly Summary, Part 2, 18 December 1957 ; NAC, PCO, Series A–5–a, Vol. 1893, Cabinet Conclusions, 3 December 1957 ; Lloyd, *Canada in World Affairs, Volume X*, pp. 72–73.

(94) *Financial Times*, 1 October 1957. 他紙では英加 FTA 案はカナダ製造業に困難な問題を突き付けるであろうといった否定的な論調が目立ったなかで，同紙は，保守系の大衆紙『デイリー・メール』と並び，同案に積極的な姿勢を見せていた。例えば，*Financial Times*, 30 September 1957 ; *Daily Mail*, 30 September 1957.

(95) *Evening Standard*, 1 October 1957.

(96) PRO, CAB130/131, GEN610/1st meeting, 22 August 1957.

(97) NAC, DTC/7–1536, Memorandum for Churchill by Stursberg, June 16, 1958, in

DCER, Vol. 24, pp. 1020-1022. カナダ国内産業への配慮ゆえに，イギリスからの輸入を拡大する努力が抑制されたことについては以下も参照。NARA, RG59, Department of State, Central Files, Box 1870, 441. 4241/2-558, Ottawa to Department of State, DESP. No. 690, February 5, 1958.

第II部　おわりに

（1）J. D. B. Miller, *Britain and the Old Dominions* (London : Chatto & Windus, 1966), p. 230 ; May, *Britain and Europe since 1945*, pp. 31-32 ; Milward, *The European Rescue of the Nation-State*, 2nd ed., p. 364.

（2）The Economist Intelligence Unit, *The Commonwealth and Europe*, pp. 279-281 ; Macmillan, *Riding the Storm*, pp. 74-75 ; Muirhead, *The Development of Postwar Canadian Trade Policy*, ch. 6 ; Milward, *The Rise and Fall of a National Strategy*, p. 263；湯浅，町野共訳『イーデン回顧録II』35頁。

（3）Muirhead, *The Development of Postwar Canadian Trade Policy*, p. 174.

（4）例えば，PRO, FO371/128349, M611/669, Macmillan to Thorneycroft, 15 July 1957.

（5）1984年総選挙の際，マルルーニ党首をはじめとする進歩保守党幹部は，アメリカとの部門別または全面的な自由貿易の実現を公約に掲げた。セイウェル「日加関係の回顧と展望」128頁。さらに，1988年総選挙では米加自由貿易協定が最大の争点となったが，同協定について進歩保守党が推進派，自由党が反対派に回り，1950年代とは対米貿易関係についての立場がまったく逆転した。トルドー自由党政権とマルルーニ進歩保守党政権の対米政策の相違は，J. L. グラナツティン「1960年代以降の防衛・外交政策」J. L. グラナツティン，ジョン・セイウェル，吉田健正編，吉田健正訳『カナダの外交――その理念と政策』御茶の水書房，1994年，99-122頁。

第III部

第5章　EEC，EFTAの並立と英米関係の展開 1959〜60年

（1）フランスでは，1958年の憲法改正（9月）と大統領選挙（11月）を経て，1959年1月8日にはドゴールが第5共和制の初代大統領，ドブレが初代首相に就任していた。

（2）例えば，*The Times*, 15 November 1958.

（3）Urwin, *The Community of Europe*, 2nd ed., p. 85 ; Dobson, *The Politics of the Anglo-American Economic Special Relationship*, pp. 180-181；金井雄一「ポンドの衰退とイギリス国民経済の選択――スターリング地域成立（1939）からEEC加盟（1973）まで」秋元英一編『グローバリゼーションと国民経済の選択』東京大学出版会，2001年，89-90頁；田所『「アメリカ」を越えたドル』75頁；工藤「1950年代における英仏対立と欧州統合の進展」80-81頁。

（4）他のOEEC諸国（アイスランド，アイルランド，ギリシャ，トルコと1959年7月に加盟するスペイン）は，イギリス政府内でしばしば「周辺諸国」(peripherals) と表現されたが，経済の水準の低さもあり，インナー6，アウター7の双方から排除されることになった。

（5）その過程は，Maurhofer, "Revisiting the Creation of EFTA", pp. 65-82に詳しい。

（6）Maurhofer, "Revisiting the Creation of EFTA", pp. 72-73.

(7) PRO, CAB130/123, GEN580/10th meeting, 12 December 1958. ノルディック関税同盟に向けた動きは，Pedersen, *European Union and the EFTA Countries*, pp. 19-20；石渡利康『北欧共同体の研究——北欧統合の機能的法構造』高文堂出版社，1986 年，152 頁も参照。

(8) PRO, CAB128/32, CC (58) 88, 23 December 1958.

(9) Kaiser, "Challenge to the Community", p. 14.

(10) PRO, FO371/142601, M6115/24, Minute by James M. Walsh (British Embassy, Vienna), 9 February 1959.

(11) PRO, FO371/142601, M6115/29, Stockholm to FO, telegram No. 33, 17 February 1959.

(12) PRO, FO371/142588, M6114/3, FO to United Kingdom Delegation to OEEC, telegram No. 92, 16 February 1959; *FRUS, 1958-1960, Vol. 7, Part 1*, pp. 102-104.

(13) PRO, FO371/142601, M6115/33, Copenhagen to FO, telegram No. 2 Saving, 18 February 1959. 他方，その後，ノルウェーからは，デンマーク政府（クラックも含む）は EEC への加盟を否定的に捉えているという見方が伝えられた。PRO, FO371/142604, M6115/85, W. S. Laver (British Embassy, Oslo) to Holliday, 18 April 1959. いずれにせよ，その後もデンマーク政府は，EEC への接近・加盟と「非 6 カ国」（またはアウター7）諸国間の FTA という 2 つの選択肢の間を揺れ動いていくことになる。

(14) *FRUS, 1958-1960, Vol. 7, Part 1*, pp. 102-104; Maurhofer, "Revisiting the Creation of EFTA", pp. 74-75.

(15) PRO, FO371/142602, M6115/42, Stockholm to FO, telegram No. 43, 5 March 1959; *FRUS, 1958-1960, Vol. 7, Part 1*, p. 105.

(16) PRO, FO371/142588, M6114/16, Gore-Booth to Holliday, 24 February 1959.

(17) PRO, FO371/142588, M6114/16 (B), Holliday to Gore-Booth, 5 March 1959.

(18) PRO, FO371/142589, M6114/21, Note by United Kingdom Delegation to OEEC, Paris, 5 March 1959; PRO, FO371/142589, M6114/21, Holliday to A. H. Tandy (United Kingdom Delegation, Luxembourg), 16 March 1959. イギリス政府がどのルートで情報を得たのか定かではないが，例えば，この覚書に関するメモが，OECD や EC 閣僚理事会事務局での勤務経験を持ち，大陸諸国側とも深いつながりがあったイギリス人研究者トレイシー（Michael Tracy）の私文書のファイルに残されていることは何らかの手掛かりを与えるかもしれない。ただし，トレイシー自身は，EEC 委員会の覚書について，「イギリスにより提案されたような FTA の実行不可能性を評価している点で現実的である」というイギリス政府にとってずいぶん手厳しいコメントを記している。HAEU, MT31, "EEC Commission: First Memorandum to the Council of Ministers concerning the establishment of a European Economic Association", COM (59) 18 rev. 2, Brussels, 26 February 1959.

(19) PRO, FO371/142590, M6114/36A, First Memorandum from the Commission of the European Economic Community to the Council of Ministers of the Community, Pursuant to the Decision of 3. 12. 58, Concerning the Problems raised by the Establishment of a European Economic Association, Brussels, 26 February 1959.

(20) PRO, FO371/142589, M6114/29 (A), Brussels to FO, telegram No. 11, 17 March

1959 ; PRO, FO371/142593, M6114/62 (A), Kenneth Christofas (United Kingdom Delegation to the European Communities) to Holliday, 26 May 1959. 西ドイツでも，産業界やバイエルン州，シュレスヴィヒ・ホルシュタイン州，ハンブルク市など国境周辺地域を中心に引き続き西ヨーロッパの枠組みでの貿易自由化を訴える声が根強かったものの，前年以来のベルリン危機を大きな背景に，フランス政府との政治的合意を優先する立場が強まっていた。PRO, FO371/142589, M6114/28, Commercial Department, British Embassy, Bonn to Mutual Aid Department, FO, 12 March 1959 ; PRO, FO371/142603, M6115/57, Commander Kenneth Cohen to Wright, 18 March 1959 ; PRO, FO371/142605, M6115/96, Commercial Department, British Embassy, Bonn to Mutual Aid Department, FO, 11 May 1959 ; PRO, FO371/150166, M612/3, Kai-Uwe von Hassel (Minister President of the Land Schleswig-Holstein) to British Consul General, Hamburg, 22 December 1959. ベネルクス諸国についても，ヨーロッパ FTA への態度に温度差が見られたうえに，「共同市場にいくぶん近すぎる」ため，過度の期待をかけることは難しいと考えられた。PRO, FO371/142590, M6114/43, Christofas to Holliday, 24 April 1959 ; PRO, FO371/142591, M6114/48, Rome to FO, telegram No. 311, 11 May 1959.

(21) PRO, CAB129/96, C (59) 27, 20 February 1959 ; PRO, CAB130/123, GEN580/14th meeting, 5 March 1959 ; Griffiths, "A Slow One Hundred and Eighty Degree Turn", p. 43.

(22) それゆえに，ポルトガル政府は，アウター7の枠組みでの FTA 形成に向けてより長い移行期間の設定などを要求するが，実際にそうした要求はかなりの程度認められていくことになる。例えば，PRO, FO371/142602, M6115/47, Holliday to Sir Charles Stirling (United Kingdom Ambassador in Portugal), 20 March 1959.

(23) PRO, CAB130/123, GEN580/14th meeting, 5 March 1959 ; PRO, FO371/142602, M6115/40, Gore-Booth to Caccia, 1 April 1959 ; PRO, FO371/142604, M6115/87 (B), Sir John Coulson (FO) to Gore-Booth, 24 April 1959 ; PRO, CAB128/33, CC (59) 30, 7 May 1959 ; PRO, CAB134/1818, EQ (59) 4, 6 November 1959 ; PRO, PREM11/2985, Macmillan to Heathcoat-Amory, 11 December 1959 ; Kaiser, "Challenge to the Community", pp. 16–17 ; Stuart Ward, "United House or Abandoned Ship? : EFTA and the EEC Membership Crisis 1961–1963", in Richard T. Griffiths and Stuart Ward, eds., *Courting the Common Market : The First Attempt to Enlarge the European Community 1961–1963* (London : Lothian Foundation Press, 1996), pp. 195–196.

(24) 他方，EFTA 事務局が作成した文書では，フランスにとって EFTA 諸国との貿易は EEC 諸国との貿易よりも多くの黒字を生んでいること，いくつかのフランス産業は EFTA 市場への依存が大きいことを挙げて，フランスにとっても EFTA 諸国との貿易関係の重要性は小さくないと分析されていた。Archives of the European Free Trade Association, Genève [以下，EFTA Archives], EFTA/SGN, 37/61, 5 April 1961.

(25) 他方，ポルトガルがアウター7諸国間の協議に加えられたのに対して，その枠外に置かれたことに不満を抱いたギリシャ，トルコ両国政府は，それぞれ6月8日，7月31日に，ローマ条約第238条に基づく将来の EEC 加盟を念頭に置いた——ただし明確な加盟の期日は定められない——連合協定の締結を申請した。PRO, FO371/142602,

M6115/47, Holliday to Stirling, 20 March 1959.

(26) PRO, FO371/142604, M6115/88, Gore-Booth to Caccia, 4 May 1959.

(27) PRO, FO371/142606, M6115/119, Bonn to FO, telegram No. 675, 30 June 1959; PRO, FO371/142593, M6114/73, J. A. M. Marjoribanks (British Embassy, Bonn) to Holliday, 3 June 1959; PRO, FO371/142593, Note by Holliday, 3 June 1959; National Library of Australia, Canberra［以下，NLA］, Menzies Papers, MS4936, series 1, box 22, folder 186, Menzies to Macmillan, 22 June 1959. 9月30日には，アデナウアーが，ヨーロッパFTAについて，EECの基本的な政治的内容と矛盾しない範囲でその必要を認めるという慎重な立場を示したことが報じられた。PRO, FO371/142607, M6115/144 (A), N. Statham (British Embassy, Bonn) to J. A. Robinson (FO), 30 September 1959.

(28) Macmillan, *Pointing the Way*, p. 52; Kaiser, "Challenge to the Community", p. 18.

(29) PRO, FO371/142604, M6115/88, Ellis-Rees to Gore-Booth, 23 April 1959.

(30) PRO, FO371/142607, M6115/125, Coulson to Maudling, 17 July 1959. 他方，6月27日に国務省から西ヨーロッパ各国駐在の大使館に送られた電報では，アウター7諸国のFTAについて，「EECと比べて，アメリカが支持する積極的な政治的基盤も同様の水準の経済統合の要素も見て取ることができない」と厳しい評価が下されていた。*FRUS, 1958-1960, Vol. 7, Part 1*, pp. 138-139.

(31) PRO, FO371/142606, M6115/119, Holliday to Peter Garran (British Embassy, Washington), 20 August 1959; PRO, CAB128/33, CC (59) 45, 23 July 1959; *FRUS, 1958-1960, Vol. 7, Part 1*, p. 105; "Press Release issued in Stockholm on 21st July, 1959 from the Meeting of Ministers", in *Stockholm Draft Plan for a European Free Trade Association*, July 1959, Cmnd. 823 (London: HMSO, 1959), pp. 3-5.

(32) PRO, FO371/142607, M6115/133, Note by Holliday, 19 August 1959.

(33) PRO, FO371/142607, M6115/139, Caccia to Lloyd, 14 September 1959.

(34) しかし，P. クラークによれば，マクミランが1959年総選挙の際に「こんなによい時代はなかった」というスローガンを用いて選挙運動を行ったというのは，人々の間に広く流布している神話にすぎない。クラーク『イギリス現代史』260頁。実際の保守党のマニフェストでは，マクミランが自信に満ちた姿で表紙を飾り，保守党政権の下での「繁栄と平和」の継続・発展を訴えていた。マクミランによれば，「私の人生のなかで，経済がこれほど健全で，本国において人々の繁栄がこれほど広く行き渡っている時代を知らない」のであった。"The Next Five Years" (The Manifesto of the Conservative & Unionist Party), in Dale, ed., *Conservative Party General Election Manifestos*, pp. 127-139.

(35) マクミランの指示により，ヨーロッパ経済連合委員会は「イギリスと他のヨーロッパ諸国の間のより緊密な経済的連合の構築に関するすべての問題を考慮するために」設立された。PRO, CAB134/1818, EQ (59) 1, 26 October 1959.

(36) Camps, *Britain and the European Community*, p. 274. 以下も参照。Heath's interview, in Charlton, *The Price of Victory*, p. 229.

(37) この閣議では，ヨーロッパ統合の問題は議題に上らなかった。PRO, CAB128/33, CC (59) 54, 20 October 1959.

(38) PRO, PREM11/2985, Macmillan to Lloyd, 22 October 1959. マクミランは，12月15

日の閣議で「私たちはフランスからヨーロッパにおける本来の主導権を奪うことは望んでいない」とも述べている。PRO, CAB128/33, CC (59) 63, 15 December 1959.

(39) *BEI*, p. 109.

(40) NARA, RG59, Department of State, Central Files, Box 2605, 641. 00/10-1459, London to Secretary of State, telegram No. 1991, October 14, 1959.

(41) Kaiser, *Using Europe*, pp. 109-112.

(42) PRO, CAB129/99, C (59) 163, 28 October 1959 ; PRO, CAB128/33, CC (59) 55, 29 October 1959 ; PRO, CAB129/99, C (59) 168, 13 November 1959 ; PRO, CAB128/33, CC (59) 58, 17 November 1959 ; *The Times*, 20 November 1959.

(43) PRO, FO371/142608, M6115/147, Tokyo to FO, telegram No. 327, 27 October 1959.

(44) *The Sunday Times*, 1 November 1959.

(45) PRO, FO371/142608, M6115/147, FO to Washington, telegram No. 4749, 2 November 1959.

(46) NARA, RG59, Department of State, Central Files, Box 2605, 641. 51/11-1259, Paris to Secretary of State, telegram No. 2108, November 12, 1959 ; PRO, CAB134/1818, EQ (59) 3rd meeting, 13 November 1959. 以下も参照。Ken Masujima, “Europe, America, and Developing Countries : The Transformation of the O. E. E. C. to the O. E. C. D. (1959-1961)”『獨協法学』第49号（1999年）98頁。

(47) PRO, CAB128/33, CC (59) 59, 20 November 1959 ; “EFTA Convention : Communiqué and Resolution adopted by Great Britain, Austria, Denmark, Norway, Portugal, Sweden, and Switzerland at the Occasion of the Establishment of the European Free Trade Association, Stockholm, 20 November 1959”, in A. G. Harryvan and J. van der Harst, eds., *Documents on European Union* (Basingstoke : Macmillan, 1997), pp. 123-125 ; U. W. Kitzinger, *The Politics and Economics of European Integration : Britain, Europe, and the United States* (New York : Frederick A. Praeger, 1963), pp. 137-138 ; Kaiser, “Challenge to the Community”, p. 9. EFTA 理事会の決定方式については以下も参照。PRO, CAB129/99, C (59) 168, 13 November 1959 ; EFTA Archives, DC, 1/60, Decision of the Council No. 1/60, 11 May 1960.

(48) PRO, CAB134/1818, EQ (59) 10, 27 November 1959.

(49) PRO, PREM11/2679, De Zulueta to Macmillan, 18 November 1959.

(50) PRO, PREM11/2679, Record of a Meeting at Chequers at 12 noon on Sunday, November 29, 1959 ; *BEI*, p. 10.

(51) PRO, PREM11/2679, Record of Meeting on 29 November 1959, in *BEI*, p. 116.

(52) PRO, PREM11/2870, Record of a Meeting held in the Foreign Office at 3 p. m. on December 8, 1959 ; PRO, PREM11/2870, Record of a Conversation at 10 Downing Street at 3/30 p. m. on Wednesday, December 9, 1959. EFTA 諸国側でも，1960年5月3日の正式発足の際，スウェーデン外相が，EFTA は「政治的な共同体としてではなく，経済的な貿易上の共同体として」発足したと明言している。HAEU, OEEC94, C/M (60) 12 (Prov.), 12 May 1960.

(53) PRO, CAB128/33, CC (59) 63, 15 December 1959.

(54) PRO, CAB134/1818, EQ (59) 14, 23 December 1959.

(55) PRO, FO371/142606, M6115/117, Record of Conversation by Makins, 18 June 1959; PRO, CAB129/99, C (59) 188, 14 December 1959; PRO, CAB128/34, CC (60) 1, 4 January 1960; PRO, CAB134/1819, EQ (60) 6th meeting, 29 April 1960; HAEU, OEEC93, C/M (60) 2 (1st Revision), 2 May 1960; HAEU, OEEC/OECD1546, OECD (60) 1, 23 May 1960; *FRUS, 1958-1960, Vol. 7, Part 1*, pp. 172-174, pp. 218-220; Winand, *Eisenhower, Kennedy, and the United States of Europe*, pp. 130-134; Masujima, "Europe, America, and Developing Countries", pp. 82-86；村田良平『OECD（経済協力開発機構）――世界最大のシンクタンク』中央公論新社，2000年，7-10頁。
(56) Lieber, *British Politics and European Unity*, p. 161.
(57) Kitzinger, *The Politics and Economics of European Integration*, p. 189.
(58) PRO, CAB128/34, CC (60) 1, 4 January 1960.
(59) EFTA Archives, PC, 2/60, 29 January 1960.
(60) *Convention Establishing the European Free Trade Association*, Stockholm, January 4, 1960, Cmnd. 1026 (London: HMSO, 1960). 以下も参照。EFTA Archives, EFTA/SGN, 21/61, 1 March 1961. その後，EFTA協定は7カ国すべてにおいて批准され，同年5月3日にはEFTAが正式に発足した。7月1日にはEFTA諸国間の第1回目の域内関税引き下げ（20%）が実施された。European Free Trade Association, *EFTA 1960-2000: Commemorative Publication* (Brussels: EFTA, 2000), p. 22. EFTA本部はジュネーブに置くことが決定され，初代の事務局長にはイギリス大蔵省出身のフィガース，事務次長にはスウェーデンのハマーショルド（Knut Hammarskjöld）が就任した。EFTA Archives, EFTA, 33/1960, 18 February 1960; EFTA Archives, EFTA/C, 16th Meeting/60 (Final), 5 October 1960. イギリスのEFTA常駐代表は商務省出身のコーエンが務めた。
(61) 岡村堯「ヨーロッパ共同体の成立」(2)『西南学院大学法学論集』第10巻第2・3・4合併号（1978年）173-175頁；Pedersen, *European Union and the EFTA Countries*, pp. 20-21; *BEI*, p. 105.
(62) PRO, PREM11/2986, "The Future of Anglo-American Relations", 1 February 1960.
(63) PRO, PREM11/2986, De Zulueta to Macmillan, 8 March 1960.
(64) PRO, CAB134/1819, EQ (60) 4th meeting, 18 March 1960. 以下も参照。PRO, PREM11/2985, Maudling to Macmillan, 3 November 1959.
(65) PRO, FO371/150167, M612/27, Exclusive Interview with Mr. J. M. A. H. Luns, the Minister for Foreign Affairs, Extract from "De Zakenwereld" of March 12, 1960; PRO, FO371/150168, M612/54, Extract from *Stockholms-Tidningen*, 3rd July 1960, sent by British Embassy, Stockholm, July 1960; Griffiths, "A Slow One Hundred and Eighty Degree Turn", pp. 44-47.
(66) Heath, *The Course of My Life*, p. 203.
(67) Barker, *Britain in a Divided Europe*, pp. 161-162. こうした状況について，佐々木雄太は，「イギリスは59年に北欧諸国とともにヨーロッパ自由貿易連合（EFTA）を結成したが，これは乗り遅れたヨーロッパのバスの代替にはならなかった」と端的に指摘している。佐々木雄太「「コンセンサスの政治」からサッチャー主義へ」川北稔編

『新版世界各国史⑪ イギリス史』山川出版社，1998年，381頁。
(68) *FRUS, 1958-1960, Vol. 7, Part 1*, p. 256; *Public Papers of the Presidents of the United States: Dwight D. Eisenhower, 1960-61* (Washington: USGPO, 1961), pp. 292-293；藤村「「ボン＝パリ枢軸」の成立」144頁；Milward, *The Rise and Fall of a National Strategy*, pp. 322-323.
(69) *Financial Times*, 21 March 1960.
(70) ロイドとヒースコート・エイモリーが，米駐英大使ホイットニー（John H. Whitney）との会談で用いた表現。*FRUS, 1958-1960, Vol. 7, Part 1*, p. 263.
(71) 益田「メッシナ提案とイギリス」(4・完) 58頁。
(72) PRO, CAB134/1852, ES (E) (60) 1, 17 March 1960; PRO, CAB134/1852, ES (E) (60) 1st meeting, 31 March 1960.
(73) NARA, RG59, Department of State, Conference Files, Box 214, CF1618, Memorandum of Conversation, "Sixes and Sevens", March 28, 1960. アメリカ側はまた，ロイドに対して，EEC諸国の「加速」提案がアメリカ経済に与える損失はそれほど深刻なものにはならないという試算を示したうえで，イギリス側は自国が深刻な経済的損失を被るという確固とした証拠を示していないと批判した。PRO, CAB128/34, CC (60) 27, 26 April 1960.
(74) Boyle's interview, in Keith Middlemas, *Power, Competition and the State, Vol. 2: Threats to the Postwar Settlement, Britain, 1961-74* (Basingstoke: Macmillan, 1990), p. 33. 以下も参照。Bange, *The EEC Crisis of 1963*, pp. 13-16.
(75) Macmillan, *Pointing the Way*, pp. 250-253; Barker, *Britain in a Divided Europe*, p. 191；力久『イギリスの選択』71-72頁。
(76) スカイボルトに関しては，*FRUS, 1958-1960, Vol. 7, Part 2*, pp. 860-865; PRO, CAB128/34, CC (60) 35, 20 June 1960；ジョン・ベイリス著，佐藤行雄，重家俊範，宮川眞喜雄訳『同盟の力学――英国と米国の防衛協力関係』東洋経済新報社，1988年，109-111頁。この時期，アメリカ政府内でイギリス独自の核抑止力を認めることに消極的な意見が強まっていたことは，例えば，Marc Trachtenberg, *A Constructed Peace: The Making of the European Settlement, 1945-1963* (Princeton: Princeton University Press, 1999), pp. 215-218, pp. 221-222.
(77) ただし，そもそも核兵器運搬手段をアメリカからの供給に依存しても「独自の核抑止力」を維持することになるのかどうかについては，当時イギリス国内でも議論が分かれていた（特に野党労働党からは批判的な見解が示されていた）。しかしながら，マクミラン政権は，「世界情勢の中で影響力を維持」するとともに，「同盟内における地位を維持するため」に「独自の核抑止力」を引き続き確保する必要を認識しつつ，「独自の核抑止力」の内容としては，核兵器行使の最終的な権限を保持していればよいという柔軟な立場をとった。橋口豊「冷戦の中の英米関係――スカイボルト危機とナッソー協定をめぐって」『国際政治』第126号（2001年）57-58頁。他方，アメリカに技術とハードウェアを依存し，かつ実際にもアメリカ政府の事前の同意なしには使用が極めて困難なものでは，ほとんど「独自の」核抑止力とは呼べないという手厳しい指摘もある。Michael Dockrill, "Restoring the 'Special Relationship': The Bermuda and Washington Conferences, 1957", in Dick Richardson and Glyn Stone, eds., *Decisions*

and Diplomacy : Essays in Twentieth-Century International History (London : Routledge, 1995), p. 220.

(78) U2事件とパリ首脳会議の決裂については，R. W. スチーブンスン著，滝田賢治訳『デタントの成立と変容――現代米ソ関係の政治力学』中央大学出版部，1989年，131-135頁。

(79) マクミランは，第1次世界大戦の経験（悲惨な塹壕戦，負傷による長期入院など）から戦争に本能的な嫌悪感を抱いており，戦争の勃発を防止するために貢献したいという考えを強く抱いていたことが指摘されている。Nigel J. Ashton, "'A Rear Guard Action' : Harold Macmillan and the Making of British Foreign Policy, 1957-63", in T. G. Otte, ed., *The Makers of British Foreign Policy : From Pitt to Thatcher* (Basingstoke : Palgrave, 2002), pp. 239-240.

(80) Sampson, *Macmillan*, p. 205 ; Barker, *Britain in a Divided Europe*, p. 142 ; Young, *Britain and European Unity 1945-1999*, p. 66 ; *BEI*, p. 118. 首脳外交を通して両超大国間の調停役を果たすことでイギリス政府の国際的影響力を確保するための活路を見出そうとするマクミランの姿勢は，第2次ベルリン危機を受けた1959年2～3月のモスクワ訪問でも見られた。Kaiser, *Using Europe*, pp. 119-120 ; Barker, *Britain in a Divided Europe*, pp. 139-140. そうした構想と行動の背景には，ダレスの辞任・死去やアイゼンハワーの健康問題などにより，マクミランがより大きな役割を果たす余地が生まれていたこともあったと考えられる。Reynolds, "A 'Special Relationship' ?", p. 9. マクミランが彼の前任者チャーチル，イーデン両首相とともに強い首脳外交志向を持っていたことは，Barker, *Britain in a Divided Europe*, p. 119.

(81) Horne, *Macmillan 1957-1986*, p. 233. 以下も参照。Charlton, *The Price of Victory*, pp. 236-238.

(82) Horne, *Macmillan 1957-1986*, p. 231.

(83) Ashton, "'A Rear Guard Action'", pp. 245-246, pp. 249-250 ; Ashton, *Kennedy, Macmillan and the Cold War*, p. 127, pp. 130-131. 同様の視点は，Kevin Ruane and James Ellison, "Managing the Americans : Anthony Eden, Harold Macmillan and the Pursuit of 'Power-by-Proxy' in the 1950s", *Contemporary British History*, Vol. 18, No. 3 (2004), pp. 162-164.

(84) スチーブンスン『デタントの成立と変容』第4章。

(85) De Gaulle, *Discours et messages, Tome III*, pp. 216-221.

(86) PRO, CAB128/34, CC (60) 41, 13 July 1960 ; 力久『イギリスの選択』74-75頁 ; Pedersen, *European Union and the EFTA Countries*, p. 21 ; George, *Britain and European Integration since 1945*, p. 45. 以下も参照。Poidevin, "De Gaulle et l'Europe en 1958", p. 83. ヨーロッパ統合を基本的に支持していたアメリカ政府も，ドゴールが中心となりEEC諸国のアメリカ離れが過度に進むことには懸念を抱いており，イギリスの加盟によりそうした動きが抑えられることに期待を抱いていた面もあった。PRO, CAB128/35, CC (61) 24, 26 April 1961 ; Kaiser, *Using Europe*, p. 130.

(87) De Gaulle, *Discours et messages, Tome III*, pp. 234-251 ; ドゴール『希望の回想』264-267頁 ; Camps, *Britain and the European Community*, p. 326 ; Kaiser, "To Join, or Not to Join", p. 146 ; 佐瀬「第二次大戦後西ドイツの対仏関係」80頁 ; 富川「独仏

枢軸が動きだす」70-73頁。アデナウアーのヨーロッパ統合への支持・尽力については，大嶽『アデナウアーと吉田茂』65頁も参照。ただし，1962年4月にオランダ，ベルギー両国政府の反対により「第2次フーシェ案」が棚上げされたことで，EEC諸国間の政治連合に向けた動きはいったん失敗に終わることになる。PRO, CAB128/36, CC (62) 30, 3 May 1962.

(88) PRO, CAB134/1820, EQ (60) 27, 25 May 1960; PRO, CAB134/1820, EQ (60) 29, 1 June 1960; PRO, CAB134/1853, ES (E) (60) 17, 6 July 1960.

(89) HAEU, CM2/1960, No. 019, R/482/60 Extr. 1 rév., 7 juin 1960; PRO, FO371/150168, M612/54, Extract from *Stockholms-Tidningen*, 3rd July 1960, sent by British Embassy, Stockholm; *Bulletin of the European Economic Community*, N°5/1960, pp. 9-15; Pedersen, "EC-EFTA Relations", p. 17; Kaiser, "Challenge to the Community", p. 20; Young, *Britain and European Unity 1945-1999*, p. 65; Ludlow, *The European Community and the Crises of the 1960s*, p. 1.

(90) EFTA Archives, EFTA/C, 1st Meeting/60 (Final), 27 May 1960.

(91) EFTA Archives, EFTA/C, 2nd Meeting/60 (Final), 20 May 1960; EFTA Archives, EFTA, 91/60, 27 May 1960.

(92) PRO, CAB134/1819, EQ (60) 7th meeting, 16 May 1960; PRO, DO35/8381, Ottawa to CRO, telegram No. 559, 9 June 1960; Lieber, *British Politics and European Unity*, pp. 219-220; Young, *Britain and European Unity 1945-1999*, p. 66.

(93) PRO, CAB134/1820, EQ (60) 27, 25 May 1960.

(94) PRO, CAB134/1819, EQ (60) 8th meeting, 27 May 1960.

(95) PRO, CAB128/34, CC (60) 36, 21 June 1960; PRO, FO371/150363, M6136/27, Sir Christopher Steel (United Kingdom Ambassador in West Germany) to Lloyd, 8 July 1960; Camps, *Britain and the European Community*, pp. 289-293; Winand, *Eisenhower, Kennedy, and the United States of Europe*, p. 121; Kaiser, *Using Europe*, p. 137; Young, *Britain and European Unity 1945-1999*, p. 66.

(96) HAEU, OEEC/OECD1546, OECD/WP/36, Proposed Redraft of Article 2 (d) (Suggested by the United States Delegation), 23 June 1960; HAEU, OEEC/OECD1546, OECD/WP/50, "Draft Convention: Preamble and Articles 1, 2 and 3", 4 July 1960.

(97) PRO, CAB134/1853, ES (E) (60) 16, 14 June 1960. その後，アメリカでは，1962年通商拡大法（Trade Expansion Act: TEA）の下で新設された通商特別代表（STR）がGATT交渉を主導することになり，ケネディ・ラウンド（1963〜67年）以降は，GATT交渉に対して連邦議会や利益団体の意向がさらに反映されやすい構造が生まれた。中本悟『現代アメリカの通商政策——戦後における通商法の変遷と多国籍企業』有斐閣，1999年，15-17頁，27-31頁。

(98) PRO, FO371/150362, M6136/18, R. W. Jackling (FO) to Gore-Booth, 22 June 1960.

(99) PRO, FO371/150361, M6136/14G, Lee to Powell, 27 June 1960.

(100) PRO, FO371/150361, M6136/14G (B), Jackling to Gore-Booth, 29 June 1960.

(101) PRO, FO371/150361, M6136/14G (A), Gorell-Barnes to Lee, 28 June 1960.

(102) PRO, CAB134/1820, EQ (60) 29, 1 June 1960.

(103) PRO, FO371/150360, M6136/2, A. W. France to G. H. Andrew (BOT), 26 May 1960 ; PRO, FO371/150360, M6136/3, Bishop to A. W. France, 30 May 1960. 例えば，外務省内部での詳細な文書作成過程は，PRO, FO371/150360-150362 を参照。経済運営委員会ヨーロッパ部会での最終的な詰めの議論・作業は，PRO, CAB134/1852, ES (E) (60) 9th meeting, 30 June 1960 ; PRO, CAB134/1852, ES (E) (60) 10th meeting, 1 July 1960 ; PRO, CAB134/1852, ES (E) (60) 11th meeting, 4 July 1960 (10. 30 am) ; PRO, CAB134/1852, ES (E) (60) 12th meeting, 4 July 1960 (4. 45 pm).

(104) PRO, CAB134/1853, ES (E) (60) 17, 6 July 1960 ; PRO, FO371/150362, M6136/20, Lee to Mr. Bell, 6 July 1960. 以下も参照。Sampson, *Macmillan*, pp. 205-206 ; Kaiser, *Using Europe*, pp. 124-125.

(105) PRO, FO371/150363, M6136/29, Holliday to Jackling and Gore-Booth, 6 July 1960. この時期，外務省全体の方針も EEC への完全加盟に傾きつつあった。PRO, FO371/150362, M6136/22/G, Gore-Booth to Sir Frederick Hoyer-Millar (FO) and Lloyd, 8 July 1960.

(106) PRO, CAB128/34, CC (60) 41, 13 July 1961 ; *BEI*, p. 120. 7 月 25 日に行われた下院審議は，*Parliamentary Debates* (*Hansard*), *Fifth Series — Volume 627, House of Commons, Official Report*, 25 July 1960, cols. 1099-1220.

第 6 章 「新コモンウェルス」と南アフリカ共和国の脱退 1960～61 年

(1) 加盟国一覧は，http://www.thecommonwealth.org/Internal/142227/members/ (2008 年 7 月 6 日)。

(2) 国連もまた，1945 年 10 月に 51 カ国で発足して以来，第 2 次世界大戦の「敵国」と中立国が加盟し，また世界的な脱植民地化が進展するなかで新たに独立した国々が次々と加盟した結果，大幅な拡大と変化を経験した。

(3) 現在では，イギリス君主を国家元首とする国が 16 カ国（イギリスを含む)，独自の大統領を元首とする国が 31 カ国，世襲制に基づく独自の元首を持つ国が 6 カ国となっている。

(4) Hedley Bull, "What is the Commonwealth ?", *World Politics*, Vol. 11, No. 4 (1959), pp. 577-587 が，コモンウェルスについて簡潔ではあるが示唆に富む考察を行っている。

(5) Andrew S. Thompson, "Book Review : Ronald Hyam and Peter Henshaw. *The Lion and the Springbok : Britain and South Africa since the Boer War*. New York : Cambridge University Press, 2003", *The American Historical Review*, Vol. 109, No. 3 (2004), p. 869.

(6) Australian Archives, Canberra [以下，AA], 1838/283, TS899/6/I, i, High Commission in London to Holloway and Dedman, Cablegram 1646, 25 April 1949, in Pamela Andre, ed., *Australia and the Postwar World : The Commonwealth, Asia and the Pacific, Documents 1948-49* (Canberra : Department of Foreign Affairs and Trade, 1998), p. 123 ; AA, 1838/283, TS899/6/I, i, High Commission in London to Department of External Affairs, Cablegram 1675, 27 April 1949, in *ibid*., pp. 127-128 ; "Proclamation of the Republic, 26 January 1950", in S. L. Poplai, ed., *Select Documents*

on Asian Affairs : India 1947-50, Volume One, Internal Affairs (London : Oxford University Press, 1959), pp. 157-158；松田『国際法上のコモンウェルス』13-14頁，233-236頁。

(7) Patrick Maitland, *Task for Giants : An Expanding Commonwealth* (London : Longmans, Green, 1957), p. 276；菅野亮子「コモンウェルス（英連邦）の変遷と人種問題（アパルトヘイト）」『東洋研究』第83号（1987年）59-60頁；中西寛「戦後アジア・太平洋の安全保障枠組みの模索と日本——1949～51年」近代日本研究会編『年報近代日本研究16　戦後外交の形成』山川出版社，1994年，75頁；木畑洋一「帝国の残像——コモンウェルスにかけた夢」山内昌之，増田一夫，村田雄二郎編『帝国とは何か』岩波書店，1997年，213-214頁，218-219頁。以下も参照。Holland, "The Imperial Factor in British Strategies", p. 173.

(8) "From L. S. Amery, 2 May 1949", in Jean van der Poel, ed., *Selections from the Smuts Papers, Volume VII : August 1945-October 1950* (Cambridge : Cambridge University Press, 1973), pp. 290-291 ; J. C. Smuts, *Jan Christian Smuts* (London : Cassell, 1952), pp. 507-508, pp. 519-520；林「南アフリカ連邦の英連邦脱退」72頁。

(9) PRO, PREM11/3535, Briefings by Sir N. Brook for Macmillan, 1-11 March 1961, in Ronald Hyam and Wm. Roger Louis, eds., *British Documents on the End of Empire, Series A, Volume 4 : The Conservative Government and the End of Empire 1957-1964, Part II, Economics, International Relations, and the Commonwealth* (London : The Stationery Office, 2000) [以下，*BDEE, A-4-II*], pp. 418-423. その後，1955年にはパキスタン政府，1956年にはセイロン政府が，インドと同様の条件で共和国移行後のコモンウェルス残留を全会一致で承認された（ただし，インドの場合と異なり，両国のコモンウェルス残留の承認はおおむね形式的な議論のみを経て行われた）。"Commonwealth Prime Ministers' Meeting held in London, 31 January-8 February 1955", in Mansergh, ed., *Documents and Speeches on Commonwealth Affairs 1952-1962*, pp. 290-291 ; "Commonwealth Prime Ministers' Meeting held in London, 27 June-6 July 1956 : Extract from Final Communiqué", in *ibid*., p. 292 ; *DCER, Vol. 22*, p. 1202.

(10) Hayes, "South Africa's Departure", pp. 456-458；小田英郎「アパルトヘイトとその歴史的背景」『国際問題』第319号（1986年）20-22頁；内藤雅雄「インド系南アフリカ人の苦難——その抵抗と妥協」古賀正則，内藤雅雄，浜口恒夫編『移民から市民へ——世界のインド系コミュニティ』東京大学出版会，2000年，122-123頁。ただし，イギリス帝国各地において，白人と先住民の間の「全般的な隔離主義が公的政策とされた」という指摘に見られるように，アパルトヘイトの（少なくとも部分的な）起源をイギリス帝国時代に遡って捉えることは可能であり，また必要なことであろう。A. J. クリストファー著，川北稔訳『景観の大英帝国——絶頂期の帝国システム』三嶺書房，1995年，29-30頁。

(11) Smuts, *Jan Christian Smuts*, pp. xiii-xiv, pp. 188-191, pp. 294-296, p. 492.

(12) ストレイダムの死去（8月24日）を受けて行われた国民党党首選挙でフルヴールトが選出されたことによる。

(13) "Message to the People of South Africa, on September 3, 1958", in A. N. Pelzer, ed., *Verwoerd Speaks : Speeches 1948-1966* (Johannesburg : APB Publishers, 1966), pp.

160-163 ; Wood, "The Roles of Diefenbaker, Macmillan and Verwoerd", p. 154. 国民党の伝統的な共和国志向については，William Henry Vatcher, Jr., *White Laager : The Rise of Afrikaner Nationalism* (London : Pall Mall Press, 1965), ch. 11.

(14) "Reply to the Motion of No Confidence of the Leader of the Opposition, on January 20, 1960", in Pelzer, ed., *Verwoerd Speaks*, pp. 323-335.

(15) PRO, DO35/10570, "Address by Mr. Macmillan to Both Houses of the Parliament of the Union of South Africa, Cape Town, 3 February 1960", in Ronald Hyam and Wm. Roger Louis, eds., *British Documents on the End of Empire, Series A, Volume 4 : The Conservative Government and the End of Empire 1957-1964, Part I, High Policy, Political and Constitutional Change* (London : The Stationery Office, 2000) [以下，*BDEE, A-4-I*], pp. 167-174.

(16) Hyam, "The Parting of the Ways", pp. 157-158, pp. 161-162. 特に国連との関係については，半澤朝彦「イギリス帝国の終焉と国際連合——1960年の南アフリカ連邦・シャープヴィル事件の衝撃」『現代史研究』第45号（1999年）23-24頁。

(17) Harold Nicolson to Nigel Nicolson and Phillippa Nicolson, 24 January 1960, in Nicolson, ed., *Harold Nicolson Diaries and Letters 1945-1962*, pp. 378-379 ; Harold Nicolson Diaries, 4 February 1960, in *ibid*., pp. 379-380. 以下も参照。Neil Briscoe, *Britain and UN Peacekeeping 1948-67* (Basingstoke : Palgrave Macmillan, 2003), p. 97.

(18) PRO, PREM11/3073, Cape Town to CRO, telegram No. 89, 16 February 1960 ; PRO, PREM11/3073, Hunt to T. J. Bligh (Principal Private Secretary to the Prime Minister), 17 February 1960.

(19) "Statement of Policy in the House of Assembly, March 9, 1960", in Pelzer, ed., *Verwoerd Speaks*, pp. 340-369.

(20) NARA, RG59, Department of State, Conference Files, Box 214, CF1619, Foy D. Kohler (Assistant Secretary of State for European Affairs) to Herter, "US-UK Discussion at Camp David : South Africa", March 28, 1960.

(21) パス法は，1948年に国民党単独政権が発足した直後に制定され，その後のさまざまなアパルトヘイト法制の端緒ともなった。

(22) ケープタウン近郊のランガでも，より小規模ではあったが同様の事件が起こった。PRO, PREM11/3109, Cape Town to CRO, telegram No. 200, 30 March 1960 ; PRO, PREM11/3109, Cape Town to CRO, telegram No. 230, 2 April 1960 ; Macmillan, *Pointing the Way*, pp. 166-167；林「南アフリカ連邦の英連邦脱退」69-70頁；Nelson Mandela, *Long Walk to Freedom : The Autobiography of Nelson Mandela* (London : Abacus, 1995), pp. 279-289；半澤「イギリス帝国の終焉と国際連合」15頁。

(23) Wm. Roger Louis, "Introduction", in Judith M. Brown and Wm. Roger Louis, eds., *The Oxford History of the British Empire, Vol. IV : The Twentieth Century* (Oxford : Oxford University Press, 1999), p. 38.

(24) PRO, PREM11/3109, United Kingdom Mission to the United Nations (New York) to FO, telegram No. 158, 25 March 1960 ; PRO, PREM11/3109, FO to United Kingdom Mission to the United Nations, telegram No. 362, 1 April 1960 ; ANM, P/KHL2,

Report of the Federation of Malaya Delegation to the Fourteenth Session of the General Assembly of the United Nations (15th September–13th December, 1959), pp. 19–20, pp. 23–24, pp. 62–63; "Security Council Resolution on the Killings at Sharpeville, South Africa, adopted 1 April 1960", in Richard Gott, John Major and Geoffrey Warner, eds., *Documents on International Affairs, 1960* (London: Oxford University Press, 1964), p. 348. アメリカ政府はそれまでの政策を大きく転換して決議案に賛成した。*BDEE, A-4-II*, p. 406; Westad, *The Global Cold War*, pp. 133–134.

(25) "Opening Address on the Occasion of the Union Show, Milner Park, Johannesburg, April 9, 1960", in Pelzer, ed., *Verwoerd Speaks*, pp. 388–393.

(26) PRO, CAB128/34, CC (60) 20, 24 March 1960; PRO, PREM11/3109, Message from Mr. Macmillan to Mr. Menzies (Australia), 2 April 1960, in *BDEE, A-4-II*, pp. 406–407; Peter Harnetty, "Canada, South Africa, and the Commonwealth 1960–61", *Journal of Commonwealth Political Studies*, Vol. 2 (1963–1964), pp. 34–36; Hayes, "South Africa's Departure", pp. 463–465；櫻田『カナダ外交政策論の研究』307–308頁。

(27) NLA, Menzies Papers, MS4936, series 1, box 22, folder 187, Menzies to Macmillan, 15 January 1962; J. D. B. Miller, "South Africa's Departure", *Journal of Commonwealth Political Studies*, Vol. 1, No. 1 (1961), p. 67; Sir Robert Gordon Menzies, *Afternoon Light: Some Memories of Men and Events* (London: Cassell, 1967), p. 192; Stuart Ward, *Australia and the British Embrace: The Demise of the Imperial Ideal* (Melbourne: Melbourne University Press, 2001), p. 147. 白豪主義（アパルトヘイトとの類似性に関する指摘を含む）については，James Jupp, *From White Australia to Woomera: The Story of Australian Immigration* (Cambridge: Cambridge University Press, 2002), pp. 6–10.

(28) PRO, CAB128/34, CC (60) 9, 16 February 1960.

(29) PRO, PREM11/3109, Kuala Lumpur to CRO, telegram No. 145, 29 March 1960; PRO, PREM11/3112, CRO to Kuala Lumpur, telegram No. 303, 26 April 1960; PRO, PREM11/3112, Kuala Lumpur to CRO, telegram No. 252, 27 April 1960；トゥンク・アブドゥル・ラーマン・プトラ著，小野沢純監訳，鍋島公子訳『ラーマン回想録』井村文化事業社，1987年，110頁。

(30) *The Straits Times*, 5 May 1960; *The Straits Times*, 7 May 1960; Miller, "South Africa's Departure", p. 57; Diefenbaker, *One Canada, Vol. 2*, pp. 210–211; Menzies, *Afternoon Light*, pp. 194–195, p. 199; Macmillan, *Pointing the Way*, pp. 170–173；ラーマン『ラーマン回想録』110–111頁；Wood, "The Roles of Diefenbaker, Macmillan and Verwoerd", pp. 157–158.

(31) PRO, DO119/1206, Extract of PMM (60) 8, 10 May 1960. その後，ガーナは，同年7月1日に共和国に移行し，総督の地位は廃止され，エンクルマが大統領（国家元首）と首相を兼任することになる。

(32) Miller, "South Africa's Departure", p. 58; Hayes, "South Africa's Departure", p. 467.

(33) PRO, CAB21/3117, Meeting of Commonwealth Prime Ministers: Final Communiqué, 13 May 1960; NLA, Menzies Papers, MS4936, series 1, box 22, folder 186, Macmillan to Menzies, 14 May 1960; Menzies, *Afternoon Light*, pp. 195–197. 最終コ

ミュニケには，ナイジェリアが，独立（同年10月1日に予定）後にコモンウェルスに加盟するのを歓迎することも記された。

(34) PRO, DO119/1206, Macmillan to Verwoerd, 13 July 1960 ; PRO, DO119/1206, Macmillan to Verwoerd, 2 August 1960.

(35) "Broadcast Speech on August 3, 1960 announcing the Referendum", in Pelzer, ed., *Verwoerd Speaks*, pp. 407-409 ; PRO, DO119/1206, Duncan Sandys (Secretary of State for Commonwealth Relations) to Sir John Maud (United Kingdom High Commissioner in South Africa), 4 August 1960.

(36) PRO, DO119/1206, Maud to Sandys, 13 August 1960.

(37) 南アフリカ連邦内の州別の統計も含めて，林「南アフリカ連邦の英連邦脱退」73頁。

(38) PRO, PREM11/3537, CRO to Pretoria, telegram No. 984, 28 October 1960 ; PRO, PREM11/3537, Sandys to Macmillan, 9 November 1960 ; PRO, PREM11/3537, M. I. Botha (South African Acting High Commissioner in the United Kingdom) to Macmillan, 12 November 1960.

(39) PRO, CAB133/261, PMM (UK) (61) 8, 22 February 1961, in *BDEE, A-4-II*, pp. 414-418 ; PRO, PREM11/3109, Macmillan to Butler, 25 March 1960 ; Macmillan, *Pointing the Way*, pp. 292-293 ; Miller, "South Africa's Departure", p. 60 ; 林「南アフリカ連邦の英連邦脱退」76-78頁。

(40) イギリスから南アフリカへの移民は現地でゴールド・ラッシュが起こった1880年代以降（特に1895～99年以降）に本格化したため，他の旧自治領諸国と比べて移民してから相対的に年月が浅い人々が多かった（当時は移民1世の割合も少なくなかった)。また，圧倒的多数の黒人と白人集団内の多数派であるアフリカーナーに囲まれている環境も，彼らのイギリス系としてのアイデンティティを強める効果を持ったと考えられる。イギリスから各自治領への移民数の変遷は，クリストファー『景観の大英帝国』46-49頁。

(41) *Exchanges of Letters on Defence Matters between the Governments of the United Kingdom and the Union of South Africa*, July 1955, Cmd. 9520 (London : HMSO, 1955) ; M. J. Christie, *The Simonstown Agreements : Britain's Defence and the Sale of Arms to South Africa* (London : The Africa Bureau, 1970), pp. 4-7 ; Louis, "Introduction", p. 2. ただし，イギリス政府のコモンウェルス関係省官僚プライス（C. R. Price）は，南アフリカがコモンウェルスを脱退したとしても，サイモンズタウン基地の使用に関する協定を維持することはできるのではないかという見方を示していた。NARA, RG59, Department of State, Central Files, Box 1333, 641. 70/8-1960, American Embassy, London to Department of State, DESP. No. 407, August 19, 1960.

(42) この場合，南アフリカ政府がGATTの下で最恵国待遇を保証された国々からの輸入に課した関税率とイギリスからの輸入に課した特恵関税率の差。

(43) PRO, BT205/238, ES (QT) (56) 8, 13 March 1956 ; PRO, DO35/8730, OMP (57) 13 (3rd revise), 20 August 1957 ; PRO, FO371/142590, M6114/40, Tariff Preferences within the British Commonwealth, undated ; Peter J. Henshaw, "Britain, South Africa and the Sterling Area : Gold Production, Capital Investment and Agricultural Markets,

1931-1961", *The Historical Journal*, Vol. 39, No. 1 (1996), pp. 216-220 ; Hyam, "The Parting of the Ways", pp. 157-158.

(44) PRO, PREM11/3537, Drew to Macmillan, 16 November 1960.

(45) PRO, PREM11/3537, Ottawa to CRO, telegram No. 233, 15 February 1961 ; Diefenbaker, *One Canada, Vol. 2*, p. 216. 他にも，Hayes, "South Africa's Departure", pp. 477-478；櫻田『カナダ外交政策論の研究』309頁を参照。

(46) Macmillan, *Pointing the Way*, p. 293. さらに，マクミランは，南アフリカ問題に関するカナダ首相の姿勢について，「私はディーフェンベイカーをより理解しがたいと感じた。彼は，個人的には最も感じがよいのだが，私にはあまりにカナダの政党政治に気を取られすぎているように思われた」と記している。*Ibid*., p. 174.

(47) PRO, PREM11/3537, Macmillan to Diefenbaker, 18 November 1960 ; PRO, PREM11/3537, Macmillan to Nehru, 6 January 1961 ; Macmillan, *Pointing the Way*, pp. 293-296.

(48) PRO, PREM11/3535, Note for the record by Bligh, 7 March 1961, in *BDEE, A-4-II*, pp. 423-424.

(49) PRO, CAB133/251, PMM (61) 1st meeting, 8 March 1961 (11 a. m.) ; PRO, CAB133/251, Communique, 13 March 1961 ; PRO, DO35/10491, Outward Telegram No. GG278 from Mr. Macmillan to Sir J. Robertson announcing Nigerian Membership of the Commonwealth, 17 September 1960, in Martin Lynn, ed., *British Documents on the End of Empire, Series B, Volume 7 : Nigeria, Part II, Moving to Independence 1953-1960* (London : The Stationery Office, 2001), pp. 757-758. この年の首相会議では，独立（4月27日）を間近に控えたシエラレオネの独立後の加盟の見通しも表明された。「シエラレオネの英連邦加盟に関する英連邦首相会議のコミュニケ」1961年3月16日発表（ロンドン）浦野起央編著『資料体系アジア・アフリカ国際関係政治社会史 第4巻 アフリカ I』パピルス出版，1979年，272頁。

(50) 1964年には，同じくイギリスから独立したザンジバルとともに，現在のタンザニア連合共和国を形成することになる。

(51) "The Commonwealth, South Africa, and Tanganyika", in Julius K. Nyerere, *Freedom and Unity : A Selection from Writings and Speeches 1952-65* (London : Oxford University Press, 1967), pp. 108-113 ; Miller, "South Africa's Departure", Appendix 2, pp. 61-62, p. 65 ; Hayes, "South Africa's Departure", p. 472, p. 480. その後もニエレレは南アフリカへの厳しい批判を続けることになる。例えば1970年代中頃については，Westad, *The Global Cold War*, p. 234, p. 246.

(52) *BDEE, A-4-II*, p. 425. 軍縮問題はまさに，ネルーに代表されるようなアパルトヘイトに批判的な各国首脳が大きな関心を示し，しばしば雄弁に持論を展開してきたテーマであった。例えば，ネルーがソ連のスプートニク1号打ち上げ直後に訪問先の香港で行った演説は，PROHK, HKRS70-1-209, "War Ridiculous, A Thing of the Past Declares Indian Prime Minister", Address to Hong Kong Indian Community, 14 October 1957.

(53) PRO, CAB133/251, PMM (61) 6th meeting, 13 March 1961 (10.30 a.m.).

(54) PRO, CAB133/251, PMM (61) 7th meeting, 13 March 1961 (3.30 p.m.).

(55) PRO, PREM11/3535, Letter from Mr. Macmillan to Dr. Verwoerd, 13 March 1961, in *BDEE, A-4-II*, p. 424 ; Hyam, “The Parting of the Ways”, p. 168. 当時，南アフリカ政府はイギリス，カナダ，オーストラリア，そして（コモンウェルス関係省管轄下の）中央アフリカ連邦以外のコモンウェルス諸国とは常駐使節（高等弁務官）を交換していなかった。

(56) PRO, CAB133/251, PMM (61) 8th meeting, 14 March 1961 (10.30 a.m.).

(57) PRO, CAB133/251, PMM (61) 9th meeting, 14 March 1961 (3.30 p.m.) and Annexes I-III.

(58) PRO, CAB133/251, PMM (61) 10th meeting, 15 March 1961 (9.45 a.m.) ; Harold Evans, *Downing Street Diary : The Macmillan Years 1957-1963* (London : Hodder and Stoughton, 1981), pp. 141-142. この後，コミュニケの修正のために南アフリカについての議論は同日午後の第 12 回全体会合に持ち越され，その間の第 11 回全体会合では，キプロスの加盟（3 月 13 日の第 6 回全体会合で承認済み）の手続きとコンゴ情勢に関する議論が行われた。PRO, CAB133/251, PMM (61) 11th meeting, 15 March 1961 (10.30 a.m.). キプロスの加盟承認は，PRO, CAB133/251, PMM (61) 6th meeting, 13 March 1961 (10.30 a.m.).

(59) PRO, CAB133/251, PMM (61) 12th meeting, 15 March 1961 (3.30 p.m.) and Annex I ; PRO, CAB128/35, CC (61) 13, 16 March 1961 ; Evans, *Downing Street Diary*, p. 142 ; Macmillan, *Pointing the Way*, p. 299. フルヴールト声明はそのままの内容で同日公表された。「英連邦首相会議における南アフリカ連邦首相フルウールトの英連邦離脱表明」1961 年 3 月 15 日声明（ロンドン）浦野編著『資料体系アジア・アフリカ国際関係政治社会史 第 4 巻 アフリカ I』279-280 頁。

(60) PRO, CAB133/251, Communique, 15 March 1961.

(61) Macmillan, *Pointing the Way*, pp. 300-305 ; Evans, *Downing Street Diary*, p. 142 ; Horne, *Macmillan 1957-1986*, pp. 392-393 ; Ward, *Australia and the British Embrace*, pp. 57-58.

(62) ただし，西インド諸島や南アジア諸国からの多数の労働者・移民の流入を背景に，1962 年コモンウェルス移民法（Commonwealth Immigrants Act）により，まもなくコモンウェルス諸国市民のイギリスへの入国自体が制限を受けるようになる。坂井秀夫『現代イギリス政治外交論――そのイメージ論的分析』日本図書センター，2000 年，92-99 頁；若松邦弘「脱植民地化のなかの入国管理政策――旧帝国地域からの入国に関するイギリスの政策」『社会科学紀要』第 50 号（2000 年）163-166 頁。

(63) Harnetty, “Canada, South Africa, and the Commonwealth”, pp. 42-43 ; Henshaw, “Britain, South Africa and the Sterling Area”, pp. 221-223 ; *BDEE, A-4-I*, p. lxxv.

(64) アイルランドも，1949 年 4 月 18 日に共和国に移行し，コモンウェルスから脱退した後も特恵制度とスターリング圏に残留していた。PRO, DO35/8712, Note by R. G. Britten (CRO) for new High Commissioner, 19 December 1958, in *BDEE, A-4-II*, pp. 379-381；松田『国際法上のコモンウェルス』227-233 頁。こうしたアイルランドと同様の立場は，1959 年 12 月の時点で，イギリス政府の一部でフルヴールトが望んでいるのではないかと推測されていたものでもあった。PRO, PREM11/3073, Note for the Record by Bligh, 14 December 1959 ; PRO, DO119/1206, AT (SA) 9 (Revise), 31

December 1959.

(65) NARA, RG59, Department of State, Central Files, Box 1333, 641. 70X/7-161, American Embassy, London to Secretary of State, airgram No. A-4, July 1, 1961 ; PRO, CAB128/35, CC (61) 47, 3 August 1961 ; NARA, RG59, Department of State, Central Files, Box 1333, 641. 70X/2-2862, American Embassy, Cape Town to Department of State, Foreign Service Despatch No. 31, February 28, 1962 and its attachment. 他方，インド，マラヤ，ガーナ，ナイジェリア各国政府は，南アフリカのコモンウェルス脱退前から同国製品へのボイコットを実施していた。Diefenbaker, *One Canada, Vol. 2*, p. 214 ; Hayes, "South Africa's Departure", p. 469.

第7章　ケネディ政権の成立と第1回EEC加盟申請 1960〜61年

(1) PRO, CAB128/34, CC (60) 47, 28 July 1960 ; Macmillan, *Pointing the Way*, p. 317 ; Heath, *The Course of My Life*, pp. 199-203 ; Sampson, *Macmillan*, p. 205 ; Garner, *The Commonwealth Office*, p. 285, pp. 397-401 ; Kaiser, *Using Europe*, pp. 134-136, p. 140 ; Aldous and Lee, "'Staying in the Game'", p. 156 ; David Reynolds, *Britannia Overruled : British Policy and World Power in the Twentieth Century*, 2nd ed. (Harlow : Longman, 2000), p. 206 ; Milward, *The Rise and Fall of a National Strategy*, pp. 334-335 ; クラーク『イギリス現代史』270頁。例えば，ソームズはその後も駐仏大使（1968〜72年），EC対外関係担当副委員長（1973〜76年）を歴任するなど，長年にわたりヨーロッパ統合に深い関わりを持つことになる。

(2) Heath, *The Course of My Life*, pp. 205-207.

(3) Heath's interview, in Charlton, *The Price of Victory*, p. 244.

(4) PRO, FO371/150364, M6136/52, FO to Washington, telegram No. 3692, 11 August 1960 ; NARA, RG59, Department of State, Central Files, Box 1332, 641. 62a/8-1260, Memorandum of Conversation, August 12, 1960 ; PRO, CAB134/1819, EQ (60) 9th meeting, 30 August 1960 ; PRO, FO371/150169, M612/66, Bonn to FO, telegram No. 216 Saving, 6 September 1960 ; Macmillan, *Pointing the Way*, pp. 317-322 ; Camps, *Britain and the European Community*, pp. 310-312 ; *BEI*, p. 123 ; Bange, *The EEC Crisis of 1963*, pp. 53-55 ; 岡本「第一次EEC加盟申請とイギリス外交」41頁。以下も参照。PRO, FO371/150362, M6136/24, Note by Hoyer-Millar, 5 July 1960. この時期，オランダ政府，ルクセンブルク政府からもイギリスとEECの間でより緊密な関係を築くことへの期待が寄せられた。PRO, FO371/150363, M6136/36, Luxembourg to FO, telegram No. 44, 2 August 1960 ; PRO, FO371/150363, M6136/39, Record of Conversation by Sir Roderick Barclay (FO), 3 August 1960.

(5) そうした見方は，例えば，PRO, DO35/8383, J. R. A. Bottomley (CRO) to P. B. Hunt (United Kingdom Senior Trade Commissioner in Australia), 17 August 1960.

(6) PRO, CAB128/34, CC (60) 36, 21 June 1960 ; PRO, CAB128/34, CC (60) 45, 25 July 1960 ; PRO, CAB128/34, CC (60) 60, 29 November 1960 ; *Economic Survey by the OECD : United Kingdom*, Paris, March 1962, pp. 10-20, in Alan Booth, ed., *British Economic Development since 1945* (Manchester : Manchester University Press, 1995), pp. 39-42 ; ミルトン・ギルバート著，緒方四十郎，溝江義郎訳『国際通貨体制の軌

跡』東洋経済新報社，1982年，85-88頁；David Sanders, *Losing an Empire, Finding a Role : British Foreign Policy since 1945* (Basingstoke : Macmillan, 1990), pp. 205-206 ; John Darwin, *The End of the British Empire : The Historical Debate* (Oxford : Basil Blackwell, 1991), p. 44 ; Kaiser, *Using Europe*, pp. 110-113；力久『イギリスの選択』70-71頁；金井「ポンドの衰退とイギリス国民経済の選択」91頁。こうした経済状況に関する危機感は，7月6日の経済運営委員会ヨーロッパ部会の答申の大きな背景にもなった。Eric Roll's interview, in Charlton, *The Price of Victory*, p. 251.

(7) Milward, *The European Rescue of the Nation-State*, 2nd ed., pp. 354-355. 力久昌幸は，1953年から58年にかけての国民総生産（GNP）の実質成長率の差（年率でイギリス2.2%，EEC諸国平均5.3%）を指摘している。力久『イギリスの選択』71頁。

(8) 例えば，PRO, CAB128/34, CC (60) 60, 29 November 1960. 1951～68年のイギリスの貿易収支と経常収支の変化は，金井「ポンドの衰退とイギリス国民経済の選択」92頁。1960年夏以降，国内の製造業（特に大企業）や金融・サービス業の代表，さらには労働組合会議（Trades Union Congress : TUC）もEEC加盟への支持を打ち出すようになっていく。Kaiser, *Using Europe*, pp. 170-173 ; Moravcsik, *The Choice for Europe*, pp. 167-169.

(9) Lieber, *British Politics and European Unity*, pp. 93-94.

(10) Barker, *Britain in a Divided Europe*, pp. 148-150 ; Sanders, *Losing an Empire, Finding a Role*, p. 205；ケイン，ホプキンズ『ジェントルマン資本主義の帝国 II』197頁。

(11) 国内的な調整に関する部分は，PRO, CAB134/1853, ES (E) (60) 17, 6 July 1960. それまでイギリスでは，帝国・コモンウェルスとの関係を抱えていたこともあり貿易構造の転換が遅れていた。1950年代前半までは「垂直分業」が重視されていたが，1950年代後半以降しだいに「水平分業」に貿易構造の重心が移っていったことは，Holland, "The Imperial Factor in British Strategies", p. 172, pp. 183-184.

(12) 力久『イギリスの選択』113-115頁。

(13) ケイン，ホプキンズ『ジェントルマン資本主義の帝国 II』183頁。

(14) PRO, CAB129/99, C (59) 188, 14 December 1959 ; Young, *Britain and European Unity 1945-1999*, p. 64 ; Kaiser, *Using Europe*, pp. 113-114.

(15) PRO, FO371/150364, M6136/62, Tandy to Gallagher, 2 September 1960.

(16) PRO, FO371/150365, M6136/73/G, Record of Conversation between the Secretary of State and Mr. Dillon at Dinner in Washington on Sunday, September 18, 1960.

(17) PRO, FO371/150169, M612/68, Barclay to Sir Ashley Clarke, 21 September 1960.

(18) EFTA Archives, EFTA/C, 17th Meeting/60 (Final), 12 October 1960 ; EFTA Archives, SGN, 11/60, 4 November 1960 ; Camps, *Britain and the European Community*, pp. 319-320 ; Kaiser, "Challenge to the Community", p. 20.

(19) Thomas B. Curtis and John Robert Vastine, Jr., *The Kennedy Round and the Future of American Trade* (New York : Praeger, 1971), p. 25 ; Winand, *Eisenhower, Kennedy, and the United States of Europe*, pp. 119-121 ; Eckes, *Opening America's Market*, pp. 182-183.

(20) EFTA Archives, EFTA/C, 19th Meeting/60 (Final), 3 November 1960 ; PRO,

CAB21/4414, FO to Berne, telegram No. 313, 24 November 1960 ; PRO, CAB128/34, CC (60) 59, 25 November 1960 ; PRO, FO371/150170, M612/84, FO to Berne, telegram No. 328, 30 November 1960 ; NARA, RG59, Department of State, Central Files, Box 1333, 641. 65/12-560, Memorandum of Conversation, "Macmillan/Fanfani Conversations in Rome", December 5, 1960 ; PRO, CAB21/4414, FO to Bonn, telegram No. 2175, 9 December 1960 ; PRO, CAB134/1820, EQ (60) 38, 22 December 1960 ; PRO, CAB21/4414, "The Six/Seven Problem : Discussions with German and French Officials", Note by Lee, undated ; Ludlow, *Dealing with Britain*, pp. 33-34.

(21) PRO, CAB21/4414, Paris to FO, telegram No. 417, 5 October 1960.

(22) Camps, *Britain and the European Community*, pp. 318-319 ; Bange, *The EEC Crisis of 1963*, pp. 20-21.

(23) PRO, FO371/150170, M612/88, Minutes by Sir Patrick Reilly（FO）, 20 December 1960.

(24) カイザーは，マクミランが，西ドイツ，イタリア，そしてフランスとの2国間事務レベル協議を行った目的は，①ヨーロッパにおける政治的な雰囲気を改善すること，②内閣と保守党内部の懐疑派に対してEECへの完全な加盟に満たない解決策はもはや存在しないことをはっきりと示すことであったと論じている。Kaiser, "To Join, or Not to Join", p. 147.

(25) PRO, CAB134/1853, ES（E）（60）17, 6 July 1960 ; PRO, CAB134/1819, EQ (60) 9th meeting, 30 August 1960 ; PRO, FO371/150366, M6136/82, "Seven/Six Relations : The Institutional Aspect", undated (but October 1960). さらに，EECに加盟するか否かにかかわらず，長期的にはコモンウェルスとの関係や農業政策に関する変化は不可避であるという見方も出てきていた。PRO, CAB128/34, CC（60）41, 13 July 1960.

(26) PRO, CAB134/1853, ES（E）（60）17, 6 July 1960, Appendix ; PRO, DO35/8385, Bottomley to Cruickshank, 26 July 1960 ; PRO, CAB128/34, CC（60）51, 22 September 1960 ; PRO, CAB134/1820, EQ (60) 35, 25 October 1960. 他方，イギリス政府内では，コモンウェルス関係省のランボールドが，6カ国との接近に向けて踏み込んだ提案を行う際にはコモンウェルス諸国との協議が欠かせないと主張するなど，拙速な行動に釘を刺す動きが見られた。PRO, FO371/158369, M6136/135, H. A. F. Rumbold to Glaves-Smith, 15 December 1960.

(27) PRO, FO371/150170, M612/76, "Lange Speaks on EFTA", British Embassy, Stockholm to European Economic Organisations Department, FO, 7 November 1960 ; PRO, FO371/150368, M6136/109, Berne to FO, telegram No. 258, 19 November 1960 ; PRO, PREM11/3345, Visit of Chancellor Adenauer to UK, February 1961 : Record of Discussions with Prime Minister ; Camps, *Britain and the European Community*, pp. 319-320, p. 335 ; Lieber, *British Politics and European Unity*, p. 90.

(28) CAPの制度的根幹をなす可変課徴金については以下を参照。Curtis and Vastine, *The Kennedy Round*, pp. 21-25.

(29) PRO, CAB134/1853, ES（E）（60）17, 6 July 1960 ; PRO, CAB134/1819, EQ (60) 9th meeting, 30 August 1960 ; HAEU, MT31, "Press Statement to be issued in the Name of Mr. Colin Clark as Director of the Agricultural Economics Research Institute, Oxford",

23 May 1961; Lieber, *British Politics and European Unity*, pp. 116-119; Kaiser, *Using Europe*, pp. 140-141. 園芸農家が関税で保護されていたことは，PRO, CAB134/1818, EQ (59) 4, 6 November 1959; PRO, CAB134/1685, EA (60) 11th meeting, 30 March 1960. また，槙満信「EEC加入問題とカルドアの収益逓増・成長論」(上)『一橋論叢』第120巻第6号（1998年）873-876頁では，N. カルドア，J. E. ミードなど同時代の経済学者のCAPへの批判的論調が紹介・分析されている。1960年代から70年代にかけてEEC（EC）加盟反対派の代表的論客となったカルドアの言説と理論については，井上義朗「カルドア累積的因果系列論の考察——EC加盟問題での言説を中心に」『千葉大学経済研究』第11巻第4号（1997年）469-505頁；井上義朗「EC加盟論争——ニコラス・カルドアをめぐって」服部正治，西沢保編著『イギリス100年の政治経済学——衰退への挑戦』ミネルヴァ書房，1999年，168-204頁に詳しい。

(30) 例えば，PRO, CAB134/1819, EQ (60) 10th meeting, 31 October 1960.

(31) Macmillan, *Pointing the Way*, p. 312.

(32) Horne, *Macmillan 1957-1986*, p. 284, p. 659. 以下も参照。Kaiser, "To Join, or Not to Join", p. 147.

(33) PRO, PREM11/3325, Memorandum by the Prime Minister, 29 December 1960 to 3 January 1961. マクミランの『大構想』とその作成に至る思惑については，岡本「第一次EEC加盟申請とイギリス外交」41-46頁。他方，ハルシュタインは，マクミランと同様にフランス政府の態度が決定的に重要であろうとしつつも，ドゴールはますますアルジェリア問題に神経を集中させており，積極的な対応をとる兆候は見られないという見方を示していた。PRO, FO371/150368, M6136/105, Tandy to Gallagher, 9 November 1960.

(34) バトラーは，EEC加盟の是非をめぐる議論のなかで，特に国内の農業利益を代弁する態度を示していた。Charlton, *The Price of Victory*, p. 251.

(35) NARA, RG59, Department of State, Conference Files, Box 244, CF1832, MVK D-V/A-5a, March 28, 1961; Macmillan, *Pointing the Way*, p. 284; シュレジンガー『ケネディ』(上) 392-393頁。

(36) PRO, FO371/150170, M612/89, Barclay to Caccia, 22 December 1960; PRO, PREM11/3553, Note of a Meeting held at Chequers on Saturday, 14th January, 1961 at 5. 00 p. m. 以下も参照。Charlton, *The Price of Victory*, p. 249; Ward, "Kennedy, Britain, and the European Community", pp. 319-320.

(37) HAEU, OEEC/OECD1546, OECD (60) 5, 9 July 1960; PRO, CAB128/34, CC (60) 45, 25 July 1960.

(38) イギリスからはロイド蔵相，モードリング商務相が出席し，OECD協定に調印した。PRO, CAB128/34, CC (60) 62, 8 December 1960; HAEU, OEEC/OECD1546, OECD (60) 21 (Final), 17 December 1960.

(39) 村田『OECD（経済協力開発機構）』65-66頁。

(40) PRO, PREM11/3325, Memorandum by the Prime Minister, 29 December 1960 to 3 January 1961.

(41) PRO, CAB134/1821, EQ (61) 1, 13 February 1961.

(42) Ball, *The Past Has Another Pattern*, p. 169; Winand, *Eisenhower, Kennedy, and the*

United States of Europe, pp. 139–140 ; Ashton, *Kennedy, Macmillan and the Cold War*, p. 136.

(43) Richard Neustadt's interview, in Charlton, *The Price of Victory*, pp. 212–213. 以下も参照。Butler, *The Art of the Possible*, p. 256.

(44) NARA, RG59, Department of State, Central Files, Box 1334, 641. 91/12–2962, Department of State to American Embassy, New Delhi, telegram No. 2738, December 29, 1962. コモンウェルスとそのなかでのイギリスのリーダーシップを重視するラスクの立場は以下も参照。PRO, CAB130/189, GEN779/1st meeting, 20 November 1962.

(45) ディロンは，前年の大統領選挙でニクソンが勝利した場合には国務長官に昇格することが有力視されていた。

(46) PRO, PREM11/3553, Washington to FO, telegram No. 332, 13 February 1961 ; PRO, PREM11/3553, De Zulueta to M. J. Wilmshurst (FO), 15 February 1961.

(47) Ball, *The Past Has Another Pattern*, pp. 208–209.

(48) ボール『大国の自制』93–96 頁，106–107 頁。

(49) Ball's interview, in Charlton, *The Price of Victory*, p. 215.

(50) Schaetzel's interview, in Charlton, *The Price of Victory*, pp. 248–250. 以下も参照。Winand, *Eisenhower, Kennedy, and the United States of Europe*, pp. 140–153.

(51) PRO, FO371/158161, M614/25G, Anglo-American Bilateral Talks, Washington, February-March 1961, Agreed Minutes No. 17 : Sixes and Sevens, undated. その後の国務省文書（3月21日）でも，まったく同じ条件が列挙されている。NARA, RG59, Department of State, Conference Files, Box 244, CF1832, MVK B-III-52, March 21, 1961.

(52) PRO, PREM11/3322, Introduction : The Prime Minister's Visit to President de Gaulle, Friday, January 27–Sunday, January 29, 1961 ; Rolf Steininger, "1961 : Europe 'at Sixes and Sevens'. The European Free Trade Association, the Neutrals, and Great Britain's Decision to Join the E.E.C.", *The Journal of European Economic History*, Vol. 26, No. 3 (1997), p. 537.

(53) PRO, CAB128/35, CC (61) 3, 31 January 1961.

(54) PRO, PREM11/3553, Record of a Conversation between the Lord Privy Seal and the French Ambassador on February 8, 1961.

(55) PRO, PREM11/3345, Visit of Chancellor Adenauer to UK, February 1961 : Record of Discussions with Prime Minister ; Camps, *Britain and the European Community*, pp. 328–330；ドゴール『希望の回想』266–267 頁；小林正英「欧州統合過程におけるベネルックス三国の外交――フーシェ・プラン交渉を中心にして」『法学政治学論究』第 27 号（1995 年）557–558 頁。

(56) PRO, FO371/158162, M614/44, Record of Remarks made by the Lord Privy Seal at the Meeting of the WEU Council, Paris, February 27, 1961 ; Macmillan, *At the End of the Day*, p. 5 ; Heath, *The Course of My Life*, p. 208 ; Camps, *Britain and the European Community*, pp. 330–333. ただし，ヒースが述べたようなコモンウェルス諸国，EFTA 諸国以外からの輸入に関して共通または平準化された域外関税を受け入れるという立場は，前年の秋以降に行われた西ドイツ，イタリア両国政府との 2 国間の

非公式協議でも打ち出されており，ヒースの声明は，必ずしもマクミラン政権の基本的立場に変化が生じたことを示すものではなかった。しかしながら，そうした発言が公式の場で行われたのは初めてであった。またヒースの声明は，経済面だけでなく，政治面も含めてEECに対して完全な加盟国として加わる意図を（多分に曖昧ではあったが）表明したものであり，それゆえにマクミラン政権の政策転換の動きを強くうかがわせるものであったといえる。

(57) PRO, FO371/158161, M614/30, FO to Berne, telegram No. 122, 28 February 1961 ; PRO, FO371/158264, M634/20, Revised Draft Note for Economic Steering (Europe) Committee, 7 March 1961 ; PRO, CAB134/1854, ES (E) (61) 1st meeting, 9 March 1961 ; PRO, DO165/60, "European Trade Questions : Malaya", Brief for the Visit of Lord Carrington to Malaya, March 1961 ; Ludlow, *Dealing with Britain*, pp. 35-36. フランス政府は，その後のイギリスとのEEC加盟交渉の過程でも，イギリス政府が共同体の政治的，経済的機構をそのまま受け入れるのであれば，イギリスのEEC加盟の可能性を否定しないという立場をとることになる。川嶋周一『独仏関係と戦後ヨーロッパ国際秩序――ドゴール外交とヨーロッパの構築1958-1969』創文社，2007年，104頁。

(58) PRO, FO371/158161, M614/34, Caccia to Reilly, 16 March 1961.

(59) Ball, *The Past Has Another Pattern*, p. 213.

(60) DAGは，同年9月30日のOECDの正式発足とともに，開発援助委員会（DAC）に再編される。DAG，DACについては，日本貿易研究会編，通商産業省通商局監修『戦後日本の貿易20年史――日本貿易の発展と変貌』通商産業調査会，1967年，521頁。

(61) PRO, FO371/158162, M614/45, Draft Record of the Talk with Mr. Ball and His Colleagues on 30 March 1961；ボール『大国の自制』124-126頁。

(62) NARA, RG59, Department of State, Conference Files, Box 244, CF1832, MVK B-III-52, March 21, 1961. 以下も参照。Schaetzel's interview, in Charlton, *The Price of Victory*, pp. 249-250.

(63) Ball's interview, in Charlton, *The Price of Victory*, pp. 246-247.

(64) Ball, *The Past Has Another Pattern*, p. 213 ; PRO, FO371/158162, M614/45, Draft Record of the Talk with Mr. Ball and His Colleagues on 30 March 1961.

(65) Ludlow, *Dealing with Britain*, p. 37.

(66) Heath, *The Course of My Life*, p. 209.

(67) PRO, CAB129/105, C (61) 55, PM (O) (61) 1st meeting, Record of a Meeting held in Parliament Buildings, Ottawa, on Monday, 10th April, 1961, at 11 a. m. ; Macmillan, *Pointing the Way*, p. 328. 以下も参照。*FRUS, 1961-1963, Vol. 13*, p. 704 ; Horne, *Macmillan 1957-1986*, p. 295 ; Milward, *The Rise and Fall of a National Strategy*, pp. 315-316.

(68) NARA, RG59, Department of State, Conference Files, Box 244, CF1833, Memorandum of Conversation, "The President's Meetings with Prime Minister Macmillan, Washington, April, 1961 : International Economic Problems : The Six and the Seven", April 5, 1961.

(69) PRO, CAB128/35, CC (61) 22, 20 April 1961.

(70) PRO, CAB128/35, CC (61) 24, 26 April 1961. また，5月17日のヨーロッパ経済連合委員会での以下の指摘に見られるように，マクミラン政権のEEC加盟申請に向けた動きは主に受動的，消極的なものであった点も重要である。「6カ国に加わることを支持するおそらく最も強力な議論は，外側にとどまることの潜在的危険に基づくものである。6カ国が強固になるにつれて，私たちは不可避的に相対的衰退の時期に入り，そこでは私たちの製造業や農業が損害を被るだけでなく，私たちのコモンウェルスと世界に対する政治的影響力も全般的に減退することになるであろう」。PRO, CAB134/1821, EQ (61) 4th meeting, 17 May 1961.

(71) この時点では，EEC加盟に関しておおむね世論の支持も見込まれていた。Gallup Poll, "British Attitudes to the EEC 1960-63", *Journal of Common Market Studies*, Vol. 5, No. 1 (1966), pp. 49-50.

(72) PRO, DO165/60, J. N. McKelvie (Office of the High Commissioner for the United Kingdom in the Federation of Malaya) to W. R. Bickford (CRO), 30 September 1960, Annex A ; PRO, DO165/60, "European Trade Questions : Malaya", Brief for the Visit of Lord Carrington to Malaya, March 1961 ; PRO, CAB134/2515, SEA (61) 29, 20 October 1961.

(73) ANM, P/KHL (ASA), Report of the First Meeting of Foreign Ministers on Economic and Cultural Co-operation among Southeast Asian Countries and Statement of Policy by the Federation Government, 1961 ; ラーマン『ラーマン回想録』113頁。

(74) Tunku Abdul Rahman, *Viewpoints* (Kuala Lumpur : Heinemann Educational Books (Asia), 1978), p. 223. 副首相ラザク（Abdul Razak Hussein）の演説（1966年8月3日）も参照。"A Seed of Accord : Conviction in the Ideals of ASA Remains Undiminished", in J. Victor Morais, ed., *Strategy for Action : The Selected Speeches of Tun Haji Abdul Razak bin Dato' Hussein Al-Haj* (Kuala Lumpur : Malaysian Centre for Development Studies, Prime Minister's Department, 1969), pp. 361-364.

(75) PRO, CAB129/105, C (61) 55, PM (O) (61) 1st meeting, Record of a Meeting held in Parliament Buildings, Ottawa, on Monday, 10th April, 1961, at 11 a. m. ; PRO, PREM11/3556, Wellington to CRO, telegram No. 249, 12 June 1961 ; PRO, PREM11/3556, Wellington to CRO, telegram No. 250, 12 June 1961 ; Macmillan, *At the End of the Day*, p. 6, p. 15 ; Steininger, "1961", pp. 543-554. 他方，EFTA加盟国ではなかったが，アイルランド政府は，イギリス政府とともにEECへの加盟を申請する意向を表明していた。Macmillan, *At the End of the Day*, p. 11.

(76) PRO, CAB134/1853, ES (E) (60) 17, 6 July 1960 ; PRO, CAB128/34, CC (60) 41, 13 July 1960.

(77) PRO, CAB128/35, CC (61) 24, 26 April 1961 ; PRO, FO371/158163, M614/71, FO to Washington, telegram No. 3296, 11 May 1961 ; Camps, *Britain and the European Community*, p. 356 ; Lieber, *British Politics and European Unity*, p. 190.

(78) Macmillan, *At the End of the Day*, pp. 5-7.

(79) PRO, CAB128/35, CC (61) 22, 20 April 1961.

(80) *FRUS, 1961-1963, Vol. 13*, p. 5, pp. 285-291.

(81) PRO, PREM11/3311, Macmillan to Kennedy, 28 April 1961. しかしその後，ケネディがフランスを訪問した際，ドゴールは，イギリスのEEC加盟に関して経済，政治両面の問題点を指摘するなど消極的な態度に終始した。PRO, CAB128/35, CC (61) 30, 6 June 1961.

(82) Ball, *The Past Has Another Pattern*, p. 215 ; PRO, FO371/158163, M614/69, Washington to FO, telegram No. 1134, 2 May 1961 ; PRO, FO371/158163, M614/69A, Washington to FO, telegram No. 1135, 2 May 1961.

(83) PRO, FO371/158164, M614/88, Barclay to Heath, 1 June 1961.

(84) PRO, FO371/158163, M614/75, Washington to FO, telegram No. 1241, 12 May 1961 ; PRO, PREM11/3556, De Zulueta to Macmillan, 9 June 1961 ; *FRUS, 1961-1963, Vol. 13*, pp. 20-21.

(85) PRO, FO371/158164, M614/98, Barclay to Caccia, 20 June 1961.

(86) ロンドン協定の抜粋は，*Bulletin of the European Economic Community*, N°9/10/1961, pp. 11-12. EFTA諸国との協議については以下も参照。Camps, *Britain and the European Community*, pp. 351-356 ; Steininger, "1961", pp. 548-565.

(87) PRO, DO165/60, Kuala Lumpur to CRO, telegram No. 479, 1 July 1961 ; PRO, CAB129/106, C (61) 103, 18 July 1961 ; PRO, CAB128/35, CC (61) 42, 21 July 1961 ; PRO, DO165/60, CRO to Accra, Kuala Lumpur, Lagos, Nicosia, and Freetown, 15 September 1961 ; Heath, *The Course of My Life*, p. 209 ; Camps, *Britain and the European Community*, pp. 338-351 ; Ward, "Anglo-Commonwealth Relations and EEC Membership", pp. 96-98.

(88) PRO, CAB128/35, CC (61) 22, 20 April 1961 ; PRO, CAB128/35, CC (61) 24, 26 April 1961 ; PRO, PREM11/3195, Soames to Macmillan, 18 May 1961 ; PRO, CAB128/35, CC (61) 42, 21 July 1961 ; Soames' interview, in Charlton, *The Price of Victory*, pp. 242-245 ; Roll's interview, in *ibid*., pp. 252-253 ; Kaiser, "To Join, or Not to Join", p. 148 ; Kaiser, *Using Europe*, pp. 140-142. マクミラン政権は，EEC加盟にともなう農業分野の代償についても受け入れ可能であるという結論に達していた。N. Piers Ludlow, "British Agriculture and the Brussels Negotiations : A Problem of Trust", in Wilkes, ed., *Britain's Failure to Enter the European Community*, pp. 108-110.

(89) *Parliamentary Debates* (*Hansard*), *Fifth Series — Volume 645, House of Commons, Official Report*, 31 July 1961, cols. 928-931. ただし，どの程度のものが「満足のいく調整」であるかという最終的な判断はあくまでイギリス政府・議会が握っており，この発言は，コモンウェルス諸国，EFTA諸国，国内農家に対してEEC加盟の是非に関する拒否権を認めたことを意味するものではなかった。例えば，Camps, *Britain and the European Community*, p. 358. 実際，この下院演説でマクミランは国内農家の生活水準を守りつづける決意を表明したものの，彼らの「特別な必要」の内容について具体的に言及したわけではなかった。コモンウェルス諸国との特恵関係に関しても，一定の移行期間を設けたうえでかなりの制約を受け入れざるをえないことは認識されており，EFTAに残らざるをえない国々に対する配慮はさらに限られたものであった。*Parliamentary Debates* (*Hansard*), *Fifth Series — Volume 645, House of Commons, Official Report*, 31 July 1961, cols. 929-930 ; Lieber, *British Politics and*

European Unity, p. 122 ; Macmillan, *At the End of the Day*, pp. 12-13.
(90) Macmillan, *At the End of the Day*, p. 18.
(91) "Text of the Government Motion, Carried on 3 August by 313 Votes to 5", in *Bulletin of the European Economic Community*, N°9/10/1961, pp. 15-16.
(92) 1962年4月30日には，ノルウェー政府もEECへの加盟申請を行うことになる。他方，スウェーデン，スイス，オーストリア，ポルトガル（以上，EFTA諸国），フィンランド，スペインなどの政府は，連合または他の方法によりEECとの経済関係を保つことに関する協議を申し入れた。

第III部　おわりに

(1) 外交の役割を異質な国家間の仲介と捉える見方は，James Der Derian, *On Diplomacy : A Genealogy of Western Estrangement* (Oxford : Basil Blackwell, 1987) ; James Der Derian, "Hedley Bull and the Idea of Diplomatic Culture", in Rick Fawn and Jeremy Larkins, eds., *International Society after the Cold War : Anarchy and Order Reconsidered* (Basingstoke : Macmillan, 1996), pp. 84-100.
(2) Menzies, *Afternoon Light*, p. 188.
(3) NLA, Menzies Papers, MS4936, series 1, box 22, folder 187, Macmillan to Menzies, 8 February 1962.
(4) ボール『大国の自制』113頁。

結　論　第1回EEC加盟申請とイギリス対外政策の特質

(1) 例えば，Camps, *Britain and the European Community*, p. 274 ; Lieber, *British Politics and European Unity*, pp. 162-163 ; Charlton, *The Price of Victory*, p. 255 ; George, *Britain and European Integration since 1945*, pp. 44-46.
(2) Heath's interview, in Charlton, *The Price of Victory*, p. 234.
(3) 力久『イギリスの選択』70-71頁；Moravcsik, *The Choice for Europe*, pp. 164-176；金井「ポンドの衰退とイギリス国民経済の選択」96-97頁。経済的要因は第1回EEC加盟申請を不可避にしたわけではなかったと指摘するカイザーも，経済的に見て他の選択肢がほとんど存在しなかったのは確かであり，そのことが長期的に加盟の可能性をかなり高めたということは認めている。Kaiser, *Using Europe*, p. 135, p. 168.
(4) 川嶋周一は，既存のヨーロッパ統合史研究に関して，あまりに単純に政治面と経済面を区別するような議論が行われがちであったことを批判している。川嶋『独仏関係と戦後ヨーロッパ国際秩序』12-13頁。
(5) イギリス政府内では，いったんEECに加盟すれば自国がそこで主導的な地位を占めるのは自然なことであると考えられていた。しかし，1973年にEC加盟が実現した後には，フランス，西ドイツ両国間の協調という現実を前に，そうした期待は過大なものであったことが明らかとなる。Kaiser, *Using Europe*, pp. 129-130, pp. 216-217.
(6) マクミランは，自国の地位を世界的なものから地域的なものに縮小するという考え方をしてはいなかった。Deighton and Ludlow, "'A Conditional Application'", p. 108.
(7) PRO, CAB128/35, CC (61) 24, 26 April 1961 ; PRO, CAB134/1853, ES (E) (60) 17, 6 July 1960 ; Sampson, *Macmillan*, p. 207 ; Moravcsik, *The Choice for Europe*, p. 166 ;

Dutton, "Anticipating Maastricht", p. 524. バルピットの指摘によれば，第1回EEC加盟申請は，それまでほぼ10年間政権の座にあったうえに，当時，緊縮経済運営を余儀なくされていた保守党への国民の支持をつなぎとめる手段として行われた面もあった。Bulpitt, "The European Question", p. 236.

(8) 経済界の意向については以下に詳しい。Lieber, *British Politics and European Unity*, pp. 92–98.

(9) ただし，EECに加盟すれば，CAP，共通通商政策，閣僚理事会での特定多数決による決定，共同体法の国内法への優越などは受け入れざるをえないと考えられた。ローマ条約についても，部分的な修正は必要かつ可能であると考えられたが，同条約の大半とそこに示されたEECの政治的，経済的目標を受け入れざるをえないことは明らかであった。PRO, CAB134/1820, EQ (60) 27, 25 May 1960; PRO, CAB128/35, CC (61) 22, 20 April 1961; Kaiser, *Using Europe*, pp. 138–139; Griffiths, "A Slow One Hundred and Eighty Degree Turn", p. 47.

(10) 例えば，Ludlow, *Dealing with Britain*, pp. 37–38. また，この時期のイギリス対外政策が，多くの点で受動的なものに終始したことは，橋口豊「苦悩するイギリス外交 1957〜79年」佐々木，木畑編『イギリス外交史』184–185頁。

(11) 他の選択肢をほぼ失った状態でEECに加盟を申請したことは，イギリス政府の交渉上の立場を相当不利なものにした。Northedge, "Britain and the EEC", pp. 29–30, p. 36.